# 中国技术性贸易措施年度报告

## （2019）

中华人民共和国 WTO/TBT 国家通报咨询中心
中华人民共和国 WTO/SPS 国家通报咨询中心 编著

中国商务出版社

图书在版编目（CIP）数据

中国技术性贸易措施年度报告．2019 / 中华人民共和国 WTO/TBT 国家通报咨询中心，中华人民共和国 WTO/SPS 国家通报咨询中心编著．-- 北京：中国商务出版社，2019.12

ISBN 978-7-5103-3221-0

Ⅰ．①中… Ⅱ．①中… ②中… Ⅲ．①技术贸易－研究报告－中国－2019 Ⅳ．① F723.84

中国版本图书馆 CIP 数据核字 (2019) 第 282678 号

# 中国技术性贸易措施年度报告（2019）

中华人民共和国 WTO/TBT 国家通报咨询中心　中华人民共和国 WTO/SPS 国家通报咨询中心　编著

出　　版：中国商务出版社
地　　址：北京市东城区安定门外大街东后巷 28 号　　邮编：100710
责任部门：创新运营事业部（010-64515145　LYJ@cctpress.com）
责任编辑：高　越
助理编辑：李焕华
总 发 行：中国商务出版社发行部（010-64266193　64515150）
网　　址：http://www.cctpress.com
邮　　箱：cctp@cctpress.com
排　　版：李海伟
印　　刷：北京永诚印刷有限公司
开　　本：880 毫米 × 1230 毫米　1/16
印　　张：20　　字　　数：403 千字
版　　次：2019 年 12 月第 1 版　　印　　次：2019 年 12 月第 1 次印刷
书　　号：ISBN 978-7-5103-3221-0
定　　价：280.00 元

# 编委会

# 前 言

中国自 2001 年加入 WTO 以来，认真履行义务，积极享受权利，对外贸易不断增长。WTO 作为多边国际贸易组织，致力于减少并消除各种关税与非关税措施对国际贸易造成的不利影响，构建公平与自由的国际贸易环境。随着全球关税水平的不断下降，非关税措施，特别是技术性贸易措施对国际贸易的影响越来越大。

技术性贸易措施主要涉及 WTO《技术性贸易壁垒协定》（TBT 协定）中的技术法规、标准、合格评定程序 (TBT 措施) 与《关于实施卫生与植物卫生措施协定》（SPS 协定）中的动物卫生、植物卫生与食品安全措施 (SPS 措施)。中华人民共和国 WTO/TBT-SPS 国家通报咨询中心代表国家履行我国政府加入世界贸易组织的承诺和世界贸易组织规定的成员方必须履行的通报和咨询等义务。

技术性贸易措施的制定以保护国家安全、保护人类和动植物生命和健康、保护环境及防止欺诈行为等为目标，具有合理性。同时，技术性贸易措施的实施客观上会对国际贸易产生一定的影响，甚至被用作变相限制进口、进行贸易保护的工具，日益受到世界各国的关注。据 WTO 统计，2018 年 WTO 成员通报了新制 / 修订的 TBT 措施 3065 项、SPS 措施 1636 项，TBT 措施和 SPS 措施年通报数量分别较 2017 年同比增长 19% 和 10.5%。

为全面客观地反映国内外技术性贸易措施现状，为政府、进出口企业及相关各方提供参考，自 2006 年开始，全国技术性贸易措施部际联席会议决定，每年组织国外技术性贸易措施对中国出口影响的调查工作。在海关总署综合司和统计司的指导下，中华人民共和国 WTO/TBT-SPS 国家通报咨询中心组织开展了 2018 年国外技术性贸易措施对中国出口企业的影响调查工作。今年调查工作在原有基础上，进一步提高省份调查数据的统计代表性，结合各省企业分布特点，通过增加样本企业数量，提升省份数据精确度，更加贴近区域经济的关注需求。

调查结果显示，2018 年中国有 30.98% 的出口企业遭受到国外技术性贸易措施的影响，比 2017 年上升了 0.88%；企业为适应进口国要求进行技术改造、检验、检疫、认证等新增成本为 426.4 亿元，比上年减少 263.3 亿元，同比减少 38.2%；因国外技术性贸易措施导致我国出口产品被国外扣留、销毁、退货等直接损失为 2177.5 亿元，比上年减少 303.7 亿元，同比减少 12.2%。直接损失额和新增成本的较大幅度下降，表明中国出口企业的对外竞争力有所提升。调查结果还显示，2018 年企业在遭遇国外技术措施或技术要求限制时，超过半数的出口企业通过技术攻关、管理优化和自主创新等手段提高企业和产品竞争力，技术性贸易措施对企业提升竞争力的倒逼机制日益凸显。

为全方位呈现国内外技术性贸易措施，中华人民共和国 WTO/TBT-SPS 国家通报咨询中心每年汇总中国对外通报的技术性贸易措施和其他成员通报的技术性贸易措施，以及中国采取的应对措施，并依托企业损害调查工作，研究国外技术性贸易措施对中国出口产生的影响，编写《中国技术性贸易措施年度报告》。本书是目前国内唯一全方位呈现国内外技术性贸易措施的权威文献。

今年的《年度报告》根据实际需要对第三章的内容进行了扩充，尝试性加入了国外技术性贸易措施对四个典型省份的影响研究。

《中国技术性贸易措施年度报告（2019）》共分四个部分：

第一部分为中国技术性贸易措施。主要对 2018 年中国新制 / 修订并向 WTO 各成员通报的 TBT 措施和 SPS 措施进行了梳理总结，就措施的目的、内容等做了简要介绍。

第二部分为国外技术性贸易措施。对 2018 年 WTO 成员通报的 TBT 措施和 SPS 措施进行了汇总分析，介绍了美国、欧盟、日本等 51 个成员新制 / 修订的对中国产品出口影响较大的 TBT 措施和 SPS 措施。

第三部分为国外技术性贸易措施对中国出口企业影响情况调查报告。在对全国范围内 6500 家出口企业抽样调查的基础上，从行业、出口目的国家和地区、出口省份、企业性质、措施类型等多个角度分析了 2018 年国外技术性贸易措施对中国出口企业的影响。并且在对全国影响研究的基础上，增加对浙江、福建、湖北和广东四个省份的研究，从多个角度分析 2018 年国外技术性贸易措施对典型省份出口企业的影响。

第四部分为中国应对国外技术性贸易措施情况。介绍了中国 2018 年对国外相关 TBT、SPS 措施的评议情况。

技术性贸易措施工作是当代国际贸易的热点。希望本书的出版，能引发社会各界对技术性贸易措施更广泛、更深入的思考和研究。借此机会，对被调查企业的支持和配合表示衷心的感谢！

由于编写组水平有限、时间仓促，不当、不妥甚至错误在所难免，敬请广大读者批评指正。

中华人民共和国 WTO/TBT-SPS 国家通报咨询中心

2019 年 10 月

# 目 录

# 第一章
# 中国技术性贸易措施

# 第一节 概　况

2018年，中国向WTO各成员通报了119件技术性贸易措施，其中，TBT措施65件，SPS措施54件。

## 一、TBT措施概况

2018年，中国通过WTO向各成员发布TBT措施通报65件，通报数量在所有WTO成员中列第15位。截至2018年12月31日，中国的TBT通报编号已编至1310号。

通报发出后，中国TBT国家通报咨询中心收到来自美国、欧盟、日本、韩国、印度以及境外企业、行业协会的评议意见33件，涉及24项通报措施。中国政府有关部门对这些评议意见进行了认真研究考虑，并给予回复。

## 二、SPS措施概况

2018年，中国通过WTO向各成员通报SPS措施54件，全部为常规通报。截至2018年12月31日，中国的SPS通报编号已编至1115号。

通报发出后，收到了美国、新西兰等成员以及行业协会的评议意见15件，涉及7项通报措施。中国主管部门对这些评议意见进行了考虑研究。

# 第二节　主要 TBT 措施

## 一、关于医药及医疗器械的 TBT 措施

### （一）关于药品的 TBT 措施

为建立以药品上市许可持有人为责任主体的药品质量管理体系，提高药品注册质量和效率，保证药品的安全性、有效性和质量可控性，中国发布了《原料药、药用辅料及药包材与药品制剂共同审评审批管理办法（征求意见稿）》。该办法按照原料药、药用辅料及药包材与药品制剂共同审评审批管理流程，分为总则、责任与义务、原辅包登记、原辅包与制剂共同审评审批、变更和终止、监督管理、附则等七章。

为保护人类健康和安全，发布了《药品数据管理规范（征求意见稿）》，分总则、质量管理、人员、数据基本要求、系统、附则，适用于药品研制、生产、流通、上市后监测与评价等活动。《药品数据管理规范》用"追溯至人、清晰可溯、同步记录、原始一致、准确真实"20 个字概括和表达了国际上数据管理的通行要求（ALCOA）。

为优化药物临床试验审评流程，加强与申请人的沟通交流，提高创新药临床试验审评质量与效率，参照国际先进经验，发布了《关于调整药物临床试验审评审批的公告（征求意见稿）》。该公告按照药物临床试验审评流程分为沟通交流会议的准备与申请、沟通会议的召开、临床试验的受理与审评审批及其他有关事项等四个部分，并附带沟通交流会议申请表、沟通交流会议资料要求与新药 I 期临床试验申请申报资料要求三个附件。

为加强网络药品经营监督管理，规范网络药品经营行为，保障公众用药安全，发布了《网络药品经营监督管理办法（征求意见稿）》。该办法共六章五十七条，包括总则、网络药品销售管理、网络药品交易服务平台管理、监督管理、法律责任、附则等。

发布了关于中药材生产和质量管理的基本要求《中药材生产质量管理规范（征求意见稿）》，适用于中药材生产企业种植、养殖或野生抚育中药材的全过程。全文共十四章一百四十五条，包括总则、质量管理、机构与人员、设施设备与工具、生产基地等。该规范以生产过程保证中药材质量稳定、可控为核心，将风险管理的现代理念、意识、原则嵌入到中药材生产的全过程。

发布了《药品检查办法（征求意见稿）》，适用于食品药品监督管理部门对药品上市许可持有人的药品研制、生产环节实施的检查。全文共六章五十五条，包括总则、基本要求、检查实施、结果处理、管理责任、附则。该办法对规范药品检查行为，保证检查质量具有重大作用。

### （二）关于医疗器械的 TBT 措施

为保护人类健康和安全，中国发布了《药品医疗器械境外检查管理规定（征求意见稿）》，适用于已在境内上市或者拟在境内上市药品医疗器械的境外研制及生产的检查。全文共五章三十五条，包括总则、确定检查任务、检查、审核及处理、附则。规范明确规定了药品医疗器械境外检查工作的启动、检查和后续处理等内容。

发布了《医疗器械唯一标识系统规则（征求意见稿）》，明确了我国医疗器械唯一标识系统的组成结构和各组成部分的要求，规定了各相关方的职责，应用唯一标识的要求和相关名词的定义。

发布了《创新医疗器械特别审批程序修订稿（征求意见稿）》，修订了《医疗器械特别审批程序（试行）》，调整了申报资料、工作程序、告知方式等规定。

为加强进口医疗器械监督管理，规范进口医疗器械代理人行为，保证进口医疗器械的安全、有效，制定了《进口医疗器械代理人监督管理办法》。代理人应当遵守《医疗器械监督管理条例》等法律法规的有关规定，对所代理产品相关工作的真实性和合法性负责，并对其代理产品的相关行为承担法律责任。代理人应当具备相应条件并履行相关义务。

## 二、关于机电产品的 TBT 措施

### （一）关于机电产品能效限定值及能效等级的国家标准

为保护环境，中国发布了国家标准《空气净化器能效限定值及能效等级》，规定了空气净化器能效限定值、能效等级、试验和计算方法。该标准适用于额定电压不超过 250V、具有一定颗粒物净化能力（颗粒物洁净空气量为 50 ～ 800$m^3/h$）的空气净化器。

发布了国家标准《室内照明用 LED 产品能效限定值及能效等级》，规定了室内照明用 LED 筒灯、定向集成式 LED 灯、非定向自镇流 LED 灯的能效等级、能效限定值和试验方法。该标准不适用于具有耗能的非照明附加功能或具备调光 / 调色功能的室内照明 LED 产品。

发布了国家标准《单元式空气调节机能效限定值及能效等级》，规定了产品的能效限定值、能源效率等级指标、试验方法。该标准适用于采用电机驱动压缩机、室内机静压为 0Pa（表压力）的单元式空气调节机，包括计算机和数据处理机房用单元式空气调节机、通讯基站用单元式空气调节机、恒温恒湿机。

发布了《污水处理用旋转曝气机能效限定值及能效等级》，规定了污水处理用旋转曝气机的术语和定义、能效等级、技术要求及测试方法。该标准适用于各种工业废水、市政污水生物处理工艺以及水体面源修复中所使用的由电动机、减速机驱动的旋转曝气机和电机直联的自吸式叶轮潜水曝气机。

发布了《风管送风式空调机组能效限定值及能效等级》，规定了产品的能效限定值、能源效率等级指标、试验方法。本标准适用于采用电机驱动压缩机、室内机静压大于 0Pa（表压力）的风管送风式空调（热泵）机组、直接蒸发式全新风空气处理机组。

发布了《低环境温度空气源热泵（冷水）机组能效限定值及能效等级》，规定了产品的能效限定值、能源效率等级指标、试验方法。该标准适用于采用电动机驱动的、低环境温度运行的空气源热泵(冷水）

机组。

发布了《洗碗机能效水效限定值及等级》，规定了家用和类似用途电动洗碗机的能效限定值、水效限定值、能效等级、水效等级、能效和水效试验方法。该标准适用于使用热水和 / 或冷水的洗碗机。

发布了国家标准《除尘器能效限定值及能效等级》，规定了除尘器的能效等级、能效限定值和能效测试方法。该标准适用于燃煤电厂锅炉烟气除尘用干式电除尘器；电力行业的燃煤锅炉烟气除尘用袋式除尘器、建材行业水泥新型干法回转窑烟气除尘用袋式除尘器、钢铁行业烧结烟气半干法脱硫除尘用袋式除尘器；以及燃煤电厂锅炉、水泥新型干法回转窑烟气除尘用的电袋复合除尘器。

### （二）关于机电产品的一般标准规范

发布了《标定容积 500L 以上大冰箱实施强制性产品认证管理的公告（征求意见稿）》，标定容积 500L 以上大冰箱纳入强制性产品认证范围。

发布了《家用燃气具强制性产品认证实施规则》，描述了适用范围、认证模式，认证基本环节，认证实施的基本要求，认证证书，认证标志的使用规定，收费等要求。

发布了《防爆电气产品强制性认证实施规则》，描述了适用范围、认证模式，认证基本环节，认证实施的基本要求，认证证书，认证标志的使用规定，收费等要求。

## 三、关于道路车辆及非道路移动机械的 TBT 措施

### （一）关于机动车辆装置、部件及相关配套设施要求等的国家标准

为保障交通安全，中国发布了国家标准《汽车车轮安全性能要求及试验方法》，规定了汽车车轮的标识、安全性能要求和试验方法。

发布了国家标准《重负荷车辆齿轮油（GL–5）》，规定了以精制矿物油、合成油或二者混合为基础油，加入多种添加剂调制的重负荷车辆齿轮油（GL–5) 的要求和试验方法、检验规则、标志、包装、运输和贮存。该标准主要适用于汽车驱动桥，特别适用于在高速冲击负荷、高速低扭矩和低速高扭矩工况下应用的双曲面齿轮。

制定了国家标准《汽车用制动器衬片》，规定了汽车用制动器衬片的术语和定义、涉及健康和安全的基本要求、试验方法、检验规则、标志、包装、运输与贮存等。

发布了国家标准《汽车及挂车前位灯、后位灯、示廓灯和制动灯配光性能》，规定了汽车及挂车前位灯、后位灯、示廓灯和制动灯的有关配光性能的技术要求、试验方法和检验规则。

发布了国家标准《机动车昼间行驶灯配光性能》，规定了机动车昼间行驶灯的配光性能、试验方法和检验规则等。

发布了国家标准《道路和隧道照明用 LED 灯具能效限定值及能效等级》，规定了道路和隧道照明用 LED 灯具的能效限定值、能效等级和试验方法。该标准适用于额定电压为 AC220V、频率 50Hz 的道路和隧道照明用 LED 灯具（包括 LED 光源及其控制装置，不包括可独立安装的互联控制部件或其他与照明无关的功能附件）

### （二）关于机动车辆安全及性能的 TBT 措施

为了促进汽车产业健康可持续发展，保障产品安全、环保、节能、防盗性能，规范和完善道路机动车辆生产企业及产品准入许可管理，维护公民生命财产和公共安全，发布了《道路机动车辆生产企业及产品准入许可管理办法（征求意见稿）》，具体内容共八章四十四条，规定了道路机动车辆生产企业及产品准入许可申请、受理、审查、决定、监督检查、法律责任等内容。

发布了《道路机动车辆生产企业准入许可审查要求（征求意见稿）》，对不同类别车辆生产企业分别实施准入许可管理。规定了道路机动车辆生产企业需满足相应的要求并取得准入许可后，车辆生产企业方可生产、销售相应的车辆产品。

发布了《道路机动车辆产品准入许可审查要求（征求意见稿）》，对不同类别车辆产品分别实施准入许可管理。规定了道路机动车辆生产企业及产品需满足相应的要求并取得准入许可后，车辆生产企业方可生产、销售相应的车辆产品。

发布了国家标准《汽车加速行驶车外噪声限值及测量方法（中国第三、四阶段）》，规定了汽车的第三、四阶段加速行驶车外噪声的限值及测量方法，标准适用于 M 和 N 类汽车。

## 四、关于环保及安全的 TBT 措施

### （一）关于保护消费者安全的 TBT 措施

为保护消费者健康和安全，中国制定了《进出口预包装食品标签检验监督管理办法》，进一步明确企业对所经营食品（标签）的主体责任和检验检疫机构的监督职责，完善和明确标签检验监督环节的各项工作。

制定了国家标准《大型游乐设施安全规范》，规定了大型游乐设施的总则、材料和紧固件、设计、制造与安装、使用管理与维护保养、检验的基本安全要求。

制定了国家标准《原油》，规定了原油技术要求和试验方法、检验规则、包装、运输和贮存及安全要求。

制定了国家标准《钢结构防火涂料》，规定了钢结构防火涂料的术语和定义、分类和型号、技术要求、试验方法、检验规则以及标志、包装、运输和贮存要求。

发布了《化妆品安全技术规范》修改单，修订了化妆品的安全技术要求中部分禁限用组分要求以及检验评价方法等内容。

发布了《化妆品监督管理条例（草案）》，对在中国境内从事的化妆品生产经营活动和监督管理作出了规定，涉及化妆品原料与产品、生产经营、标签与广告、监督管理、法律责任等内容。

### （二）关于环保的 TBT 措施

为保护环境，中国发布了国家标准《天然气》，规定了天然气的质量要求、试验方法和检验规则。该标准适用于经过处理的、通过管道输送的商品天然气。

## （三）关于特种设备的 TBT 措施

为保护人身和财产安全，中国制定了国家标准《自动喷水灭火系统第 5 部分：雨淋报警阀》，规定了自动喷水灭火系统雨淋报警阀的术语和定义、分类与代号、型号编制、要求、试验方法、检验规则及标志、包装、运输、贮存等。

制定了国家标准《自动喷水灭火系统第 7 部分：水流指示器》，规定了自动喷水灭火系统水流指示器的要求、试验方法、检验规则及标志、使用说明书、包装、运输、贮存等编写要求。

制定了国家标准《客运架空索道安全规范》，规定了客运架空索道的设计、制造、安装、检验、使用与管理等方面最基本的安全要求。该标准适用于往复式客运架空索道和循环式客运架空索道。

发布了国家标准《民用水暖煤炉通用技术条件》，规定了民用水暖煤炉的型号表示方法、技术要求、试验方法、检验规则等。

发布了国家标准《低压二氧化碳气体惰化保护装置》，规定了低压二氧化碳气体惰化保护装置的术语和定义、分类、型号编制、要求、试验方法、检验规则、使用说明书编写等内容。

发布了国家标准《自动喷水灭火系统第 9 部分：早期抑制快速响应（ESFR）喷头》，规定了早期抑制快速响应喷头的要求、试验方法、检验规则、包装、运输、贮存等。

发布了国家标准《室内消火栓》，规定了室内消火栓的定义、型式、型号编制、基本参数、要求、试验方法、检验规则、使用说明书编写要求、标志、包装、运输和贮存。

发布了国家标准《手持式金属探测器通用技术规范》，规定了手持式金属探测器的技术要求、试验方法、检验规则、标识、标志、标签和包装、随机技术文件等。

发布了国家标准《通过式金属探测门通用技术规范》，规定了通过式金属探测门的技术要求、试验方法、检验规则、标识、标志、标签和包装、随机技术文件等。

发布了国家标准《微剂量 X 射线安全检查设备第 1 部分：通用技术要求》，规定了微剂量 X 射线安全检查设备的分类、通用技术要求、试验方法、检验规则、包装、标志、贮存和运输以及随机技术文件等。该标准适用于各种微剂量 X 射线安全检查设备，是设计、制造、验收和使用此类设备的基本依据。该标准不适用于计算机断层成像（CT）、电子加速器类及 X 射线发生装置能量大于 500keV 的 X 射线安全检查设备。

发布了《微剂量 X 射线安全检查设备第 2 部分：透射式行包安全检查设备》，规定了透射式行包安全检查设备的通用技术要求、试验方法、检验规则、包装、标志、贮存和运输以及随机技术文件。该标准适用于各种透射式行包安全检查设备的设计、制造、组装、验收和使用。此类设备任意一个检查通道入口截面的高度和宽度均小于 1.1m。该标准不适用于计算机断层成像（CT）、电子加速器类及 X 射线发生装置能量大于 500keV 的 X 射线安全检查设备。

发布了《微剂量 X 射线安全检查设备第 3 部分：透射式货物安全检查设备》，规定了透射式货物安全检查设备的设备分类、通用技术要求、试验方法、检验规则、包装、标志、贮存和运输以及随机技术文件。该标准适用于各种透射式货物安全检查设备的设计、制造、组装、验收和使用。

发布了《微剂量 X 射线安全检查设备第 4 部分：人体安全检查设备》，规定了人体安全检查设备的分类、通用技术要求、试验方法、检验规则、包装、标志、贮存和运输以及随机技术文件。该标准适用于各种人体安全检查设备，是设计、制造、验收和使用此类设备的基本依据。该标准不适用于计算机断层成像（CT）的X射线安全检查设备。

发布了《微剂量X射线安全检查设备第5部分：背散射物品安全检查设备》，规定了背散射物品安全检查设备的分类、通用技术要求、试验方法、检验规则、包装、标志、贮存和运输以及随机技术文件等。该标准适用于各种利用X射线背散射成像技术实施安全检查的微剂量X射线安全检查设备的设计、制造、验收和使用，不适用于便携式背散射安全检查设备。

发布了国家标准《污水处理用潜水推流式搅拌机能效限定值及能效等级》，规定了污水处理用潜水推流式搅拌机的术语和定义、能效等级、技术要求、测试方法。该标准仅适用于由潜水电机直接驱动或由潜水电机直联齿轮减速机减速驱动的潜水推流式搅拌设备。该标准不适用于液压等驱动的潜水推流式搅拌设备。

发布了国家标准《商用制冷器具能效限定值和能效等级第3部分：制冷自动售货机》，规定了用于制冷自动售货机的能效限定值、能效等级和试验方法。该标准适用于自携机械制冷的瓶装、罐装和其他封装饮料自动售货机。

发布了国家标准《防盗保险柜（箱）》，规定了防盗保险柜（箱）的术语和定义、产品分类分级和标记、技术要求、试验方法、检验规则及标志、包装、运输和贮存。该标准适用于防盗保险柜、防盗保险箱、自动柜员机防盗保险柜、组装式防盗保险柜、投入式防盗保险柜的设计、制造、检验。

发布了国家标准《金库门通用技术要求》，规定了金库门的术语和定义、产品分类和标记、技术要求、试验方法、检验规则及标志、包装、运输和贮存。

发布了国家标准《可燃气体探测器第1部分：工业及商业用途可点型燃气体探测器》，规定了工业及商业用途可燃气体探测器的分类、要求、试验、检验规则和标志。该标准适用于工业及商业场所安装使用的用于探测各类可燃性气体及蒸汽的点型可燃气体探测器。

发布了《可燃气体探测器第2部分：家用可燃气体探测器》，规定了家用可燃气体探测器的要求、试验、检验规则和标志。该标准适用于家庭环境使用的、用于探测甲烷、丙烷及一氧化碳的探测器。

发布了《可燃气体探测器第3部分：工业及商业用途便携式可燃气体探测器》，规定了便携式可燃气体探测器的分类、要求、试验、检验规则和标志。该标准适用于工业及商业场所使用的用于探测可燃性气体及蒸汽的便携式可燃气体探测器。

发布了《可燃气体探测器第4部分：工业及商业用途线型光束可燃气体探测器》，规定了线型光束可燃气体探测器的分类、要求、试验、检验规则和标志。该标准适用于工业及商业场所安装使用的用于探测可燃性气体及蒸汽的线型光束可燃气体探测器。

### （四）关于玩具安全的TBT措施

为保护儿童的健康和安全，中国发布了《玩具及童车类产品强制性认证通用实施规则》，规定了适用范围及分类、认证依据标准、认证模式、认证单元划分、认证委托、认证实施的基本要求、获证后监督、获证证书及认证标志、认证收费及认证责任、认证细则及后续监督管理等。

# 五、关于化矿类产品的 TBT 措施

中国发布了国家标准《3 号喷气燃料》，该标准规定了由天然原油或其馏分油加工制得的 3 号喷气燃料以及其与合成烃煤油馏分调合而成的 3 号喷气燃料的要求和试验方法、检验规则、标志、包装、运输、贮存及安全。本标准适用于航空涡轮发动机燃料。

发布了国家标准《航空活塞式发动机燃料》，规定了通过国家规定的鉴定程序鉴定的原料和工艺生产的、加入适当添加剂调合而成的航空活塞式发动机燃料的分类和标记、要求和试验方法、检验规则、标志、包装、运输和贮运及安全。该标准适用于航空活塞式发动机燃料。

制定了《通用硅酸盐水泥》第 3 号修改单，取消了复合硅酸盐水泥 32.5R 强度等级。

# 六、其　　他

为了规范中国信息技术产品市场，使信息技术产品处理汉字时在信息交换、存储、显示打印等环节保证信息的互通、正确性和规范，中国制定了《信息技术产品汉字处理通用规范》，规定了信息技术软、硬件产品在汉字处理方面应符合的有关编码字符集、字型、输入及检测要求。

# 第三节　主要 SPS 措施

## 一、食品中农药最大残留限量标准

根据《中华人民共和国食品安全法》，中国制定了食品中 107 种农药的 479 项最大残留限量。

美国、新西兰对有关限量标准提出了评议意见，指出谷物上的氯虫苯甲酰胺，蓝莓、树莓、葡萄上的嘧霉胺以及花生仁上的氟吡菌酰胺的限量标准相对严格，希望中方考虑将上述限量与国际食品法典标准保持一致。

## 二、食品营养强化剂国家标准

根据《中华人民共和国食品安全法》，中国制定了氯化钠、植物甲萘醌、酒石酸氢胆碱等食品营养强化剂国家标准。标准明确了营养强化剂的适用范围，主要规定了产品的技术要求和检验方法。

美国对氯化钠、植物甲萘醌标准提出了评议意见，认为在某些指标方面，中方标准比《国际食品法典标准》或第 10 版《食品化学法典》《食品及饲料中污染物和毒素通用标准》更为严格，恳请中方考虑采用国际标准。

## 三、食用动物血制品食品安全国家标准

根据《中华人民共和国食品安全法》，中国制定了《食品安全国家标准 食用动物血制品》，标准明确了产品的适用范围，规定了术语和定义，原料、生产过程、感官要求、污染物限量、兽药限量、微生物限量、食品添加剂等技术要求。

美国对该标准提出了评议意见，对适用范围和血液制品的定义存在疑义，希望中方予以明确。

## 四、婴儿、较大婴儿、幼儿配方食品国家标准

根据《中华人民共和国食品安全法》，中国修订了《婴儿配方食品》《较大婴儿配方食品》《幼儿

配方食品》国家标准：调整、修改了标准适用范围；修改了术语和定义；调整或增加了部分营养素的最大值和最小值；增加了豆基婴儿配方食品、较大婴儿配方食品中铁、锌和磷的含量要求；将锰、硒、胆碱由可选择成分修改为必需成分；增加了幼儿配方食品中乳糖的比例要求；更新了检测方法等。

美国、新西兰和嘉吉公司对上述标准提出了评议意见，认为在术语和定义、感官要求、必需成分、蛋白质、脂肪和碳水化合物指标、维生素指标、微生物限量等方面，都存在与国际食品法典标准不一致的要求，希望中方能够考虑修改为与国际标准相一致或者提供中方的科学依据。

# 第二章
# 国外技术性贸易措施

# 第一节 概　　况

## 一、TBT 通报总体情况

### （一）通报数量

2018 年，TBT 通报数量创下历史新高，在一年内共提交了 3065 件通报。分别由 2085 件常规通报、841 件通报补遗、87 件勘误以及 52 件修订组成，与 2017 年同比增长 19%，自 2004 年以来呈现增长趋势，自 TBT 协定生效以来至 2018 年，共有 137 个成员共提交了 33312 件通报。（详见图 2–1）。

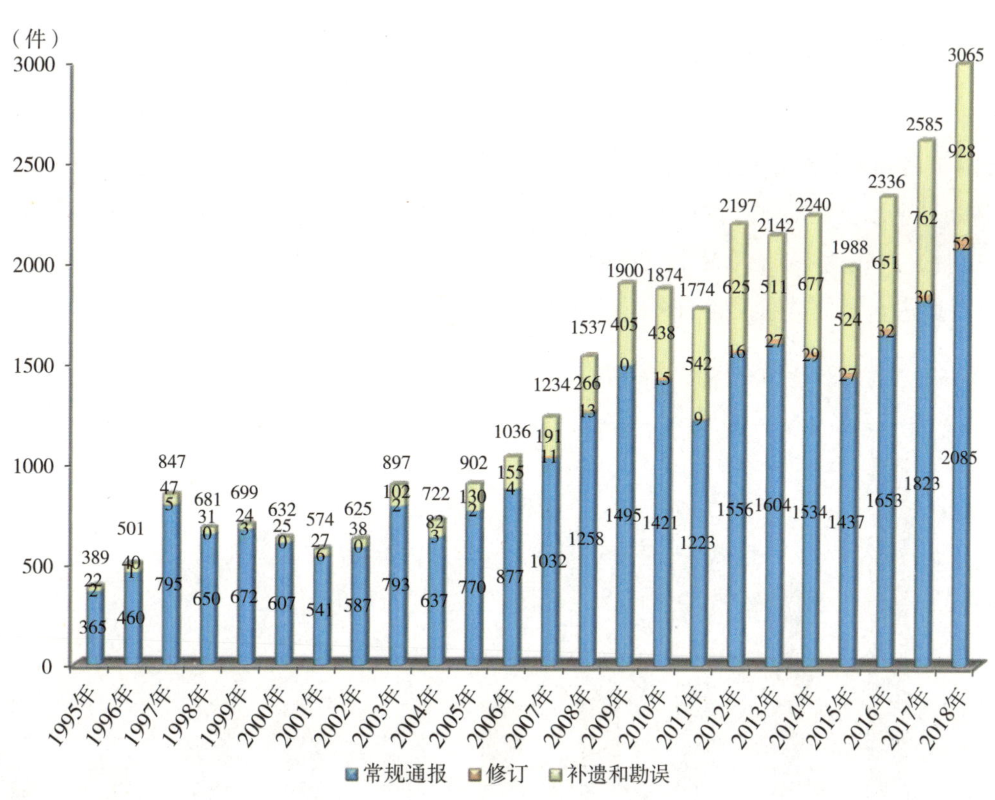


图 2-1　1995-2018 年 TBT 通报总计

2018 年通报提交的参与范围广于以往任何一年，在这一年中，有 86 个成员（超过了 WTO 当前成员数的一半）分别提交了一份通报（详见图 2–2），但仍有 78 个成员未通报任何拟议的 TBT 措施。

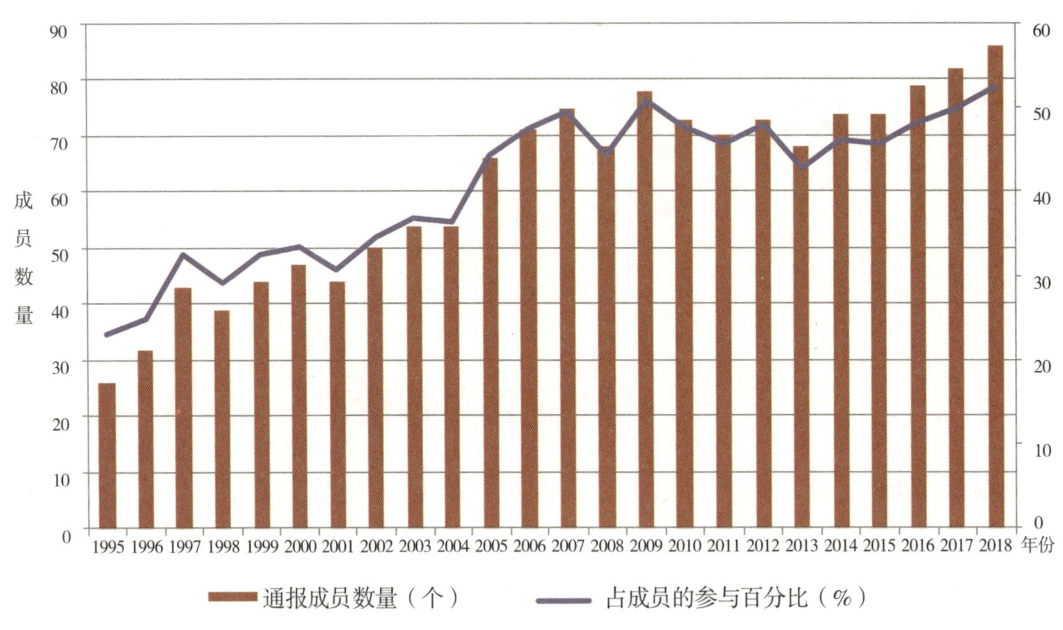


图 2-2　1995-2018 年期间成员通报参与情况

## （二）各成员提交 TBT 通报情况

2018 年，共有 86 个成员提交了 TBT 措施通报。非洲成员在提交 TBT 通报方面的参与度最高，乌干达连续两年名列通报数量最多的成员。通报数量位居前十的成员有五个来自于非洲（其中四个均为东非共同体成员）。排在前十位的成员分别是：乌干达 413 件、美国 276 件、肯尼亚 173 件、巴西 156 件、墨西哥 153 件、卢旺达 137 件、欧盟 115 件、坦桑尼亚 110 件、中国台北 83 件、埃及 80 件。合计提交通报 1695 件，占全部成员通报的 56%（详见图 2–3）。

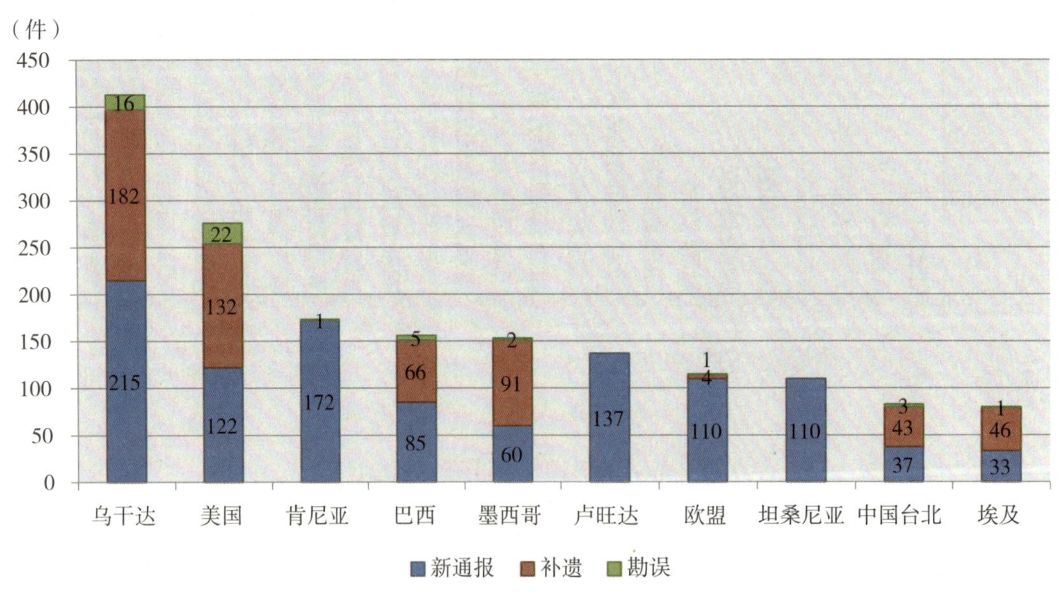


图 2-3　2018 年前十名通报成员

自 1995 年以来通报数量最多的十个成员分别是美国、巴西、欧盟、中国、乌干达、以色列、墨西哥、沙特阿拉伯王国、加拿大、厄瓜多尔（详见图 2-4）。但在 2018 年通报数量靠前的肯尼亚、卢旺达、坦桑尼亚、中国台北和埃及并未进入 1995–2018 年总通报量前十榜单，这也说明了这些成员的通报水平高于其历史趋势。

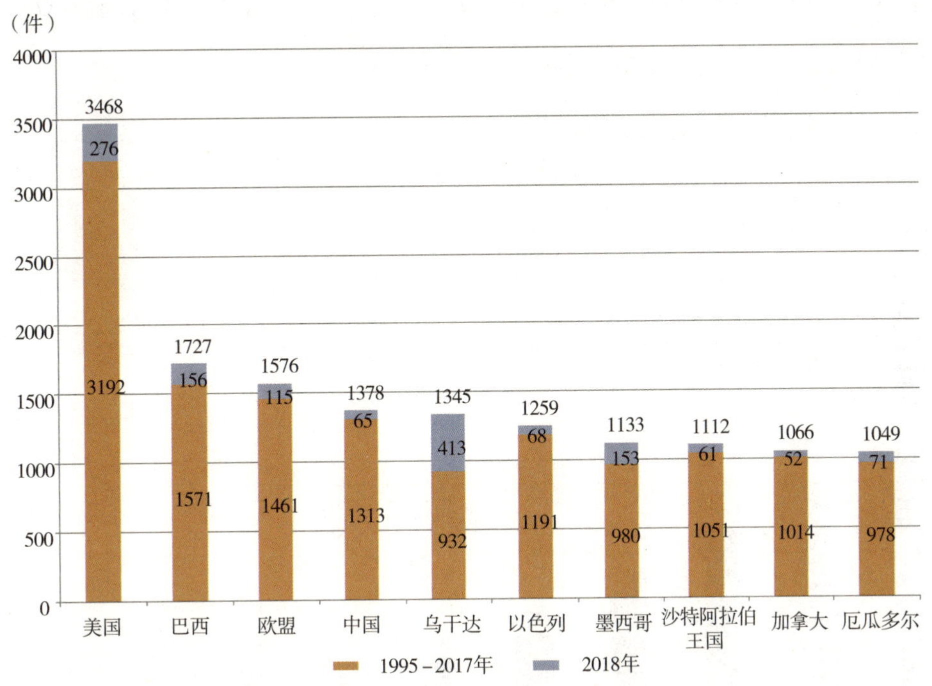


图 2-4 1995 - 2018 年期间前十位通报成员

深入分析过去十年中（2009–2018 年）前四位通报成员（美国、巴西、欧盟、中国），由图 2–5 可见，巴西、欧盟、中国每年提交的通报数量相对稳定，而美国在过去的几年中提交的通报数量波动比较大，在 2016 年达到了峰值。

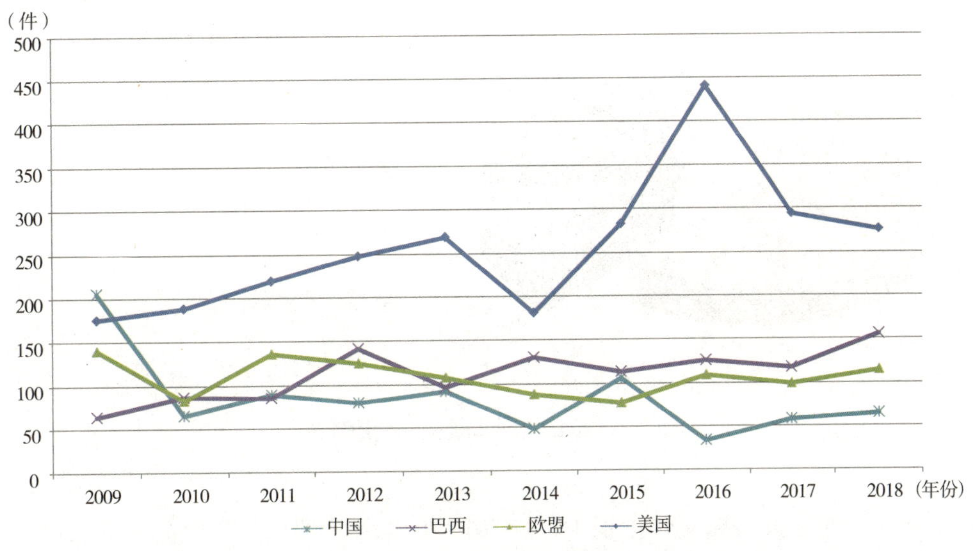


图 2-5 2009 - 2018 年期间中国、巴西、欧盟、美国提交各类通报情况

WTO / TBT 委员会已就建议统一使用通报格式（新通报、修订、补遗、勘误和补编）达成一致意见，以提高通报措施的透明度。在过去的十年中，补遗数量显著增加，在 2018 年的统计中就有 841 件补遗通报（详见图 2–1），若干成员对补遗通报的参与度很高（详见图 2–6）。补遗中提供的信息类型各不相同，主要信息类型（61%）与该措施的通过、公布或者生效有关（详见图 2–7）。此外，70% 的补遗明确该措施已生效，而 13% 的补遗提供从通过之日起至生效之日至少有六个月的通报评议期。

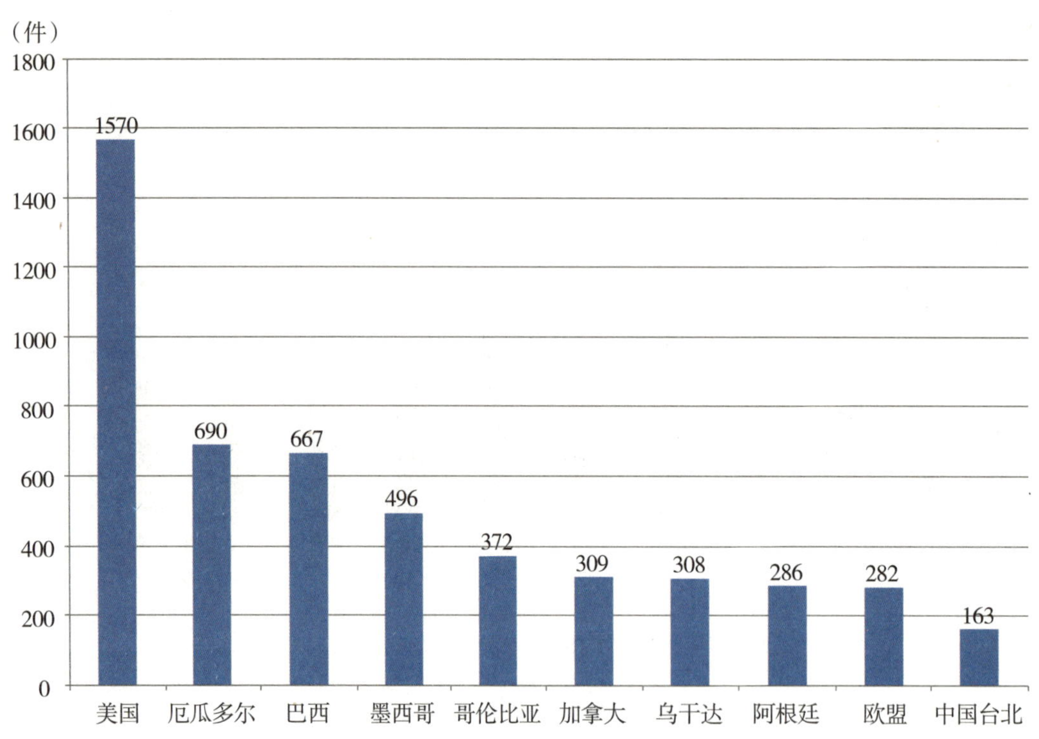


图 2-6　1995-2018 年提交最多补遗的前十个成员

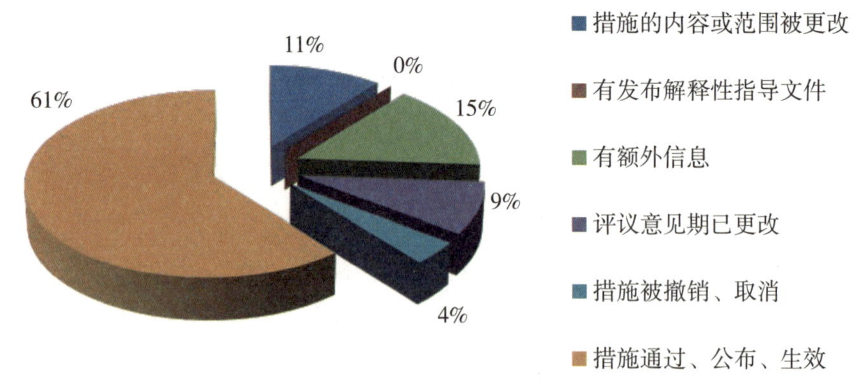


图 2-7　2018 年期间提交的补遗理由

与补遗相反，修订通报的提交数量很少。自 2012 年以来，WTO 每年收到约 32 件修订通报。自 1995 年以来，通报最多修订的成员国包括中国（45 件）、美国（26 件）、巴西（24 件）、加拿大（24 件）

和泰国（23 件）。欧盟是唯一一个通过补编通报 TBT 措施非官方译本的成员（见图 2-8），但在 2017 年和 2018 年未使用这种通报格式。

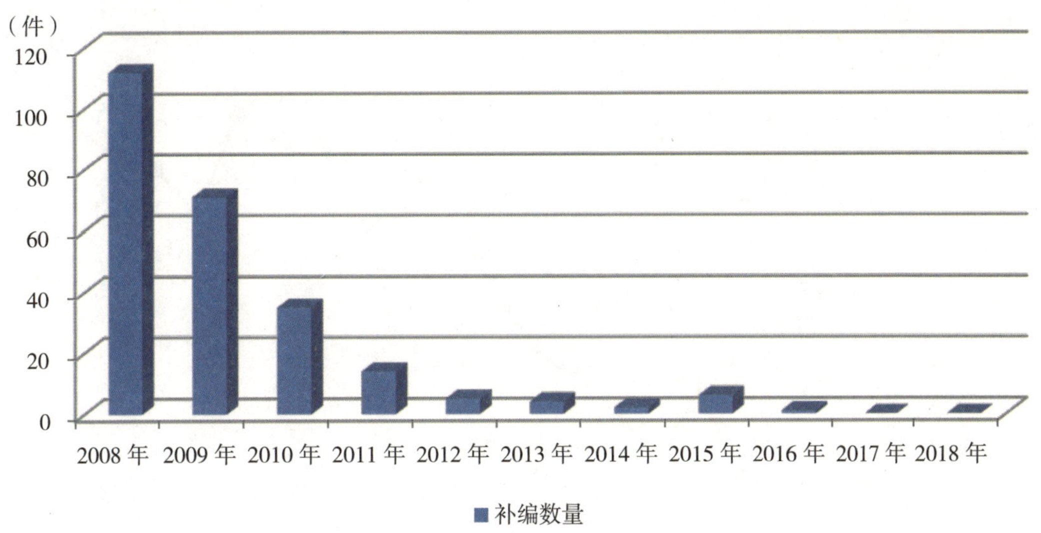


图 2-8　2008-2018 年期间通报非官方译本的补编

通报量排名前四的美国、巴西、欧盟、中国采用的通报格式存在较大差异（详见图 2-9）。美国提交的补遗 / 勘误数量多于新通报数量，相比之下，中国很少使用修订和补遗。

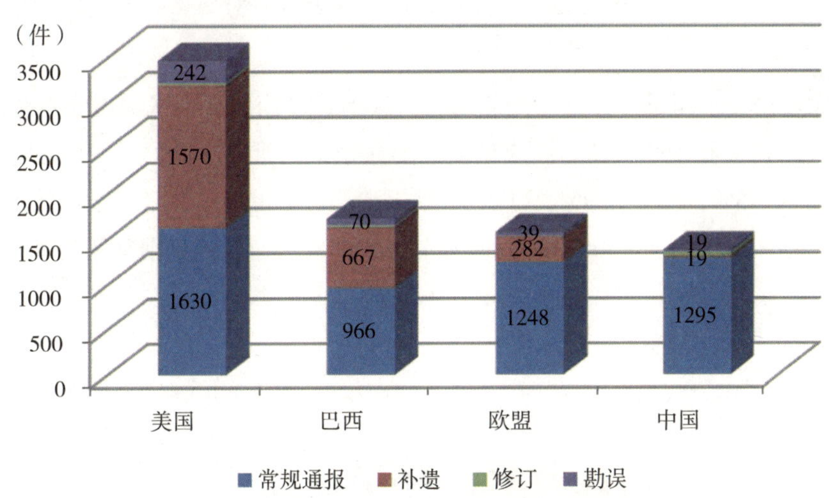


图 2-9　1995-2018 年成员（前四名通报成员国）提交通报的类型

自 2004 年以来新通报的增长主要是因为发展中成员提交通报数量的增加（见图 2-10）。2018 年[①]，大多数通报（57%）也是由发展中成员提交。最不发达成员提交新通报的比例为 26%，发达成员比例为

[①] 1995-2018 年期间，前五个最不发达通报成员分别为乌干达（999 件）、坦桑尼亚（229 件）、卢旺达（215 件）、也门（157 件）和赞比亚（88 件）。

17%。与 2017 年相比，这三类成员提交的通报水平均有所提高，且最不发达成员的增长百分比和实际增长率是最高的。

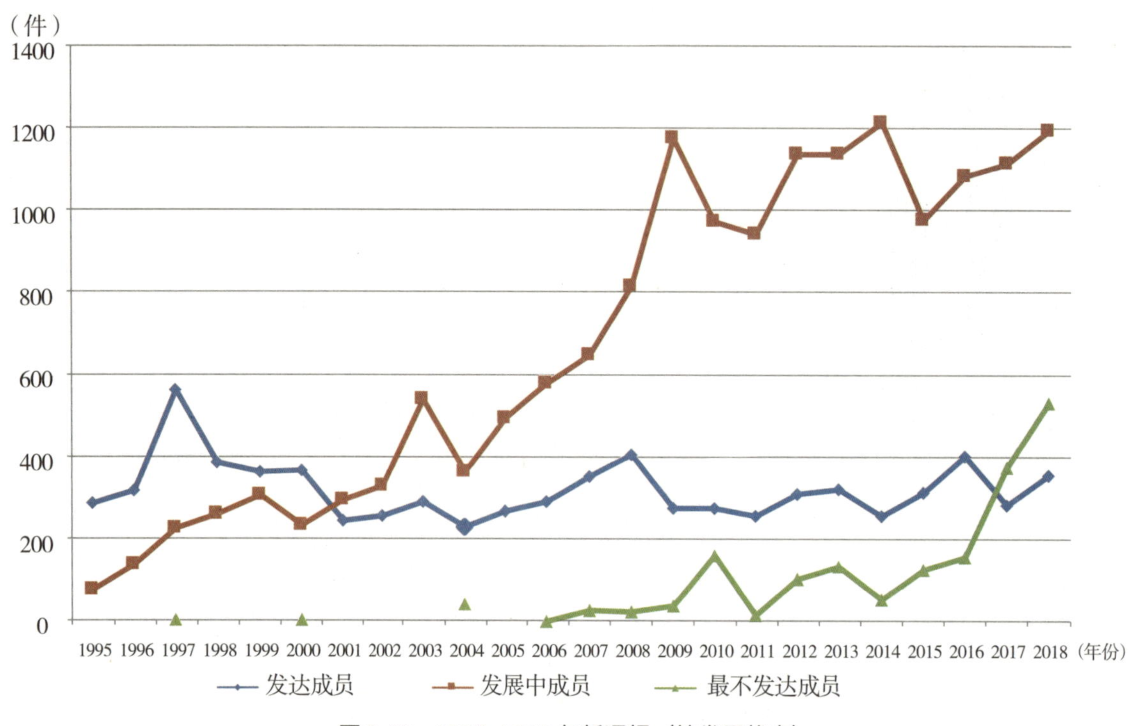


图 2-10　1995-2018 年新通报（按发展状态）

2018 年，非洲成员提交了超过三分之一的新通报，远远超过任何其他区域成员，紧随其后的是中东和亚洲成员，分别占 18% 和 16%。在非洲成员提交的通报中乌干达、肯尼亚、卢旺达、坦桑尼亚和埃及分别占 45%、19%、15%、12% 和 9%。与 2017 年相比，主要变化在于非洲通报数量的增加以及中东通报数量的减少（见图 2–11）。在 2014–2018 年期间，非洲成员通报数量增加了近 6 倍，从 129 件大幅增加至 714 件。

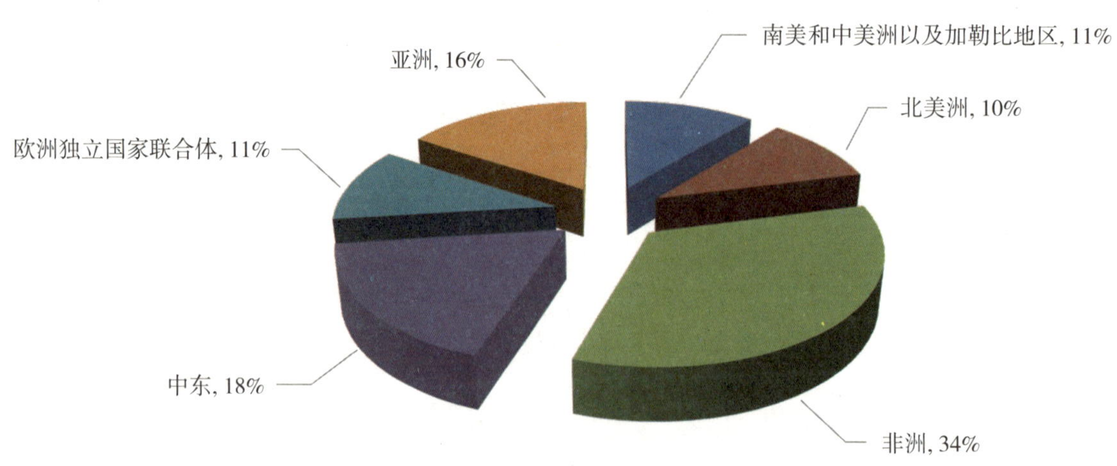


图 2-11　2018 年新通报的分布（按区域）

近几年中，针对区域经济共同体采用的技术法规与合格评定程序，其各个成员以联合通报的形式向WTO通报。海湾合作委员会（GCC）海湾标准化组织成员已发布大量的联合通报（详见图2–12），安第斯共同体也部分采用了这种联合通报的形式（见图2–13）。

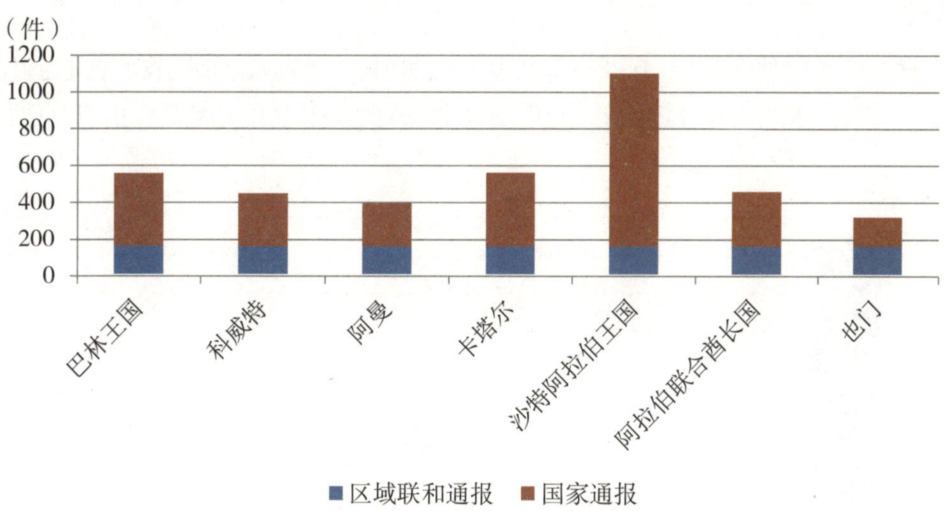


图2-12 1995-2018年新通报（按海湾标准化组织成员）

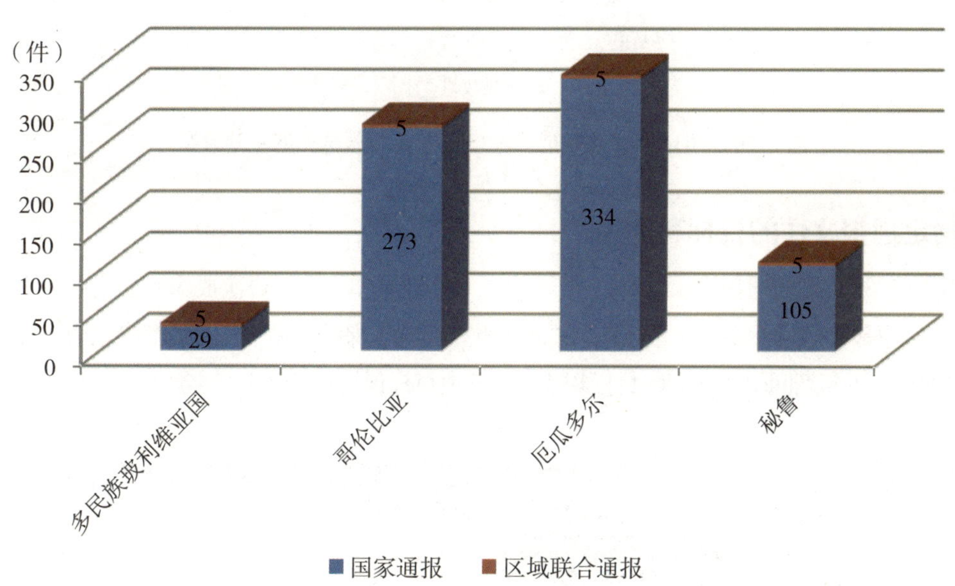


图2-13 1995-2018年新通报（安第斯共同体成员）

## （三）通报依据条款

各成员主要根据《TBT协定》中的如下条款对技术法规和合格评定程序进行通报：

第2.9.2条：关于中央政府拟议的技术法规的通报要求；

第2.10.1条：关于中央政府机构针对紧急情况通过的技术法规的通报要求；

第3.2条：关于地方政府（在直属中央政府的层次上）拟议的或针对紧急情况通过的技术法规的通报要求；

第 5.6.2 条：关于中央政府机构拟议的合格评定程序的通报要求；

第 5.7.1 条：关于中央政府机构对紧急情况下通过的合格评定程序的通报要求；

第 7.2 条：关于地方政府机构（在直属中央政府的层次上）拟议的或针对紧急情况通过的合格评定程序的通报要求。

2018 年全年发布的 3065 件通报中，有 1865 件技术法规的通报，28 件紧急情况技术法规通报，350 件合格评定程序通报，4 件紧急情况合格评定程序通报以及 56 件透明度等其他相关因素通报（详见图 2–14）。

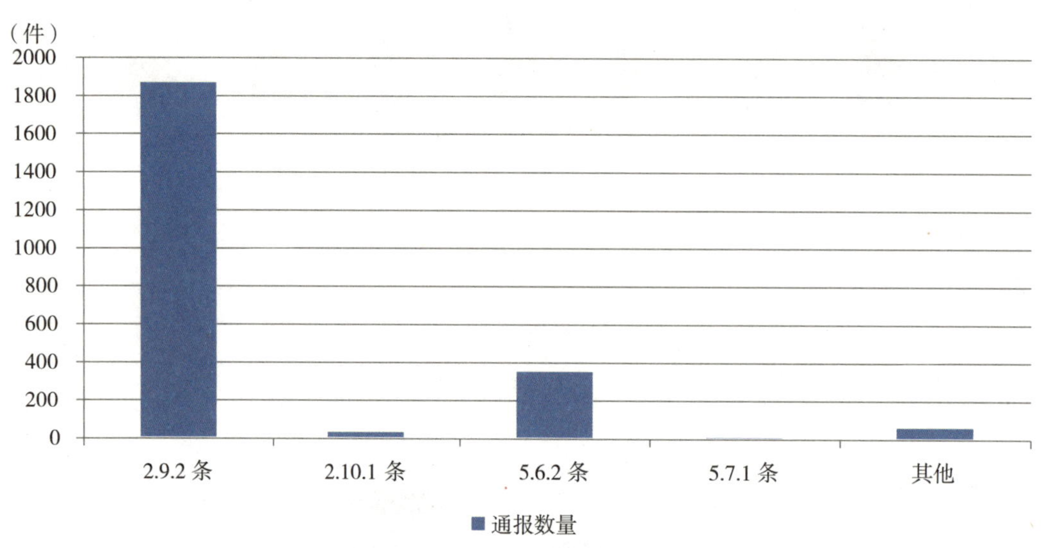


图 2-14　2018 年全年各成员发布的 TBT 通报依据的条款分类

## （四）制定通报文件的目标和理由

在 2018 年的 2085 件常规通报中（含修订），“保护人类健康和安全”再次成为新通报的最主要目标（见图 2–15），其次引用最多的目标是“质量要求”“防止欺诈行为、保护消费者”“消费者信息、标签”和“保护环境”。与 1995–2018 年期间引用最多的目标相比，前五项目标保持不变，但排名顺序有所不同（见图 2–16）。

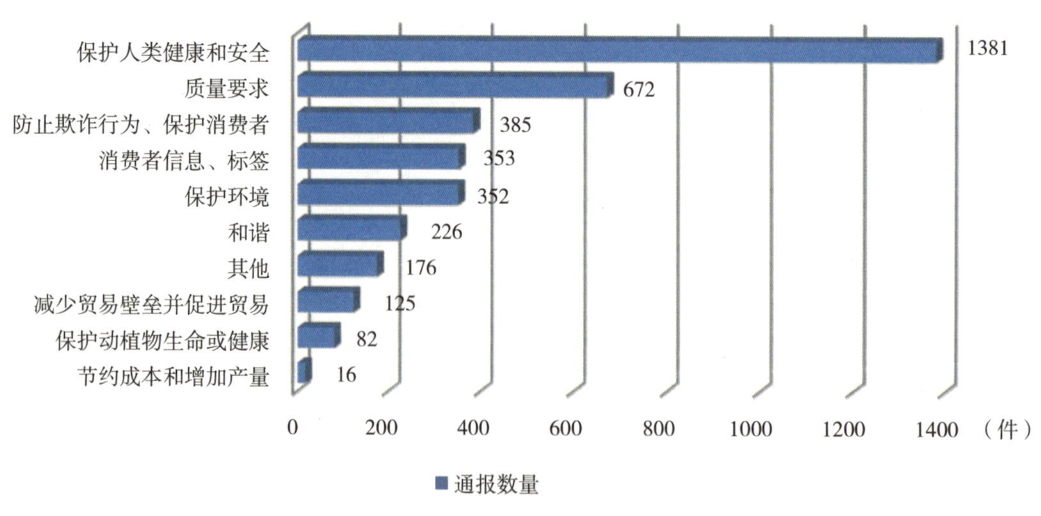


图 2-15　2018 年通报（按目标）

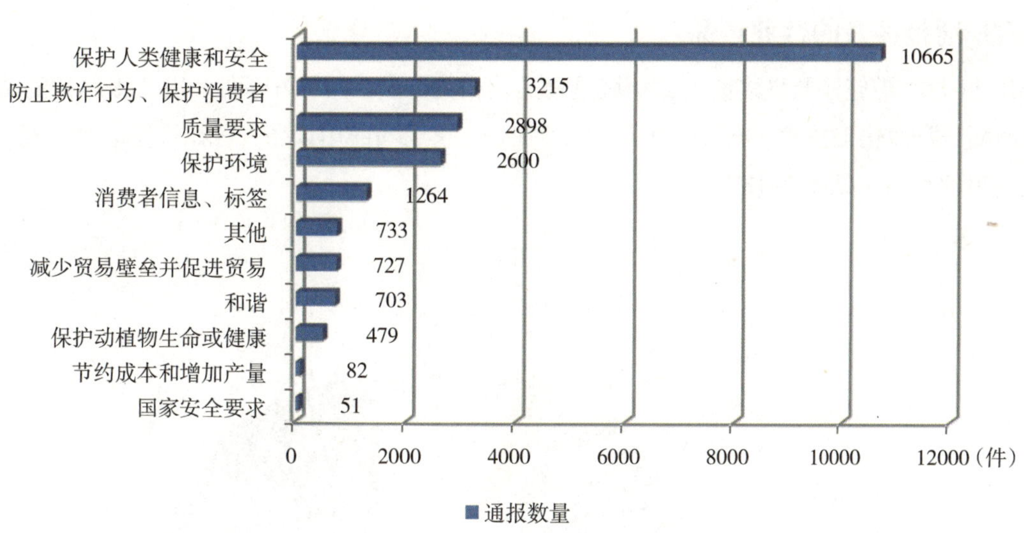


图 2-16 1995-2018 年通报（按目标）

## （五）通报评议期

TBT 委员会建议，针对通报技术法规与合格评定程序提交评议意见的正常时限应为 60 天，同时鼓励成员提供 60 天以上（例如 90 天）的时限，并应在通报中指出。2018 年[①]，成员针对新通报和修订通报提供的平均评议期为 55.4 天，其中 2030 件通报规定了评议期限（见图 2–17）。2015 年以来各成员给予的评议期时限趋势基本处于不断下降趋势。

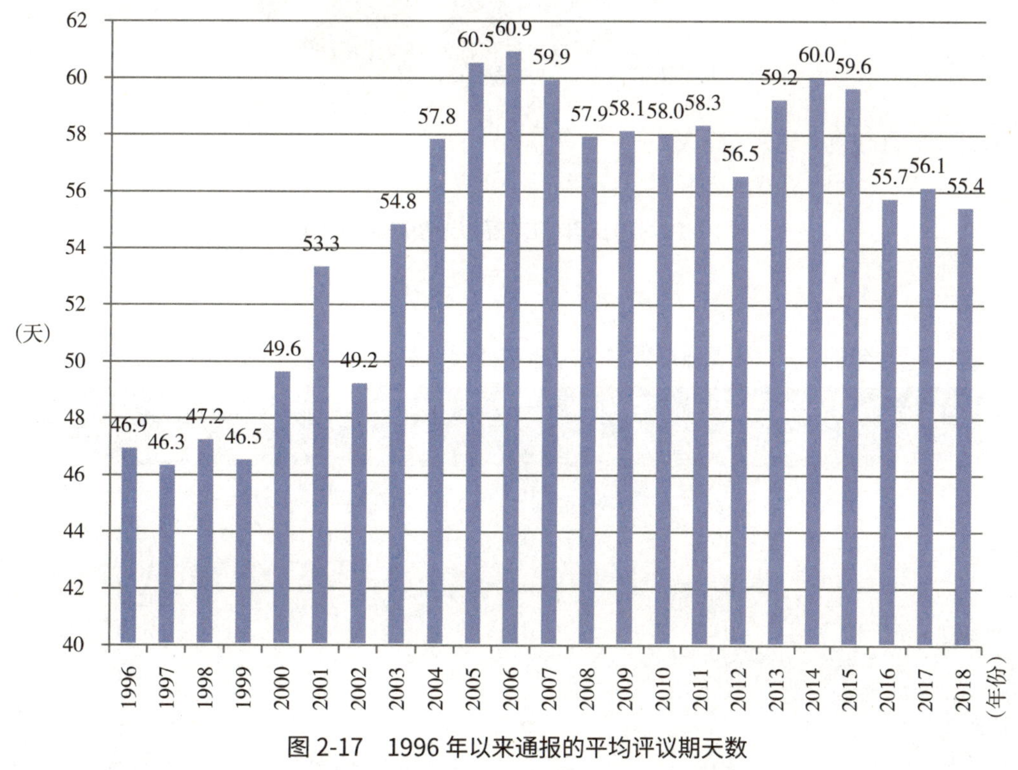


图 2-17 1996 年以来通报的平均评议期天数

① 图仅提及规定了评议意见期的通报。本图并未考虑未规定评议意见期、被视为评议意见期不适用或传阅时间已失效的通报（“失效”系指通报中规定的评议意见截止日期早于通报传阅日期）。

### （六）通报涉及的行业产品

2018 年 TBT 措施涉及最多的产品领域是食品及相关产品，共计 614 件，占通报总量的 22.34%。其次，农产品、石油化工技术、电气、电子、电器工程、家用和商用设备、机械、环保保健安全等领域也一直是通报的重点（见图 2–18）。

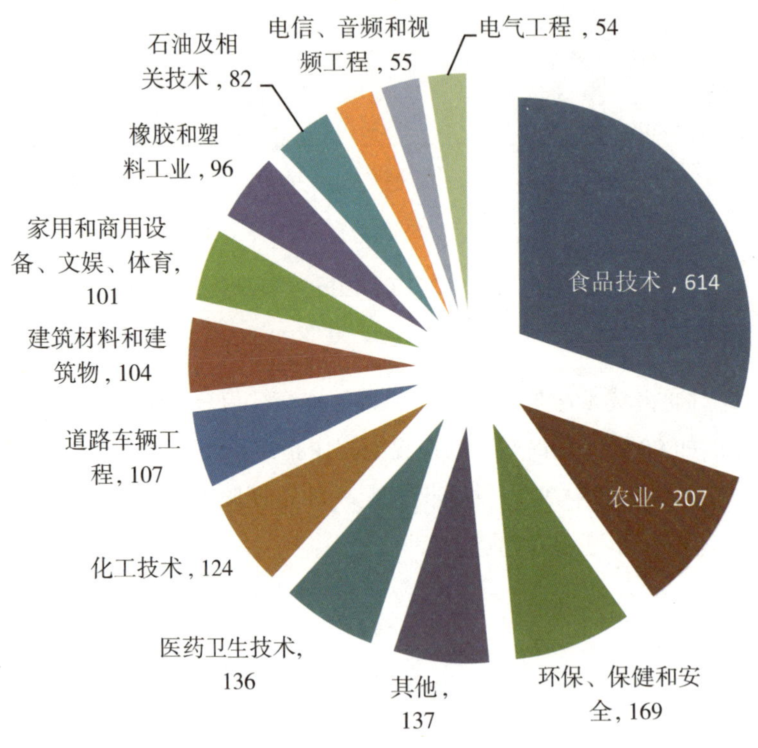


图 2-18　2018 年 TBT 通报涉及产品的分类

表 2-1　各成员 2018 年的 TBT 常规通报数量、补遗和勘误、通报总数量及自协定生效以来的通报数量

| 成员 | 2018 年定期通报 | 2018 年补遗和勘误 | 2018 年修订 | 2018 年通报合计 | 自 1995 年的通报合计 |
|---|---|---|---|---|---|
| 阿富汗 | 0 | 0 | 0 | 0 | 2 |
| 阿尔巴尼亚 | 0 | 0 | 0 | 0 | 88 |
| 安哥拉 | 0 | 0 | 0 | 0 | 0 |
| 安提瓜和巴布达 | 0 | 0 | 0 | 0 | 0 |
| 阿根廷 | 23 | 43 | 1 | 67 | 724 |
| 亚美尼亚 | 3 | 0 | 0 | 3 | 92 |
| 澳大利亚 | 4 | 0 | 0 | 4 | 222 |
| 奥地利 | 0 | 0 | 0 | 0 | 4 |

（续表 2-1）

| 成员 | 2018 年定期通报 | 2018 年补遗和勘误 | 2018 年修订 | 2018 年通报合计 | 自 1995 年的通报合计 |
|---|---|---|---|---|---|
| 巴林王国 | 43 | 1 | 0 | 44 | 563 |
| 孟加拉国 | 0 | 0 | 0 | 0 | 0 |
| 巴巴多斯 | 0 | 0 | 0 | 0 | 10 |
| 比利时 | 0 | 0 | 0 | 0 | 209 |
| 伯利兹 | 0 | 0 | 0 | 0 | 12 |
| 贝宁 | 0 | 0 | 0 | 0 | 2 |
| 多民族玻利维亚国 | 5 | 6 | 0 | 11 | 43 |
| 博茨瓦纳 | 24 | 0 | 0 | 24 | 103 |
| 巴西 | 85 | 71 | 0 | 156 | 1727 |
| 文莱达鲁萨兰国 | 0 | 0 | 0 | 0 | 2 |
| 保加利亚 | 0 | 0 | 0 | 0 | 0 |
| 布基纳法索 | 0 | 0 | 0 | 0 | 0 |
| 布隆迪 | 10 | 0 | 0 | 10 | 13 |
| 佛得角 | 0 | 0 | 0 | 0 | 0 |
| 柬埔寨 | 19 | 0 | 0 | 19 | 22 |
| 喀麦隆 | 0 | 0 | 0 | 0 | 8 |
| 加拿大 | 34 | 17 | 1 | 52 | 1066 |
| 中非共和国 | 0 | 0 | 0 | 0 | 10 |
| 乍得 | 0 | 0 | 0 | 0 | 0 |
| 智利 | 36 | 30 | 0 | 66 | 709 |
| 中国 | 65 | 0 | 0 | 65 | 1378 |
| 哥伦比亚 | 6 | 18 | 0 | 24 | 655 |
| 刚果 | 0 | 0 | 0 | 0 | 3 |
| 哥斯达黎加 | 12 | 3 | 0 | 15 | 254 |
| 科特迪瓦 | 0 | 0 | 0 | 0 | 0 |
| 克罗地亚 | 0 | 0 | 0 | 0 | 39 |
| 古巴 | 0 | 0 | 0 | 0 | 20 |
| 塞浦路斯 | 0 | 0 | 0 | 0 | 1 |
| 捷克共和国 | 25 | 7 | 0 | 32 | 420 |
| 刚果民主共和国 | 0 | 0 | 0 | 0 | 0 |
| 丹麦 | 0 | 0 | 0 | 0 | 252 |
| 吉布提 | 0 | 0 | 0 | 0 | 0 |
| 多米尼加 | 0 | 0 | 0 | 0 | 15 |
| 多米尼加共和国 | 2 | 1 | 0 | 3 | 276 |

（续表 2-1）

| 成员 | 2018 年定期通报 | 2018 年补遗和勘误 | 2018 年修订 | 2018 年通报合计 | 自 1995 年的通报合计 |
|---|---|---|---|---|---|
| 厄瓜多尔 | 5 | 60 | 6 | 71 | 1049 |
| 埃及 | 33 | 47 | 0 | 80 | 302 |
| 萨尔瓦多 | 6 | 2 | 0 | 8 | 297 |
| 爱沙尼亚 | 2 | 0 | 0 | 2 | 15 |
| 伊斯瓦蒂尼 | 0 | 0 | 0 | 0 | 1 |
| 欧盟 | 108 | 5 | 2 | 115 | 1576 |
| 斐济 | 0 | 0 | 0 | 0 | 1 |
| 芬兰 | 0 | 0 | 0 | 0 | 77 |
| 法国 | 8 | 0 | 0 | 8 | 255 |
| 加蓬 | 0 | 0 | 0 | 0 | 2 |
| 格鲁吉亚 | 3 | 0 | 0 | 3 | 106 |
| 德国 | 0 | 0 | 0 | 0 | 25 |
| 加纳 | 0 | 0 | 0 | 0 | 12 |
| 希腊 | 0 | 0 | 0 | 0 | 0 |
| 格林纳达 | 2 | 0 | 0 | 2 | 20 |
| 危地马拉 | 2 | 2 | 0 | 4 | 124 |
| 几内亚 | 0 | 0 | 0 | 0 | 1 |
| 几内亚比绍共和国 | 0 | 0 | 0 | 0 | 0 |
| 圭亚那 | 1 | 0 | 0 | 1 | 21 |
| 海地 | 0 | 0 | 0 | 0 | 1 |
| 洪都拉斯 | 2 | 8 | 0 | 10 | 113 |
| 中国香港 | 1 | 0 | 0 | 1 | 94 |
| 匈牙利 | 0 | 0 | 0 | 0 | 35 |
| 冰岛 | 0 | 0 | 0 | 0 | 2 |
| 印度 | 14 | 0 | 0 | 14 | 153 |
| 印度尼西亚 | 3 | 10 | 0 | 13 | 239 |
| 爱尔兰 | 0 | 0 | 0 | 0 | 5 |
| 以色列 | 35 | 28 | 5 | 68 | 1259 |
| 意大利 | 2 | 0 | 0 | 2 | 34 |
| 牙买加 | 8 | 0 | 0 | 8 | 110 |
| 日本 | 41 | 5 | 0 | 46 | 898 |
| 约旦 | 0 | 0 | 0 | 0 | 48 |
| 哈萨克斯坦 | 2 | 0 | 0 | 2 | 23 |
| 肯尼亚 | 172 | 1 | 0 | 173 | 787 |

（续表 2-1）

| 成员 | 2018 年定期通报 | 2018 年补遗和勘误 | 2018 年修订 | 2018 年通报合计 | 自 1995 年的通报合计 |
|---|---|---|---|---|---|
| 韩国 | 61 | 2 | 1 | 64 | 966 |
| 科威特 | 49 | 3 | 0 | 52 | 460 |
| 吉尔吉斯共和国 | 0 | 0 | 0 | 0 | 49 |
| 老挝人民民主共和国 | 0 | 0 | 0 | 0 | 1 |
| 拉脱维亚 | 0 | 0 | 0 | 0 | 31 |
| 莱索托 | 0 | 0 | 0 | 0 | 0 |
| 利比里亚 | 3 | 0 | 0 | 3 | 3 |
| 列支敦斯登 | 0 | 0 | 0 | 0 | 0 |
| 立陶宛 | 4 | 1 | 0 | 5 | 39 |
| 卢森堡 | 0 | 0 | 0 | 0 | 0 |
| 中国澳门 | 0 | 0 | 0 | 0 | 6 |
| 马达加斯加 | 0 | 0 | 0 | 0 | 0 |
| 马拉维 | 2 | 0 | 0 | 2 | 18 |
| 马来西亚 | 6 | 1 | 0 | 7 | 255 |
| 马尔代夫 | 0 | 0 | 0 | 0 | 0 |
| 马里王国 | 0 | 0 | 0 | 0 | 2 |
| 马耳他 | 0 | 0 | 0 | 0 | 0 |
| 毛利塔尼亚 | 0 | 0 | 0 | 0 | 0 |
| 毛里求斯 | 1 | 0 | 0 | 1 | 9 |
| 墨西哥 | 60 | 93 | 0 | 153 | 1133 |
| 摩尔多瓦共和国 | 16 | 2 | 0 | 18 | 51 |
| 蒙古 | 0 | 0 | 0 | 0 | 7 |
| 黑山共和国 | 0 | 0 | 0 | 0 | 0 |
| 摩洛哥 | 0 | 0 | 0 | 0 | 26 |
| 莫桑比克 | 3 | 0 | 0 | 3 | 14 |
| 缅甸 | 0 | 0 | 0 | 0 | 2 |
| 纳米比亚 | 1 | 0 | 0 | 1 | 2 |
| 尼泊尔 | 2 | 0 | 0 | 2 | 6 |
| 荷兰 | 0 | 0 | 0 | 0 | 630 |
| 新西兰 | 6 | 1 | 0 | 7 | 150 |
| 尼加拉瓜 | 2 | 3 | 0 | 5 | 192 |
| 尼日尔 | 0 | 0 | 0 | 0 | 0 |
| 尼日利亚 | 4 | 0 | 0 | 4 | 8 |

（续表 2-1）

| 成员 | 2018 年定期通报 | 2018 年补遗和勘误 | 2018 年修订 | 2018 年通报合计 | 自 1995 年的通报合计 |
|---|---|---|---|---|---|
| 北马其顿共和国 | 0 | 0 | 0 | 0 | 8 |
| 挪威 | 0 | 0 | 0 | 0 | 89 |
| 阿曼 | 50 | 1 | 0 | 51 | 400 |
| 巴基斯坦 | 7 | 11 | 0 | 18 | 119 |
| 巴拿马 | 6 | 0 | 0 | 6 | 104 |
| 巴布亚新几内亚 | 0 | 0 | 0 | 0 | 1 |
| 巴拉圭 | 4 | 2 | 0 | 6 | 130 |
| 秘鲁 | 11 | 6 | 0 | 17 | 133 |
| 菲律宾 | 7 | 3 | 2 | 12 | 281 |
| 波兰 | 0 | 0 | 0 | 0 | 7 |
| 葡萄牙 | 0 | 0 | 0 | 0 | 1 |
| 卡塔尔 | 42 | 1 | 0 | 43 | 595 |
| 罗马尼亚 | 0 | 0 | 0 | 0 | 94 |
| 俄罗斯联邦 | 3 | 0 | 0 | 3 | 89 |
| 卢旺达 | 137 | 0 | 0 | 137 | 220 |
| 基茨和尼维斯 | 0 | 0 | 0 | 0 | 0 |
| 圣卢西亚 | 1 | 0 | 0 | 1 | 56 |
| 圣文森特和格林纳丁斯 | 0 | 0 | 0 | 0 | 13 |
| 萨摩亚 | 0 | 0 | 0 | 0 | 0 |
| 沙特阿拉伯王国 | 59 | 2 | 0 | 61 | 1112 |
| 塞内加尔 | 1 | 0 | 0 | 1 | 14 |
| 塞舌尔 | 1 | 0 | 0 | 1 | 4 |
| 塞拉利昂 | 0 | 0 | 0 | 0 | 0 |
| 新加坡 | 7 | 3 | 0 | 10 | 72 |
| 斯洛伐克共和国 | 0 | 0 | 0 | 0 | 54 |
| 斯洛文尼亚 | 3 | 0 | 0 | 3 | 115 |
| 所罗门群岛 | 0 | 0 | 0 | 0 | 0 |
| 南非 | 8 | 8 | 1 | 17 | 369 |
| 西班牙 | 3 | 0 | 0 | 3 | 76 |
| 斯里兰卡 | 3 | 0 | 0 | 3 | 53 |
| 苏里南 | 0 | 0 | 0 | 0 | 1 |
| 瑞典 | 1 | 0 | 0 | 1 | 231 |
| 瑞士 | 4 | 0 | 0 | 4 | 321 |

（续表 2-1）

| 成员 | 2018 年定期通报 | 2018 年补遗和勘误 | 2018 年修订 | 2018 年通报合计 | 自 1995 年的通报合计 |
|---|---|---|---|---|---|
| 中国台北 | 33 | 46 | 4 | 83 | 530 |
| 塔吉克斯坦 | 1 | 0 | 0 | 1 | 6 |
| 坦桑尼亚 | 104 | 0 | 6 | 110 | 236 |
| 泰国 | 27 | 12 | 3 | 42 | 764 |
| 冈比亚 | 0 | 0 | 0 | 0 | 2 |
| 多哥 | 0 | 0 | 0 | 0 | 2 |
| 汤加 | 0 | 0 | 0 | 0 | 0 |
| 特立尼达和多巴哥 | 3 | 0 | 0 | 3 | 133 |
| 突尼斯 | 1 | 0 | 0 | 1 | 28 |
| 土耳其 | 35 | 0 | 1 | 36 | 161 |
| 乌干达 | 209 | 198 | 6 | 413 | 1345 |
| 乌克兰 | 14 | 8 | 0 | 22 | 211 |
| 阿拉伯联合酋长国 | 51 | 1 | 0 | 52 | 458 |
| 英国 | 4 | 0 | 0 | 4 | 54 |
| 美国 | 109 | 154 | 13 | 276 | 3468 |
| 乌拉圭 | 5 | 0 | 0 | 5 | 27 |
| 瓦努阿图 | 0 | 0 | 0 | 0 | 0 |
| 委内瑞拉玻利瓦尔共和国 | 0 | 0 | 0 | 0 | 35 |
| 越南 | 23 | 0 | 0 | 23 | 152 |
| 也门 | 42 | 1 | 0 | 43 | 160 |
| 赞比亚 | 0 | 0 | 0 | 0 | 88 |
| 津巴布韦 | 0 | 0 | 0 | 0 | 1 |
| 合计 | 2085 | 928 | 52 | 3065 | 33312 |

## 二、SPS 通报总体情况

### （一）通报数量

2018 年，有 67 个成员向 WTO 提交了 1636 件 SPS 通报，比上一年通报数量（1480 件）增加 10.5%。其中发达成员通报了 446 件，发展中成员通报了 1190 件，占比分别为 27.3% 和 72.7%。排在前十位的成员分别是：巴西 159 件，加拿大 141 件，欧盟 92 件，美国 84 件，沙特阿拉伯 76 件，日本 66 件，秘鲁 64 件、肯尼亚 62 件，中国 54 件，智利 53 件。6 个发达成员有 4 个成员进入通报数量前十位，南美地区和亚洲地区各有 3 个成员进入前十位。2018 年，利比里亚、黑山共和国作为 WTO 成员第一次发布通报 ( 见图 2–19 和表 2–2)。

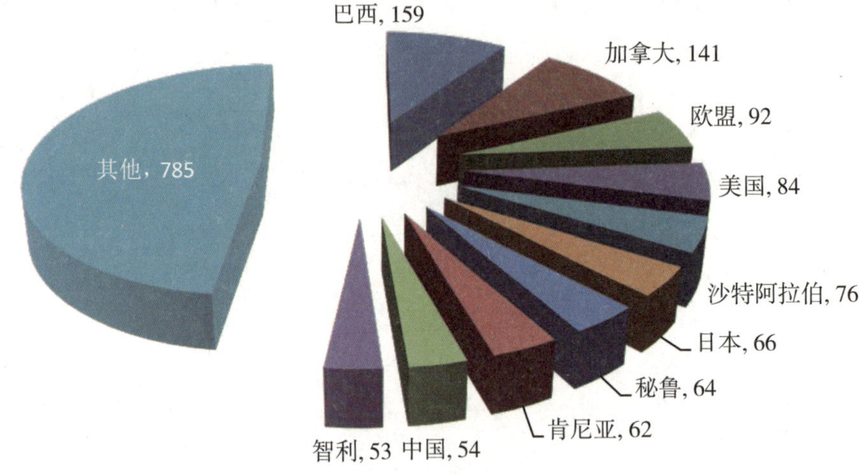


图 2-19　各成员通报情况

**表 2-2　各成员通报数量详细情况**

| 序号 | 通报成员 | 通报总数 | 占 2018 年 SPS 通报总数比例 | 常规通报 | | 紧急通报 | | 起始号码 | 截止号码 |
|---|---|---|---|---|---|---|---|---|---|
| | | | | 件数 | 比例 | 件数 | 比例 | | |
| 1 | 巴　西 | 159 | 9.7% | 150 | 94.3% | 0 | – | 1316 | 1464 |
| 2 | 加拿大 | 141 | 8.6% | 82 | 25.2% | 0 | – | 1150 | 1230 |
| 3 | 欧　盟 | 92 | 5.6% | 57 | 62.0% | 3 | 3.3% | 231 | 290 |
| 4 | 美　国 | 84 | 5.1% | 71 | 84.5% | 0 | – | 2976 | 3046 |
| 5 | 沙特阿拉伯 | 76 | 4.6% | 15 | 19.7% | 37 | 48.7% | 331 | 382 |
| 6 | 日　本 | 66 | 4.0% | 65 | 98.5% | 0 | – | 546 | 609 |
| 7 | 秘　鲁 | 64 | 3.9% | 61 | 95.3% | 1 | 4.7% | 735 | 796 |
| 8 | 肯尼亚 | 62 | 3.8% | 62 | 100% | 0 | – | 31 | 92 |
| 9 | 中　国 | 54 | 3.3% | 54 | 100% | 0 | – | 1062 | 1115 |
| 10 | 智　利 | 53 | 3.2% | 22 | 41.5% | 2 | 3.8% | 566 | 589 |
| 11 | 乌干达 | 51 | 3.1% | 51 | 100% | 0 | | 6 | 56 |
| 12 | 中国台北 | 50 | 3.0% | 29 | 58% | 0 | – | 450 | 478 |
| 13 | 黑山共和国 | 49 | 3.0% | 49 | 100% | 0 | – | 1 | 49 |
| 14 | 墨西哥 | 48 | 2.9% | 35 | 72.9% | 0 | – | 328 | 362 |
| 15 | 韩　国 | 47 | 2.9% | 35 | 74.5% | 1 | 2.1% | 587 | 622 |
| 16 | 阿联酋 | 41 | 2.5% | 16 | 39.0% | 15 | 36.6% | 139 | 169 |
| 17 | 哥伦比亚 | 40 | 2.4% | 24 | 60% | 2 | 5% | 276 | 301 |
| 18 | 澳大利亚 | 33 | 2.0% | 23 | 69.7% | 0 | – | 443 | 465 |

（续表 2-2）

| 序号 | 通报成员 | 通报总数 | 占 2018 年 SPS 通报总数比例 | 常规通报 | | 紧急通报 | | 起始号码 | 截止号码 |
|---|---|---|---|---|---|---|---|---|---|
| | | | | 件数 | 比例 | 件数 | 比例 | | |
| 19 | 新西兰 | 30 | 1.8% | 12 | 40% | 7 | 23.3% | 565 | 583 |
| 20 | 印　度 | 29 | 1.8% | 28 | 96.6% | 0 | – | 201 | 228 |
| 21 | 菲律宾 | 29 | 1.8% | 10 | 34.5% | 16 | 55.2% | 404 | 429 |
| 22 | 泰　国 | 27 | 1.7% | 20 | 74.1% | 0 | – | 243 | 261 |
| 23 | 乌拉圭 | 22 | 1.3% | 19 | 86.4% | 3 | 13.6% | 30 | 51 |
| 24 | 哥斯达黎加 | 18 | 1.1% | 9 | 50% | 3 | 16.7% | 196 | 207 |
| 25 | 科威特 | 17 | 1.0% | 12 | 63.2% | 5 | 29.4% | 31 | 47 |
| 26 | 阿根廷 | 16 | 1.0% | 14 | 87.5% | 0 | – | 208 | 221 |
| 27 | 厄瓜多尔 | 16 | 1.0% | 12 | 75% | 0 | – | 203 | 214 |
| 28 | 哈萨克斯坦 | 15 | 0.9% | 2 | 13.3% | 13 | 86.7% | 14 | 28 |
| 29 | 越　南 | 15 | 0.9% | 10 | 66.7% | 0 | – | 95 | 104 |
| 30 | 巴　林 | 14 | 0.9% | 14 | 100% | 0 | – | 184 | 196 |
| 31 | 尼日利亚 | 14 | 0.9% | 13 | 92.9% | 0 | – | 18 | 30 |
| 32 | 阿　曼 | 13 | 0.8% | 12 | 92.3% | 0 | – | 82 | 93 |
| 33 | 俄罗斯 | 12 | 0.7% | 7 | 58.3% | 3 | 25% | 147 | 156 |
| 34 | 卡塔尔 | 12 | 0.7% | 12 | 100% | 0 | – | 86 | 97 |
| 35 | 也　门 | 12 | 0.7% | 12 | 100% | 0 | – | 27 | 38 |
| 36 | 乌克兰 | 12 | 0.7% | 12 | 100% | 0 | – | 120 | 130 |
| 37 | 土耳其 | 11 | 0.7% | 11 | 100% | 0 | – | 97 | 107 |
| 38 | 埃　及 | 9 | 0.6% | 7 | 77.8% | 0 | – | 81 | 87 |
| 39 | 尼加拉瓜 | 8 | 0.5% | 4 | 50% | 0 | – | 102 | 105 |
| 40 | 南　非 | 8 | 0.5% | 3 | 37.5% | 1 | 12.5% | 59 | 62 |
| 41 | 洪都拉斯 | 7 | 0.4% | 4 | 57.1% | 0 | – | 54 | 57 |
| 42 | 萨尔瓦多 | 6 | 0.4% | 5 | 83.3% | 0 | – | 127 | 131 |
| 43 | 亚美尼亚 | 4 | 0.2% | 4 | 81.8% | 0 | – | 25 | 28 |
| 44 | 危地马拉 | 4 | 0.2% | 3 | 75% | 0 | – | 66 | 68 |
| 45 | 新加坡 | 3 | 0.2% | 2 | 40% | 0 | – | 60 | 61 |
| 46 | 摩洛哥 | 3 | 0.2% | 3 | 70% | 0 | – | 55 | 57 |
| 47 | 多米尼加 | 3 | 0.2% | 2 | 66.7% | 0 | – | 71 | 71 |
| 48 | 马来西亚 | 3 | 0.2% | 3 | 100% | 0 | – | 41 | 43 |
| 49 | 巴拿马 | 3 | 0.2% | 3 | 100% | 0 | – | 61 | 63 |
| 50 | 摩尔多瓦 | 3 | 0.2% | 3 | 100% | 0 | – | 5 | 7 |
| 51 | 布隆迪 | 3 | 0.2% | 3 | 100% | 0 | – | 6 | 8 |

（续表 2-2）

| 序号 | 通报成员 | 通报总数 | 占 2018 年 SPS 通报总数比例 | 常规通报 | | 紧急通报 | | 起始号码 | 截止号码 |
|---|---|---|---|---|---|---|---|---|---|
| | | | | 件数 | 比例 | 件数 | 比例 | | |
| 52 | 毛里求斯 | 2 | 0.1% | 1 | 50% | 1 | 50% | 16 | 17 |
| 53 | 莫桑比克 | 2 | 0.1% | 2 | 100% | 0 | – | 5 | 6 |
| 54 | 挪　威 | 2 | 0.1% | 1 | 50% | 1 | 50% | 37 | 38 |
| 55 | 西班牙 | 2 | 0.1% | 2 | 100% | 0 | – | 5 | 6 |
| 56 | 塞舌尔 | 2 | 0.1% | 1 | 50% | 1 | 50% | 3 | 4 |
| 57 | 约　旦 | 2 | 0.1% | 0 | – | 2 | 100% | 39 | 40 |
| 58 | 加　纳 | 2 | 0.1% | 1 | 50% | 1 | 50% | 4 | 5 |
| 59 | 中国澳门 | 2 | 0.1% | 2 | 100% | 0 | – | 22 | 23 |
| 60 | 中国香港 | 2 | 0.1% | 1 | 50% | 0 | – | 43 | 43 |
| 61 | 多　哥 | 1 | 0.1% | 0 | – | 1 | 100% | 11 | 11 |
| 62 | 老　挝 | 1 | 0.1% | 0 | – | 1 | 100% | 3 | 3 |
| 63 | 利比里亚 | 1 | 0.1% | 1 | 100% | 0 | | 1 | 1 |
| 64 | 突尼斯 | 1 | 0.1% | 1 | 100% | 0 | – | 2 | 2 |
| 65 | 马达加斯加 | 1 | 0.1% | 0 | – | 1 | 100% | 37 | 37 |
| 66 | 法　国 | 1 | 0.1% | 0 | – | 1 | 100% | 14 | 14 |
| 67 | 牙买加 | 1 | 0.1% | 1 | 100% | 0 | – | 15 | 15 |

## （二）通报类型

2018 发布的 1636 件通报中，常规措施通报（包括修订）为 1205 件，约占通报总数的 73.7%；紧急措施通报（包括修订）122 件，约占通报总数的 7.5%；补遗通报 288 件，约占通报总数的 17.6%；勘误通报 21 件，约占通报总数的 1.3%（见图 2–20）。

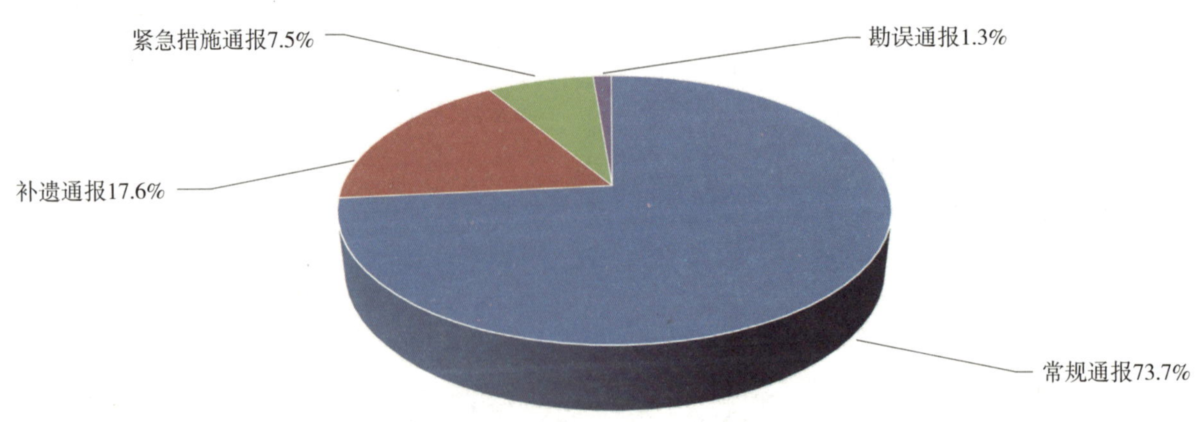


图 2-20　通报类型

## （三）通报领域

就通报措施在 SPS 三大领域的分布情况而言，对可统计通报中“目的和理由”一栏的分析表明，2018 年，涉及食品安全的通报数量 922 件，涉及动物健康 222 件，植物保护 213 件，保护国家免受有害生物的其他危害 75 件，保护人类免受动/植物有害生物的危害 73 件（见图 2–21）。

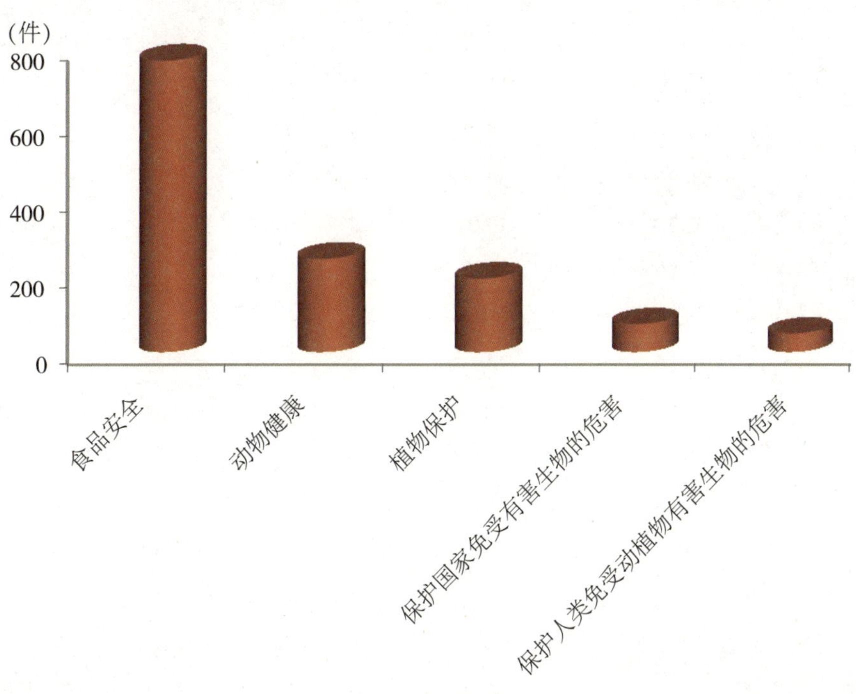


图 2-21 通报领域

表 2-3 各成员常规和紧急措施通报涉及各领域的数量和比例

| 序号 | 通报成员 | 食品安全 | | 动物健康 | | 植物保护 | | 保护人类 | | 保护国家 | |
|---|---|---|---|---|---|---|---|---|---|---|---|
| | | 件数 | 比例 | 件数 | 比例 | 件数 | 比例 | 件数 | 比例 | 件数 | 比例 |
| 1 | 巴 西 | 104 | 69.3% | 1 | 0.7% | 29 | 19.3% | 20 | 13.3% | 12 | 8% |
| 2 | 加拿大 | 79 | 96.3% | 2 | 2.4% | 3 | 3.7% | 1 | 1.2% | 2 | 2.4% |
| 3 | 欧 盟 | 54 | 90% | 4 | 6.7% | 6 | 10% | 1 | 1.7% | 1 | 1.7% |
| 4 | 美 国 | 64 | 90.1% | 2 | 2.8% | 5 | 7.0% | 0 | – | 0 | – |
| 5 | 沙特阿拉伯 | 30 | 57.7% | 22 | 42.3% | 0 | – | 0 | – | 0 | – |
| 6 | 日 本 | 63 | 96.9% | 2 | 3.1% | 1 | 1.5% | 0 | – | 0 | – |
| 7 | 秘 鲁 | 2 | 3.2% | 18 | 29.0% | 43 | 69.4% | 1 | 1.6% | 0 | – |
| 8 | 肯尼亚 | 62 | 100% | 0 | – | 0 | – | 0 | – | 0 | – |
| 9 | 中 国 | 54 | 100% | 0 | – | 0 | – | 0 | – | 0 | – |
| 10 | 智 利 | 3 | 12.5% | 8 | 33.3% | 11 | 45.8% | 0 | – | 1 | 4.2% |
| 11 | 乌干达 | 51 | 100% | 0 | – | 0 | – | 0 | – | 0 | – |

（续表 2-3）

| 序号 | 通报成员 | 食品安全 | | 动物健康 | | 植物保护 | | 保护人类 | | 保护国家 | |
|---|---|---|---|---|---|---|---|---|---|---|---|
| | | 件数 | 比例 | 件数 | 比例 | 件数 | 比例 | 件数 | 比例 | 件数 | 比例 |
| 12 | 中国台北 | 18 | 62.1% | 5 | 17.2% | 6 | 20.7% | 0 | – | 4 | 13.8% |
| 13 | 黑山共和国 | 18 | 36.7% | 30 | 61.2% | 1 | 2.0% | 0 | – | 0 | – |
| 14 | 墨西哥 | 3 | 8.6% | 2 | 5.7% | 4 | 11.4% | 15 | 42.9% | 25 | 71.4% |
| 15 | 韩　国 | 27 | 75% | 4 | 11.1% | 4 | 11.1% | 3 | 8.3% | 1 | 2.8% |
| 16 | 阿联酋 | 27 | 87.1% | 14 | 45.2% | 3 | 9.7% | 2 | 6.5% | 2 | 6.5% |
| 17 | 哥伦比亚 | 7 | 26.9% | 9 | 34.6% | 15 | 57.7% | 1 | 3.8% | 1 | 3.8% |
| 18 | 澳大利亚 | 12 | 52.2% | 3 | 13.0% | 8 | 34.8% | 0 | – | 0 | – |
| 19 | 新西兰 | 2 | 10.5% | 7 | 36.8% | 11 | 57.9% | 1 | 5.3% | 0 | – |
| 20 | 印　度 | 24 | 85.7% | 0 | – | 4 | 14.3% | 2 | 7.1% | 3 | 10.7% |
| 21 | 菲律宾 | 19 | 73.1% | 19 | 73.1% | 0 | – | 2 | 7.7% | 2 | 7.7% |
| 22 | 泰　国 | 18 | 90% | 2 | 10% | 0 | – | 0 | – | 0 | – |
| 23 | 乌拉圭 | 2 | 9.1% | 20 | 90.9% | 0 | – | 1 | 4.5% | 0 | – |
| 24 | 哥斯达黎加 | 2 | 16.7% | 4 | 33.3% | 6 | 50% | 0 | – | 5 | 41.7% |
| 25 | 科威特 | 17 | 100% | 0 | – | 0 | – | 0 | – | 0 | – |
| 26 | 阿根廷 | 0 | – | 0 | – | 14 | 100% | 0 | – | 0 | – |
| 27 | 厄瓜多尔 | 0 | – | 0 | – | 12 | 100% | 0 | – | 6 | |
| 28 | 哈萨克斯坦 | 12 | 80% | 13 | 86.7% | 1 | 6.7% | 1 | 6.7% | 0 | – |
| 29 | 越　南 | 9 | 90% | 2 | 20% | 2 | 10% | 3 | 15% | 0 | – |
| 30 | 巴　林 | 12 | 85.7% | 0 | – | 1 | 8.3% | 0 | – | 1 | 8.3% |
| 31 | 尼日利亚 | 13 | 100% | 4 | 30.8% | 2 | 15.4% | 9 | 69.2% | 1 | 7.7% |
| 32 | 阿　曼 | 12 | 100% | 0 | – | 0 | – | 0 | – | 0 | – |
| 33 | 俄罗斯 | 4 | 40% | 5 | 50% | 3 | 30% | 3 | 30% | 0 | – |
| 34 | 卡塔尔 | 12 | 100% | 0 | – | 0 | – | 0 | – | 0 | – |
| 35 | 也　门 | 12 | 100% | 0 | – | 0 | – | 0 | – | 0 | – |
| 36 | 乌克兰 | 11 | 91.7% | 4 | 33.3% | 2 | 16.7% | 2 | 16.7% | 1 | 8.3% |
| 37 | 土耳其 | 11 | 100% | 0 | – | 0 | – | 0 | – | 0 | – |
| 38 | 埃　及 | 5 | 71.4% | 0 | – | 2 | 28.6% | 0 | – | 2 | 28.6% |
| 39 | 尼加拉瓜 | 2 | 50% | 1 | 25% | 0 | – | 1 | 25% | 1 | 25% |
| 40 | 南　非 | 4 | 100% | 0 | – | 0 | – | 0 | – | 0 | – |
| 41 | 洪都拉斯 | 3 | 75% | 0 | – | 1 | 25% | 0 | – | 0 | – |
| 42 | 萨尔瓦多 | 2 | 20% | 1 | 20% | 2 | 40% | 0 | – | 0 | – |
| 43 | 亚美尼亚 | 1 | 25% | 1 | 25% | 2 | 50% | 0 | – | 0 | – |
| 44 | 危地马拉 | 2 | 66.7% | 0 | – | 1 | 33.3% | 0 | – | 0 | – |

（续表 2-3）

| 序号 | 通报成员 | 食品安全 | | 动物健康 | | 植物保护 | | 保护人类 | | 保护国家 | |
|---|---|---|---|---|---|---|---|---|---|---|---|
| | | 件数 | 比例 | 件数 | 比例 | 件数 | 比例 | 件数 | 比例 | 件数 | 比例 |
| 45 | 新加坡 | 2 | 100% | 0 | – | 0 | – | 0 | – | 0 | – |
| 46 | 摩洛哥 | 1 | 33.3% | 1 | 33.3% | 1 | 33.3% | 1 | 33.3 | 0 | – |
| 47 | 多米尼加 | 2 | 100% | 0 | – | 0 | – | 1 | 50% | 0 | – |
| 48 | 马来西亚 | 3 | 100% | 0 | – | 0 | – | 0 | – | 0 | – |
| 49 | 巴拿马 | 3 | 100% | 0 | – | 0 | – | 0 | – | 0 | – |
| 50 | 摩尔多瓦 | 3 | 100% | 1 | 33.3% | 1 | 33.3% | 1 | 33.3% | 0 | – |
| 51 | 布隆迪 | 2 | 66.7% | 2 | 66.7% | 1 | 33.3% | 1 | 33.3% | 2 | 66.7% |
| 52 | 毛里求斯 | 2 | 100% | 1 | 50% | 1 | – | 0 | – | 1 | 50% |
| 53 | 莫桑比克 | 1 | 50% | 1 | 50% | 0 | – | 0 | – | 0 | – |
| 54 | 挪　威 | 0 | – | 1 | 50% | 1 | 50% | 0 | – | 0 | – |
| 55 | 西班牙 | 0 | – | 1 | 50% | 1 | 50% | 0 | – | 1 | 50% |
| 56 | 塞舌尔 | 2 | 100% | 0 | – | 0 | – | 0 | – | 0 | – |
| 57 | 约　旦 | 1 | 50% | 1 | 50% | 1 | 50% | 0 | – | 0 | – |
| 58 | 加　纳 | 2 | 100% | 2 | 100% | 1 | 50% | 0 | – | 0 | – |
| 59 | 中国澳门 | 2 | 100% | 0 | – | 0 | – | 0 | – | 0 | – |
| 60 | 中国香港 | 1 | 100% | 0 | – | 0 | – | 0 | – | 0 | – |
| 61 | 多　哥 | 1 | 100% | 0 | – | 0 | – | 0 | – | 0 | – |
| 62 | 老　挝 | 1 | 100% | 0 | – | 0 | – | 0 | – | 0 | – |
| 63 | 利比里亚 | 1 | 100% | 0 | – | 0 | – | 0 | – | 0 | – |
| 64 | 突尼斯 | 1 | 100% | 0 | – | 0 | – | 0 | – | 0 | – |
| 65 | 马达加斯加 | 0 | – | 1 | 100% | 0 | – | 0 | – | 0 | – |
| 66 | 法　国 | 1 | 100% | 0 | – | 0 | – | 0 | – | 0 | – |
| 67 | 牙买加 | 1 | 100% | 1 | 100% | 0 | – | 0 | – | 0 | – |

* 此表为复选，故各类个数为累计数量

* 比例为各“目标与理由”占各成员常规通报和紧急措施通报总数的比例

## （四）通报热点

通过对 1205 件常规通报（包括修订）中“涉及产品”和“内容摘要”栏目的分析发现，2018 年各成员的通报措施中：

（1）涉及食品安全方面，农药残留限量依然是通报数量最多的 SPS 措施，发布此通报较多的成员有巴西、加拿大、美国、日本、欧盟。其次是产品标准，包括产品的技术标准以及生产规范等，发布较多的成员有肯尼亚、中国、海湾国家联盟、乌干达、黑山共和国等；食品添加剂标准，发布较多的成员有中国、加拿大、韩国、印度、欧盟、越南等。2018 年欧盟批准了 11 种物质作为新型食品成分投放市场并修订了新型食品名单。

（2）涉及动物健康方面，最多的是活动物进口检疫要求，集中在秘鲁、哥伦比亚、乌拉圭、新西兰、黑山共和国等成员。其次是动物副产品的进口检疫要求，包括胚胎、精液等；以及饲料添加剂标准，发布较多的成员有欧盟、中国、日本、黑山共和国等。

（3）涉及植物保护方面，主要是以南美洲国家如秘鲁、智利、阿根廷、墨西哥以及澳大利亚、新西兰等成员发布的针对第三国的植物产品如繁殖材料、水果、谷物、作物等的进口要求。其次是针对有害生物发布的，包括有害物名单、寄主物种、防治措施等。

### （五）通报措施与国际标准的关系

为了各成员更好地履行透明度义务，自 2008 年 12 月 1 日起，SPS 委员会鼓励各成员除了必须通报与国际标准不同的措施外，也尽量通报其新制 / 修订的与国际标准一致的法规。从常规通报和紧急措施通报与国际标准的关系看：表示通报有相关国际标准的有 612 件，无相关国际标准的 715 件；表示其通报措施与国际标准一致的有 507 件，表示其措施与国际标准不符的有 105 件（见图 2–22）。

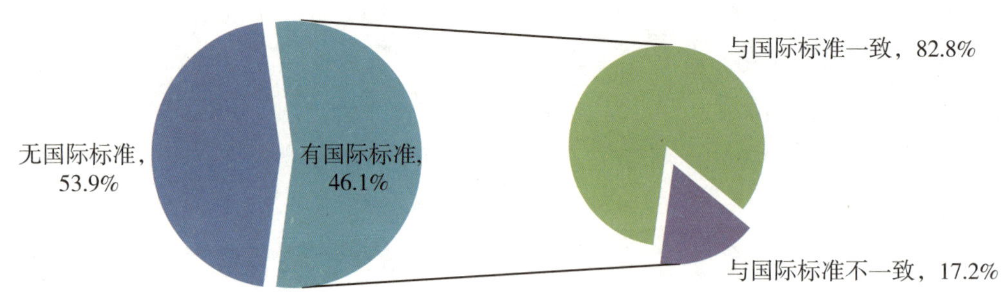


图 2-22　通报措施与国际标准关系

### （六）通报评议期

2018 年，在各成员所发布的 1205 件常规通报（包括修订）中，有 771 件留出了至少 60 天的评议期，占常规通报总量的 64.0%；有 193 件通报的评议期表述为“不适用”，占常规通报总量的 16.0%；241 件通报的评议期不足 60 天，占常规通报总量的 20%；有 159 件通报表示其通报措施属于贸易促进措施。有中国、哥伦比亚等 26 个成员提供 60 天评议期的通报达到了 100%（见图 2–23）。各成员评议期执行情况详见表 2–4。

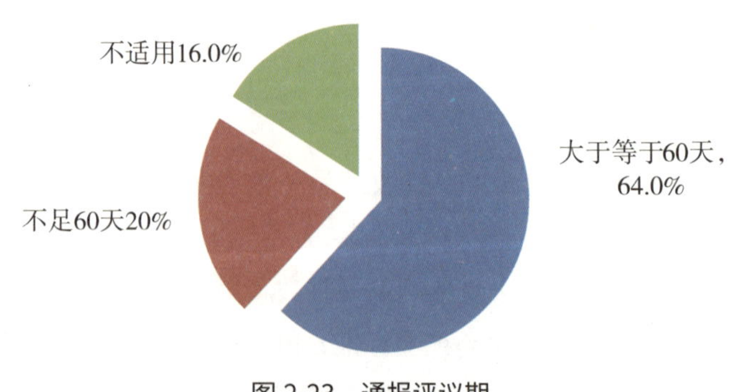


图 2-23　通报评议期

**表 2-4 各成员评议期执行情况**

| 序号 | 通报成员 | <=0 天 | | 1~15 天 | | 16~30 天 | | 31~45 天 | | 46~59 天 | | >=60 天 | | 不适用 | |
|---|---|---|---|---|---|---|---|---|---|---|---|---|---|---|---|
| | | 件 | 比例 | 件 | 比例 | 件 | 比例 | 件 | 比例 | 件 | 比例 | 件 | 比例 | 件 | 比例 |
| 1 | 巴 西 | 29 | 19.3% | 6 | 4% | 44 | 29.3% | 30 | 20% | 0 | – | 19 | 12.7% | 22 | 14.7% |
| 2 | 加拿大 | 0 | – | 0 | – | 0 | – | 0 | – | 8 | 9.8% | 74 | 90.2% | 0 | – |
| 3 | 欧 盟 | 0 | – | 0 | – | 0 | – | 0 | – | 0 | – | 23 | 40.4% | 34 | 59.6% |
| 4 | 美 国 | 1 | 1.4% | 3 | 4.2% | 4 | 5.6% | 3 | 4.2% | 6 | 8.4% | 1 | 1.4% | 53 | 74.6% |
| 5 | 沙特阿拉伯 | 0 | – | 0 | – | 0 | – | 0 | – | 0 | – | 15 | 100% | 0 | – |
| 6 | 日 本 | 0 | – | 0 | – | 0 | – | 0 | – | 0 | – | 57 | 87.7% | 8 | 12.3% |
| 7 | 秘 鲁 | 0 | – | 0 | – | 8 | 13.1% | 0 | – | 0 | – | 18 | 29.5% | 35 | 57.4% |
| 8 | 肯尼亚 | 0 | – | 7 | 11.3% | 22 | 35.5% | 29 | 46.8% | 0 | – | 3 | 4.8% | 1 | 1.6% |
| 9 | 中 国 | 0 | – | 0 | – | 0 | – | 0 | – | 0 | – | 54 | 100% | 0 | – |
| 10 | 智 利 | 0 | – | 0 | – | 1 | 4.5% | 1 | 4.5% | 0 | – | 18 | 81.8% | 2 | 9.1% |
| 11 | 乌干达 | 0 | – | 0 | – | 0 | – | 0 | – | 0 | – | 51 | 100% | 0 | – |
| 12 | 中国台北 | 0 | – | 0 | – | 0 | – | 0 | – | 0 | – | 29 | 100% | 0 | – |
| 13 | 黑山共和国 | 0 | – | 0 | – | 0 | – | 0 | – | 0 | – | 49 | 100% | 0 | – |
| 14 | 墨西哥 | 0 | – | 0 | – | 1 | 2.9% | 0 | – | 1 | 2.9% | 33 | 94.3% | 0 | – |
| 15 | 韩 国 | 0 | – | 0 | – | 1 | 2.9% | 0 | 9.5% | 0 | – | 31 | 88.6% | 3 | 8.6% |
| 16 | 阿联酋 | 0 | – | 0 | – | 0 | – | 0 | – | 0 | – | 13 | 81.3% | 3 | 18.8% |
| 17 | 哥伦比亚 | 0 | – | 0 | – | 0 | – | 0 | – | 0 | – | 24 | 100% | 0 | – |
| 18 | 澳大利亚 | 0 | – | 0 | – | 1 | 4.3% | 1 | 4.3% | 7 | 30.4% | 12 | 52.2% | 2 | 8.7% |
| 19 | 新西兰 | 0 | – | 0 | – | 3 | 25% | 0 | – | 1 | 8.3% | 8 | 66.7% | 0 | – |
| 20 | 印 度 | 0 | – | 0 | – | 0 | – | 0 | – | 3 | 10.7% | 25 | 89.3% | 0 | – |
| 21 | 菲律宾 | 0 | – | 0 | – | 0 | – | 0 | – | 0 | – | 4 | 40% | 6 | 60% |
| 22 | 泰 国 | 0 | – | 0 | – | 2 | 10% | 0 | – | 1 | 5% | 17 | 85% | 0 | – |
| 23 | 乌拉圭 | 0 | – | 0 | – | 0 | – | 0 | – | 0 | – | 19 | 100% | 0 | – |
| 24 | 哥斯达黎加 | 0 | – | 0 | – | 0 | – | 0 | – | 0 | – | 7 | 77.8% | 2 | 22.2% |
| 25 | 科威特 | 0 | – | 0 | – | 0 | – | 0 | – | 0 | – | 12 | 100% | 0 | – |
| 26 | 阿根廷 | 1 | 7.1% | 0 | – | 1 | 7.1% | 0 | – | 0 | – | 5 | 35.7% | 7 | 50% |
| 27 | 厄瓜多尔 | 1 | 8.3% | 0 | – | 0 | – | 0 | – | 1 | 8.3% | 8 | 66.7% | 2 | 16.7% |
| 28 | 哈萨克斯坦 | 0 | – | 0 | – | 0 | – | 0 | – | 0 | – | 2 | 100% | 0 | – |
| 29 | 越 南 | 0 | – | 0 | – | 0 | – | 0 | – | 2 | 20% | 8 | 80% | 0 | – |
| 30 | 巴 林 | 0 | – | 0 | – | 0 | – | 0 | – | 0 | – | 13 | 92.9% | 1 | 7.1% |
| 31 | 尼日利亚 | 1 | 7.7% | 0 | – | 0 | – | 0 | – | 0 | – | 12 | 92.3% | 0 | – |
| 32 | 阿 曼 | 0 | – | 0 | – | 0 | – | 0 | – | 0 | – | 12 | 100% | 0 | – |
| 33 | 俄罗斯 | 0 | – | 0 | – | 0 | – | 0 | – | 0 | – | 6 | 85.7% | 1 | 14.3% |

（续表 2-4）

| 序号 | 通报成员 | <=0 天 | | 1~15 天 | | 16~30 天 | | 31~45 天 | | 46~59 天 | | >=60 天 | | 不适用 | |
|---|---|---|---|---|---|---|---|---|---|---|---|---|---|---|---|
| | | 件 | 比例 | 件 | 比例 | 件 | 比例 | 件 | 比例 | 件 | 比例 | 件 | 比例 | 件 | 比例 |
| 34 | 卡塔尔 | 0 | – | 0 | – | 0 | – | 0 | – | 0 | – | 12 | 100% | 0 | – |
| 35 | 也　门 | 0 | – | 0 | – | 0 | – | 0 | – | 0 | – | 12 | 100% | 0 | – |
| 36 | 乌克兰 | 0 | – | 0 | – | 0 | – | 0 | – | 0 | – | 8 | 66.7% | 4 | 33.3% |
| 37 | 土耳其 | 0 | – | 0 | – | 1 | 9.1% | 0 | – | 4 | 36.4% | 6 | 54.5% | 0 | – |
| 38 | 埃　及 | 0 | – | 0 | – | 0 | – | 0 | – | 0 | | 7 | 100% | 0 | – |
| 39 | 尼加拉瓜 | 0 | – | 0 | – | 0 | – | 0 | – | 0 | – | 2 | 50% | 2 | 50% |
| 40 | 南　非 | 0 | – | 0 | – | 0 | – | 0 | – | 0 | – | 2 | 66.7% | 1 | 33.3% |
| 41 | 洪都拉斯 | 0 | – | 0 | – | 0 | – | 0 | – | 0 | – | 4 | 100% | 0 | – |
| 42 | 萨尔瓦多 | 0 | – | 0 | – | 0 | – | 0 | – | 0 | – | 5 | 100% | 0 | – |
| 43 | 亚美尼亚 | 0 | – | 0 | – | 1 | 25% | 2 | 50% | 0 | – | 1 | 25% | 0 | – |
| 44 | 危地马拉 | 0 | – | 0 | – | 0 | – | 0 | – | 0 | – | 3 | 100% | 0 | – |
| 45 | 新加坡 | 0 | – | 0 | – | 0 | – | 0 | – | 0 | – | 2 | 100% | 0 | – |
| 46 | 摩洛哥 | 0 | – | 0 | – | 0 | – | 0 | – | 0 | – | 3 | 100% | 0 | – |
| 47 | 多米尼加 | 0 | – | 1 | 50% | 0 | – | 0 | – | 0 | – | 1 | 50% | 0 | |
| 48 | 马来西亚 | 0 | – | 0 | – | 0 | – | 0 | – | 0 | – | 3 | 100% | 0 | – |
| 49 | 巴拿马 | 0 | – | 0 | – | 0 | – | 0 | – | 0 | – | 3 | 100% | 0 | – |
| 50 | 摩尔多瓦 | 0 | – | 0 | – | 0 | – | 0 | – | 0 | – | 3 | 100% | 0 | – |
| 51 | 布隆迪 | 0 | – | 0 | – | 0 | – | 0 | – | 0 | – | 3 | 100% | 0 | – |
| 52 | 毛里求斯 | 0 | – | 0 | – | 0 | – | 0 | – | 0 | – | 1 | 50% | 0 | – |
| 53 | 莫桑比克 | 0 | – | 0 | – | 0 | – | 0 | – | 0 | – | 1 | 50% | 1 | 50% |
| 54 | 挪　威 | 0 | – | 0 | – | 0 | – | 0 | – | 0 | – | 1 | 100% | 0 | – |
| 55 | 西班牙 | 0 | – | 0 | – | 0 | – | 0 | – | 0 | – | 2 | 100% | 0 | – |
| 56 | 塞舌尔 | 0 | – | 0 | – | 0 | – | 0 | – | 0 | – | 1 | 100% | 0 | – |
| 57 | 加　纳 | 0 | – | 0 | – | 0 | – | 0 | – | 0 | – | 1 | 100% | 0 | – |
| 58 | 中国澳门 | 0 | – | 0 | – | 0 | – | 0 | – | 0 | – | 0 | – | 2 | 100% |
| 59 | 中国香港 | 0 | – | 0 | – | 0 | – | 1 | 100% | 0 | – | 0 | – | 0 | – |
| 60 | 利比里亚 | 0 | – | 0 | – | 0 | – | 0 | – | 0 | – | 1 | 100% | 0 | – |
| 61 | 突尼斯 | 0 | – | 0 | – | 0 | – | 0 | – | 0 | – | 0 | – | 1 | 100% |
| 62 | 牙买加 | 0 | – | 0 | – | 0 | – | 0 | – | 0 | – | 1 | 100% | 0 | – |

## （七）通报适应期与评议处理期

根据《SPS 协定》附录 B 第 2 条的规定“除紧急情况外，各成员应在 SPS 法规的公布和生效之间留出合理时间间隔，使出口成员、特别是发展中国家成员的生产者有时间使其产品和生产方法适应进口成员的要求”。多哈部长级会议决议第 3 条第 2 段对此做了进一步解释，“《SPS 协定》附录 B 第 2 款规定的条件下，‘合理的时间间隔’这一措辞应理解为通常不少于 6 个月的一段时间”。

统计表明，有 201 件通报给出了至少 6 个月的时间间隔作为适应期，约占常规通报总量的 16.7%；给出适应期但不足 6 个月的通报为 83 件，约占 7.5%；填写的公布、批准或生效日期不具体，或表述为“待定”、“公布后尽快”、“一定宽限期后生效”、“不适用”等，从而无法确定适应期情况的通报为 572 件，约占 47.5%，未提供适应期的通报有 349 件（拟公布日期与拟生效日期为同一天或表述为“公布日”、“官方公报公布时”、“公布后立即生效”），约占常规通报总量的 29.0%。综上所述，各成员在遵守透明度原则方面有待加强。

WTO《SPS 协议》附录 B 规定，应对其他成员的评议意见予以考虑。统计表明，有 445 件通报在评议截止期与拟批准日期之间留出了至少 1 天的时间，约占常规通报总量的 36.9%；有 230 件通报的批准日期早于评议截止期，约占常规通报总量的 19.1%，有 530 件通报的批准日期不具体或表述为“官方公报公布时”、“待定”、“不适用”等，从而无法确定考虑评议的时间，约占常规通报总量的 44.0%（详见表 2–5）。

**表 2-5　各成员适应期执行情况和评议考虑期情况**

| 序号 | 成员 | 适应期执行情况 | | | | | | | | 考虑评议情况 | | | | | |
|---|---|---|---|---|---|---|---|---|---|---|---|---|---|---|---|
| | | >=6 个月 | | <6 个月 | | 无法确定[①] | | 0 天 | | >0 天[②] | | ≤ 0 天 | | 无法确定 | |
| | | 个数 | 比例 | 个数 | 比例 | 个数 | 比例 | 个数 | 比例 | 个数 | 比例 | 个数 | 比例 | 个数 | 比例 |
| 1 | 巴　西 | 3 | 2% | 2 | 1.3% | 115 | 76.7% | 30 | 20% | 120 | 80% | 19 | 12.7% | 11 | 7.3% |
| 2 | 加拿大 | 1 | 1.2% | 0 | – | 4 | 4.9% | 77 | 93.9% | 65 | 79.3% | 16 | 19.5% | 1 | 1.2% |
| 3 | 欧　盟 | 6 | 10.5% | 49 | 86.0% | 1 | 1.8% | 1 | 1.8% | 16 | 28.1% | 40 | 70.2% | 1 | 1.8% |
| 4 | 美　国 | 1 | 1.4% | 0 | – | 20 | 28.2% | 50 | 70.4% | 0 | – | 49 | 69.0% | 22 | 31.0% |
| 5 | 沙特阿拉伯 | 15 | 100% | 0 | – | 0 | – | 0 | – | 0 | – | 0 | – | 15 | 100% |
| 6 | 日　本 | 5 | 7.7% | 0 | – | 59 | 90.8% | 1 | 1.5% | 57 | 87.7% | 0 | – | 8 | 12.3% |
| 7 | 秘　鲁 | 0 | – | 0 | – | 0 | – | 61 | 100% | 2 | 3.3% | 36 | 59.0% | 23 | 37.7% |
| 8 | 肯尼亚 | 0 | – | 0 | – | 62 | 100% | 0 | – | 61 | 98.4% | 0 | – | 1 | 1.6% |
| 9 | 中　国 | 6 | 11.1% | 0 | – | 47 | 87.0% | 1 | 1.9% | 6 | 11.1% | 0 | – | 48 | 88.9% |

① “无法确定”中包含适应期大于零天，但是因未填写日期而无法计算具体天数的通报数量，比如“公布后尽快批准”、“经一段宽限期后，这些标准将基本生效”的表述。

通报表格中“拟批准日期”填写了具体的日期，而“拟生效日期”只填写到月，如果“拟生效日期”与“拟批准日期”中的月份相同，则按照无法确定统计，如果“拟生效日期”中的月份比“拟批准日期”中的晚，则相应地按照“≥ 6 个月”或“<6 个月”统计；通报表格中拟批准日期或拟公布日期与拟生效日期为同一天或批准后立即生效按 0 天统计。

② “>0 天”的通报数量包括大于零天但具体天数不明确的通报。≤ 0 天的通报数量指先批准生效后再向 WTO 通报的通报。“无法确定”包括填写“待定”、“不适用”或未填写内容的项目。

（续表 2-5）

<table>
<tr><th rowspan="3">序号</th><th rowspan="3">成员</th><th colspan="8">适应期执行情况</th><th colspan="6">考虑评议情况</th></tr>
<tr><th colspan="2">>=6 个月</th><th colspan="2"><6 个月</th><th colspan="2">无法确定</th><th colspan="2">0 天</th><th colspan="2">>0 天</th><th colspan="2">≤ 0 天</th><th colspan="2">无法确定</th></tr>
<tr><th>个数</th><th>比例</th><th>个数</th><th>比例</th><th>个数</th><th>比例</th><th>个数</th><th>比例</th><th>个数</th><th>比例</th><th>个数</th><th>比例</th><th>个数</th><th>比 例</th></tr>
<tr><td>10</td><td>智 利</td><td>1</td><td>4.5%</td><td>0</td><td>–</td><td>20</td><td>90.9%</td><td>1</td><td>4.5%</td><td>0</td><td>–</td><td>0</td><td>–</td><td>22</td><td>100%</td></tr>
<tr><td>11</td><td>乌干达</td><td>0</td><td>–</td><td>0</td><td>–</td><td>51</td><td>100%</td><td>0</td><td>–</td><td>45</td><td>100%</td><td>0</td><td>–</td><td>6</td><td>83.9%</td></tr>
<tr><td>12</td><td>中国台北</td><td>0</td><td>–</td><td>0</td><td>–</td><td>28</td><td>96.6%</td><td>1</td><td>3.4%</td><td>1</td><td>3.4%</td><td>1</td><td>3.4%</td><td>27</td><td>96.6%</td></tr>
<tr><td>13</td><td>黑山共和国</td><td>49</td><td>100%</td><td>0</td><td>–</td><td>0</td><td>–</td><td>0</td><td>–</td><td>0</td><td>–</td><td>0</td><td>–</td><td>49</td><td>100%</td></tr>
<tr><td>14</td><td>墨西哥</td><td>2</td><td>5.7%</td><td>0</td><td>–</td><td>31</td><td>88.6%</td><td>2</td><td>5.7%</td><td>1</td><td>2.9%</td><td>0</td><td>–</td><td>34</td><td>97.1%</td></tr>
<tr><td>15</td><td>韩 国</td><td>1</td><td>2.9%</td><td>0</td><td>–</td><td>34</td><td>97.1%</td><td>0</td><td>–</td><td>3</td><td>8.6%</td><td>1</td><td>2.9%</td><td>31</td><td>88.6%</td></tr>
<tr><td>16</td><td>阿联酋</td><td>13</td><td>81.3%</td><td>0</td><td>–</td><td>2</td><td>12.5%</td><td>1</td><td>6.3%</td><td>0</td><td>–</td><td>2</td><td>12.5%</td><td>14</td><td>87.5%</td></tr>
<tr><td>17</td><td>哥伦比亚</td><td>0</td><td>–</td><td>1</td><td>4.2%</td><td>0</td><td>–</td><td>23</td><td>95.8%</td><td>0</td><td>–</td><td>0</td><td>–</td><td>24</td><td>100%</td></tr>
<tr><td>18</td><td>澳大利亚</td><td>1</td><td>4.3%</td><td>2</td><td>8.7%</td><td>17</td><td>73.9%</td><td>3</td><td>13.0%</td><td>4</td><td>17.4%</td><td>3</td><td>13.0%</td><td>16</td><td>69.6%</td></tr>
<tr><td>19</td><td>新西兰</td><td>3</td><td>25%</td><td>1</td><td>8.3%</td><td>1</td><td>8.3%</td><td>7</td><td>58.3%</td><td>6</td><td>50%</td><td>5</td><td>41.7%</td><td>1</td><td>8.3%</td></tr>
<tr><td>20</td><td>印 度</td><td>0</td><td>–</td><td>0</td><td>–</td><td>1</td><td>3.6%</td><td>27</td><td>96.4%</td><td>0</td><td>–</td><td>0</td><td>–</td><td>28</td><td>100%</td></tr>
<tr><td>21</td><td>菲律宾</td><td>0</td><td>–</td><td>1</td><td>10%</td><td>8</td><td>80%</td><td>1</td><td>10%</td><td>0</td><td>–</td><td>2</td><td>20%</td><td>8</td><td>80%</td></tr>
<tr><td>22</td><td>泰 国</td><td>5</td><td>25%</td><td>0</td><td>–</td><td>2</td><td>10%</td><td>13</td><td>65%</td><td>0</td><td>–</td><td>0</td><td>–</td><td>20</td><td>100%</td></tr>
<tr><td>23</td><td>乌拉圭</td><td>0</td><td>–</td><td>9</td><td>47.4%</td><td>0</td><td>–</td><td>10</td><td>52.7%</td><td>13</td><td>68.4%</td><td>6</td><td>31.6%</td><td>0</td><td>–</td></tr>
<tr><td>24</td><td>哥斯达黎加</td><td>3</td><td>33.3%</td><td>0</td><td>–</td><td>4</td><td>44.4%</td><td>2</td><td>22.2%</td><td>0</td><td>–</td><td>4</td><td>44.4%</td><td>5</td><td>55.6%</td></tr>
<tr><td>25</td><td>科威特</td><td>12</td><td>100%</td><td>0</td><td>–</td><td>0</td><td>–</td><td>0</td><td>–</td><td>0</td><td>–</td><td>0</td><td>–</td><td>12</td><td>100%</td></tr>
<tr><td>26</td><td>阿根廷</td><td>0</td><td>–</td><td>0</td><td>–</td><td>8</td><td>57.1%</td><td>6</td><td>42.9%</td><td>7</td><td>50%</td><td>7</td><td>50%</td><td>0</td><td>–</td></tr>
<tr><td>27</td><td>厄瓜多尔</td><td>2</td><td>16.7%</td><td>1</td><td>8.3%</td><td>0</td><td>–</td><td>9</td><td>75%</td><td>1</td><td>8.3%</td><td>11</td><td>91.7%</td><td>0</td><td>–</td></tr>
<tr><td>28</td><td>哈萨克斯坦</td><td>0</td><td>–</td><td>0</td><td>–</td><td>2</td><td>100%</td><td>0</td><td>–</td><td>0</td><td>–</td><td>0</td><td>–</td><td>2</td><td>100%</td></tr>
<tr><td>29</td><td>越 南</td><td>2</td><td>20%</td><td>5</td><td>50%</td><td>1</td><td>10%</td><td>2</td><td>20%</td><td>7</td><td>70%</td><td>1</td><td>10%</td><td>2</td><td>20%</td></tr>
<tr><td>30</td><td>巴 林</td><td>12</td><td>92.3%</td><td>0</td><td>–</td><td>2</td><td>7.7%</td><td>0</td><td>–</td><td>0</td><td>–</td><td>1</td><td>7.7%</td><td>13</td><td>92.3%</td></tr>
<tr><td>31</td><td>尼日利亚</td><td>0</td><td>–</td><td>0</td><td>–</td><td>12</td><td>92.3%</td><td>1</td><td>7.7%</td><td>12</td><td>92.3%</td><td>1</td><td>7.7%</td><td>0</td><td>–</td></tr>
<tr><td>32</td><td>阿 曼</td><td>12</td><td>100%</td><td>0</td><td>–</td><td>0</td><td>–</td><td>0</td><td>–</td><td>0</td><td>–</td><td>0</td><td>–</td><td>12</td><td>100%</td></tr>
<tr><td>33</td><td>俄罗斯</td><td>0</td><td>–</td><td>0</td><td>–</td><td>7</td><td>100%</td><td>0</td><td>–</td><td>0</td><td>–</td><td>0</td><td>–</td><td>7</td><td>100%</td></tr>
<tr><td>34</td><td>卡塔尔</td><td>12</td><td>100%</td><td>0</td><td>–</td><td>0</td><td>–</td><td>0</td><td>–</td><td>0</td><td>–</td><td>0</td><td>–</td><td>12</td><td>100%</td></tr>
<tr><td>35</td><td>也 门</td><td>12</td><td>100%</td><td>0</td><td>–</td><td>0</td><td>–</td><td>0</td><td>–</td><td>0</td><td>–</td><td>0</td><td>–</td><td>12</td><td>100%</td></tr>
<tr><td>36</td><td>乌克兰</td><td>4</td><td>33.3%</td><td>0</td><td>–</td><td>6</td><td>50%</td><td>2</td><td>16.7%</td><td>0</td><td>–</td><td>4</td><td>33.3%</td><td>8</td><td>66.7%</td></tr>
<tr><td>37</td><td>土耳其</td><td>6</td><td>54.5%</td><td>0</td><td>–</td><td>0</td><td>–</td><td>5</td><td>45.5%</td><td>11</td><td>100%</td><td>0</td><td>–</td><td>0</td><td>–</td></tr>
<tr><td>38</td><td>埃 及</td><td>0</td><td>–</td><td>7</td><td>100%</td><td>0</td><td>–</td><td>0</td><td>–</td><td>0</td><td>–</td><td>7</td><td>100%</td><td>0</td><td>–</td></tr>
<tr><td>39</td><td>尼加拉瓜</td><td>0</td><td>–</td><td>0</td><td>–</td><td>2</td><td>50%</td><td>2</td><td>50%</td><td>0</td><td>–</td><td>2</td><td>50%</td><td>2</td><td>50%</td></tr>
<tr><td>40</td><td>南 非</td><td>1</td><td>33.3%</td><td>2</td><td>66.7%</td><td>0</td><td>–</td><td>0</td><td>–</td><td>1</td><td>33.3%</td><td>1</td><td>33.3%</td><td>1</td><td>33.3%</td></tr>
</table>

（续表 2-5）

| 序号 | 成员 | 适应期执行情况 | | | | | | | | 考虑评议情况 | | | | | |
|---|---|---|---|---|---|---|---|---|---|---|---|---|---|---|---|
| | | >=6 个月 | | <6 个月 | | 无法确定 | | 0 天 | | >0 天 | | ≤ 0 天 | | 无法确定 | |
| | | 个数 | 比例 | 个数 | 比例 | 个数 | 比例 | 个数 | 比例 | 个数 | 比例 | 个数 | 比例 | 个数 | 比 例 |
| 41 | 洪都拉斯 | 0 | – | 0 | – | 3 | 75% | 1 | 25% | 0 | – | 0 | – | 4 | 100% |
| 42 | 萨尔瓦多 | 0 | – | 0 | – | 5 | 100% | 0 | – | 0 | – | 0 | – | 5 | 100% |
| 43 | 亚美尼亚 | 0 | – | 0 | – | 4 | 100% | 0 | – | 0 | – | 0 | – | 4 | 100% |
| 44 | 危地马拉 | 0 | – | 0 | – | 3 | 100% | 0 | – | 0 | – | 0 | – | 3 | 100% |
| 45 | 新加坡 | 1 | 50% | 0 | – | 1 | 50% | 0 | – | 1 | 50% | 0 | – | 1 | 50% |
| 46 | 摩洛哥 | 1 | 33.3% | 0 | – | 0 | – | 2 | 66.7% | 2 | 66.7% | 1 | 33.3% | 0 | – |
| 47 | 多米尼加 | 0 | – | 0 | – | 2 | 100% | 0 | – | 0 | – | 0 | – | 2 | 100% |
| 48 | 马来西亚 | 0 | – | 0 | – | 3 | 100% | 0 | – | 0 | – | 0 | – | 3 | 100% |
| 49 | 巴拿马 | 2 | 66.7% | 0 | – | 1 | 33.3% | 0 | – | 0 | – | 0 | – | 3 | 100% |
| 50 | 摩尔多瓦 | 2 | 66.7% | 0 | – | 0 | – | 1 | 33.3% | 0 | – | 3 | 100% | 0 | – |
| 51 | 布隆迪 | 2 | 66.7% | 0 | – | 0 | – | 1 | 33.3% | 0 | – | 1 | 33.3% | 2 | 66.7% |
| 52 | 毛里求斯 | 0 | – | 0 | – | 0 | – | 1 | 100% | 0 | – | 0 | – | 1 | 100% |
| 53 | 莫桑比克 | 1 | 50% | 0 | – | 1 | 50% | 0 | – | 0 | – | 0 | – | 2 | 100% |
| 54 | 挪　威 | 0 | – | 0 | – | 1 | 100% | 0 | – | 0 | – | 0 | – | 1 | 100% |
| 55 | 西班牙 | 0 | – | 2 | 100% | 0 | – | 0 | – | 1 | 50% | 1 | 50% | 0 | – |
| 56 | 塞舌尔 | 1 | 100% | 0 | | 0 | – | 0 | – | 1 | 100% | 0 | | 0 | – |
| 57 | 加　纳 | 0 | – | 0 | – | 1 | 100% | 0 | – | 0 | – | 0 | – | 1 | 100% |
| 58 | 中国澳门 | 0 | – | 0 | – | 0 | – | 2 | 100% | 0 | – | 2 | 100% | 0 | – |
| 59 | 中国香港 | 0 | – | 1 | 100% | 0 | – | 0 | – | 0 | – | 1 | 100% | 0 | – |
| 60 | 利比里亚 | 0 | – | 0 | – | 0 | – | 1 | 100% | 0 | – | 1 | 100% | 0 | – |
| 61 | 突尼斯 | 1 | 100% | 0 | | 0 | | 0 | – | 0 | – | 1 | 100% | 0 | |
| 62 | 牙买加 | 0 | – | 0 | – | 0 | – | 1 | 100% | 1 | 100% | 0 | – | 0 | – |

## （八）紧急通报

2018 年，有 25 个成员向 WTO 提交了 123 件紧急措施通报。绝大多数紧急措施是仅针对特定国家而发布，其中 88.6% 的措施是因动植物疫病、有害生物等而对产品采取的限制措施，包括禽流感、猪瘟、口蹄疫、马病、羊病、水生动物疫病；以及褐腐蜂、草地蛾、柑橘溃疡病、火疫病等。2018 年，哈萨克斯坦、菲律宾、老挝、沙特阿拉伯先后发布了针对中国非洲猪瘟、口蹄疫和马鼻蛆病的紧急通报，并暂时限制了相关产品的进口。韩国禁止了从中国进口其检疫性有害生物斑马片的寄主植物。因在大蒜样品中检测出洋葱黄矮病毒，约旦暂停了从中国进口大蒜。

## （九）针对中国的 SPS 措施

2018 年，除了上述提及的针对中国发布的紧急措施外，美国、欧盟、尼加拉瓜、秘鲁共发布了 4 件针对中国的 SPS 措施通报。美国承认了中国具有对其出口鲶型目鱼类的国家资格；欧盟对非动物源食品和饲料加强官方控制标准中将中国枸杞列入名单并剔除了中国甘蓝；尼加拉瓜、秘鲁分别发布了对中国产甜瓜籽、甜叶菊植物插条的进口卫生要求。

# 第二节　其他成员技术性贸易措施

## 一、阿根廷

### （一）TBT 措施

**1. 机动车**

2018 年 5 月，阿根廷调整和简化了汽车安全零部件合格证书和型式核准证书及技术报告的登记和提交手续。

2018 年 7 月，阿根廷通报了南方共同市场关于汽车用天然气（VNG）储气瓶阀门技术法规的决议，确定了作为汽车用天然气（VNG）系统部件的储气瓶阀门的生产安全和测试要求。

2018 年 10 月，阿根廷通报了南方共同市场机动车辆和拖车分类技术法规，确定机动车辆和拖车分类，以便南方共同市场缔约国流通、核准、认证和注册，适用于缔约国之间的贸易以及从南方共同市场以外地区进口的此类产品。

2018 年 11 月，阿根廷修订了关于尾气排放认证的决议中涉及汽车噪音排放认证和噪音排放限制的相关规定。

**2. 日用品**

2018 年 1 月，阿根廷通报了南方共同市场关于基于细菌的家庭清洁产品的技术法规，明确只有满足世界卫生组织（WHO）传染性微生物风险分类组 1 标准的微生物可用于配制基于微生物的产品。

2018 年 8 月，阿根廷制定适用于所有类型新鞋的标签要求，更新并重组目前阿根廷境内销售的所有类型新鞋标签要求的立法规定。

2018 年 10 月，阿根廷制定了禁用活性成分呋喃丹、丁硫克威、二嗪农、涕灭威、三氯杀螨醇及其配方产品的措施，禁止生产、进口和分馏活性成分呋喃丹、丁硫克威、二嗪农、涕灭威、三氯杀螨醇及其配方产品（10%颗粒状呋喃丹制剂不在禁令范围内）。使用这些产品并在国家植物治疗注册中心注册的企业必须申报其库存并注明容器数量、容量、批次和有效期。

**3. 自行车**

2018 年 5 月，阿根廷发布了关于新自行车基本安全要求强制认证制度的决议，删除有关认证机构和实验室以及自行车制造商和进口商注册制度的条款。

2018 年 11 月，阿根廷公布了自行车技术法规和合格评定程序，所涉产品包括自行车及其他非机动脚踏车（包括运货三轮脚踏车），明确了自行车基本质量和安全要求，并废除现有制度。

**4．家具**

2018 年 8 月，阿根廷制定了关于家具基本质量和安全原则与要求的监管框架。

2018 年，阿根廷制定了 2 项关于平板式家具和木板技术质量和安全要求的技术措施。

**5．电器产品**

2018 年 4 月，阿根廷修订了低压电器产品基本安全要求强制合格认证管理制度，规定了相关认证制度及生效期等内容。

2018 年 8 月，阿根廷制定了关于卤素灯和荧光灯的普通照明用灯能效标签要求，明确从 2019 年 7 月 1 日起的最大能耗水平和最低能效水平。

2018 年 10 月，阿根廷制定了建立火加热或非火加热压力设备基本质量和安全原则及要求法律框架。

**6．建筑材料**

2018 年 3 月，阿根廷制定了建筑用非合金挤压铝型材和棒材及铝合金产品强制性技术质量与安全要求，包括此类产品的合格评定程序及认证。

2018 年 8 月，阿根廷制定了建筑水泥产品技术质量和安全要求认证措施。11 月，该措施经修改后被批准。

2018 年 8 月，阿根廷制定了钢丝绳技术质量和安全要求认证措施，适用于除捕鱼和石油天然气行业用钢缆以外的 ISO 2408 规定的适用管辖产品。

2018 年 9 月，阿根廷制定了建筑产品基本质量和安全原则及要求的监管框架。

**7．食品及食品接触材料**

2018 年 3 月，阿根廷发布了关于无麸质葡萄酒自愿标签的规定，葡萄酒企业可以选择使用文字“无麸质”或“无小麦、燕麦、大麦和黑麦”及强制性符号来标识无麸质葡萄酒。该措施还通过酶联免疫吸附分析（ELISA）测试正式确定了葡萄酒中麸质的测定方法。

2018 年 4 月，阿根廷制定了技术法规，规定冰冻鱼类、软体动物和甲壳类动物计量控制方法，以确定其实际含量。

2018 年 9 月，阿根廷制定了关于食品接触塑料材料和聚合物涂料的决议，规定用于制备直接与食品接触的塑料材料和聚合物涂料的授权添加剂和聚合加工助剂清单，并列出各成分限制、特定的迁移限制和使用限制，明确了相关计算方法并解决了修正因子的使用问题。

2018 年 10 月，阿根廷修订了食品安全法典第 XX 章“官方分析方法：钠的测定”，修订关于测定包装食品中钠基准的相关规定。

2018 年 10 月，阿根廷修订了食品安全法典，规定咸肉（香肠、冷盘）、面包饼干等产品的钠限量。

2018 年 10 月，阿根廷修订了食品安全法典第 XIV 章“酒精饮料、酒精、蒸馏酒精饮料和利口酒”，纳入共同市场组织关于酒精饮料（除发酵外）相关定义的决议内容，涉及甘蔗甜酒、甘蔗蜜酒和巴拉圭朗姆酒有关内容。

2018 年 11 月，阿根廷制定了将部分脱醇葡萄酒和通过脱醇改性的含酒精成分葡萄酒编入普通葡萄酒的法案，规定将通过部分脱醇减少酒精含量 20%以上、最终酒精含量超过 5%的产品纳入“部分脱醇葡萄酒”和“通过脱醇改性的含酒精成分葡萄酒”。

2018 年 12 月，阿根廷制定了联合决议，将于食品接触的包装和食品器具的卫生授权条款纳入阿根廷食品法典。

**8．其他**

2018 年 4 月，阿根廷制定了人类用药生产商和进口商 / 出口商生产管理规范指南。该指南采用了世界卫生组织 2015 年批准的国际药品制剂生产管理规范要求、药品检验合作计划（PICS）PE009-12/2015 和 2017 附件报告、统一人类用药技术要求国际委员会（ICH）和国际标准化组织标准。

2018 年 4 月，阿根廷提出了删除油墨和印刷图形产品相关决议附件及部分内容的措施，修订了对油墨和印刷图形产品强制认证制度的范围。

2018 年 7 月，阿根廷制定了太阳能集热器和紧凑型太阳能系统技术质量与安全要求认证措施，规定了制造商和进口商应根据产品认证程序，确保符合技术要求。

2018 年 7 月，阿根廷制定了产品包装用柔性铝管技术质量与安全要求认证措施，规定了产品包装用柔性铝管必须遵守的技术质量与安全要求，明确制造商和进口商应根据规定程序，对上述产品进行认证以确保符合规定的技术要求。

2018 年 11 月，阿根廷通报了共同市场组织关于家用燃气器具的决议已纳入阿根廷燃气法典家用瞬时燃气热水器标准。

### （二）SPS 措施

**1．关于植物及植物产品的卫生措施**

2018 年 1 月，阿根廷国家农业食品质量卫生局（SENASA）发布通报，规定了进口曾用于农、林、园林和园艺活动的旧机械、设备和工具及可能存在有害生物风险的其他机械的植物卫生要求。

2018 年 1 月， SENASA 发布通报，将柑橘、柿子、苹果等 30 个植物物种纳入有害生物茶翅蝽的寄主，并将茶翅蝽与此类寄主的现有植物卫生要求合并。

2018 年 1 月，SENASA 发布通报，将采蝽纳入非检疫性有害生物名单，并将采蝽与以下寄主现有植物卫生要求合并：萝卜、皱叶羽衣甘蓝、白菜、马铃薯、番茄、莴苣、洋葱、菜蓟、胡萝卜、菠菜、菜豆、玉米、鳄梨及辣木。

2018 年 5 月，SENASA 修改了实验室分析认证的植物卫生要求。

2018 年 9 月，SENASA 发布通报，将有害生物地毯草黄单胞菌花叶万年青致病变种并入有害生物寄主物种的植物卫生要求。

## 二、澳大利亚

### SPS 措施

**1．关于食品安全的措施**

2018 年 6 月，澳大利亚农业与水资源部通报了输澳大利亚的 BBC 虾（裹面包屑虾产品、去头虾制品和碎虾制品等虾制品）新进口条件。

2018 年 12 月，澳大利亚农业与水资源部修改了双壳软体动物的食品安全进口要求。

2018 年，澳大利亚食品标准局发布了 11 项食品安全措施，修订了澳新食品标准法典，调整了部分农兽药最大残留限量，使其与其他国家农兽药的安全有效使用规定保持一致；调整了部分食品中农兽药残留限量，使其与食品法典或贸易伙伴国家保持一致；涉及的农兽药包含啶虫脒、乙草胺、涕灭威、唑嘧菌胺、双甲脒、杀草强、嘧菌酯、苯并烯氟菌唑等两百余种。

**2．关于植物及植物产品的卫生措施**

2018 年 2 月，澳大利亚农业与水资源部制定了出口到澳大利亚播种用十字花科作物种子的进口条件审议草案。

2018 年 8 月，澳大利亚农业与水资源部通报了番茄籽相关的凤果花叶病毒及马铃薯纺锤形块茎类病毒属有害生物风险分析草案。

2018 年 10 月，澳大利亚农业与水资源部通报了水蜡虫及进口新鲜水果、蔬菜、切花和叶传染病毒的群体有害生物风险分析草案。

# 三、巴林

## SPS 措施

**1．关于食品安全的措施**

2018 年 6 月，巴林制定了适合供人类消费的冷冻及冷藏海蟹技术法规，规定有关要求、包装、运输、储存条件和粘贴标签为强制性项目，其他为自愿项目，其中镉的限量将根据 R1881-EN-2006 标准更新。

**2．关于植物及植物产品的卫生措施**

2018 年 1 月，巴林制定了法规，内容包括禁止进口大麻和罂粟籽（单一或混合其他成分），要求所有进口供人类消费或饲养动物用生谷物及种子（包括鸟类食用混合种子）应不含大麻籽及罂粟籽。禁止进口大麻和罂粟籽（单一或混合其他成分）。同时要求植物卫生证书应包括附加声明，确认“货物不含大麻和罂粟籽”。

# 四、玻利维亚

## TBT 措施

2018 年 2 月，玻利维亚更新了关于统一化妆品法律的安第斯共同体决议，内容包括：目的、范围、定义、一般要求、化妆品强制卫生通报（NSO）、NSO 的认可、营销、卫生监督、卫生控制活动、卫生安全措施、侵权和行政处罚、广告和促销、一般生产和储存要求。决议还制定了在安第斯地区销售的成员国和第三国的化妆品的统一要求和程序，以及决议管制化妆品的生产、储存、进口、销售、质量控制和卫生监督。

2018 年 5 月，玻利维亚生产力发展与多元经济部制定了水泥和火山灰水泥技术要求，规定耐压试验等技术要求。

2018 年 9 月，玻利维亚制定了奶粉和炼乳技术法规、技术要求。

2018 年 10 月，玻利维亚发布了关于鞋类、皮革制品、旅行用品和类似物品标签的安第斯技术法规，规定了在安第斯地区销售的内部生产和 / 或进口鞋类、皮革制品、旅行用品和其他类似物品的标签最低信息要求，还规定了此类信息的说明要求，以防止在有关产品特性方面可能误导消费者的行为。

## 五、博茨瓦纳

### TBT 措施

#### 1. 电气产品

2018 年 6 月，博茨瓦纳制定了家用电器安全技术法规，包括剃须刀、理发剪、厨房电器、手持式电动工具的特殊要求。

2018 年 6 月和 9 月，博茨瓦纳分别制定了关于低压开关设备和控制设备、家用和类似用途 16A 插头和插座的技术法规。

#### 2. 其他

2018 年 6 月，博茨瓦纳制定了危险化学品和微生物防护手套技术法规。

2018 年 6 月，博茨瓦纳制定了发酵牛奶、酸奶、超高温处理的牛奶、巴氏消毒牛奶和脱脂酸牛奶的规范。

## 六、巴西

### （一）TBT 措施

#### 1. 医药卫生

2018 年 1 月，巴西卫生监督局规定了来那度胺和基于来那度胺药物的控制机制。

2018 年 1 月，巴西卫生监督局规定了关于活性成分 A53 —氯氨吡啶酸的决议草案。

2018 年 1 月，巴西卫生监督局制定了除生物药以外的活性药物成分和药物稳定性研究标准。

2018 年 1 月，巴西卫生监督局规定了对使用合成和半合成活性成分，分类为新的、通用的和类似的药品的注册审批和续期规定所需的标准和最低文件要求。

2018 年 1 月，巴西卫生监督局规定了吸食烟草制品的包装和健康警告要求。

2018 年 4 月，巴西卫生监督局规定了管辖范围内的杀虫剂、相关产品和木材防腐剂标签与说明书的毒理学信息及毒理学分类标准。

2018 年 4 月，巴西卫生监督局规定了分类为次氯酸钠或次氯酸钙漂白剂的卫生产品技术法规及其他措施。

2018 年 4 月，巴西卫生监督局修订了决议草案 No.500，规定了哪些个人护理用品、化妆品和香水在商业化之前需要注册。

2018 年 4 月，巴西卫生监督局规定了证明鼻腔和口腔吸入药物治疗等效性所需的体外和体内试验验收标准。

2018 年 5 月，巴西卫生监督局规定了卫生控制通报制度要求。

2018 年 5 月，巴西卫生监督局规定了技术规范 ISO15197：2013“体外诊断测试系统—糖尿病控制用血糖自检监测系统要求”的参数，作为葡萄糖自检仪器及耗材制造商向 ANVISA 注册、变更和注册验证时须采用和遵守的要求。

2018 年 6 月，巴西卫生监督局规定了在冠状动脉支架、冠状动脉药物支架、髋关节和膝关节置换植入物可追溯标签上包括线性或二维条形码。

2018 年 8 月，巴西计量质量和技术协会规定了最高精度为 I 类和 II 类、使用电池供电、通过与人体或动物接触测量温度的数字医疗温度计的技术与计量要求。

2018 年 9 月，巴西卫生监督局规定了所有人用药物注册持有人应遵守的药物警戒规范。

2018 年 9 月，巴西卫生监督局规定了定制医疗设备和特殊患者医疗设备以及免注册医疗设备的制造、销售、进口、出口和使用技术要求。

2018 年 9 月，巴西卫生监督局规定了药品注册持有人提供的风险—收益评估定期报告要求。

2018 年 10 月，巴西卫生监督局规定了 2019 年流感疫苗商业化和利用程序。

2018 年 11 月，巴西计量质量和技术协会修订了非侵入式人体血压计的技术标准。

2018 年 11 月，巴西卫生监督局规定了将体外诊断产品分组到系统的许可。

2018 年 11 月，巴西计量质量和技术协会制定了进口商、制造商、分销商和零售商参与的消费者丢弃药品逆向物流活动的法令草案。

2018 年，巴西卫生监督局规定了 5 项关于杀虫剂、家庭清洁用品和木材防腐剂活性成分系列涉及的家庭专业用途（专业公司）和公共卫生运动使用授权，具体内容如下：浓度为 0.07%w/w 的 C63- 高效氯氟氰菊酯（LAMBDA-CYHALOTHRIN）胶囊悬浮液、浓度为 0.1%w/w 的 T48 噻虫嗪（THIAMETHOXAM）胶囊悬浮液、浓度为 75.0%w/w 的活性成分 P34 吡丙醚可湿粉剂、浓度为 4,5x109 个分生孢子 /g（GHA 菌株）的活性成分 B40 球孢白僵菌可湿粉剂、浓度为 25%w/w 的活性成分 T48 噻虫嗪可湿粉剂。

**2．轻工产品**

2018 年 1 月，巴西计量质量和技术协会勘误了关于规定油漆中铅最高限量的法案。

2018 年 3 月，巴西计量质量和技术协会规定了管理法案 11.762 的实施要求，确保在制造墙壁涂料、学校材料、清漆和类似材料过程中成功实施铅的许可限量。

2018 年 4 月，巴西计量质量和技术协会制定了国内制造、进口和分销的危险汽车燃料零售市场陆路运输使用的可再包装便携式贮罐和中间容器（IBC）技术质量要求的技术法规。

2018 年 9 月，巴西计量质量和技术协会规定了南方共同市场缔约国产品供应链和与区域外进口交易的汽车用天然气车辆（NGV）系统组件之一的气瓶阀门必须采取的安全要求和测试。

2018 年 11 月，巴西计量质量和技术协会制定了关于实施铅酸电池逆向物流系统的草案。

**3．农产品、食品**

2018 年 1 月，巴西农牧及食品供应部制定了植物源产品残留和污染物国家控制抽样计划。

2018 年 1 月，巴西农牧及食品供应部公开咨询了熏鱼质量鉴定和特征法规。

2018 年 1 月，巴西农牧及食品供应部制定了未经加热处理的调味肉制品质量鉴定及特性法规的法令草案。

2018 年 3 月，巴西计量质量和技术协会制定了冷冻鱼片、牙膏、皂条和固体漂白剂的净含量规定（标签声明的包装中所含的消费品数量）。

2018 年 3 月，巴西农牧及食品供应部规定了在国内有效的马铃薯繁殖材料生产和销售规则。

2018 年 3 月，巴西农牧及食品供应部批准了对西班牙生产的进口新鲜水果（3 类、4 类）蓝莓的植物检疫要求。

2018 年 4 月，巴西农牧及食品供应部规定了有机农业植物保护产品的参考规范。

2018 年 4 月，巴西农牧及食品供应部规定了冷藏原料奶、巴氏消毒奶和 A 类奶的官方特性和质量要求。

2018 年 5 月，巴西农牧及食品供应部勘误了关于混合酒精饮料的鉴定和质量标准与要求。

2018 年 5 月，巴西农牧及食品供应部批准了肉类动物屠宰前处理和人道屠宰技术法规。

2018 年 6 月，巴西农牧及食品供应部规定了康普茶鉴定和质量的技术法规。

2018 年 6 月，巴西农牧及食品供应部制定了橡胶树繁殖材料的生产和贸易及其鉴定和质量标准。

2018 年 6 月，巴西农牧及食品供应部制定了动物源产品中残留和污染物的国家控制抽样计划。

2018 年 7 月，巴西计量质量和技术协会规定了预先测量的包装冷冻鱼类、软体动物和甲壳类动物净含量的计量控制措施（标签声明的包装内消费品的数量）。

2018 年 8 月，巴西农牧及食品供应部修订了动物源产品中残留和污染物的国家控制抽样计划。

2018 年 8 月，巴西农牧及食品供应部规定了技术法规 No33 编入番茄鉴定和最低质量要求的南方共同市场（MERCOSUR）决议。

2018 年 9 月，巴西农牧及食品供应部规定了糖产品官方分类标准、鉴定、质量、取样、展示方式、标志和标签。

2018 年 9 月，巴西计量质量和技术协会规定了用于确定在消费者不在场的情况下销售的沙丁鱼预包装产品净含量的计量控制。

2018 年 10 月，巴西农牧及食品供应部修订了工业加工和供人类作为饮料消费的果汁的完整鉴定和质量标准，并勘误了其中的错误。

2018 年 10 月，巴西农牧及食品供应部规定了食用动物源产品的事先授权、重新检验和进口特殊控制程序。

2018 年 12 月，巴西农牧及食品供应部规定了在啤酒标签上清楚、准确地报告产品成分的义务。

**4. 认证及标签**

2018 年 1 月，巴西卫生监督局制定了 2017-2020 年 4 年期关于透明度、合格评定和生产管理规范的监管议程。

2018 年 1 月，巴西卫生监督局修订了管制分类为特定药物、口服使用的维生素、矿物质、氨基酸和蛋白质的注册要求。

2018 年 1 月，巴西卫生监督局修订了免除和强制注册的食品和包装类别。

2018 年 1 月，巴西卫生监督局规定了食品补充剂的营养素、生物活性物质、酶与益生菌清单、使用限量、声明和补充标签。

2018 年 1 月，巴西卫生监督局规定了药品临床试验注册申请、事后注册和事先同意的优先类别分类。

2018 年 1 月，巴西卫生监督局规定了临床试验核准程序、生产管理规范认证和治疗、诊断或预防罕见病使用的新药注册要求。

2018 年 1 月，巴西卫生监督局修订了产品注册重新确认程序及规定的其他措施。

2018 年 1 月，巴西农牧及食品供应部制定了观赏植物农用杀虫剂注册标准以及已注册产品的使用标准。

2018 年 2 月，巴西电信管理局批准了电信产品合格评定与核准法规。

2018 年 3 月，巴西农牧及食品供应部规定了在动物源产品检验司（DIPOA）/ 动植物卫生检疫局（SDA）注册的动物源产品生产企业在产品生产阶段使用的技术创新的提交建议、评估、验证和实施程序。

2018 年 3 月，巴西农牧及食品供应部制定了关于巴西牛和水牛单独鉴定系统（SISBOV）技术法规草案。

2018 年 3 月，巴西农牧及食品供应部免除了非食用动物副产品及其企业的注册。

2018 年 3 月，巴西卫生监督局修订了生产管理规范认证和分销和 / 或仓储管理规范认证要求。

2018 年 6 月，巴西外贸委员会制定了关于影响外贸的商品管理规范的决议。

2018 年 12 月，巴西计量质量和技术协会规定了在卫生产品、化妆品和香水的监管过程中有关标签艺术展示的要求，以及同一产品多种艺术标签共存的要求。

2018 年，巴西卫生监督局规定了 4 项关于卫生方面的程序，具体内容如下：工业化过敏原产品的注册程序，属于卫生监督的商品和产品的进口简化程序，药品注册后变更申请程序，适用于控制和检查活动的卫生风险管理、卫生监督下的商品和产品进口及其他措施。

2018 年，巴西农牧及食品供应部制定了 5 项关于食品的评定程序，具体内容如下：食品和动物饲料产品的特性、质量和评定程序；动植物及其产品和副产品的检验、质量控制和风险分析系统的要求；农用肥料的定义、要求、规范、保证、产品、授权、包装、标签、税务文件、广告和公差技术法规；屠宰或繁殖用的活牛、水牛、绵羊和山羊的出口要求；饮料、发酵乙酸、葡萄酒以及葡萄酒和葡萄衍生产品的进出口认证。

2018 年，巴西计量质量和技术协会修订了 5 项合格评定要求，具体包括：婴儿床和摇篮、平板太阳能集热器、床垫和软质聚氨酯泡沫塑料座垫、摩托车驾驶员及乘客使用的头盔、便携式液化石油气（GLP）瓶。

**5. 机动车辆**

2018 年 2 月，巴西计量质量和技术协会分别规定了国内市场连锁供应商提供的摩托车、滑板车、轻便摩托车、三轮摩托车和四轮摩托车及其链轮、副齿轮必须遵守的基本要求。

2018 年 10 月，巴西计量质量和技术协会制定了关于机械联接装置（接合）的技术法规。

2018 年 11 月，巴西计量质量和技术协会规定了发动机和车辆空气污染物的新排放限值。

**6. 其他**

2018 年，巴西卫生监督局批准了决议 No.493、No.535。

2018 年 5 月，巴西卫生监督局公开呼吁 No.2（Public Call No.2）。

2018 年 6 月，巴西卫生监督局通过了提供技术补贴以支持南方共同市场关于统一强制营养标签的修订请求。

2018 年 6 月，巴西卫生监督局修订了有机生产系统技术法规的标准指令草案以及允许用于有机生产的物质清单和规范。

2018 年 12 月，巴西计量质量和技术协会批准了标准指令 No.29。

## （二）SPS 措施

### 1. 关于食品安全的措施

2018 年 1 月，巴西卫生监督局制定了 3 项有关保健品的卫生措施，包括保健品成分、质量、安全、标签以及用于保健品的食品添加剂及工艺助剂、营养素、活性物质、酶及益生菌的名单、使用限量、条件等要求，此类措施不适用于特殊及常规食品，包括添加营养素、活性物质、酶和益生菌的食品。

2018 年 1 月，巴西卫生监督局修订豁免及强制卫生注册食品和包装类别，重新确定了强制卫生注册豁免食品及包装名单和强制卫生注册食品及包装名单。

2018 年 1 月，巴西卫生监督局制定了证明益生菌安全与健康益处要求的决议草案。

2018 年 1 月，巴西卫生监督局制定了婴儿食品内无机砷、总镉含量、总铅含量及无机锡的最大残留许可限量，并要求采用符合国际食品法典规定的最新方法验证婴儿食品内上述污染物的含量，不应超过本决议附件规定的限 c 值。

2018 年 1 月，巴西农畜食品供应部制定了关于咸鱼适用特性和标准的技术法规的公众评议草案。

2018 年 4 月，巴西农畜食品供应部制定了保证马铃薯繁殖材料特性和质量的生产贸易标准指令草案和附件。

2018 年 4 月，巴西卫生监督局制定了基于杀虫剂残留，包括其代谢物及降解物导致的工作环境污染引发的特殊职业风险和食品污染引发的急性、慢性食品安全风险的评估标准。巴西卫生监督局将监控评估上述风险，并根据评估结果更新。

2018 年 9 月，巴西卫生监督局修订了关于食品微生物标准的技术法规。

2018 年 12 月，巴西农畜食品供应部制定了关于炼乳特性和质量要求的技术法规。

2018 年，巴西卫生监督局发布了 67 个有关杀虫剂、家庭清洁产品及木材防腐剂活性成分的决议草案，制定了百菌清、硫双威、双苯氟脲、联苯菊酯等 57 种活性成分的最大残留限量和安全期，涉及西瓜、大豆、小麦、玉米、咖啡、甘蔗等各类农产品。

### 2. 关于植物及植物产品的卫生措施

2018 年 3 月，巴西农畜食品供应部制定了进口各产地长芒苋寄主物种的植物卫生要求。

2018 年 7 月，巴西农畜食品供应部制定了作为原材料、成品或伴生植物的基质进口的植物卫生要求。

### 3. 关于动物及动物产品的卫生措施

2018 年 11 月，巴西农畜食品供应部制定了可食用动物源产品的进口、复检及特别控制的事先批准程序。

2018 年 11 月，巴西农畜食品供应部制定了外国企业卫生检验系统认可和批准程序。

# 七、布隆迪

## TBT 措施

### 1．食品

2018 年 4 月，布隆迪标准质量管理局（BBN）通报了关于食用棕榈油规范的东非标准。该标准适用于从花生种子获得的食用棕榈油，不适用于需要进一步加工以使其适合人类消费的棕榈籽油。

2018 年 4 月，布隆迪标准质量管理局通报了关于食品和饮料生产行业的东非卫生操作规范，规定了食品和饮料生产行业卫生要求一般准则。该规范未取代食品和饮料行业各部门的法律要求。

2018 年 9 月，布隆迪标准质量管理局通报了关于黄油规范的东非标准，规定了用于直接消费或进一步加工的黄油的要求及取样和测试方法，不适用于牛奶以外的其他奶制成的黄油。

### 2．涂料产品

2018 年 11 月，布隆迪标准质量管理局通报了关于内表面清漆规范的东非标准，规定了内部表面上使用的清漆要求及取样和测试方法。

2018 年 11 月，布隆迪标准质量管理局通报了关于溶剂基脱漆剂规范的东非标准，规定了溶剂基脱漆剂要求。脱漆剂一般用于涂在金属和其他表面上的色漆、清漆或底漆。

2018 年 11 月，布隆迪标准质量管理局通报了 2 项关于热涂覆热塑性道路标志涂料规范的东非标准，规定了通过喷涂、整平或挤压方式熔化和涂覆的热涂覆热塑性道路标志涂料和成分要求及取样和试验方法，以及热塑性材料的性能要求。

2018 年 11 月，布隆迪标准质量管理局通报了关于道路标志涂料规范的东非标准，规定了沥青或混凝土表面标记用溶剂型和水性涂料要求及取样和测试方法。

### 3．其他

2018 年 9 月，布隆迪标准质量管理局通过了关于牙膏规范的东非标准，规定了牙膏（氟化和非氟化）要求及取样和测试方法。

2018 年 10 月，布隆迪贸易工业和旅游部制定了法令，禁止进口、制造、销售和使用塑料袋及其他塑料包装。

# 八、加拿大

## （一）TBT 措施

### 1．食品药品

2018 年 2 月，加拿大修订了食品药品法规提案，要求预包装产品的包装标签需包含钠、饱和脂肪和糖的数值；撤销对含有阿斯巴甜味剂、蔗糖素、乙酰磺胺酸钾和纽甜素食品的数量声明要求；修订了阿斯巴甜味剂食品的苯丙氨酸声明的易读性和位置要求；并要求增加牛奶、山羊奶和人造黄油中的维生素 D 强化水平。

2018 年 5 月，加拿大制定了防止不安全药物法案（温妮莎法案）修订提案，要求药品制造商执行评估或进行额外的测试和研究，向卫生部提交处方药或非处方药严重损害健康的信息，撤销提交新药申报时提供临床病例报告的要求。

2018 年 5 月，加拿大修订了阿片类药物技术法规，允许卫生部对销售阿片类药物的授权增加或修改条款与条件，并要求在出售处方阿片类药物时附带警告标签和患者信息材料。

2018 年 6 月，加拿大发布了最终的加拿大食品安全法规，规定了与食品制作和预防控制计划相关的许可证、可追溯性和安全要求。

2018 年 6 月，加拿大修订了食品药品法规，更新了啤酒成份标准。

2018 年 8 月和 10 月，加拿大两次修订处方药清单，先后把所有植物大麻素和外用产品中浓度超过 2% 的对苯二酚加入处方药清单。

2018 年 10 月，加拿大制定了食品安全法规及烟草法规，将某些不具有风险的保健产品排除在烟草和蒸汽产品法案的适用范围之外，并将食品和药品法规中防儿童开启包装的现行要求扩大到含有尼古丁的药物、天然保健产品和烟草法规适用的产品。

2018 年 11 月，加拿大修订了关于云母的食品药品法规，允许使用涂有二氧化钛和 / 或氧化铁的云母作为口服和外用药着色剂；规定了着色剂在固体口服剂型中的浓度限制，并限制了氧化铁总量。除了口服剂型外，法规不允许将云母用于内用药。

**2．机动车**

2018 年 4 月，加拿大制定了机动车辆安全法规修订提案，引入三轮车和机动三轮车日间行车灯和夜间照明灯的安装、性能和开关具体要求，更新日间行车灯规定，并提出了联合国法规和汽车工程师协会所述的新技术前照灯补贴。

2018 年 7 月，加拿大修订了 2 项机动车辆安全法规：引入新的“囚车”定义，要求在学校、运输、监狱和环线公交车以外的公交车的所有乘员位置使用强制性的 2 类安全带；禁止在校车上安装膝部安全带。

**3．环境保护**

2018 年 1 月，加拿大制定了禁止使用石棉和石棉产品的法规，并撤销了石棉产品法规。

2018 年 4 月，加拿大环境部制定了法规修订提案，限制生产或进口到加拿大的洗衣洗涤剂、家用洗碗化合物和某些家用清洁剂中的磷含量。

2018 年 4 月，加拿大修订了污染燃油法规，将从进口和出口污染燃油的禁令中免除过境污染燃油。

2018 年 4 月和 9 月，加拿大两次修订能效法规，共对 13 类新产品引入最低能源性能标准、标签和报告要求；对目前受管制的 15 类产品引入更严格的最低能源性能要求；修改现有标准、测试程序或报告要求。

**4．消费品**

2018 年 5 月，加拿大修订了儿童珠宝法规，修订了此类产品中的总铅限量，并增加了小件儿童珠宝商品的总镉限制。

2018 年 5 月，加拿大制定了含铅消费产品法规，撤销了有关饮料吸管、饮水嘴、运动嘴和乐器嘴等产品的总铅限量规定。

2018 年 6 月，加拿大制定了烟草制品法规（平装和标准化外观），并修订关于着色剂的烟草和蒸气产品法案附表，以及修订烟草制品信息法规（TPIR）和烟草制品标签法规（TPLR）的有关内容。

2018 年 7 月，加拿大修订了玩具法规（磁性玩具），修改了对磁性玩具和玩具磁性元件的尺寸和吸引力的限制；规定了一系列完整性测试。

2018 年 11 月，加拿大制定了新的婴儿围栏法规，引入婴儿围栏配件的性能要求和测试方法，包括用于婴儿睡眠的配件问题。

**5．通信产品**

2018 年 1 月，加拿大制定了无线电标准规范（RSS）–GEN 第 5 版，无线电设备符合性一般要求，对广播以外的无线电通信使用的许可和免许可无线电设备规定了一般性和认证要求；并于 5 月发布。

2018 年 2 月，加拿大发布了无线电标准规范 RSS–133 第 6 版（修订）2GHz 个人通讯服务，规定了用于提供 1850–1915MHz 和 1930–1995MHz 频段个人通信业务（PCS）的无线电通信系统的发射机和接收机认证要求。

2018 年 3 月，加拿大制定了关于产生干扰设备的标准，规定了相关设备的合规性一般要求；并于 7 月公布。

2018 年 3 月，加拿大发布了无线电标准规范（RSS）–251 第 2 版— 76–81GHz 频段车载雷达和机场固定或移动雷达，规定了在 76–81GHz 频段工作的免许可无线电设备认证要求。同月，通报了无线电标准规范（RSS）–220 第 1 版（修订 1）—使用超宽带（UWB）技术的设备，规定了在 22–29GHz 频段的使用超宽带技术的车载雷达设备的认证、制造、进口、分销、租赁、定购或销售的过渡期。

2018 年 4 月，加拿大发布了关于无线设备测试实验室新要求的决议，通过了 SMSE–011–17 无线设备测试实验室新要求的咨询程序，宣布修改无线设备测试实验室要求。

2018 年 4 月，加拿大发布了无线电标准规范 RSS–140 第 1 版，规定了在公共安全宽带频段 758–768MHz 和 788–798MHz 工作的设备认证要求。

2018 年 4 月，加拿大发布了关于照明设备的产生干扰设备标准，规定了照明设备产生的辐射和传导无线频率发射限值和测量方法，以及此类设备的管理要求。

2018 年 4 月，加拿大制定了关于交流线载波电流设备（无意发射设备）的产生干扰设备标准，规定了被分类为干扰设备的交流线载波电流设备产生的辐射和传导无线频率发射限值和测量方法，以及此类设备的管理要求。

2018 年 5 月，加拿大发布了 2 项认证认可相关标准，明确了无线电设备认证机构（CB）的认可标准和管理与操作要求，规定了属于互相认可协定 / 约定（MRA）或其他等效协定和约定的加拿大和外国认证机构（CB）的认可要求；以及外国检测实验室的认可程序，规定了国外测试实验室按照加拿大对电信终端设备、无线电设备和广播设备标准要求进行测试的标准及科学创新和经济发展部（ISED）认可程序。

2018 年 7 月，加拿大发布了关于助听器兼容性和音量控制的无线电标准规范，规定了特殊无线电设备助听器的兼容性和音量控制功能的执行要求。

2018 年 8 月，加拿大通报了关于交流载波电流设备（无意辐射体）的产生干扰设备标准，规定了分类为产生干扰设备的交流载波电流设备产生的辐射和传导射频辐射的限值和测量方法，以及此类设备的管理要求。

2018年8月，加拿大发布了关于农村远程宽带系统（RRBS）512–608MHz频段点对多点宽带设备（电视频道21至36）的无线电标准规范，规定了提供512–608MHz频段点对多点固定无线接入宽带无线通信的农村远程宽带系统（RRBS）设备认证要求。

2018年8月，加拿大制定了关于特定频段设备及蜂窝电话系统的无线电标准规范，规定了相关设备的认证要求。

2018年8月，加拿大发布了关于雷达和超宽带技术设备的无线电标准规范，规定了相关设备的认证要求。

2018年11月，加拿大发布了关于超低功率（ULP）无线医疗内窥镜设备的无线电标准规范，规定了相关设备免除认证要求。

#### 6. 其他

2018年7月，加拿大食品检验局通报了其电子认证进展，其正在推行植物、动物和食品商品的电子出口证书，证书将使用墨水签名或电子签名，并且可以在线安全查看；出口流程和证书的自动化将在2018–2020年分阶段实施。

2018年11月，加拿大修订了肥料法规，内容包括定义和术语的变化、一般肥料免除框架、注册要求、标签和记录保存要求、注册期限。

### （二）SPS措施

#### 1. 关于食品安全的措施

2018年2月，加拿大卫生部完成了2项食品添加剂详细安全评估，批准将里氏木霉RF6197提取的果胶酶、聚半乳糖醛酸酶及里氏木霉RF6201提取的果胶酯酶用于制作原果汁、葡萄酒、果酱、蔬菜酱和果酱制品。

2018年4月，加拿大卫生部修改了防腐剂许可名单第2部分，批准丙酸及丙酸钠作为即食肉制品及即食家禽肉制品防腐剂使用。

2018年4月，加拿大卫生部批准了食品增稠剂产品按2.0%的比例使用赤藓醇。

2018年6月，加拿大卫生部更新了食品酶许可名单，批准枯草杆菌乳糖酶按相关信息文件描述方式作为一种食品添加剂使用。

2018年6月，加拿大卫生部更新了食品添加剂及其他普遍认可使用的许可名单，批准硬脂酸按相关信息文件描述方式作为一种食品添加剂使用。

2018年6月，加拿大卫生部准许了黑曲霉葡糖淀粉酶按相关信息文件描述方式作为食品添加剂使用。

2018年6月，加拿大卫生部修改了防腐剂使用许可名单第3部分，提高了薄饼内丙酸钙及山梨酸钾的最大使用限量分别至4000/PPm（按丙酸计算）及5000/PPm（按山梨酸计算）。

2018年7月，加拿大卫生部更新了食品酶许可名单，批准源于里氏木霉的葡萄糖氧化酶按相关信息文件描述方式作为一种食品添加剂使用。

2018年7月，加拿大卫生部更新了乳化剂、胶凝剂、稳定剂或增稠剂许可名单，批准用脂肪酸蔗糖脂按相关信息文件描述方式作为一种乳化剂及稳定剂，按最大使用剂量0.5%用于干酱或干酱料基质及混合产品和0.7%用于非标准化乳类饮料。

2018年7月，加拿大卫生部更新了乳化剂、胶凝剂、稳定剂或增稠剂许可名单，批准结冷胶按相关信息文件描述方式用于生产某些标准化调味奶的食品添加剂。

2018年8月，加拿大卫生部有害生物管理局（PMRA）拟定了未去纤维棉籽内/表杀虫剂2，4-D（ICS代码：65.020，65.100，67.040，67.200）的最大残留限量。

2018年9月，加拿大卫生部更新了食品酶许可名单，批准碳酸钙按相关信息文件描述方式作为一种染色剂用于制造软/硬糖及各类糖果的书写油墨。

2018年9月，加拿大卫生部更新了食品酶许可名单，批准里氏木霉脂肪酶按相关信息文件描述方式作为一种食品添加剂使用。

2018年10月，加拿大卫生部更新了着色剂许可名单，批准石灰石粉按相关信息文件描述方式作为软硬糖着色剂及某些糖果上可食用书写油墨使用。

2018年10月，加拿大卫生部更新了食品酶许可名单，批准源于过朊金黄杆菌的蛋白谷氨酰胺酶按相关信息文件描述方式作为一种食品添加剂使用。

2018年11月，加拿大卫生部更新了食品酶许可名单，批准源于枯草芽孢杆菌的麦芽糖α-淀粉酶按相关信息文件描述方式作为一种食品添加剂使用。

2018年11月，加拿大卫生部更新了食品酶许可名单，批准源于汉逊酵母的脂肪酶按相关信息文件描述方式作为一种食品添加剂使用。

2018年，加拿大卫生部有害生物管理局发布了44项SPS措施，拟定了丙炔氟草胺、吡氟禾草灵、四聚乙醛、双苯氟脲、螺甲螨酯、异恶草酮、咪唑菌酮、醚菌酯、吡唑萘菌胺、安美速、灭螨醌、烯草酮、百菌清、苯醚甲环唑、苯并烯氟菌唑、茚嗪氟草胺、敌草快、咯菌腈、乙霉威、联苯菊酯、环酰菌胺、啶氧菌酯、烯氯乐灵、多果定、二氯喹啉酸、肟菌酯、罗克杀草砜、砜嘧磺隆、代森锰锌、代森联、氟磺胺草醚、氟虫双酰胺、炔酰菌胺、稀禾定、双苯氟脲、异菌脲、灭多威、嘧霉胺、溴氰虫酰胺、咯菌腈、杀虫畏、甲氧基丙烯酸酯类杀菌剂、啶氧菌酯、氟啶虫酰胺、双丙环虫酯的进口最大残留限量，涉及的产品包括向日葵、头形莴苣、大葱、洋葱、蔓藤类浆果、人参根、黄瓜、葫芦类蔬菜、香菜叶、罗勒叶、芸苔属绿叶菜、芥兰菜、束球花甘蓝、大白菜、甘蓝、羽衣甘蓝、日本沙拉菜、芥末芽、油菜、柑橘、番茄、柿子椒、甜瓜、葡萄、葡萄干、西葫芦、干红豆、干豆、干眉豆、干蚕豆、干眉豆种、干鹰嘴豆、干豇豆种、干瓜尔豆种、干云豆、干扁豆、干利马豆、干乌头叶菜豆、干绿豆、干海军豆、干粉豆、干斑豆、干赤小豆、干黑眼睛、干宽叶菜豆、干黑绿豆、羽扇豆、食荚豆类蔬菜、青葱、蛇麻草（干）、蔓越橘、矮生浆果、芒果、香蕉、高丛蓝莓、茄子、甘蔗根、块茎与球茎植物、花生、杏仁坚果、桃、矮生浆果、萝卜头、芥菜籽、辣椒、葡萄、菜花、梨、牛肉及副产品、猪肉及副产品、蛋类、山羊、马、家禽、绵羊及肉副产品、乳等。

2018年，加拿大卫生部有害生物管理局发布了13项SPS措施，拟定了阿维菌素、氟唑菌酰羟胺、丙环唑、氟啶虫酰胺、萎锈灵、种菌唑、戊唑醇、丙硫菌唑、吡唑解草酯、砜虫啶、茚嗪氟草胺等的国内最大残留限量，涉及的产品包括叶菜类、叶柄类蔬菜、块茎与球茎类蔬菜、大麦、黑麦、黑小麦、小麦、藜麦、蕃茄干、燕麦、葡萄干、油菜籽、葫芦类蔬菜、果类蔬菜、豆类蔬菜、柑橘果、牛、山羊、马及绵羊肥/瘦肉副产品、乳、蛋、家禽、芥末籽、一年生金黄草籽等。

2018年，加拿大卫生部有害生物管理局确定拟撤销呋喃丹、二嗪农、三氯杀螨醇、敌螨普、草乃敌、乙拌磷、尼古丁、伏杀磷、抗蚜威、三氯醋酸钠及农利灵的最大残留限量。

**2．关于植物及植物产品的卫生措施**

2018年9月，加拿大食品检验局发布了指令，要求进口的世界各国和地区的所有树种木柴及用于生产木柴的所有树种原木，必须提供一份进口许可证及植物卫生证书或处理证书。

## 九、智利

### （一）TBT措施

**1．农业**

2018年1月，智利农畜服务部制定了关于“微生物杀虫剂授权条件和要求”的法规草案，规定了微生物杀虫剂评估和授权技术要求与条件。

2018年3月，智利农业部制定了关于“国家有机农业产品管理制度”的草案，规定了有机、生态和生物产品的生产、加工、标签和销售要求。

**2．建筑**

2018年1月，智利住房和城市发展部制定了关于“智利标准No.2256/1：2017灰浆—第1部分：要求”的草案，规定了建筑工程用水泥砂浆的用途分类及一般和具体要求。

2018年1月，智利住房和城市发展部制定了关于“智利标准No.523：2017铝木工—门和窗—要求”的草案，规定了铝门窗应满足的要求，以确保其有效运作、耐用性和用户安全。

2018年8月，智利公共工程部制定了关于“智利标准No.3572，碳钢格板—地板和楼梯使用的格板—制造和使用要求”的草案，规定了用于工业地板、楼梯、平台、舷梯、排水渠等的地板和楼梯格板的分类和描述。

2018年，智利住房和城市发展部制定了2项关于“智利标准No.935：2016建筑物防火耐火试验”的草案，具体内容如下：规定了在标准火灾条件下评估水平和垂直通风管道耐火性能的测试条件和标准、评估排烟管道在火灾情况下的耐火性能的测试条件和标准。

2018年，智利住房和城市发展部制定了2项关于“智利标准No.2434/1：2017双层隔热玻璃”的草案，具体内容如下：规定了双层隔热玻璃（商业上称为隔热玻璃）的设计和施工特性、双层隔热玻璃（商业上称为隔热玻璃）的空气冷凝测试标准方法。

2018年，智利公共工程部制定了2项关于“智利标准No.3151”的草案，具体内容如下：规定了聚丙烯管道要求和测试方法、聚丙烯管件和接头要求。

**3．食品、有机农业产品**

2018年1月，智利卫生部制定了关于“食品健康和功能信息法规第II款“标签和广告”修订提案，提出了一个监管框架，通过使用促进食品消费、食品及其成分对个人健康相关益处的信息来保护公众。

2018年5月，智利农业部制定了关于“公开评议规定牛奶产品或牛奶衍生产品的制作、说明和标签规则”的草案，规定了牛奶营销和标签规则。

2018 年 7 月，智利卫生部修订了食品健康法规第 291 和 292 条提案。

2018 年 9 月，智利农业部修订了关于“公开评议规定牛奶或其他乳制品的来源和类型的包装标签要求”的法律草案。

**4．燃气、电器产品**

2018 年，智利电力与燃料委员会制定了 6 项关于“电器产品安全分析和 / 或检测协议”的草案，具体内容如下：规定了空气断路器安全认证程序、电冷热水饮水机的安全认证程序、护理用电器的安全认证程序、通过潮湿元件吹风的电器和雾化水电器（便携式空气冷却器）认证程序、无牵引传动高压清洗机认证程序、插头适配器认证程序。

2018 年，智利电力与燃料委员会制定了 5 项关于“燃气产品安全分析和 / 或检测协议”的草案，具体内容如下：规定了自动阀门的认证程序、手动阀门的认证程序、多层燃气管道认证程序、不可再充装金属罐认证程序、集中供热燃气锅炉认证程序。

**5．机动车辆**

2018 年 3 月，智利交通与电信部制定了关于“有轨电车系统技术和安全要求”的草案，规定了适用于使用有轨电车系统进行有偿公共或私人客运服务的技术、安全和周边环境要求。

2018 年 6 月，智利环境监督局制定了关于“城市和农村公交车噪音测量程序技术协议”的草案，规定了城市和农村公交车噪音排放标准中涉及的动态和固定测试测量程序。

2018 年 10 月，智利环境部制定了关于“充气轮胎收集和回收以及相关责任目标”的法规初步草案。

2018 年 11 月，智利交通与电信部制定了关于“某些电动公交车的技术、结构和安全要求”的草案，对电动公交车提出了技术和安全要求。

**6．其他**

2018 年 8 月，智利卫生部规定了将指定医用产品纳入卫生法典第 111 条和卫生部最高法令 No.825/1998 规定的卫生控制系统。

2018 年 10 月，智利卫生部制定了关于“纹身、穿孔、拉伸和类似行为”的法规草案，规定了纹身中使用的产品，如油墨、颜料、染料和其他材料。

## （二）SPS 措施

**1．关于食品的安全措施**

2018 年 2 月，智利卫生部发布了卫生部第 977/96 号最高指令，“拟定更新第 33/2010 号法规食品杀虫剂最大残留水平及食品卫生法规第 162 条修改草案”，草案规定纳入符合此类食品消费的新型食品清单，包括 173 组及亚组食品，其中 88 种为新增食品。为促进和加强食品检验，规定国家及使用杀虫剂必须获得 SAG 批准，同时为 164 种杀虫剂制定了最大残留限量（MRLs），为 6 种杀虫剂制定了再残留限量（EMRLs），还包括禁用杀虫剂及灭鼠兔毒药残留的相关限制。

2018 年 7 月，智利卫生部修改了食品卫生法规第 291 条，修改后的法规新增了标签显示风险管理建议的文字信息，同时新增第 291 条修改信息用斜体字表示，以便理解。

2018年10月，智利卫生部制定了卫生部第977/96号最高指令，修改了食品卫生法规第97条，规定不符合这类法规标准要求的食品不准在智利市场销售，同时还须在包装上醒目而清晰地印有“Z”标识。

**2．关于植物及植物产品的卫生措施**

2018年1月，智利农业和畜牧局制定了进口带壳花生的植物卫生标准，标准要求进口任何原产地的带壳花生，装运货物必须随附1份产地国签发的官方植物卫生证书，该文件必须声明：装运货物进行过针对谷斑皮蠹的检疫处理。

2018年2月，鉴于在智利国内入境口岸的旧衣服、玩具、鞋和车辆及其零部件货物中截获了威胁植物的害虫茶翅蝽（半翅目：蝽科），智利农业和畜牧局制定了可携带茶翅蝽的已使用过的货物的植物卫生要求。

2018年2月，智利农业和畜牧局修订了体外组织培殖植物材料进口要求决议，新增李属果树需检疫3种植物病原体：黄单胞菌李变种、叶缘焦枯病菌和李痘病毒。

2018年4月，智利农业和畜牧局修订了出口智利的任何产地水果蔬菜植物、香料及药草种的植物卫生要求。

2018年8月，智利农业和畜牧局发布了3879/2018号豁免决议：规定了进口植物及植物产品中预防叶缘焦枯病菌的紧急检疫措施要求。

2018年9月，智利农业和畜牧局制定了进口狗、猫及雪貂的卫生要求，规定进口上述宠物必须随附产地国官方卫生机构签发的官方卫生证书正本，声明完全符合智利规定的卫生要求，且进口数量不超过5只。

2018年10月，智利农业和畜牧局制定了进口动物园用、贸易目的或作为宠物的啮齿目动物的卫生要求，并撤销了智利进口豚鼠卫生要求的决议。

2018年12月，智利农业和畜牧局修订了进口作为体外培植组织的植物材料法规草案，添加了相关物种及需检疫的植物病原菌名录。

**3．关于动物及动物产品的卫生措施**

2018年4月，智利农业和畜牧局制定了出口智利大型野猫／展览用外来猫的卫生要求。

2018年10月，智利农业和畜牧局制定了进口实验室用啮齿类动物的卫生要求决议草案，该草案规定了在智利入境的实验室用啮齿动物必须随附产地国主管卫生机构出具的官方证书，同时撤销了农畜局2003年第809号《智利进口实验室啮齿动物的卫生要求》豁免决议。

2018年11月，智利农业和畜牧局制定了拟向智利申请出口动物或畜产品的牲畜生产企业的审核要求，以验证出口牲畜企业是否符合保证产品无人与动物健康风险的卫生及操作规范。

2018年11月，智利农业和畜牧局制定了临时入境管制马匹卫生要求决议草案，该草案对赴智利参加比赛或展览的30天临时入境管制马匹提出具体卫生要求。

2018年11月，智利农业和畜牧局制定了最终出口智利或在双半球穿梭系统下的马匹的卫生要求决议草案，该本草案具体规定了智利进口马匹卫生标准要求，同时撤销2013年第3.176号决议及2015年第3176号SAG决议。

# 十、哥伦比亚

## （一）TBT 措施

2018 年，哥伦比亚先后通报了撤销 2006 年颁布的家用冷藏箱、冷冻箱、组合冷藏冷冻箱技术法规和 2012 年颁布的抗震混凝土加固用波纹钢筋技术法规；通报 2010 年天然蜂蜜卫生要求技术法规已于 2016 年宣布无效；澄清并放宽 2015 年颁布的某些类型电器和燃气最终使用设备合理用能标签技术法规中的控制和合格评定条件。

2018 年，哥伦比亚先后通报了已颁布的 3 项技术法规，分别为玩具和配件、家用压力锅和锌碳碱性电池与电池组技术法规。

2018 年 5 月，哥伦比亚通报了修订关于洗涤剂和肥皂最高含磷量及表面活性剂生物降解能力规定及其他规定的技术法规，并撤销其技术附件。

2018 年 5 月，哥伦比亚制定了关于工业用化学物质综合管理的法令，内容包括目的、范围、定义、工业用化学物质管理工具、工业用化学物质注册、环境和健康风险评估义务、实施环境和健康风险降低和管理计划的义务、环境风险评估、健康风险评估、环境风险减少和管理计划、健康风险减少和管理计划、工业用化学物质的环境监测、监测工业用化学物质使用对健康的影响；工业用化学物质管理跨部门跟踪委员会（CISQUIN）组成、职能；以及进口商和制造商的义务等内容。

2018 年 5 月，哥伦比亚颁布了摩托车和其他车辆用防护头盔技术法规，涉及多类型摩托车和助力车用防护头盔。技术法规内容包括目的、范围、强制性、最低标签要求、具体技术要求、相关条款和适用测试、引用的哥伦比亚技术标准（NTC）、合格证明要求、合格证明文件、产品认证基本要素、等效、检查机构和实验室信息；制造商、进口商、贸易商和认证机构的责任；监督和检查机构、监督和检查权力；生产商和进口商注册等内容。

2018 年 8 月，哥伦比亚颁布了法令，批准全球化学品统一分类和标签制度（GHS）及其他化学品安全规定。

2018 年 10 月，哥伦比亚发布决议通过了政府事前授权产品技术法规。决议内容包括：目的、范围、例外、定义、标签信息、一般要求、标签最低信息、特殊情况下产品的合格评定程序、监测和检查程序、监测和检查机构、处罚、国内生产者和进口商登记、审查和更新等。

## （二）SPS 措施

### 1．关于植物及植物产品的卫生措施

2018 年 1 月，哥伦比亚农业局根据植物检疫措施国际标准《国际贸易中木质包装材料管理准则》（ISPM15）制定了国际贸易用木质包装材料相关植物检疫卫生措施。

2018 年 2 月，哥伦比亚农业局制定了在植物育种阶段已使用现代生物技术衍生的植物育种创新技术，且其最终产品不含外来基因品种的适用程序。

2018 年 8 月，哥伦比亚农业局规范了进口、复进口和国际过境的植物检疫制度，出口、复出口的植物检疫认证制度，以及植物、植物产品和其他监管商品的植物检疫卫生证书的签发制度。

**2．关于动物及动物产品的卫生措施**

2018 年 1 月，哥伦比亚农业局制定了申请兽药注册的要求和程序。

2018 年 1 月，哥伦比亚农业局制定了兽用的药品、化妆品、消毒剂、体外寄生虫杀虫剂及其他兽用产品的生产商、签约生产商和进口商的注册要求和程序。

2018 年 1 月，哥伦比亚农业局制定了原料、散装材料及成品（兽用的药品、美容品、消毒剂、体外寄生虫杀虫剂及其他兽用产品）储存企业要求和注册程序。

2018 年 1 月，哥伦比亚农业局制定了陪伴或贸易用猫狗出入境卫生要求及其他规定。

2018 年 4 月，哥伦比亚农业局制定了兽用化妆品的注册要求和程序。

2018 年 5 月，哥伦比亚农业局制定了兽用顺势疗法药物注册的要求与程序。

2018 年 10 月，哥伦比亚农业局因出现强毒性新城疫，发布通报声明托利马省处于紧急卫生状况。

2018 年 10 月，哥伦比亚因农业局爆发口蹄疫，发布通报声明全国进入紧急卫生状况。

2018 年 10 月，哥伦比亚农业局发布了口蹄疫疫苗登记与质量控制要求及程序。

## 十一、哥斯达黎加

### （一）TBT 措施

**1．食品及农产品**

2018 年，哥斯达黎加经济工业贸易部（MEIC）通报了 2 项关于乳制品规范的中美洲技术法规，分别规定了奶粉和奶油粉、熟奶酪必须遵守的规范，适用于直接消费或在缔约国境内进一步加工的相关乳制品。

2018 年 3 月，哥斯达黎加卫生部制定了膳食补充剂技术法规，规定了适用程序，以确定哪些国家可以获得膳食补充剂注册或通报认可，规定了自然人或法人应遵守的要求。

2018 年 9 月，哥斯达黎加农业畜牧部（SENASA）制定了干洋葱技术法规，规定了在哥斯达黎加供人类消费的家用和进口干洋葱的质量、包装和标签要求，也适用于市场上销售的散装和预包装干洋葱。

**2．其他**

2018 年 2 月，哥斯达黎加环境与能源部、燃料运输和销售总局制定了碳氢化合物储存和销售系统管理实施法规，规定了服务站和储罐建设、改造的最低技术规范。

2018 年 3 月，哥斯达黎加环境与能源部、燃料运输和销售总局制定了石油工业设备液化石油气技术法规，规定了液化石油气（LPG）供应和使用的便携式气瓶、固定式储罐、设备和器具的制造、进口、使用和维护规范。

2018 年 3 月，哥斯达黎加经济工业贸易部（MEIC）制定了纤维水泥板技术法规，规定了国内使用的纤维水泥板和所有具有法规定义成分特征的薄板（无论其商品说明）必须遵守的规范。

2018 年 10 月，哥斯达黎加卫生部制定了技术法规，禁止进口所有类型和种类的旧轮胎，包括翻新轮胎。

2018 年 10 月，哥斯达黎加卫生部制定了技术法规，禁止进口、分销和销售含有甲苯和二甲苯的玩具，以保护儿童健康。

### （二）SPS 措施

#### 1．关于食品安全的措施

2018 年 2 月，哥斯达黎加农业畜牧部制定了熟制奶酪所需遵守的规范，该规范援引于有关乳制品中关于熟制干酪的中美洲技术法规规范。

2018 年 8 月，哥斯达黎加农业畜牧部制定了奶粉及乳脂粉必须符合的规范。

2018 年 8 月，哥斯达黎加农业畜牧部发布了通报，对 2012 年制定的加工食品及饮料的技术法规进行了修订，其目的是规定缔约国境内销售的食品添加剂，但不包括加工助剂或通常用作成分的物质。

#### 2．关于植物及植物产品的卫生措施

2018 年 1 月，哥斯达黎加农业畜牧部制定了 2018 年哥斯达黎加监管有害生物名单。

2018 年 2 月，哥斯达黎加农业畜牧部制定了鳄梨日斑类病毒带菌体监管商品缓解措施进口植物卫生要求的决议。

2018 年 6 月，哥斯达黎加农业畜牧部通报了种植植物指南等技术指南。

2018年10月，哥斯达黎加农业畜牧部发布了从任何国家进口任何木种锯木或原木的植物卫生要求。

2018 年 12 月，哥斯达黎加农业畜牧部发布了有害生物甜菜龟甲的决议草案，对进口报道存在甜菜龟甲国家的所有寄主类种植植物制定了强制植物卫生措施，该措施包括装运货物要求随附产地国签发的植物卫生证书且在附加声明中标明货物不含甜菜龟甲，在抵达该国时要接受植物卫生措施。

2018 年 12 月，哥斯达黎加农业畜牧部发布决议草案，对进口携带 C、D、E 单倍型马铃薯斑纹病菌的种植植物规定了植物卫生要求。

2018 年 12 月，哥斯达黎加农业畜牧部发布了关于喙丽金龟的种植植物决议草案，对进口存在喙丽金龟国家的所有带生长基质的寄主类种植植物（种子、无根插条、嫩枝、块茎、移植植物及试管植物除外）制定了除现有要求之外的强制植物卫生措施，该措施包括装运货物要求随附产地国签发的植物卫生证书且在附加声明中标明货物不含喙丽金龟，在抵达该国时要遵守植物卫生措施要求。

#### 3．关于动物及动物产品的卫生措施

2018 年 7 月，哥斯达黎加农业畜牧部发布决议，制定了对随旅客及游客行李入境的个人消费用动物源产品和副产品必须满足的入境要求。

## 十二、捷克

### TBT 措施

2018 年，捷克制定了 24 项关于法定控制测量仪器计量和技术要求的一般性措施，规定了相关法定控制测量仪器的型式核准和检验测试方法。所涉测量仪器包括：挡风玻璃清洗液分配器、尿素溶液（AdBlue）分配器、车辆和储罐车的除水以外液体动态测量系统、测定轨道车辆每轴或每轮载荷的测量装置、测定道路车辆每轴载荷的测量装置、道路机动车辆轮胎压力表、旋转活塞和速度气体流量

计、作为测量体积仪器使用的固定储罐、液体运输罐、流动振动相对气体密度传感器、测声表、纯音测听计、预应力混凝土和岩锚夹具套件、谷物和油籽湿度计、谷物测试仪、家用及零售和轻工业以外用途水表、测定废水环境辐射的非连续活动测量或特定测试程序取样浓度模块、用于连续监测核设施气态废水中放射性惰性气体的测量仪器、用于连续监测核设施液体流出物中 γ 放射性同位素的测量仪器、α 和 γ 辐射光谱仪、测量伽玛辐射和 x 射线的个人电子剂量计、能量 50keV 至 1.5MeV 的伽马辐射和 X 射线测量仪表及警告组件和剂量监测器、监测辐射防护的便携式表面污染计、用于辐射防护的便携式伽马辐射和 X 射线测量计。

## 十三、厄瓜多尔

### TBT 措施

**1. 化妆品**

2018 年 1 月，厄瓜多尔通报了安第斯共同体[①]关于修订统一化妆品法律的决议，规定了在安第斯地区销售的成员国和第三国的化妆品的统一要求和程序。

2018 年 2 月，厄瓜多尔通报了安第斯共同体关于化妆品标签的技术法规，规定了在境内销售的化妆品的标签和标志要求。

**2. 儿童相关用品**

2018 年 2 月，厄瓜多尔标准协会（SEN）修订了关于假奶嘴 / 安抚奶嘴和为婴幼儿提供液体食品的儿童保育用品的技术法规，规定了相关儿童保育用品必须遵守的要求。

**3. 陶瓷制品**

2018 年 4 月，厄瓜多尔标准协会（SEN）修订了陶瓷产品的技术法规，规定了新的陶瓷产品、餐具、厨具、其他家庭用品和盥洗用品在进口、清关及国产或进口产品在销售之前必须满足的要求。

2018 年 8 月，厄瓜多尔标准协会（SEN）修订了瓷砖的技术法规，规定了国产和进口瓷砖在进口、清关及销售之前必须满足的要求。

**4. 其他**

2018 年 3 月，厄瓜多尔标准协会（SEN）制定了表面活性剂的技术法规，规定了表面活性剂必须遵守的要求。

2018 年 3 月，厄瓜多尔标准协会（SEN）制定了充气轮胎的技术法规，规定了机动车辆和自行车使用的国产和进口新橡胶充气轮胎（包括轮辋）在进口、清关和销售之前必须满足的产品和标签要求。

2018 年 8 月，厄瓜多尔标准协会（SEN）修订了无管道空调能源效率的技术法规，规定了无管道空调必须满足的能效要求。

---

[①]安第斯共同体包括：玻利维亚、厄瓜多尔、哥伦比亚、秘鲁。

# 十四、埃及

## （一）TBT 措施

### 1. 机电产品

2018 年，埃及标准与质量管理总局制定了 3 项能效相关技术法规，规定了吸尘器，冰箱、冰箱冰柜和冰柜，即热式电热水器的能效测量和计算方法标准。

2018 年 2 月，埃及标准与质量管理总局制定了普通照明用有机发光二极管（OLED）面板的安全要求标准，规定了直流电压 120V 或交流电压 50V50Hz/60Hz 供电的室内和类似普通照明用途 OLED 贴片和面板的安全要求。

### 2. 建筑产品

2018 年 1 月，埃及标准与质量管理总局制定了建筑用木板的标准，规定了建筑用木板的相关特性和测试方法，以确定贴面、覆盖、饰面或涂层的木板特性。

2018 年 1 月，埃及标准与质量管理总局制定了机械锁和锁定板的要求和试验方法标准，规定了机械锁及锁定板的耐用性、强度、安全性和功能性的要求和测试方法。

2018 年 9 月，埃及标准与质量管理总局制定了涂层玻璃的要求和试验方法标准，规定了 a、b、c、d、s 类涂层玻璃的人造风化、耐磨和耐太阳辐射要求和试验方法。

2018 年 9 月，埃及标准与质量管理总局制定了无内压钢筋混凝土管的一般要求，规定了用于农业灌溉和排水系统、卫生排水系统、工业和雨水以及类似建设用途的无内压钢筋混凝土管一般要求。

### 3. 食品

2018 年 1 月，埃及标准与质量管理总局制定了天然植物油技术措施，取消了 2008 年版本的天然葵花油、天然大豆油、天然椰子油、天然玉米籽油、天然棕榈仁油、天然棉籽油、天然棕榈油和天然硬脂棕榈油的天然食用油标准；并规定了天然植物油的命名规范。

2018 年 1 月，埃及标准与质量管理总局制定了奶粉和奶油粉标准，规定了用于直接消费或进一步加工的奶粉和奶油粉基本要求和描述性特征。

2018 年 2 月，埃及标准与质量管理总局制定了瓶装饮用天然矿泉水标准，规定了瓶装饮用天然矿泉水基本和卫生要求、微生物特性以及检验和测试方法。

### 4. 医疗产品

2018 年，埃及标准与质量管理总局制定了 3 项一次性医疗用品的技术法规，规定了采血器、重力输送输血器、无菌橡胶手术手套的标准要求。

2018 年 2 月，埃及标准与质量管理总局制定了大型蒸汽消毒器和一个或多个消毒模块中包含的配件标准，规定了主要用于医疗保健机构医疗设备消毒的大型蒸汽消毒器和一个或多个消毒模块中包含的配件的基本要求和相关测试规定。

### 5. 儿童用品

2018 年 2 月，埃及标准与质量管理总局制定了实验装置以外的化学玩具（装置）标准，规定了实验装置以外的化学玩具（装置）中使用的物质和材料要求及测试方法。

2018 年 2 月，埃及标准与质量管理总局制定了玩具安全标准，规定了 N– 亚硝胺与 N– 亚硝胺化合物的要求和测试方法。

2018 年 2 月，埃及标准与质量管理总局制定了家用蹦床标准，规定了室外或室内用家用蹦床及其接入设备和外壳要求与测试方法。

2018 年 2 月，埃及标准与质量管理总局制定了电动玩具标准，规定了至少有一项功能依赖电力、供 14 岁以下儿童玩耍的电动玩具安全要求。

2018 年 9 月，埃及标准与质量管理总局制定了轮式童车的安全要求和试验方法标准，规定了轮式童车的安全要求和试验方法。

2018 年 9 月，埃及标准与质量管理总局制定了书写和标记工具规范，规定了降低书写和标记工具的端盖引起的窒息风险要求；涉及在正常或可预见的情况下可能被 14 岁以下儿童使用的此类工具。

**6．皮革制品及其部件**

2018 年 9 月，埃及标准与质量管理总局制定了 3 个皮革制品标准，具体内容为：①规定了由天然皮革、工业替代物或织物及其与天然皮革或其他替代物的混合物制成的所有类型运动鞋及其零件的一般要求和规范；②规定了天然皮革、工业替代品、合成皮革、聚合物、织物或其混合物为原料制成的产品的健康和安全基本规范；③规定了所有类型鞋类及其零件的一般要求和规范。

**7．其他**

2018 年 1 月，埃及标准与质量管理总局制定了家庭烹饪燃气器具标准，规定了独立式和内置式家庭烹饪燃气器具的结构和性能特点及安全与标志要求和试验方法。

2018 年 1 月，埃及标准与质量管理总局制定了剃须刀双刃安全刀片标准，规定了相关刀片要求。

2018 年 1 月，埃及标准与质量管理总局制定了内燃机全流式润滑油滤清器标准，规定了测量内燃机全流式润滑油滤清器性能的测试程序。

2018 年 2 月，埃及标准与质量管理总局制定了卡车装运散装燃料使用的橡胶软管和管件规范，规定了用于灌装和卸载液体碳氢化合物、工作压力不超过 10 巴的橡胶软管和管件基本要求。

2018 年 2 月，埃及标准与质量管理总局制定了教育机构用桌椅标准，规定了教育机构公共用桌椅的基本安全要求和测试方法。

2018 年 2 月，埃及标准与质量管理总局制定了贵金属、珠宝和贵金属制造商、贵金属和宝石评估专家分析规范，规定了进行贵金属分析以确定其质量的人员或贵金属、贵重物品和宝石珠宝行业必须满足的要求以及获得专业执业执照的程序。

2018 年 2 月，埃及标准与质量管理总局制定了悬挂式眼镜镜片标准，规定了悬挂式眼镜镜片处方基本要求（多焦点和累加镜片）。

2018 年 2 月，埃及标准与质量管理总局撤销标准 ES1225–2《眼镜镜片—第 2 部分：悬挂式眼镜镜片光学性能中的公差—规范》。

2018 年 9 月，埃及标准与质量管理总局制定卫生水龙头艺康奖励生态标准，规定了个人卫生、清洁、烹饪和饮用水家用水龙头、淋浴喷头和淋浴器的最低要求，包括作为非家庭用途销售的产品。

2018 年 9 月，埃及标准与质量管理总局制定了合成洗涤剂粉标准，规定了手工和自动洗涤纺织品和服装用的非液体工业洗涤剂（粉）要求。

2018年9月，埃及标准与质量管理总局制定了汽车压缩天然气（CNG）加气站标准，规定了为车辆提供压缩天然气（CNG）燃料的加气站的设计、建造、运行、检查和维护要求，包括设备、安全和控制装置。

### （二）SPS措施

#### 1．关于食品安全的措施

2018年1月，埃及标准化及质量管理总局发布部级令，为生产商与进口商规定了6个月的过渡期，以便遵守埃及标准《奶粉和奶油粉》。该标准遵循的是CAC奶粉标准及2016年“奶粉及乳脂粉”修改案，规定了直接消费或进一步加工的奶粉与乳脂粉的主要要求及描述特征。

2018年1月，埃及标准化及质量管理总局发布部级令，取消葵花籽油、豆油、椰子油、玉米粒油、棕榈核油、棉籽油、棕榈油、棕榈硬脂酸甘油脂等8个天然植物油相关标准，同时规定按照埃及标准《食用植物油》的表单对植物油进行检验。

2018年2月，埃及标准化及质量管理总局发布部级令，为生产商与进口商规定了6个月的过渡期，以便遵守埃及标准《脱水洋葱》《炸马铃薯条》。

2018年2月，埃及标准化及质量管理总局发布部级令，为生产商与进口商规定了6个月的过渡期，以便遵守埃及标准《适于天饮用的天然矿泉水》。该标准遵循的是CAC天然矿泉水标准，规定了适用于饮用天然矿泉水的主要卫生要求、微生物特点及检验测试方法。

2018年2月，埃及标准化及质量管理总局发布部级令，为生产商与进口商规定了6个月的过渡期，以便遵守有关果汁饮料及果味人造饮料主要要求和描述的埃及标准，同时取消该2015年发布的有关“非碳酸甜饮料第2部分——果汁饮料及人造饮料”的埃及标准。

#### 2．关于植物及植物产品的卫生措施

2018年1月，埃及农业和土地改良部发布部级令，制定了供人类消费小麦进口的植物卫生要求。

2018年10月，埃及农业和土地改良部发布部级令，制定了马铃薯种的进口植物卫生要求，对2018/2019生长年马铃薯种的进口植物卫生要求和规范进行了说明。

## 十五、欧盟

### （一）TBT措施

#### 1．化妆品

2018年，欧盟4次修订了化妆品法规的附录II、III、V、VI。修订内容包括：不允许使用o-苯基苯酚钠、o-苯基苯酚钾和o-苯基苯酚MEA作为防腐剂；禁止在头发、眉毛和睫毛染料产品中使用2-氯-对苯二胺及其硫酸盐和二盐酸盐；允许在化妆品中使用浓度低于5%的亚苯基双—二苯基三嗪作为紫外线过滤剂；限制在洗发液、面霜、清洗型洗发水、足部护理产品中使用氯咪巴唑作为防腐剂及在清洗型洗发水中作为去头皮屑剂。

#### 2．化学品

2018年，欧盟制定了3项法规修订REACH法规的附录XVII，修订内容包括：① 增加新条目列

出服装、相关配件及相关纺织品中的某些致癌、致突变或生殖毒性（CMR）1A 和 1B 物质。② 禁止浓度大于 0.1%的邻苯二甲二异丁酯（DIBP）用作玩具和儿童护理用品塑化材料物质或混合物物质，并禁止含 4 种邻苯二甲酸盐（邻苯二甲酸二辛酯（DEHP）、邻苯二甲酸二丁酯（DBP）、邻苯二甲酸丁苄酯（BBP）和邻苯二甲二异丁酯（DIBP））塑化材料浓度大于 0.1%的商品上市。③ 禁止销售（3,3,4,4,5,5,6,6,7,7,8,8,8- 十三氟辛基）锡烷及其与机溶剂单独或组合浓度大于 2ppb 的单、双或三 -O-（烷基）衍生物（TDFAs）。

2018 年 1 月，欧盟制定了决议实施细则，将 1,7,7- 三甲基 -3-（苯亚甲基）双环 [2,2,1] 庚 -2- 酮 ;3- 亚苄基樟脑确定为 REACH 法规高关注度物质。

2018 年 12 月，欧盟修订了 REACH 法规附录 I 和 V，删除和替换以前法律中的引用及术语，如用“危害”取代“危险”一词；修订免于注册义务的物质清单，豁免有机材料厌氧消化产生的消化物。

2018 年，欧盟制定了 10 项委员会授权指令修订 RoHS2 指令附录 III，主要是将部分特定应用物质从 RoHS2 指令有害物质限制中免除，具体包括某些电容器电介质陶瓷和 PZT 电介质陶瓷材料中的铅、电触点中的镉及其化合物、集成电路倒装芯片封装中半导体芯片及载体之间形成可靠联接所用焊料中的铅、玻璃瓷漆印墨中的铅及镉、水晶玻璃中的铅、制造激光管窗体组件的密封釉料中的氧化铅、二极管电镀层中的铅、非道路专用设备的轴承和轴瓦中的铅、放电灯中含磷荧光粉活化剂中的铅。

2018 年，欧盟制定了 2 项委员会法规修订 CLP 法规，改编 CLP 法规附件中的技术规定和标准以适应全球化学品统一分类与标签制度（GHS）的新修订版本；引入 28 种物质的统一分类和标签的新条目或修订条目及去除 2 种物质；规定含二氧化钛混合物的具体标签义务；纠正高温沥青、煤焦油的分类。

### 3. 植保及生物农药产品

2018 年，欧盟制定了 11 项关于生物农药产品活性物质的法规实施细则，修订了多种活性物质的批准条件，具体内容包括：① 批准聚六亚甲基双胍（PHMB（1415;4.7））、嘧菌酯、苯醚氰菊酯、啶虫脒、菌苯胺、氯氰菊酯、胆钙化醇作为活性物质用于各相应产品类别生物农药产品；②不批准苄氯酚作、聚六亚甲基双胍（PHMB（1415;4.7））、右旋烯炔菊酯、异种变形嗜血杆菌（Willaertiamagnac2cmaky）作为活性物质用于部分类别生物农药产品。

2018 年 5 月，欧盟制定了 2 项关于生物农药产品的决议实施细则，分别声明：① 用于感染蚊子的沃尔巴克氏体细菌（或含有该细菌的制剂）符合生物杀虫剂产品定义，而被感染的蚊子不符合生物杀虫剂产品或处理过的商品定义。② 驱赶攻击人类或动物的攻击性犬只时使用的胡椒喷雾剂被视为生物杀虫剂产品。

2018 年 6 月，欧盟制定了关于生物农药产品活性物质的法规实施细则，将 27 种活性物质排除在生物杀虫剂产品用活性物质清单之外。

2018 年 5 月，欧盟制定了关于生物农药产品的授权法规，修订了生物杀虫剂产品中所有现有活性物质系统检查工作计划。

2018 年，欧盟制定了 17 项关于植物保护产品活性物质的法规实施细则，修订了多种活性物质的批准条件。具体内容包括：① 不批准环氧嘧磺隆、福美双、吡蚜酮、咪唑菌酮、氯苯胺灵、呋草酮、丙环唑、苯氧喹啉、环氧乙烷、灭线磷、百菌清，从市场上撤销现已授权的含相关活性物质的植物保护产品。② 在限定条件下继续批准铜化合物、甲氧虫酰肼，根据限制条件重新授权现已授权的含相关活性物质植物保护产品。在限定条件下继续批准嘧菌胺，特别是只批准在温室中使用，现有含嘧菌胺授权植物保护产品将修改或从市场撤销。③ 修订二氰蒽醌的批准条件，现有含二氰蒽醌植物保护产品的授权将修订或从市场上撤销。④ 修订丁氟螨酯的批准条件，明确其使用范围和时间要求。⑤ 马拉息昂仅限用于永久性结构的温室，撤销含该物质植物保护产品的室外使用授权。

**4. 食品**

2018 年 1 月，欧盟制定了关于食品信息规定的法规实施细则，规定了食品主要成分的原产国或原产地与食品原产地不同时的标示要求。

2018 年 2 月，欧盟制定了委员会授权法案，修订了关于水果和蔬菜行业营销标准的实施细则，以便与联合国欧洲经济委员会相应国际标准的最新修订保持一致。

2018 年，欧盟制定了 4 项关于食品营养和健康声明的委员会法规，批准了 1 项涉及减少疾病危险的食品健康声明；拒绝批准 11 项涉及减少疾病危险和儿童发育与健康的食品健康声明。

2018 年 5 月，欧盟制定了关于食品营养和健康声明的委员会法规，授权使用某些通用描述词，即传统上用于指定可能暗示对健康有影响的某类食品的术语，但传统上这些术语通常不用于说明健康影响。

2018 年，欧盟制定了关于葡萄酒原产地名称保护的委员会授权法规和法规实施细则。授权法规补充（EU）1308/2013 号法规关于新保护原产地名称、保护地理标志和传统术语以及与其修改或取消相关注册所遵循的程序；并规定了使用强制性标签项目的具体条件，如实际酒精浓度、产地、装瓶厂、生产商或进口商和自愿标签项目等。实施细则就上述相关程序和欧盟保护名称符号使用条件制定实施规则，并为关于检查系统的（EU）1306/2013 号法规制定实施规则。

2018 年 8 月，欧盟制定了葡萄酒产品相关法规，修订了（EU）1308/2013 号法规，制定了农产品市场共同组织框架，包括相关定义。

2018 年 12 月，欧盟制定了关于酒精饮料定义等的法规，内容涉及酒精饮料定义、说明、介绍、标签，其他食品的介绍和标签中的酒精饮料名称的使用，酒精饮料地理标识保护，酒精饮料中乙醇和农业蒸馏物的使用。

2018 年，欧盟制定了 2 项法规，修订关于食品中添加维生素、矿物质或其他物质的法规，禁止在食品生产中添加或使用育亨宾；并对用于最终消费者食品的反式脂肪（源自动物脂肪中天然存在的反式脂肪除外）设定最高限值。

2018 年 12 月，欧盟修订了关于婴儿配方食品维生素 D 要求和婴儿配方食品与后续配方食品芥酸要求的法规，规定了婴儿配方食品和后续配方食品的成分和标签要求。

**5. 电子电气产品**

2018 年 2 月，欧盟制定了关于废弃电子电气设备（WEEE）的实施条例，规定了电气和电子设备生产商注册和报告通用格式和向登记处报告的常规频率。

2018 年 3 月，欧盟制定了关于欧洲网络安全局（ENISA）和网络安全认证的法规，规定了欧洲网络安全局的新要求，并建立欧洲网络安全认证框架。法规旨在加强欧盟网络适应能力，提高成员国和企业的能力和准备程度；加强成员国和欧盟机构之间的合作与协调；提高公民和企业对网络安全问题的认识；提高信息和通信技术（ICT）产品与服务的网络安全保证的整体透明度，增强对数字单一市场和数字创新的信任；避免欧盟认证体系的分散化以及各成员国和部门的相关安全要求和评估标准等。

2018 年 4 月，欧盟制定了委员会决议实施细则统一 874–876 和 915–921MHz 频段短距离设备所使用的无线电频谱，为其提供统一频带以支持基于网络 SRD 的下一代 RFID 应用和联网 IoT 应用。

2018 年 7 月，欧盟制定了委员会授权法规补充无线电设备指令，要求移动设备制造商支持接收和处理来自无线网络（Wi–Fi）信号的定位数据及来自与伽利略系统全球导航卫星系统（GNSS）数据的技术方案，确保移动设备紧急通信中呼叫者的定位。

2018 年，欧盟制定了 11 项 ErP 指令生态设计要求法规，涉及服务器和数据存储产品、电力变压器、制冷电器、外部电源、照明产品、电子显示器、家用洗碗机、电动机和变速驱动器、家用洗衣机和洗衣干衣机、具有直接销售功能的制冷设备（如超市货柜、饮料冷却器、小型冰淇淋冷冻机、冰淇淋柜和自动售货机）、焊接设备等产品。各项法规分别规定了相应产品的最低能效，以及可修复性、可回收性等材料效率要求及相关信息要求，并撤销了部分原生态设计要求法规。

2018 年，欧盟修订了补充 6 项 ErP 指令能效标签法规，涉及制冷电器、照明光源、电子显示器、家用洗碗机、家用洗衣机和洗衣干衣机、具有直销功能的制冷设备等产品。法规分别规定了相应产品的能效标签和产品信息要求，要求供应商在产品上市前将标签数据、产品信息表和技术文档上传到产品注册数据库，并撤销部门原能效标签法规。

2018 年 12 月，欧盟制定了关于无人驾驶飞机系统的委员会授权法规，制定了“开放”类别授权运营的 4 类无人驾驶飞机所应遵守的技术要求。

**6．机动车辆**

2018 年 3 月，欧盟制定了委员会法规，修订现有轻型车辆的排放型式核准测试（WLTP），以改进轻型客车和商用车辆的排放型式核准测试和程序。

2018 年 6 月，欧盟修订了关于机动车辆及其拖车、用于此类车辆的系统、部件和单独技术单元的型式核准要求的法规，提出车辆配备先进的安全功能，如先进的紧急制动、车道保持辅助系统、卡车的行人和骑车人检测系统等。

2018 年 7 月，欧盟制定了关于机动车辆型式核准的委员会法规，就英国退出欧盟补充欧盟型式核准法律。英国于 2017 年 3 月 29 日提交了关于其退出欧盟的通报。除非批准的退出协定规定另外的日期，所有联盟的一级和二级法律从 2019 年 3 月 30 日（退出日期）起将对英国停止适用。英国将成为第三方国家。欧盟管理若干产品型式核准的法律框架将从退出之日起不再适用于英国，特别是：关于机动车和拖车型式核准的指令、关于两轮和三轮车及四轮车型式核准的法规、关于农林车辆型式核准的法规、关于非道路移动机械使用的发动机型式核准的法规。这意味着英国型式核准机关将不再是欧盟型式核准机关，并且不再履行欧盟法律规定的型式核准机关的任何权利和义务。过去在英国获得批准的制造商需要重新获得 EU–27 型式核准机关的核准，包括已经生产的产品，以确保继续符合欧盟法律并保持联盟市场准入。这为具有英国型式核准的制造商带来了极大的法律不确定性。为解决相关问题，该法规旨在通过临时和非常具有针对性地修订现行法规来解决这一问题，允许相关制造商获得新的 EU–27 核准代替现有的英国型式核准产品。

2018 年 7 月，欧盟制定了 2 项关于铁路互操作组成部分和子系统的委员会法规实施细则，修订适用于铁路车辆和固定装置的互操作技术规范，以使这些规范与 2016 年欧盟铁路系统互操作指令保持一致；并规定了用于"EC"合格或适用性的声明模板，"EC"验证声明，中间验证声明和与铁路互用组成部分或子系统相关的验证证书，以及铁路车辆合格声明模型。

2018 年 8 月，欧盟修订了关于机动车辆及其拖车、用于此类车辆的系统、部件和单独技术单元的型式核准要求的法规和相关框架指令，更新了一般安全法规（法规（EC）No661/2009）和关于机动车型式核准的框架指令（指令 2007/46/EC）附录中对联合国法规的引用。

2018 年 8 月，欧盟修订了关于重型车辆二氧化碳排放和燃料消耗测定的法规和 EC 汽车框架指令，修订测定重型车辆二氧化碳排放和燃料消耗的程序，明确了检验新车辆二氧化碳排放和燃料消耗的道路测试。

2018 年 9 月，欧盟制定了委员会法规实施细则，修订现有货车 "轨道车辆—噪声"（NOITSI） 子系统互操作性技术规范，主要涉及对现有货车实施 NOITSI 通过的限值。

2018 年 11 月，欧盟制定了关于重型车辆或发动机的委员会法规，修订了重型车辆排放法规，主要涉及辅助排放策略（AES）、关于获取车辆维修和维护信息的转移规定以及发动机冷启动规定和在车辆测试中使用便携式排放测量系统（PEMS）测量颗粒数量。

2018 年 12 月，欧盟制定了关于静音道路运输车辆的委员会授权法规，修订了关于机动车声音等级和更换消音系统的法规，禁止静音道路运输车辆（QRTV）中声学车辆警报系统（AVAS）的暂停开关，以便与国际规范相一致。

**7. 建筑产品**

2018 年，欧盟制定了 2 项委员会授权法规，补充了建筑产品法规（CPR），分别就外部百叶窗和遮阳篷的抗风荷载以及塑料天窗、玻璃天窗和顶棚的透气性设定相应性能等级。

2018 年 12 月，欧盟制定了关于建筑产品法规（CPR）的委员会授权法规，规定了评估和检验仅用于建筑工程以防止坠落而不承受来自结构垂直载荷的扶手套件和栏杆套件性能稳定基本特性的适用系统。

**8. 玩具**

2018 年，欧盟制定了 2 项委员会指令，修订了玩具安全指令附录 II 部分内容，降低了铝的迁移限值，并增加聚合玩具材料、树脂粘合木质玩具材料、纺织玩具材料、皮革玩具材料、纸制玩具材料和水基玩具材料中的甲醛限值。

**9. 其他**

2018 年 2 月，欧盟制定了关于产品统一法律合规性和执行性规则和程序的法规，规定了相关产品的合规信息规则和程序、产品市场监督框架以及其进入欧盟市场的管理框架。

2018 年 3 月，欧盟制定了关于卫生技术评估的法规，涉及欧盟成员国临床评估的卫生技术评估规则，并提出欧盟层面对某些医药产品和医疗器械的联合评估制度，以取代欧盟成员国卫生技术评估自愿合作的现有规定。

2018 年 7 月，欧盟制定了关于有机产品的委员会法规实施细则，修改了有机生产使用的授权投入物清单。

2018年10月，欧盟修订了体外诊断医疗设备通用技术规范，修订了2002/364/EC决议参考材料和定性HIV分析中HIV和HCV抗原和抗体联合检测要求及核酸扩增技术要求；就某些体外诊断医疗设备更新了通用技术规范。

2018年12月，欧盟更新了计量单位指令（80/181/EEC）的国际单位制（SI）基本单位定义，以使其与2018年11月国际度量衡大会（CGPM）第26次会议采用的单位一致。CGPM在第26次会议上通过决议，自2019年5月20日起调整SI基本测量单位定义，即米、千克、秒、安培、开尔文、摩尔和坎德拉，对应于长度、质量、时间、电流、热力学温度、物质量和发光强度7个基本量。

## （二）SPS措施

### 1. 关于食品安全的措施

2018年1月，欧盟更正了农药丙溴磷在芫荽、孜然芹、茴香和小豆蔻等香料中的最大残留限量；修订了关于唑嘧菌胺、甲基毒死蜱、环丙唑醇、苯醚甲环唑、氟啶胺、粉唑醇、调环酸、氯化钠、2-苯基苯酚、苄嘧磺隆、灭草胺和虱螨脲等农药的最大残留限量；修订了树生坚果、栽培食用菌、野生食用菌、油籽、茶叶、咖啡豆、可可豆中汞化合物的最大残留限量；从食品添加剂清单中删除了“山梨酸钙”。

2018年2月，欧盟修订了植物油脂、婴幼儿配方奶粉、婴幼儿特医食品中缩水甘油脂肪酸酯的最大限量标准。

2018年3月，欧盟授权二氢槲皮素提取物作为新型食品成分投放于欧盟市场。

2018年5月，欧盟批准了索马甜作为增味剂用于酱汁、零食；欧盟修订了苯并噻二唑、苯并烯氟菌唑、联苯菊酯、联苯吡菌胺、氯虫苯甲酰胺、溴氰菊酯、氟啶虫酰胺、精吡氟禾草灵、异丙噻菌胺、苯菌酮、二甲戊乐灵以及氟苯脲在坚果、蔬菜、牛奶等部分植物源和动物源性食品中的最大残留限量。

2018年7月，欧盟对中国产枸杞、茶叶实施强化监控检查；修订了高效氯氟氰菊酯的最大残留限量；修订了《动植物源性食品和饲料中农药最大残留限量》附件I；授权将经紫外线照射提高维生素D2含量的蘑菇、经紫外线照射的面包酵母、裂壶藻油作为新资源食品。

2018年8月，欧盟修订了新型食品成分合成玉米黄质名称和标签要求；批准丽杯角属的地上部分为食品补充剂的新资源食品配料。

2018年9月，欧盟修订了咖啡因和可可碱用作调味物质的限量。

2018年10月，欧盟从食品添加剂清单中删除了没食子酸辛酯和没食子酸十二酯；修订了部分食品中阿维菌素、噻二唑素-S-甲基、二氯吡啶酸、甲氨基阿维菌素、环酰菌胺、苯吡唑胺、精吡氟禾草灵、异氟米松、巴斯德杆菌PN1、云母E55 3B、戊唑醇、五氟磺草胺、三氟咪唑和三氟脲最大残留限量；修订了达灭芬在黑莓和覆盆子中的最大残留限量。

2018年11月，欧盟批准蔓越莓提取物粉、牛奶乳清蛋白分离、精制虾肽浓缩物、蛋膜水解产物、低聚木糖作为新型食品投放市场。

2018年12月，欧盟修订了克菌丹在啤酒花中的最大残留限量；批准蓝靛果忍冬的浆果、白福尼奥米的去皮谷粒、高粱糖浆作为新型食品投放市场。

**2．关于植物及植物产品的卫生措施**

2018 年 3 月，欧盟撤销了杀菌剂福美双登记，已经由福美双处理过的种子产品也不得再使用或投放市场。

2018 年 7 月，欧盟不再续登活性物质乙螨唑，目前已经批准的含有乙螨唑的植保产品将退出市场。欧盟将不再批准含有咪唑菌酮的植物保护产品。

2018 年 8 月，欧盟批准杀虫剂活性成分啶虫脒和氯氰菊酯，杀菌剂活性成分氟唑菌苯胺的登记。

2018 年 10 月，欧盟不再批准使用活性物质福美双和吡蚜酮，并禁止使用和销售含有福美双或吡蚜酮植物保护产品处理过的种子。

2018 年 12 月，欧盟不再批准使用活性物质喹氧灵和呋草酮。

**3．关于动物及动物产品的卫生措施**

2018 年 1 月，欧盟修订了冷冻肉串中磷酸 – 磷酸盐 – 二，三和多聚磷酸盐的使用条件。

2018 年 3 月，欧盟扩大了氟佐隆的应用范围，允许其应用于有鳍鱼类，并公布了在有鳍鱼类中的最大残留限量。

2018 年 5 月，欧盟修订了部分动物产品中依普菌素的最大残留限量。

2018 年 7 月，欧盟批准了苯甲酸作为小型肉猪和种猪的饲料添加剂；批准苯甲酸、甲酸钙和富马酸作为肉鸡和蛋鸡的饲料添加剂；批准枯草芽孢杆菌 DSM 28343 作为保育猪饲料添加剂；批准二水合氯化铜、氧化铜、五水硫酸铜、液体甘氨酸铜螯合物、蛋白水解铜螯合物作为饲料添加剂；欧盟将异氟烷归类为猪和马的麻醉剂。

2018 年 8 月，欧盟批准枯草芽孢杆菌 DSM 29784 作为小型家禽饲料添加剂。

2018 年 10 月，欧盟批准戊糖片球菌 DSM 32291 制备物作为动物饲料添加剂用于所有动物品种中；批准延长苯甲酸作为饲料添加剂用于断奶仔猪和育肥猪的授权日期；批准海藻酸钠作为猫、狗、其他非食用动物以及鱼的饲料添加剂；批准海藻酸钾作为猫和狗的饲料添加剂。

# 十六、法国

## TBT 措施

**1．食品及农产品**

2018 年 3 月，法国修订了 2 项关于基础矿物质和有机土壤调理剂肥料的强制性标准，修订内容包括：更新了基础矿物质标准关于微量元素含量的附件，提出钙和镁含量的声明要求，修改了中和值的定义，并提出 HO 等价物中和值的声明要求；规定在所有基础矿物土壤调理剂中有机物质最高限制和燃烧方法。

2018 年 5 月，法国免除了农村和海洋渔业规范规定的销售授权。

**2．通信设备**

2018 年 4 月，法国制定了关于测量和显示无线电设备特定吸收率（SAR）的法令，输出功率超过 20mW、以合理可预见的方式可能在头部附近或与人体距离 20 厘米以内使用的无线电设备，投入使用时需符合相关技术规范要求，法令旨在详细说明向消费者传递属于测量义务的无线电设备的 SAR 值的实际方法和改善关于接触无线电设备发射的无线电频率的公众知情权。

**3．其他**

2018 年 11 月，法国修订了高层建筑建设安全法规及此类建筑防火和防恐慌危害的法令，维持对高层建筑易燃液体使用的限制。

# 十七、海湾阿拉伯国家合作委员会

## （一）TBT 措施

### 1．工业产品

2018 年 3 月，阿曼商业工业部通报了关于节水产品的海合会技术法规，对特定产品的耗水率限定了合理化范围。

2018 年 3 月，阿曼商业工业部通报了关于机械、安全部件和起重设备的海合会技术法规，规定在海合会成员国上市流通的上述产品须符合安全和电磁兼容性的强制要求。

2018 年 3 月，科威特标准计量局（KOWSMD）通报了关于限制在电气和电子设备中使用有害物质的海合会技术法规，规定了在海合会市场流通前须符合使用某些有害物质的限制要求，包括垃圾回收和无害处理。

2018 年，科威特 KOWSMD 通报了 2 项关于汽车轮胎的海合会技术法规，涉及多用途车辆、轻型卡车、重型卡车、公共汽车和拖车的新轮胎测试方法，但对临时备胎对磨耗指数、牵引力和耐温等级不作要求，且速度低于 80km/h 的轮胎以及摩托车、道路设备或农用设备轮胎不适用。

2018 年 10 月，海合会标准计量局（ESMA）制定了关于内燃机用润滑油的技术法规，涉及基于美国石油协会对汽油和柴油内燃发动机用（不包括船舶用）润滑油的性能分类。

### 2．食品农产品

2018 年，海合会 ESMA 制定了 6 项关于食品的技术法规，产品涉及方便面，经发酵或热处理的食用奶油，咖啡和咖啡产品（卡布奇诺咖啡粉），乳香胶，冷冻芋头，未发酵大豆产品（大豆糖浆除外）；规定了包括定义、包装介质、缺陷、要求、取样、测试方法、包装、运输、储存和标签等内容。

2018 年，海合会 ESMA 制定了 2 项关于食品标签的技术法规，规定了营养数值标签精度设定准则和预包装食品的强制性保质期。

2018 年 9 月，海合会 ESMA 制定了关于禁止或限制添加植物和真菌的技术法规，列出了不得添加到食品或作为食品出售的植物和真菌种类，同时列出了除作为调味料原料以外不得用于食品的植物和真菌种类。

2018 年 9 月，海合会 ESMA 制定了关于天然毒素的技术法规，规定了食品中特定天然毒素的最大限量。

2018 年 9 月，海合会 ESMA 制定了关于化妆品的技术法规，涉及所有化妆品和个人护理产品应满足的一般安全要求和参数以及标签和包装要求。

2018 年，沙特标准计量和质量组织（SASO）通报了 3 项关于营养标签的海合会技术法规，规定了营养标签数据的控制规范，包括营养标签导则、用于食品生产的非直接食用预包装食品营养成分标签和主管部门指导性文件。

2018年，沙特SASO通报了13项关于食品的海合会技术法规，产品涉及小麦面粉制的面包，果汁、饮料和果茶、发酵乳、调味发酵乳和发酵乳饮品、辣椒粉、散装枣、奶酪、奶豆腐、乳清干酪、水果或蔬菜制成的罐头、速溶咖啡、冷冻和冷藏鸡肉、冷冻鱼、冷冻虾和橙子、葡萄柚等柑橘类水果；规定了相关产品的采样、检测和标签方法。谷物面粉和特殊膳食用途的面包、超高温灭菌发酵乳、干辣椒粉、工业用枣和经过深加工的虾或虾制品不适用。

## （二）SPS措施

### 1．关于食品安全的措施

2018年7月，沙特阿拉伯王国/波斯湾阿拉伯国家合作理事会制定了冷藏鱼技术法规，适用于近期捕获的仅经冷藏处理的人类食用鱼（整体或部分），不包括甲壳类动物及其产品。

2018年7月，沙特阿拉伯王国/波斯湾阿拉伯国家合作理事会制定了冷藏虾技术法规，仅适用于供人类食用的冷藏虾，不包括有附加生产工艺的其他虾产品。

2018年7月，沙特阿拉伯王国/波斯湾阿拉伯国家合作理事会制定了冷冻冷藏鸡技术法规，适用于适合人类食用的在特定冷藏或冷冻条件下储存的，经或未经辐照处理的整体肉鸡及带或不带皮的鸡块。

2018年7月，沙特阿拉伯王国/波斯湾阿拉伯国家合作理事会制定了酸奶酪、香味酸奶酪及酸奶酪饮料技术法规，适用于酸奶酪及发酵后经热处理的酸奶酪（杀过菌）、发酵香味酸奶酪、杀菌后的发酵香味酸奶酪、酸奶酪饮料，不包括经超高温处理（UHT）过的酸奶酪产品。

2018年7月，沙特阿拉伯王国/波斯湾阿拉伯国家合作理事会制定了面包生产技术要求法规，适用于小麦面粉面包（除特殊食用面包）的要求，不包括谷物粉面包。

2018年7月，沙特阿拉伯王国/波斯湾阿拉伯国家合作理事会制定加工奶酪、加工奶酪涂料、植物油加工奶酪、植物油加工奶酪涂料技术法规，适用于加工奶酪、加工奶酪涂料、植物油加工奶酪、植物油加工奶酪涂料。

2018年11月，海湾阿拉伯国家合作委员会制定了营养标签要求技术法规，内容包括营养标签数据控制要求，适用于所有包装食品。

2018年12月，沙特阿拉伯王国/海湾阿拉伯国家合作委员会制定了适用于速溶咖啡的技术法规。

### 2．关于植物及植物产品的卫生措施

2018年7月，沙特阿拉伯王国/波斯湾阿拉伯国家合作理事会制定了散装枣技术法规，涉及的产品包括适合人类食用的各种新鲜、水洗、脱水、晒干、包装或消毒过的枣，不适用工业加工枣。

2018年7月，沙特阿拉伯王国/波斯湾阿拉伯国家合作理事会制定了辣椒粉技术法规，适用于红辣椒粉，不包括干辣椒及辣椒。

2018年7月，沙特阿拉伯王国/波斯湾阿拉伯国家合作理事会制定了果汁、饮料及果肉饮料技术法规，适用于果汁、果肉饮料及鲜果汁（未杀菌）、水果饮料、牛奶及什锦果汁。

2018年7月，沙特阿拉伯王国/波斯湾阿拉伯国家合作理事会制定了柑橘水果技术法规，适用于橘子、葡萄柚及其他柑橘果的一般要求和分类。

# 十八、洪都拉斯

## TBT 措施

2018 年 2 月和 8 月，洪都拉斯经济发展秘书处通报了关于乳制品规范的中美洲技术法规，涉及熟奶酪、奶粉和奶油粉规范。

2018 年 10 月洪都拉斯通报了关于食品添加剂的中美洲技术法规，规定在缔约国境内销售的食品添加剂，不包括加工助剂或通常作为成分使用的物质。

2018 年 10 月洪都拉斯通报了关于药品的中美洲技术法规，规定了人类用药的卫生注册条件与要求；适用于在缔约国境内销售的由自然人和法人制造或进口的人类用药，不包括处方制剂。

# 十九、印度

## （一）TBT 措施

### 1．食品

2018 年 3 月，印度食品安全及标准局修订了食品安全与标准（食品企业许可和注册）法规，规定了建立小型屠宰场的最低卫生要求，修订电子商务食品企业经营者的许可和注册。

2018 年，印度食品安全及标准局修订了 3 项食品安全与标准（包装与标签）法规，涉及食用油脂标签的字体尺寸及预包装食品标签的要求。

### 2．电器及机械

2018 年，印度产业政策促进部发布了 3 项关于家用电器的质量控制法令，分别为空调及其相关部件（质量控制）法令、厨房电器（质量控制）法令、使用液化石油气的家用微型热水器（质量控制）法令。

2018 年 8 月，印度重工业和公营企业部发布了电力变压器（质量控制）法令，适用于 33kVA 以下的室内 / 室外型油浸式电力变压器；三相额定值 200kVA 以下的非密封和密封型电力变压器；三相额定值 200kVA 至 2500kVA 的非密封和密封型电力变压器和单相额定值 100kVA 以下的密封型电力变压器。

### 3．其他

2018 年 7 月，印度重工业和公营企业部发布了起重机（安全要求）法令，适用于电动桥式起重机和门式起重机及动力驱动的移动式起重机。

2018 年 8 月，印度纺织部发布了棉包（质量控制）法令，规定了棉花（棉包）产品技术参数要求及鉴定要求。

## （二）SPS 措施

### 1．关于食品安全的措施

2018 年 3 月，印度食品安全标准局制定了 2018 年食品安全及标准（学龄儿童安全健康食品）法规草案，涉及保证为学龄儿童提供安全健康食品的规范及要求；婴儿营养用食品标准，包括婴儿特殊医用及基于传统食品成分的食品。

2018 年 4 月，印度食品安全标准局制定了 2018 年食品安全标准（禁止及限制销售）修改法规草案，豁免了印度标准认证标志局的自动售水机提供或出售的饮用水。

2018 年 5 月，印度食品安全标准局制定了 2018 年食品安全标准（禁止及限制销售）修改法规草案，详述了“以二乙酰为油及脂肪食用香料的限制”。

2018 年 10 月，印度食品安全标准局制定了 2018 年食品安全标准（污染物、毒素及残留）修改法规草案，详述了金属污染物、黄曲霉毒素及霉菌毒素。

2018 年，印度食品安全标准局制定了 2 项 2018 年食品安全标准（保健品、营养素、特殊营养食品及特殊医疗食品、功能及新型食品）法规修改草案，涉及修订保健品、营养素及添加益生菌和益生菌食品的食品添加剂名单、成分（车前子壳）标准及详细法规草案提及的某些其他段落；植物或植物成分修订名单、营养品成分清单、益生菌菌株名单、混合益生菌及其他修改案。

2018 年，印度食品安全标准局制定了 18 项 2018 年食品安全标准（食品标准及食品添加剂）法规修改草案，内容包括不同食品类别中的补充添加剂规定及香料的微生物标准；速冻油炸马铃薯条、板栗罐头、栗蓉罐头、食用真菌制品、姜、番茄酱、番茄汁的标准；冰 / 冰棒标准；自动售水机提供或出售的饮用水的标准；去咖啡因速溶咖啡粉、包装饮用水中钙镁含量限制标准及去咖啡因烘焙碾磨咖啡及去咖啡因速溶咖啡粉的标准；绵羊 / 山羊奶及奶粉的总钠含量、中等脂肪含量的印度奶酪、乳清干酪及盐水干酪的修订标准；奇亚籽油标准、精炼植物油、葵花籽油、进口葵花籽油及葵花籽油（高油酸）标准；将反式脂肪纳入部份氢化大豆油、家用人造奶油、混合涂脂及植物油脂涂料标准；从 2.2.2 类（交酯化植物脂 / 油）及 2.2.6 类（氢化植物油）中删掉二乙酰；罐装 / 蒸煮袋肉制品、粉碎 / 组合肉制品、腌及 / 或熏肉制品、干燥 / 脱水肉制品、熟制 / 半熟肉制品、发酵肉制品、腌肉制品、新鲜 / 冷藏 / 冷冻兔肉的标准；小麦麸及非发酵大豆制品标准；椰奶及椰浆、整体及粉状干牛至、整体及粉状多香果、整体及粉状月桂、干薄荷及迷迭香的标准；法规第 313.1 条——其他食品用物质及 2011 年食品安全标准法规附件 A；合成糖浆及沙芭特（柠檬汁糖水）的标准；在法规附件“C”中插入加工助剂；冷冻豆、冷冻菜花、冷冻豌豆及冷冻菠菜的标准；微生物标准；删除伯利埃试验；精炼植物油、食用调合植物油、减少反式脂肪的标准；带茎樱桃、加工果汁、加工蔬菜汁、腰果仁、马蹄粉、着色食品的标准；法规 2.5.1 节定义；动物肠衣、冷冻蛋制品、蛋粉、液体鸡蛋产品、腌蛋、消毒鱼肠、消毒虾肉、鱼废料加工提取明胶的标准；非酒精饮料矿泉水的使用；发酵粉的标准；第 2.12 节（个人食物）；水果蔬菜产品内的水中悬浮固体物质总含量。

**2．关于植物及植物产品的卫生措施**

2018 年 5 月，印度农业与农民福利部制定了 2018 年植物检疫（印度进口法规）（第三次修改）令草案，旨在进一步放宽 2003 年植物检疫（印度进口法规）令中，表 VI 八项进口规定，同时进一步允许植物及植物材料出口印度。

## 二十、印度尼西亚

### TBT 措施

**1. 机动车辆、自行车**

2018 年，印度尼西亚制定了 2 项关于机动车辆的法令草案，发布了 1 项自行车工业部法规，以代替国家标准。具体内容如下：制定了“强制执行印尼胎圈钢丝国家标准”、“强制执行印尼润滑油国家标准的法令草案”，发布了“强制执行印尼自行车国家标准的工业部法规”。

**2. 建材**

2018 年，印度尼西亚发布了 4 项建材方面国家强制标准，以代替工业部标准。具体内容如下：发布了“混凝土建筑用预应力混凝土钢筋印尼国家强制标准”、“印尼国家水泥强制标准”、“印尼玻璃板强制性国家标准”、“印尼塑料立式圆筒水箱—聚乙烯（PE）强制性国家标准”。

**3. 食品、食品包装**

2018 年 4 月，印度尼西亚制定了关于“强制执行印尼食品包装纸和纸板国家标准”的法规草案。规定所有国内生产及进口、在国内分销和销售的食品包装纸和纸板应满足 SNI 要求。

2018 年 12 月，印度尼西亚修订了速溶咖啡强制国家标准。

**4. 电子设备**

2018 年 8 月，印度尼西亚修订了音频、视频和类似电子设备国家标准。

**5. 玩具**

2018 年 11 月，印度尼西亚修订了玩具强制国家标准。

## 二十一、以色列

### TBT 措施

**1. 食品及食品接触材料**

2018 年，以色列修订了 2 项关于食品接触产品的标准，分别为食品金属包装强制标准和儿童餐具和喂食用具文件标准。

2018 年，以色列修订了 6 项关于食品及添加剂的强制标准，涉及啤酒和类似麦芽饮料、果酱、橘子酱、果冻、梅花酱和防腐剂。

**2. 其他**

2018 年 1 月，以色列修订了关于家用和类似用途电器一般安全要求的强制标准。

2018 年 2 月，以色列制定了关于家用烹饪电器的强制标准。

2018 年 8 月，以色列修订了关于一次性婴儿尿布的强制标准。

2018 年 8 月，以色列修订了关于音频 / 视频、信息和通信技术设备安全要求的强制标准。

2018 年 8 月，以色列修订了关于医用注射器的强制标准。

2018 年 11 月，以色列修订了关于眼科光学眼镜镜片强制性标准。

2018 年 11 月，以色列发布了药剂师法规（电子烟的生产和销售条件），禁止生产和销售超过 20 毫克 / 毫升尼古丁的电子烟及相关产品。

# 二十二、牙买加

## TBT 措施

2018 年，牙买加制定了 6 项关于建筑材料的标准规范，分别为结构钢形状标准规范，桥梁结构钢标准规范，高强度低合金铌钒结构钢标准规范，碳结构钢标准规范，轧制结构钢钢筋、钢板、型钢和板桩一般要求标准规范，混凝土用普通和变形碳钢丝和焊接钢丝网标准规范。

# 二十三、日本

## （一）TBT 措施

### 1．机动车辆

2018 年 1 月，日本修订了道路交通车辆安全法和道路交通车辆安全法细则公告，规定了三轮和四轮摩托车应安装提高车辆可见度和增强乘客保护性能的附属设备。

2018 年 1 月，日本修订了合理使用能源法案，审查法案所列重型车辆等产品目标财政年度的能效（燃料效率）标准、测量方法、标签要求。

2018 年，日本两次部分修订了道路交通车辆安全法细则公告，修订内容包括实际行驶排放测试程序、排放限值、限制污染物大量排放的保护策略运行条件、两轮车辆续航里程等内容。

### 2．药品及医疗器械

2018 年 1 月，日本制定了关于指定兴奋剂原料的内阁法令修订案，根据兴奋剂控制法案规定指定 1 种物质为兴奋剂原料。

2018 年，日本 4 次部分修订了生物产品最低要求，分别增加了新批准的疫苗产品标准；修改了口服减活五价轮状病毒疫苗、新鲜冷冻人体血浆以及人血清白蛋白和 pH–4 处理的酸性正常人免疫球蛋白（皮下注射）标准。

2018 年，日本制定了 5 项关于可能影响中枢神经系统物质的技术措施，先后将 15 种物质归为“指定物质”。根据《关于药品、医疗器械、再生细胞治疗产品、基因治疗产品和化妆品质量保证、功效和安全的法案》，除规定的“合理用途”外，禁止生产、进口、销售、拥有及使用“指定物质”。

### 3．食品

2018 年 1 月，日本修订了食品卫生法案，修改了食品和食品添加剂用器皿、容器和包装的卫生法规。

2018 年 1 月，日本两次修订了农林产品标准化法案执行法令，分别明确动物源有机加工食品和动植物源有机加工食品标准、有机畜牧业和有机畜产品标准作为技术法规适用。

2018 年 7 月，日本修订了有机植物、有机加工食品和有机畜产品农业标准，修订有机植物、有机加工食品和有机畜产品农业标准的标签状态。有机畜牧业和有机畜产品目前是自愿标准，但正接受强制标准审议。

2018 年 6 月，日本修订了食品标签标准，涉及无菌灌装豆腐，杀菌剂（咯菌腈）和博洛尼亚香肠等新标签要求。

2018 年 10 月，日本修订了转基因（GM）标签系统食品标签标准，修订食品标签标准“非转基因”标签要求相关规定，以符合食品标签标准修订案要求。

**4. 肥料**

2018 年 1 月，日本修订了肥料法案实施令，拟允许牛皮明胶和胶原蛋白作为肥料成分使用而不必采取朊病毒灭活措施或保持家畜远离等措施；使用牛肉骨胶和胶原蛋白作为肥料成分，可采取其他降低传染性措施。

2018 年 1 月，日本修订了农林水产省 2014 年 875 号部颁通报，为将骨粉作为肥料成分，允许在肥料中添加 5 种物质以防止牲畜食用肥料，以避免其感染传染性海绵状脑病（TSE）。

2018 年 3 月，日本修订了化肥管理法案实施令，针对由发酵副产品组成的副产品液氮肥，取消其登记时的种植试验要求。

2018 年 3 月，日本先后 3 次修订了农林水产省 700/1984、701/1984 和 1163/2000 号部颁通报，简化肥料标签要求。

2018 年 3 月，日本修订了农林水产省 2943/2013 号部颁通报，将沸石添加到指定复合肥料的抗结块材料清单中。

2018 年，日本修订了 2 项普通肥料官方标准，分别制定加工食品废物肥料和磷酸铵镁（鸟粪石）标准。

**5. 电子电气产品**

2018 年 4 月，日本部分修订了无线设备法规，主要涉及无线局域网系统相关规定，允许在室外使用 5.2GHz 频段和等效全向辐射功率（EIRP）1W，并对相关应用提出无线电台执照要求。

2018 年 7 月，日本部分修订了无线电法案实施细则，扩大 920MHz 频段低功耗无线系统的新用途。

2018 年 10 月，日本部分修订了终端设施法令的部颁法令，要求在包括物联网（IoT）设备在内的终端设备技术标准中增加最低安全措施，以确保信息和通信网络的安全性和可靠性。

2018 年 11 月，日本部分修订了无线电设备法规，修订了船舶用 9GHz 频段固态雷达系统规定，引入舶用 9GHz 频段固态雷达系统要求

2018 年 11 月，日本部分修订了无线电法案实施法规，修订了超宽带（UWB）无线系统规定。

**6. 其他**

2018 年 1 月，日本修订了劳动安全卫生法及相关法令实施细则，规定石棉经营者相关责任。

2018 年，日本 2 次修订了有毒和有害物质指定法令，根据有毒有害物质控制法案规定，将 7 种物质指定为有毒物质，15 种物质指定为有害物质。

2018 年 5 月，日本修订施了工安全带规范，修订了安全带名称及技术要求，原则上与 ISO 标准协

调一致。

2018 年 5 月，日本修订了消费品安全法规定的关于指定产品部颁法令操作规则，要求家用高压锅和压力锅产品上或使用说明书上增加使用注意事项；要求打火机产品上标明通报企业的名称、国内注册的合格检验机构或海外注册的合格检验机构的名称以及使用注意事项。

2018 年 8 月，日本修订了杀虫剂注册系统，主要包括引入重新评估系统，修订注册评估等内容。

2018 年 12 月，日本部分修订了化妆品标准，将 2– 甲基苯基 4– 甲氧基肉桂酸酯列入化妆品标准紫外线吸收剂肯定列表。

## （二）SPS 措施

### 1．关于食品安全的措施

2018 年 1 月，日本厚生劳动省修订了食品卫生法案，涉及内容如下：① 国家和地方政府对地区间食品中毒案例采取加强措施；② 根据危害分析和关键控制点（HACCP）原则的食品卫生控制要求；③ 建立含指定物质食品的不良事件报告系统；④ 考虑到国际一致性，完善食品及食品添加剂器皿、容器及包装的卫生法规；⑤ 修订许可制度，建立食品行业通报系统；⑥ 建立食品零售汇报系统；⑦ 保证进口食品的安全性，使食品出口相关管理合法化；⑧ 其他（要求类似罚则的规定）。

2018 年 2 月，日本厚生劳动省修订了食品卫生法案项下食品及食品添加剂标准规范（修订农化物残留标准），删除了三苯锡、氟酮磺隆、氟蚁腙、扑灭津、竹桃霉素等最大残留限量。

2018 年 2 月，日本厚生劳动省修订了食品卫生法及食品和食品添加剂标准和规范执行条例，批准丙环唑为食品添加剂，并制定了标准和规范。

2018 年 2 月，日本厚生劳动省修订了食品卫生法案项下食品及食品添加剂标准规范（修订农化物残留标准），制定了此类商品丙环唑的最大残留限量。

2018 年 2 月，日本厚生劳动省制定了食品内脱氧萎镰菌醇的最大残留限量。

2018 年 3 月，日本厚生劳动省修订了食品及食品添加剂标准规范，修订了咯菌腈的现有使用标准。

2018 年 4 月，日本厚生劳动省修订了部级条例——关于乳及乳制品的成分标准等（规定婴儿液体配方饮料标准），规定婴儿液体配方饮料生产、储存、容器和包装的标准规范。

2018 年 7 月，日本厚生劳动省修订了食品及食品添加剂标准和规范，修订了亚硒酸钠及生物素的现有使用标准。

2018 年 8 月，日本厚生劳动省修订了食品和食品添加剂标准和规范，修订了铵明矾及钾明矾的现有使用标准。

2018 年 8 月，日本厚生劳动省修订了食品和食品添加剂标准和规范，修订了 β – 半乳糖苷酶及果糖基转移酶的现有规范。

2018 年，日本厚生劳动省修订了食品卫生法案项下食品及食品添加剂标准规范（修订农化物残留标准），拟定了以下农化物的最大残留限量。第一是杀虫剂类：甜菜安、氯虫酰胺、硫线磷、烯草酮、三环唑、腐霉利、腈苯唑、醚菊酯、克菌丹、雷皮菌素、氟虫双酰胺、滴丙酸、咯菌腈、甲胺磷、乙酰甲胺磷、甲霜灵及精甲霜灵、2,4– 二氯苯氧乙酸、氟苯脲、七氯、赤霉素、氟唑菌酰胺、二甲吩草胺、灭螨猛、氟丙菊酯、噻菌灵、苯并噻二唑、吡螨胺、联氟砜、吡氟禾草灵。第二是兽药 / 饲料添加剂类：默诺霉素、磷赛杜霉素、莫仑太尔。第三是兽药类：大观霉素、交沙霉素、地塞米松、甲基强的松龙、卡那霉素、矮壮素、氟啶脲、倍他米松。第四是杀虫剂 / 兽药类：溴氰菊酯及四溴菊酯、多杀菌素、氟胺氰菊酯、乙螨唑、除虫脲。

**2．关于植物及植物产品的卫生措施**

2018 年 5 月，日本农林水产省发布了无植物卫生证书的植物相关植物卫生措施变更通知。

**3．关于动物及动物产品的卫生措施**

2018 年 2 月，日本农林水产省指定左旋肉碱为饲料添加剂。

2018 年 4 月，日本农林水产省撤销指定依罗霉素为饲料添加剂。

2018 年 5 月，日本农林水产省官方出口检疫证书正式采用了特殊纸张，以加强日本动物卫生证书的真实性。

2018 年 6 月，日本农林水产省制定了虾青素标准和规范修改案。

2018 年 8 月，日本农林水产省制定了杀虫剂注册系统修订概要。

2018 年 11 月，日本农林水产省修改了饲料与饲料添加剂标准实施条例（修改农业化学残留标准），涉及的产品包括吡虫啉、仲丁威、氯苯胺灵。

## 二十四、约旦

### SPS 措施

**关于植物及植物产品的卫生措施**

2018 年 11 月，约旦农业部植物卫生委员会制定针对中国的措施。因中国大蒜样品经其实验室检测存在洋葱黄矮病毒（OYDV），约旦农业部决定禁止进口中国大蒜。

## 二十五、哈萨克斯坦

### SPS 措施

**1．关于植物及植物产品的卫生措施**

2018 年 6 月，哈萨克斯坦经欧亚经济委员会理事会决定草案修改欧亚经济联盟植物检疫对象共同名单；该草案新增 2016 年 11 月 30 日欧亚经济委员会理事会第 158 号决定批准的欧亚经济联盟植物检疫对象共同名单，包括小麦矮星黑穗病。该草案还对植物检疫对象系统、著述及清理做了相关改动。

**2．关于动物及动物产品的卫生措施**

2018 年 11 月，哈萨克斯坦农业部农工联合体国家检验委员会发布了对出口哈萨克斯坦活猪、猪产品及二手设备实施的临时限制；该措施针对中国、匈牙利、摩尔多瓦出口哈萨克斯坦活猪、猪精液、猪、包括野猪及其加工产品、易染物种动物原材料制成的未经热处理（至少 20 分钟，温度不得低于

70℃）的人造皮革、角与肠原材料、鬃毛、狩猎品、猫狗粮及添加剂、容装、运输、屠宰及切割猪、动物源产品及原料的二手设备实施临时限制。

2018 年 11 月，哈萨克斯坦农业部农工联合体国家检验委员会发布了对出口哈萨克斯坦活马、马产品及已使用过的设备实施的临时限制；该措施针对中国出口哈萨克斯坦的活马、种马精液、马肉及其加工产品、制革厂、未经热处理（至少 20 分钟，至少 70℃）易染物种动物蹄角及肠原料、狩猎品、动植物源动物饲料和饲料添加剂，包括家禽和鱼，猫狗粮添加剂，运输、盛装、屠宰和切割马已使用过的设备，动物源产品和原材料实施临时限制。

2018 年 11 月，哈萨克斯坦农业部农工联合体国家检验委员会发布了对出口哈萨克斯坦口蹄疫病易染产品实施的临时限制；该措施针对中国出口哈萨克斯坦口蹄疫病易染产品，包括牛肉、猪肉、羊肉、乳及乳制品，包括煮熟的成品，屠宰口蹄疫病易染动物非食用原料及产品、动物养护、屠宰和加工设备，动物饲料及饲料添加剂实施临时限制。

2018 年 11 月，哈萨克斯坦经欧亚经济委员会执行管理委员会通报了兽医检验（监督）商品一般兽医（卫生与兽医）要求法规；该草案确定欧亚经济联盟地区进口“这些化合物的赖氨酸及其酯类、盐的兽医措施”（欧亚经济联盟对外经济活动一般商品名称代码：292241）。

# 二十六、肯尼亚

## （一）TBT 措施

### 1．肉与肉制品

2018 年 1 月，肯尼亚标准局制定了肉类卫生操作规范，包括从活畜生产到零售销售点的生肉、肉制品和肉产品的卫生规定。具体内容包括此类产品的食品卫生通用原则、畜牧市场要求、市场类别和设施定义。

2018 年，肯尼亚标准局制定了 7 项肉制品规范，包括新鲜粗碎肉制品、油炸肉类、腌制肉类、熏肉、火腿和发酵香肠的质量和安全要求及取样和分析方法，以及食用动物福利操作规范。

### 2．植物产品

2018 年 1 月，肯尼亚标准局提出了 4 项规范，规定了姜蓉、豆蔻粉、蒜泥和烤腰果仁要求及取样和测试方法。

2018 年 2 月，肯尼亚标准局提出了 6 项规范，规定了供直接消费或进一步加工用的脱水蔬菜、加工水果和蔬菜产品、什锦水果罐头、果酱、果冻橘子酱、干果和初榨椰子油的要求及取样和测试方法，不适用于 4 类商品：精制烘焙产品、糕点或饼干生产使用的产品；明确标明用于特殊饮食的产品；少糖或低糖产品；甜味特性全部或部分被食品添加甜味剂替代的食品。

2018 年 4 月，肯尼亚标准局发布了咖啡行业操作规范，以确保食品安全和质量、工人健康、安全和福利、环境保护和肯尼亚咖啡价值链各利益相关方的可持续性发展。

2018 年 6 月，肯尼亚标准局发布了椰仁干规范，规定了从成熟果实获得、直接或间接晒干和烘干的椰仁干要求和测试方法。

2018 年 7 月，肯尼亚标准局发布了 4 项规范，规定了调味红茶、绿茶、红茶及混合红茶和速溶茶要求及取样和测试方法。

2018 年 12 月，肯尼亚标准局提出了 8 项规范，规定了新鲜竹笋（芋头）生产和处理操作规范，人食全脂大豆粉、复合面粉、普通玉米制成的全玉米粉、粒状玉米粉、筛分玉米粉、玉米糁、玉米、普通小麦、密穗小麦或其混合物制成的小麦粉、高粱、龙爪稷和整粒干绿豆要求及取样和测试方法。

**3．食品**

2018 年 1 月，肯尼亚标准局提出了 2 项规范，规范了辅助食品和指定产品最低标签要求；强化了食品监测和取样指南，规定了营养预混料和强化食品的监测、取样和文档最低要求。

2018 年 2 月，肯尼亚标准局提出了 8 项规范，包括发酵（培养）乳、马苏里拉奶酪、乳品甜点和冰块混合物、奶油、调制奶油、奶油奶酪、无水乳脂、乳脂、无水奶油、未成熟奶酪包括新鲜奶酪和果汁混合乳要求及取样与测试方法。

2018 年 3 月，肯尼亚标准局提出了奶粉规范，规定了直接消费或进一步加工的奶粉和奶油粉要求及取样和测试方法。

2018 年 6 月，肯尼亚标准局提出了 9 项规范，规定了人类消费的酥油、黄油、巴氏杀菌奶、甜炼乳、乳制品冰淇淋、原奶、奶粉、奶油粉、酸奶和超高温灭菌（UHT）牛奶要求及取样和测试方法。

**4．动物饲料**

2018 年 4 月，肯尼亚标准局提出了 5 项饲料规范，规定了奶山羊饲料、水产养殖复合鱼饲料（适用于罗非鱼、鲶鱼）、家禽养殖使用的复合饲料、猪幼畜饲料、猪生长饲料、猪肥育饲料、母猪和断奶仔猪饲料和牛饲料要求及取样和测试方法。

2018 年 7 月，肯尼亚标准局提出了 2 项规范，规定了用作动物饲料的青牧草和豆科干草要求和测试方法。

**5．道路设备和装置**

2018 年 1 月，肯尼亚标准局发布了车辆和人行通道区域的下水道井盖和人孔井盖相关规定，包括定义、分类、一般设计原则、性能要求和测试方法、车辆和人行通道区域的下水道井盖和人孔井盖、车辆和人行通道区域的下水道井盖和人孔井盖、车辆和人行通道区域的下水道井盖和人孔井盖。

2018 年 2 月，肯尼亚标准局发布了 2 项规范，通过了控制发动机功率限制最高道路速度的设备的性能和安装要求，规定了速度记录和报告设备的性能要求；控制发动机功率限制机动车辆最高道路速度的速度限制器的系统和组件性能要求。

**6．电器产品**

2018 年 12 月，肯尼亚标准局规定了采用空冷式冷凝器的单独和分体系统无管道式空调的等级标准条件，以及用于确定等级的试验方法。本标准仅限于具有一个蒸发器和一个冷凝器的单个制冷回路系统。

**7．建筑材料**

2018 年 1 月，肯尼亚标准局发布了 3 项规范，规定经过处理的木质电线杆的检查和补充处理，提出了木栅栏杆规范相关文件和用于确定木材防腐剂有效性的现场测试方法。

2018 年 4 月，肯尼亚标准局提出了 4 砌块测试方法，规定了粘土砌块防潮层沸水吸水率、粘土和硅酸钙的体积、空隙百分比、净体积、砌块净密度和毛干密度的测定方法、包括有关建筑物预制混凝土构件的模块化规划、组件尺寸、预制系统、设计考虑因素、接头和制造、存储、运输和安装规定以及相关要求。

2018 年 9 月，肯尼亚标准局发布了 2 项混凝土路肩要求和测试方法，规定了用于交通铺砌区域、屋顶覆盖物的未加强水泥预制混凝土路肩单元、通道、水泥胶合未加强混凝土铺路板和辅助配件的材料、性能、要求和试验方法。

2018 年 9~12 月，肯尼亚标准局发布了 11 项混凝土相关检测方法，分别规定了混凝土、砂浆和灌浆混合物试验方法：红外分析、水分测定、气孔特征测定、碱含量测定、毛细吸收的测定、常规干物质含量测定等方法。依次规定了混合物中水溶性卤素（氟化物除外）的测定方法，总水溶性卤素含量表示为氯化物含量，规定了含有夹带空气的硬化混凝土样品中的气孔结构的测试方法，规定了测定混凝土、砂浆和灌浆混合物中碱（钠和钾）含量的方法，规定了测定混合物对砂浆毛细吸收影响的试验方法，常规干物质含量测定的方法。

2018 年 12 月，肯尼亚标准局发布了 5 项规范，包括为建筑内部和外部的初始涂料和维护涂料提供了操作规范建议，规定了脱漆剂、沥青或混凝土表面标记用溶剂型和水性涂料、通过喷涂、整平或挤压方式熔化和涂覆在道路上的热塑性材料性能要求，规定了内部表面上使用的清漆要求及取样和测试方法。

**8．危险货物**

2018 年 10 月，肯尼亚标准局发布了 10 项危险货物道路运输—操作要求，规定了符合载荷限制的危险货物运输车辆的安全操作和处理规则与程序。这些程序对爆炸物、氧化剂、易燃液体、易燃固体、杀虫剂、有机过氧化物、混合标签、气体和腐蚀性货物进行了规范。

**9．医疗器械及卫生用品**

2018 年 3 月，肯尼亚标准局发布了一次性护理垫规范，规定了外用一次性护理垫的卫生及质量的最低要求。

2018 年 6 月，肯尼亚标准局发布了 7 项规范，包括压敏高压胶带剥离粘合力的标准测试方法，蒸汽高压锅胶带、呼吸道麻醉、口腔和呼吸道支撑器（伦敦医院模式）、水银血压计、浸渍棉签和可可叶中脉（叶柄）扫帚要求和测试方法。

2018 年 6 月，肯尼亚标准局发布了 10 项医疗废物管理商品系列规范，包括重型靴、头盔、塑料围裙、医疗废物箱、垃圾袋（聚乙烯袋）、防颗粒物过滤面罩、连体工作服、护目镜、废物转运车、医疗废物处理手套、手术和检查手套要求和测试方法。

**10. 家具及日用品**

2018 年 6 月，肯尼亚标准局发布了 9 项家具测试方法标准，规定了顶部循环试验、工作面支撑抽屉的锁紧试验、办公桌抽屉外挡板承受异常拉力能力试验、承受合理搬运能力试验、办公桌桌腿或底座承受撞击能力试验、可调键盘表面测试和木制办公桌要求和测试方法。

2018 年，肯尼亚标准局发布了 3 项规范，规定了除臭剂、止汗剂、假发和牙膏的要求及取样和测试方法。

**11．其他**

2018 年 1 月，肯尼亚标准局发布了电气用铝绑线规范，规定了包括架空电力线路使用的裸线和绝缘铝绑线的制造、测试要求。

2018 年 1 月，肯尼亚标准局发布了假肢规范，包括假肢的医学和生物力学原理、材料、形状、工艺、抛光、包装、标志、修饰、部件、配件和性能。

2018 年 2 月，肯尼亚标准局发布了电力供应的聚氯乙烯（PVC）绝缘电缆规范，规定了导线之间电压 3300V、铠装或地线电压 1900V 的聚氯乙烯（PVC）绝缘电缆要求和尺寸。

2018 年 4 月，肯尼亚标准局发布了 2 项规范，规定了食品包装用纸碟、带盖纸杯、印刷地图和建筑图纸的要求及测试方法。

2018 年 4 月，肯尼亚标准局发布了罗马蜡烛—规范和测试方法，规定了罗马蜡烛的结构、性能、初级包装和标签要求以及相应的测试方法。

2018 年 6 月，肯尼亚标准局发布了指针式温度计规范，规定了使用气体膨胀（符号 GE）、液体膨胀（符号 LE）和双金属片（符号 BM）传感方法指示温度的温度计要求和测试。

2018 年 9 月，肯尼亚标准局发布了 2 项公告，规定了进口货物检验和获得进口货物检验的临时进口标准化标志（ISM）应遵循的程序。

2018 年 9 月，肯尼亚标准局发布了 5 项肥料规范，规定了硫酸钾肥料、固体复合肥料、螯合微量营养肥料、磷酸二氢钾肥料和硫酸钾肥料技术等级要求及取样和测试方法。

2018 年 12 月，肯尼亚标准局提出了对所有板材类型的一般要求，第 1 部分刨花板：规定了 EN 309 中定义的所有类型的无涂层刨花板或平压、延压的无面刨花板某些性能要求。

### （二）SPS 措施

#### 1．关于食品安全的措施

2018 年 2 月，肯尼亚标准局制定了奶油干酪标准，规定了供人类直接食用或根据本标准规定进一步加工的奶油奶酪的要求、抽样与检测方法。

2018 年 6~7 月，肯尼亚标准局制定了 31 项食品安全措施，规定了供人类食用的黄油、固态水基调味饮料、调味型软饮料、代用醋、酥油、加糖炼乳、乳类冰淇淋、巴氏消毒奶、生牛奶、酸奶、超高温消毒（UHT）奶、什锦水果罐头、果汁混合奶、脱水蔬菜、干果、非熟化干酪、奶粉及乳脂粉、乳脂产品、马苏里拉奶酪、乳制甜食及混合冰甜品、发酵（酸）奶、乳制奶油及稀奶油、松软干酪、火辣咖喱、速溶茶、调味红茶、绿茶、红茶、食用全脂豆粉、烤腰果仁等产品的要求、抽样与检测方法。

2018 年 6 月，肯尼亚标准局制定了 2 项食品安全措施，规定了供人类食用的烤腰果仁、小豆蔻粉的要求。

2018 年 12 月，肯尼亚标准局制定了 3 项食品安全措施，规定了供人类食用的碾磨玉米产品、手指小米谷物、复合粉的要求、抽样与检测方法。

2018 年 2 月，肯尼亚标准局制定了 2 项食品安全措施，制定了供人类食用的夏威夷果仁、天然椰子油的要求、抽样与检测方法。

2018 年 6 月，肯尼亚标准局制定了 2 项食品安全措施，规定了供人类食用的蒜泥、腰果仁的要求、抽样与检测方法。

2018 年 6 月，肯尼亚标准局制定了加工水果及蔬菜标准，内容包括加工水果与蔬菜的收货、制备、加工、处理、储存、运输及分配。

2018 年 12 月，肯尼亚标准局制定了 4 项食品安全措施，规定了供人类食用的小麦粉、高粱谷、绿豆、竹芋的要求、抽样与检测方法。

2018 年 12 月，肯尼亚标准局制定了鲜竹芋的生产和处理操作规范，内容包括供人类食用的鲜竹芋生产、储存、包装和运输的良好农业规范。

**2．关于动物及动物产品的卫生措施**

2018 年 1 月，肯尼亚标准局制定了屠宰马的规范，规定了食用动物屠宰场的基本要求。

2018 年 6 月，肯尼亚标准局制定了针对南非的即食肉制品进口销售的临时禁令。因南非食品生产厂及 RainbowChicken 有限公司产品爆发了李氏杆菌，为保护人类健康与安全，供应企业 Bokkie、Renown、Lifestyle 及 Mieliekip，Rainbow 生产的猪肉香肠、俄罗斯香肠及维也纳香肠临时禁止进口。

2018 年 6 月，肯尼亚标准局制定了 4 项措施，规定了肉用牛、肉用山羊、肉用绵羊、肉用骆驼贸易分级的要求、抽样与检测方法。

2018 年 8 月，肯尼亚标准局制定了 2 项措施，规定了油煎肉、腌肉的质量与安全要求、抽样和检测方法。

2018 年 8 月，肯尼亚标准局制定了动物福利实施规程，内容包括陆生食用动物在生产、运输至使用地点的人性化处理，适用于整个价值链所有动物福利的负责人员。

2018 年 12 月，肯尼亚标准局制定了 4 项措施，规定了腌猪肉、新鲜粗制碎肉产品、发酵香肠、火腿的质量与安全要求、抽样和测试方法。

# 二十七、韩国

## （一）TBT 措施

**1．卫生用品**

2018 年，韩国食品药品安全部制定了 2 项关于清洁与卫生产品的标签标准，所涉产品包括洗碗剂、洗碗机清洗剂、一次性杯子（勺子、筷子、叉子、刀子、吸管）、卫生纸、厨房纸巾、纸巾、餐巾纸、牙签、棉签、一次性尿布，一次性卫生护垫和湿纸巾用干纸巾（dry tissue for wet wipes），规定了相关产品的标签要求及方法。

2018 年 5 月，韩国食品药品安全部制定了清洁卫生产品标准规范，为一次性卫生护垫和湿纸巾用干纸巾制定了单独标准规范及测试方法。

**2．汽车及零部件**

2018 年 1 月，韩国技术与标准局两次修订了汽车及零部件安全与性能法规，分别规定了微型车结构标准及安装标准和总重量 4.5 吨以上氢燃料电池或压缩天然气（CNG）车辆燃料系统安全标准。

**3．电器及电子产品**

2018 年 1 月，韩国贸易、工业和能源部制定了能效管理设备法规，将指定项目范围涵盖了多热源热泵系统、三相感应电机；增加了空调、空气源热泵、多热源热泵系统、商用冰箱，三相感应电机能效标准；修订了空调、空气源热泵、适配器和充电器测试方法。

2018 年，韩国无线电研究所制定了 2 项电信终端设备技术规范，增加了防止视频监控设备的未授权访问要求等内容。

2018 年，韩国无线电研究所两次修订电磁兼容性技术法规。

2018 年，韩国技术与标准局修订了 5 项关于电动车辆充电器和部件产品的技术法规。

2018 年 5 月，韩国贸易、工业和能源部能源效率管理司制定了能效管理设备法规，提高了洗衣机效率标准和补充修订了测试方法。

2018 年 5 月，韩国技术与标准局修订了电器及工业产品安全管理法实施细则。

2018 年 5 月，韩国技术与标准局制定和修订了 3 项电器（灯具）产品安全标准。

2018 年 6 月，韩国技术与标准局修订了电表技术法规，规定了机电式电表和交流静电电表型式核准规范、测试方法、要求；并明确了直流静电电表和物联网（IoT）组合交流静电电表的技术规定。

2018 年 6 月，韩国技术与标准局制定了电动车辆供电设备技术法规，规定了电动车辆供电设备型式认可规范、测试方法和要求。

2018 年 8 月，韩国技术与标准局修订了电器安全控制法规，根据电器风险等级重新调整了安全控制要求。

2018 年 8 月，韩国贸易、工业和能源部能源效率管理司制定了能效管理设备法规，规定了冷却器、空气压缩机、标牌显示器能效标准和测试方法；提高了真空吸尘器能效标准；澄清了空调、电饭煲、多热泵系统、内换式 LED、外换式 LED 定义和范围等。

2018 年 12 月，韩国技术与标准局修订了二次锂电池安全标准，在安全标准中加入安全标准的能量密度计算方法。

**4．食品**

2018 年，韩国食品药品安全部修订了食品卫生法案、健康功能食品标准规范、转基因食品标签标准和畜产品卫生控制法案实施细则。

2018 年 6 月，韩国食品药品安全部修订了食品标签标准。

2018 年 8 月，韩国食品药品安全部制定了转基因食品标签标准，首次批准用于人类消费的转基因马铃薯的进口许可。

2018 年 10 月，韩国食品药品安全部制定了食品标签和广告法案实施细则，规定了食品标签和广告相关要求。

**5．化学品**

2018 年 5 月，韩国环境部化学制品及生物杀虫剂司修订了消费化学品和生物杀虫剂安全法案执行法令以及消费化学品和生物杀虫剂安全法案实施细则。

2018 年 6 月，韩国环境部化学品政策司修订了化学物质注册和评估法案执行法令以及化学物质注册和评估法案实施细则。

2018 年 10 月，韩国环境部修订了化学物质注册和评估法案执行法令。

2018 年 10 月，韩国食品药品安全部规定了须通报的高分子化合物。

2018 年 10 月，韩国食品药品安全部发布通报，指定了化学物质中的“优先物质”。

2018 年 10 月，韩国食品药品安全部规定应在 2021 年前注册具有致癌、致突变、生殖毒性而对人类和动物造成或可能造成伤害的现有化学物质。

2018 年 11 月，韩国环境部制定了生物杀虫剂产品安全容器和包装法。

2018 年 11 月，韩国环境部制定了活性物质和生物杀虫剂产品批准文件的范围和准备事项。

2018 年 11 月，韩国环境部制定了活性物质和生物杀虫剂产品批准标准。

2018 年 11 月，韩国环境部制定了生物杀虫剂产品标签法规。

2018 年 11 月，韩国环境部制定了须经安全检查的消费化学产品应符合的安全和标签标准。

2018 年 12 月，韩国技术与标准局发布了批准无颁布安全标准的消费化学品须接受安全检查法规的草案建议，规定了消费者化学品和生物杀虫剂安全法案授权的事项。

**6．药品及医疗器械**

2018 年 4 月，韩国食品药品安全部制定了生物产品审核法规，对于活性成分强度、剂型和给药途径相同的产品作为一种产品批准，孤儿药可以作为单独产品批准。

2018 年 6 月，韩国食品药品安全部制定了医疗设备标准规范法规，制定了含盐水的鼻腔冲洗套件标准规范，修订了手术手套和检查手套的标准规范。

2018 年 6 月，韩国食品药品安全部修订了医疗设备法案实施细则，澄清了应向食品药品管理部部长报告的不良事件范围，规定了制造商或进口商等向医疗机构分销医疗设备时应向食品药品管理部部长报告的具体规定。

2018 年 6 月，韩国食品药品安全部制定了医疗设备分组和按组分类法规。

2018 年 8 月，韩国食品药品安全部制定了准药品（Quasi-drug）审批、通报和审查法规，对准药品的审批、通报和检查进行平衡审核。

2018 年 10 月，韩国食品药品安全部修订了医疗器械生产管理规范标准。

**7．化妆品**

2018 年 1 月，韩国食品药品安全部修订了化妆品条形码标签管理指南。

2018 年 10 月，韩国食品药品安全部修订了化妆品法案实施细则，制定了新的化妆品标签要求。

2018 年 10 月，韩国食品药品安全部修订了化妆品法案实施细则，扩大了制造—销售经理的资格标准范围并将“美容香皂、黑发粉和脱毛蜡”添加到化妆品清单中。

2018 年 10 月，韩国药品安全部修订了化妆品安全标准法规。

**8．其他**

2018 年 2 月，韩国技术与标准局修订了产品安全框架法案执行令。

2018年3月，韩国森林服务局修订了木材可持续利用法案实施令和木材可持续利用法案实施细则。

2018 年 5 月，韩国技术与标准局修订了吸烟警告图示和信息通报，规定卷烟包装上应显示的内容变化细节。

2018 年 5 月和 7 月，韩国农业食品乡村事务部两次修订了关于促进环境友好型农业和渔业以及有机食品管理和支持的法案。

2018 年 6 月，韩国国土交通部修订了航空安全法案实施细则，实施性能认证制度，如性能认证程序、性能认证测试、性能验证和检查以及佣金征收标准。

2018 年 11 月，韩国技术与标准局修订了塑料制品安全标准，规定了塑料制品中铅、镉和邻苯二甲酸盐的浓度及塑料产品应符合消费产品安全标准。

### （二）SPS 措施

**1. 关于食品安全的措施**

2018 年，韩国食品药品安全部修订了有关食品安全的一系列技术规范，内容涉及：修订了指定检疫物品消毒、加工范围与标准；进口食品安全控制特别法案执行规则；食品器皿、容器和包装标准与规范；食品添加剂标准规范；食品标准规范；食品边境检验法；保健食品标准规范；进口食品安全控制特别法案；促进环保农渔业及有机食品管理与支持法案。

**2. 关于植物及植物产品的卫生措施**

2018 年 1 月，韩国农业食品乡村事务部制定了主要果蝇监控指南。

2018 年 1 月，韩国农业食品乡村事务部修改了韩国动植物检疫局签发的卫生证书格式。

2018 年 6 月，韩国农业食品乡村事务部针对中国、芬兰、法国、格鲁吉亚、德国、以色列、意大利、摩洛哥、挪威、西班牙、瑞典和美国等 12 个国家发布了通报：除已被禁止地区外，禁止从以上 12 个国家进口韩国检疫有害生物斑马片的寄主植物。

2018 年 12 月，韩国农业食品乡村事务部更新了木质部难养菌寄主分布区。

**3. 关于动物及动物产品的卫生措施**

2018 年 8 月，韩国食品药品安全部更新了允许畜产品进口的国家名单、产品名单和进口卫生要求。

2018 年 10 月，韩国农业食品乡村事务部修改了偶蹄类动物天然肠衣的进口卫生要求。

## 二十八、科威特

### TBT 措施

2018 年 7 月，科威特标准计量局（KOWSMD）制定了 6 项关于乳胶漆的技术标准，涉及内 / 外饰用乳胶漆、内 / 外饰用树脂涂料、内饰用哑光树脂涂料和通用平光树脂涂料，规定了内 / 外饰用乳胶漆和基础涂料以及用于混凝土、钢材、木材最终涂层的分类和测试方法。

2018 年 10 月，科威特标准计量局制定了 7000 英热单位 / 小时以下的高端空调的能效标签和最低能效需求的标准，适用于频率 50Hz 的单相 240V 以及三相 415V 交流电空调。

2018 年 12 月，科威特标准计量局制定了瓷砖的强制性技术标准，规定了瓷砖的定义、分类、特性和标识。

# 二十九、老挝

## SPS 措施

### 关于动物及动物产品的卫生措施

2018 年 10 月，老挝农业和林业部因非洲猪瘟疫情暂停从中国进口猪肉及猪肉产品。

# 三十、立陶宛

## TBT 措施

### 1. 建筑产品

2018 年 2 月，立陶宛环境部修订了受控建筑产品列表的技术法规，规定了了一系列建筑产品技术规范、强制基本特性和性能稳定性评估与检验制度，还规定了没有统一技术规范的建筑产品的技术法规、强制基本特性，以及性能稳定性评估和检验制度。该法规不替代现行受控建筑产品列表，但通过采纳最新欧洲统一标准进行补充。

2018 年 6 月，立陶宛环境部修订了无统一技术规范的建筑产品性能稳定性评估、检验及此类产品的性能声明；测试实验室和认证机构的指定；国家技术评估和技术评估机构指定和通报的技术法规，修订内容如下：① 修订了建筑技术法规，新明确了不在受监管建筑产品清单上的建筑产品性能稳定性评估和检验所需事项。② 修订了技术法规，新规定在欧洲评估文件（或 ETAG）包括的建筑产品领域已获得认可，并希望在该领域产品进行国家技术评估时成为指定机构的测试实验室或认证机构，所应提交的相关认可文件规定。③ 修订了技术法规，说明了在指定机构不符合规定要求时立陶宛环境部暂停或撤销指定机构的措施及指定机构相关责任。

### 2. 其他

2018 年 2 月，立陶宛利比里亚农产品管理局（LACRA）通报法案，废除了 1973 年修订的利比里亚法典行政法案第 12 编第 57 章，在新的第 12 编第 57 章中设立了利比里亚农产品管理局。

2018 年 6 月，立陶宛环境部制定了废水管理法规，对排放到自然环境的废水法规（污染标准）提出了更新草案，规定了废水总磷和总氮排放最大允许浓度。

2018 年 12 月，立陶宛卫生部修订了酒精控制技术法规，禁止企业、欧洲法人及其在立陶宛的附属机构生产和 / 或销售模仿酒精饮料和 / 或其包装的儿童和青少年食品、玩具和其他商品。

# 三十一、马来西亚

## TBT 措施

2018 年 3 月，马来西亚卫生部修订了奶瓶和奶嘴标签要求。

2018 年 10 月，马来西亚卫生部发布了药品组合产品注册指南。

2018年11月，马来西亚卫生部通过增加新的规定修订了食品法规，要求进口、制造、包装、储存、分销或广告销售蜂蜜和银蜂蜜或无刺蜂蜜、甜叶菊提取物和酶改性甜叶菊、补充食品和预混合咖啡的人员，必须获得部长批准。

2018年11月，马来西亚卫生部修订了食品法规，修订提案将“有机”“生物”“生态”“生物动力”或其他具有相同含义的词语的使用要求扩大到除植物源食品以外的食品标签，以符合马来西亚卫生部食品安全和质量司认可的机关或组织规定的其他要求。

# 三十二、墨西哥

## （一）TBT措施

### 1. 食品

2018年1月，墨西哥经济部公布了蛋和蛋产品、加工肉制品和加工企业的卫生规定和规范，明确销售的带壳蛋产品不要求清洗。

2018年2月，墨西哥农牧乡村发展渔业和食品部制定了酸奶的名称、理化和微生物指标等信息规范。

2018年2月，墨西哥农牧乡村发展渔业和食品部制定了奶粉或干奶原料、奶酪的规范、商业信息和测试方法。

2018年2月，墨西哥经济部发布尤卡坦半岛哈瓦那辣椒的规范。

2018年6月，墨西哥经济部制定谷物水分含量测定的规范和测试方法。

2018年8月，墨西哥经济部制定酒精饮料的物理化学规范和测试方法。

2018年10月，墨西哥农牧乡村发展渔业和食品部发布了手工海盐质量最低规范。

### 2. 油气产品及其设备

2018年2月，墨西哥经济部发布天然气、乙烷、沼气和煤气管道运输安全要求。

2018年5月，墨西哥经济部制定了汽油和柴油发动机润滑油、便携式液化石油气（LPG）容器使用的阀门、可拆卸的液化石油气（LPG）容器、汽油及其他它液体燃料计量和配给系统、一次性和（或）便携式烹饪器具、液化石油气或天然气装置中使用的整体连接器和柔性连接器的技术规范和测试方法。

2018年7月，墨西哥经济部发布了液化石油气、天然气或其他替代燃料驱动的机动车辆废气中的气体污染物最大允许排放水平的要求。

### 3. 运输工具

2018年1月，墨西哥经济部发布了柴油驱动车辆的环保标准。

2018年1月，墨西哥经济部发布了公路运输车辆的最大重量和尺寸的标准。

2018年1月，墨西哥经济部制定了技术法规，规定了新机动车辆二氧化碳排放量及其当量燃料性能。

2018年2月，墨西哥经济部发布了汽油销售服务站的设计、建设、预运营、运营、维护、关闭和拆除所需的工业安全、运营安全和环境保护规范与要求，以及服务站的汽油蒸汽回收系统的效率、维护和运行的测试方法和参数。

2018 年 2 月，墨西哥交通部制定了飞机产生的最大允许噪音水平的标准规范。

2018 年 2 月，墨西哥经济部公布了天然气、乙烷、沼气和煤气管道运输安全要求

2018 年 3 月，墨西哥经济部发布了机动车充气站必须遵循的最低安全要求。

2018 年 9 月，墨西哥经济部制定了新轮胎的安全规范和测试方法。

2018 年 10 月，墨西哥交通运输部发布了铁路牵引车辆的标准。

**4．机电、电器**

2018 年，墨西哥经济部制定了 4 项能效相关技术法规，包括：太阳能热水器和燃气热水器的热性能、节气和安全要求规范、测试方法和标志标签的要求；分体式、自由流动、无管式空调器的能效、限制、测试方法和标签的要求；一般用途电灯能效的限制和测试方法；家用冰箱和冰柜能效、限值、测试方法和标签的标准。

2018 年 1 月，墨西哥能源部制定了电力测量系统的计量规范、测试方法和合格评定程序。

2018 年 4 月，墨西哥经济部制定了室内和室外照明设备的安全要求和测试方法。

2018 年 4 月，墨西哥经济部制定了乘用和货运电动升降机的规范和新设备测试方法；制定了乘客或货物升降机、永久安装的自动扶梯、移动坡道和人行道及其部件的要求。

2018 年 8 月，墨西哥经济部制定了电气装置标准，适用于公共和私营工业、商业和住宅用电压级别电气设备。

2018 年 9 月，墨西哥经济部公布了原电池及原电池组汞和镉最高许可限制的规范、测试方法和标签要求。

2018 年 10 月，墨西哥政府通报了测量仪器、机电式电表现场检验方法。

2018 年，墨西哥经济部制定了测量仪器速度检测设备、内燃机农林及家庭用便携式机械的技术规范和测试方法。

**5．其他**

2018 年 7 月，墨西哥经济部制定了关于移动终端设备的技术规范，规定了使用无线电频谱或连接至公共电信网络的移动终端设备的测试方法。

2018 年 2 月，墨西哥卫生部制定了麻醉药品规范，规定了实施麻醉作业的卫生专业人员和医疗保健机构要求，以及作业所要达到的最低组织和操作标准。

2018 年 2 月，墨西哥卫生部通报了临床实验室运作和组织的程序。

2018 年 3 月和 5 月，墨西哥环境和自然资源部发布了个人卫生淋浴器、不沾涂层炊具和测量仪器取证用酒精测试仪的规范和测试方法。

2018 年 3 月，墨西哥卫生部公布了家用卫生产品标签和包装的要求。

2018 年 4 月，墨西哥经济部发布了树皮昆虫防控方法的技术指南。

2018 年 4 月，墨西哥卫生部制定了饮用水供水系统水质监测标准。

2018 年 4 月，墨西哥经济部公布了提供植物检疫处理服务的自然人和法人规范、标准和植物检疫程序的要求。

2018 年 5 月，墨西哥农牧乡村发展渔业和食品部发布了动物内脏及其在动物饲料中的使用处理卫

生规范。

2018 年 5 月，墨西哥联邦防范卫生风险委员会通报了关于大麻及其衍生物卫生控制的卫生法案实施细则，规定了工业用大麻的营销要求，包括播种、种植、收获、制备、固化、获取、拥有、贸易、运输方式、供应、雇用、使用、消费以及为医疗和科学研究目的进行的大麻相关活动。

2018 年 5 月，墨西哥经济部通报了摩托车骑手安全头盔安全规范、测试方法、商业信息和标签的标准。

2018 年 7 月，墨西哥经济部公布了潜水安全和卫生要求。

2018 年 7 月，墨西哥农牧乡村发展渔业和食品部发布了动物或消费用化学、医药、生物和食品产品的要求。

2018 年 8 月，墨西哥经济部制定了儿童保育用品婴儿安全高脚椅的功能规范和试验方法。

2018 年 11 月，墨西哥能源部国家核安全与保障委员会制定了电离辐射源免除标准和使用规范。本规范适用于消费品中含有的电离辐射源规范中涉及的电离辐射源，不适用于医疗诊断用电离辐射发生设备。

## （二）SPS 措施

### 1. 关于食品安全的措施

2018 年 4 月，墨西哥农畜乡村发展渔业食品部修订了出口生物、化学、药品及食品类水产卫生证书。

### 2. 关于植物及植物产品的卫生措施

2018 年 4 月，墨西哥农畜乡村发展渔业食品部修订了生产、销售无监管有害生物的柑橘繁殖材料及柑橘储存、包装、加工企业获取植物卫生认证所必须遵守的植物卫生要求、规范和程序。适用于柑橘繁殖材料，包括植物、苗木、根茎、种子、枝条及嫩枝；柑橘繁殖材料生产企业，包括种子基地、种子生产果园、幼苗生产地及苗圃；柑橘繁殖材料营销企业，包括观赏及 / 或园林植物销售店；柑橘处理的贸易企业，包括储存分销设施、包装厂及加工厂。

2018 年 5 月，墨西哥联邦健康风险防护委员会制定了有关大麻及其衍生物卫生控制的一般卫生法执行法规，涉及大麻衍生药物描述及制定工业用营销管理要求法规，包括的内容有播种、栽培、收获、准备、强化、收购、占有、贸易、任何形式的运输、供给、雇佣、使用、消费及任何与大麻相关的医疗科学研究活动。

### 3. 关于动物及动物产品的卫生措施

2018 年 1 月，墨西哥卫生部制定了肉及肉制品加工企业卫生规范，内容包括从事肉及肉制品加工企业必须满足的卫生规定和规范，在其境内从事肉类产品加工、进口的自然人和法人均受此法规制约。

2018 年 8 月，墨西哥农畜乡村发展渔业食品部修订了供动物使用或消费的化学品、药品、生物品及食品法规规范。该法规根据联邦动物卫生法律及其法规制定，是供动物使用和消费的产品必须符合的生产、储存、分配、营销、质量控制和验证的规范，适用于从事生产、进出口、加工、储存、分配和营销供动物使用或消费的产品的企业，包括可移动及所有引起动物健康风险的设施。

# 三十三、摩尔多瓦

## TBT 措施

2018 年 2 月，摩尔多瓦经济与基础设施部通报了玩具安全技术法规决议，规定了基本安全要求，包括玩具上市必须满足的关于物理和机械特性、易燃性、化学特性、电气、卫生和放射性危害的特殊安全要求。

2018 年 2 月，摩尔多瓦经济与基础设施部通报了设备电磁兼容性技术法规决议，规定了可能产生干扰或可能影响这种干扰的电磁设备要求。

2018 年 2 月，摩尔多瓦经济与基础设施部通报了 2 项关于压力设备的技术法规决议，分别规定了简单压力容器和压力设备上市的技术法规决议，涉及新上市的相关压力设备和总成；规定了相关设备必须满足的安全要求。

2018 年 2 月，摩尔多瓦经济与基础设施部通报了载人索道装置技术法规决议，规定了载人索道装置安全要求，确认符合安全要求的合格评定程序，在不符合规定要求或对用户构成风险时在市场监督框架内采取的行动。

2018 年 2 月，摩尔多瓦经济与基础设施部修订和补充了一般产品安全性的法案，确保上市产品的安全，并使国内立法与欧盟立法协调一致。

2018 年 2 月，摩尔多瓦经济与基础设施部修订和补充了认可和合格评定的法案，确保将国内法律与关于合格评定和认可活动的欧洲标准统一起来。

2018 年 2 月，摩尔多瓦经济与基础设施部修订和补充了关于技术法规活动的法案，确保国内关于货物自由流通的立法与欧盟技术法规活动的要求和规范保持一致。

2018 年 2 月，摩尔多瓦经济与基础设施部通报了计量技术法规，包括执行非自动称重机、测量仪器投放市场、预包装标称数量、测量容器瓶附加要求和标准的一系列规定，旨在使法定计量与国际法定计量组织 D1 的法律模式保持一致。

2018 年 2 月，摩尔多瓦经济与基础设施部通报了国家标准化技术法规，确保国家立法与欧洲立法协调一致，并通过实施操作规范来组织国家标准化活动。

2018 年 2 月，摩尔多瓦经济与基础设施部通报了市场监督技术法规，确保国家立法与欧盟立法协调一致，并根据操作规范组织市场监督活动。

2018 年 2 月，摩尔多瓦经济与基础设施部通报了测量仪器上市的技术法规，优化了现有的监管框架，规定了适用计量和技术规定的合格评定程序。

2018 年 2 月，摩尔多瓦经济与基础设施部修订和补充了非自动称量设备技术法规决议，规定内容包括：自动称重装置投放市场必须满足的新要求；合格评定机构在申请与合格评定服务关系中的认可 / 通知义务；非自动称重机器的合格评定程序；CE 标志的申请原则和规则；市场监督机构的监管机关；规定了监管机关的职责。

2018 年 2 月，摩尔多瓦经济与基础设施部修订和补充了某些法案，对生产商销售可能导致不同程度消费者健康损害的缺陷产品和零售缺陷产品造成的损害规定了生产商责任。

2018年2月，摩尔多瓦经济与基础设施部通报了法定计量单位的技术法规决议，规定了出于经济、公共卫生、公共安全和行政目的而使用的计量单位。

2018年2月，摩尔多瓦经济与基础设施部修订和补充了属于法定计量控制的测量仪器和测量的正式列表的技术法规决议，确保摩尔多瓦共和国计量活动与欧洲和国际承认的标准和原则相一致。

# 三十四、黑山共和国

## SPS措施

### 1. 关于食品安全的措施

2018年6月，黑山共和国农业乡村发展部通报了食品安全微生物标准法规修改草案，该修改案规定了食品经营者在执行一般和具体卫生措施时要遵守的肉鸡胴体弯曲杆菌（Campylobacter）的微生物标准。

2018年6月，黑山共和国农业乡村发展部通报了非动物源饲料和食品官方控制方法相关条例的修改草案，该修改案修改了受进口官方控制标准提高制约的动物源饲料与食品名单。

2018年6月，黑山共和国农业乡村发展部通报了天然泉水、石头及天然矿泉水必须满足的详细安全要求相关法规草案，该法规包括：用活性氧化铝去除天然矿泉水及泉水中氟化物的条件；天然矿泉水成分名单、浓度限量及标签要求及用臭氧处理天然矿泉水及泉水的条件；及天然矿泉水的开发与营销。

2018年6月，黑山共和国农业乡村发展部通报了某些复合产品进口和过境认证申请的相关条例草案，该立法拟定了某些复合产品进口与过境的认证要求：供人类消费复合产品进口卫生样板证书及供人类消费复合产品过境或储存卫生样板证书。

2018年6月，黑山共和国农业乡村发展部通报了供人类消费速冻食品的相关条例草案，该条例草案提供了供人类消费速冻食品规则的相关细节。速冻食品系指不同类型食品经过适当冷冻程序尽可能快地形成最大结冰区，食品综合温度（热稳定后）持续保持在-18℃或以下，并用显示具备此特性的方式标识。另外，该条例草案制定了速冻食品抽样程序、其温度监控程序及运输、入库和储存监控温度的规则。

2018年6月，黑山共和国农业乡村发展部通报了特殊营养食品法规修改案，该修改案修改了特殊医疗食品的某些具体成分及信息要求：为满足婴幼儿营养要求而开发的特殊医疗食品杀虫剂要求；食品信息具体要求；营养声明具体要求；为满足幼儿营养要求而开发的特殊医疗食品具体要求。

2018年6月，黑山共和国农业乡村发展部通报了电离辐射食品成分相关法规，该立法适用于经电离辐射处理过的食品及食品成分的生产、营销及进口。

2018年6月，黑山共和国农业乡村发展部通报了电离辐照食品及食品成分名单的相关条例草案，该条例草案提供了电离辐照食品和食品成分的详细内容。这是一份按拟定批准最大剂量进行电离辐照食品及食品成分的初步肯定列表。附件列出了经电离辐照处理及可承受最大总平均剂量的食品。

2018年6月，黑山共和国农业乡村发展部通报了确定减少V. B表所列监督植物、植物产品及物品卫生状况检验种类及频次必要证据和标准条件的相关条例草案，该条例草案规定确定减少V. B表所列监督植物、植物产品及物品卫生状况检验种类及频次的必要证据和标准条件。此条例应适用于涉及附件V，部分B所列某一指定国家、地区或其部分地区植物、植物产品或其他物品的植物卫生检验，除以下例外：种植植物；任何需要批准才可进口的植物、植物产品或其他物品；任何采取临时措施的植物、植物产品或其他物品。

2018 年 6 月，黑山共和国农业乡村发展部通报了转基因食品与饲料的相关条例草案，其目的为保证有效运作内部市场的同时，给予转基因食品和饲料相关的人类生命和健康、动物卫生与福利、环境与消费者利益高水平的保护，制定了转基因食品和饲料的批准及监督程序，制定了转基因食品和饲料标签规定。

2018 年 6 月，黑山共和国农业乡村发展部通报了食品香料相关条例修改草案，该修改草案修改了食品内表使用及 / 或生产衍生烟熏香料的烟熏香料初级产品名单。

2018 年 6 月，黑山共和国农业乡村发展部通报了供人类消费生奶及奶制品供给的动物的公共卫生条件及兽医认证要求的条例草案，该条例草案提供了有关供人类消费生奶及奶制品供给的动物的公共卫生条件及兽医认证要求的规则（过境与储存条件、具体处理、卫生样板证书）。

2018 年6 月，黑山共和国农业乡村发展部通报了饲料抽样及实验室测试方法条例的相关修改草案，该修改案了修改测定饲料内二噁英和多氯联苯水平的某些规定方法。

2018 年 6 月，黑山共和国农业乡村发展部通报了动物产品中兽药产品药理活性物质最大残留许可限量相关条例的修改草案，该修改案修改了动物产品中某些规定兽药药理活性物质残留的最大许可限量并将氟拉拉环、溴乙烷、阿拉林等物质及其最大残留限量进行分类。

**2．关于植物及植物产品的卫生措施**

2018 年 6 月，黑山共和国农业乡村发展部通报了芽菜及芽菜生产种子进口认证要求的相关条例草案，该法规适用于出口黑山共和国芽菜及芽菜生产种子货物，不包括已经过灭除微生物危害处理的芽菜（随附证书）。

2018 年 6 月，黑山共和国农业乡村发展部通报了建立转基因生物（GMOs）唯一标识制定配置系统的相关条例草案，该条例草案应适用于根据法律批准投放市场及根据该立法申请投放市场的 GMOs。申请投放市场的每个 GMOs 应含有转基因生物的唯一标识。申请人应根据附件规定格式为每个相关 GMOs 制定唯一标识，并在咨询经济合作与发展组织（OECD）BioTrack 产品数据库及生物安全信息交换所后，确定是否按照这些格式，为该 GMOs 制定了唯一的标识。

**3．关于动物及动物产品的卫生措施**

2018 年 6 月，黑山共和国农业乡村发展部通报了批准抗球虫及组织鞭毛虫物品的条例草案，该立法规定批准了饲料经营企业有关抗球虫及组织鞭毛虫饲料添加剂生产及投放市场的要求。

2018 年 6 月，黑山共和国农业乡村发展部通报了出售动物源产品及加工物品或销毁动物源产品的卫生、兽医及其他条件相关条例的修改草案，该修改案修改了某些畜产品的转变参数，宠物食品进口及加工粪便出口条件的一些参数。

2018 年 6 月，黑山共和国农业乡村发展部通报了动物产品特别卫生要求相关法规修改草案，该修改案修改了准许向黑山共和国出口某些供人类消费动物源产品的其他国家、国家部分地区及领地名单，规定了证书要求。

2018 年 6 月，黑山共和国农业乡村发展部通报了动物副产品分类与处理及产品加工方法相关条例的修改草案，该修改案修改了畜产品分类与处理及产品加工方法的某些规则，以便提高官方控制系统的有效性，保证边检专用官方控制资源的最优配置，促进农业食品链立法的实施及用边检站官方集中控制系统替代目前的分散控制框架。

2018 年 6 月，黑山共和国农业乡村发展部通报了进口活动物兽医检验组织相关条例的修改草案，该修改案修改了运输期间动物兽医检验组织的某些规定。

2018 年 6 月，黑山共和国农业乡村发展部通报了进口活动物兽医检验相关法规的修改草案，该立法规定进口活动物兽医检验的某些规则，特别是收养规则，以检验是否符合随附兽医证书的卫生要求。

2018 年 6 月，黑山共和国农业乡村发展部通报了引用一份动物申报及兽医检验文件的法规修改草案，该修改案修改了进口动物申报及兽医检验的文件要求。

2018 年 6 月，黑山共和国农业乡村发展部通报了在免税区、免税仓库、海关仓库内或由直接提供海运工具注册实体储存的，源自其他国家的产品兽医检验法相关条例草案，该立法规定输送至免税区、免税仓库、海关仓库或提供跨境海运工具经营者对其他国家动物源产品的兽医检验方法。

2018 年 6 月，黑山共和国农业乡村发展部通报了制定出口其他国家产品的兽医检验组织原则相关条例草案，该修改案修改了非供人类消费畜产品及其派生品的某些卫生规则（兽医检验），并规定了某些兽医免检样品及项目。

2018年6月，黑山共和国农业乡村发展部通报了入境点边检站转船的进口产品货物相关条例草案，该立法规定边检站进口产品货物转船兽医检验要在边检站进行，装船负责人员应在规定的最短时间内通知边检站的官方兽医官。

2018 年 6 月，黑山共和国农业乡村发展部通报了竞赛马销售及确定参赛条件的相关条例草案，该立法拟定了竞赛马贸易及规定了参赛条件的某些规则。

2018 年 6 月，黑山共和国农业乡村发展部通报了动物流行病名单的相关条例草案，该立法制定了动物流行病名单及抵达动物的卫生检验显示患有一种动物传染病证据或有疑似症状时，对进口动物采取的措施。

2018 年 6 月，黑山共和国农业乡村发展部通报了批准合格牛养殖企业或历史记录用特别标识系统的相关条例草案，该立法制定了牛养殖或历史记录用特别标识系统的规则。

2018 年 6 月，黑山共和国农业乡村发展部通报了绵山羊电子标识相关条例草案，该立法制定了绵羊山羊的电子标识程序。

2018 年 6 月，黑山共和国农业乡村发展部通报了马标识的相关条例草案，该条例草案规定了马的标识方法（马通行证法规）。

2018 年 6 月，黑山共和国农业乡村发展部通报了某些牛科动物打耳标的最长延长期限的相关条例草案，该条例草案规定了某些牛科动物打耳标的最长延长期限。

2018年6月，黑山共和国农业乡村发展部通报了马活动及进口的动物卫生管理条件相关条例草案，该条例草案规定了马活动及进口的动物卫生管理条件相关条例。出于立法清晰性及一致性，该程序应适用于根据畜牧业法规批准保存良种登记册、家畜血统书或马种登记簿的第三国机构。另外，为法规清晰性及一致性起见，简化程序应适用于检疫中心名单的更新。

2018 年 6 月，黑山共和国农业乡村发展部通报了通过电子工具获取水产养殖业及批准加工企业信息的互联网信息版法规修改案，该立法规定了水产养殖动物、其产品及为预防控制某些水产动物疫病的动物卫生要求。为便于访问水产养殖业务及批准加工设施的信息，它还制定了互联网信息版的规则。该修改案制定了黑山共和国建立互联网信息版的规则，以便通过电子工具可获取水产养殖业及批准加工企业的以下信息：水产养殖业养鱼生产；水产养殖业软体动物养殖；水产养殖业甲壳类动物养殖；为控制疫病，批准屠宰水产养殖动物的加工企业。

2018 年 6 月，黑山共和国农业乡村发展部通报了预防、控制和根除某些传染性海绵状脑病的相关条例修改草案，该条例修改草案修改了预防、控制和根除某些传染性海绵状脑病的某些规则（年度报告、周期报告、记录必须介绍的监督、检测、信息）。

2018 年 6 月，黑山共和国农业乡村发展部通报了人畜共患和共生菌耐药性监控和汇报的相关条例修改草案，该修改草案修改了人畜共患和共生菌耐药性监控和报告的某些规定（食品经营者抽样框架及隔离菌株采集、获取分离沙门氏菌的技术要求，国际参考实验室分析、评估及汇报）。

2018 年 6 月，黑山共和国农业乡村发展部通报了采用家禽沙门菌具体控制方法要求的相关条例修改草案，该修改草案修改了家禽沙门菌具体控制方法的某些使用要求。制定了国家控制计划框架内使用抗生素与疫苗的某些规则。

2018 年 6 月，黑山共和国农业乡村发展部通报了动物疫病通报修改草案，该修改草案规定了法定通报动物疫病的通报信息（陆生动物疫病及水产养殖动物疫病）。

2018 年 6 月，黑山共和国农业乡村发展部通报了信息网站提供依据兽医与畜牧法核准的企业及实验室名单的相关条例修改草案，该修改草案修订了信息网发布依据兽医与畜牧法所核准的设施及实验室名单的规则。

2018年6月，黑山共和国农业乡村发展部通报了绵山羊贸易动物卫生管理条件相关条例修改草案，该修改草案提供了有关屠宰、育肥和饲养绵山羊贸易样板卫生证书的规则。

2018 年 6 月，黑山共和国农业乡村发展部通报了第三国家禽与蛋类贸易及进口第三国家禽及孵化蛋动物卫生管理条件的相关条例修改草案，该修改草案提供了家禽与家禽蛋样板证书。

2018 年 6 月，黑山共和国农业乡村发展部通报了未剥皮野味肉的进口措施草案，该法规规定了未剥皮大型野味动物贸易的样板证书。

2018 年 6 月，黑山共和国农业乡村发展部通报了制定牛胚胎进口的动物卫生要求及兽医认证的相关条例，该条例规定了牛胚胎进口的动物卫生及兽医认证要求。

2018 年 6 月，黑山共和国农业乡村发展部通报了牛科家畜精液贸易与进口适用动物卫生要求的相关条例草案，该修改草案修改了牛科家畜深层冷冻精液贸易与进口适用动物卫生要求的某些规定。只有提交第三国精液采集官方兽医起草和署名的动物卫生证书时，精液才准许进口。① 证书必须：a）用黑山共和国官方语言及精液采集国官方语言起草；b）精液随附正本证书；c）在一张纸文件上签字；d）抬头为单一收货人。② 证书必须与样本相符。

2018 年 6 月，黑山共和国农业乡村发展部通报了某些活动物贸易法规修改草案，该草案修改了某些活动物出口及产品贸易的若干管理规则——相关机构及收件运营商兽医监督，必要时，动物随附卫生证书要包括对待宰动物的额外保证。

2018 年 6 月，黑山共和国农业乡村发展部通报了水产养殖动物投放市场及进口、其产品和病媒物种条件的相关条例修改草案，该修改了草案修改水生养殖动物及其产品投放市场及进口的某些条件和认证要求并制定了病媒种类名单。

2018 年 6 月，黑山共和国农业乡村发展部通报了有关与其他国家贸易及进口牛科家畜胚胎动物卫生管理条件的相关条例草案，该条例草案规定了与其他国家贸易及进口牛科家畜胚胎动物卫生管理条件的规则。该立法应适用于细胞核转移衍生胚胎。只有以下情况才能进口其他国或其部分地区的胚胎：① 源自胚胎采集前已在相关第三国至少滞留了六个月，且至少有 2 批满足上述要求的共体动物；② 符合根据该国胚胎进口程序采纳的动物卫生要求。

2018 年 6 月，黑山共和国农业乡村发展部通报了制定某些活有蹄类动物进口及过境动物卫生规则的相关条例草案，该条例草案规定了有关活有蹄类动物进口及过境动物卫生要求的规则（批准进口第三国活有蹄类动物进口、过境、担保的具体动物卫生条件、证书及动物物种）。

2018 年 6 月，黑山共和国农业乡村发展部通报了预防、控制和根除鹿科动物某些传染性海绵状脑病相关条例修改草案，该修改了草案修改鹿科动物慢性消耗性疾病的监督计划。

# 三十五、新西兰

## （一）TBT 措施

### 1. 机电产品

2018 年 1 月，新西兰商业创新与就业部修订了关于冷藏展示柜和存储柜影响声明的设备能效（E3）决议法规，修订了最低能源性能标准，采用欧盟委员会计算商业冷藏柜能效的方法；规定了在线能源评级信息，保留了根据新西兰和澳大利亚 MEPS 和标签规定注册的产品信息。

2018 年 5 月，新西兰规定了旋转电机（不包括牵引车辆用电机）的损耗和效率的试验测定标准方法。

### 2. 化学品

2018 年 8 月，新西兰环境部规定强制性逐步淘汰销售或分销一次性塑料购物袋。

### 3. 食品

2018 年 9 月，新西兰商业创新与就业部规定了消费者知情权（食品原产国）法案，制定了关于相关食品原产国或原产地披露要求。

## （二）SPS 措施

### 1. 关于食品安全的措施

2018 年 9 月，新西兰初级产业部（MPI）制定了 2018 年农业化合物最大残限量标准。新增了麦草畏在哺乳类动物脂肪（乳脂除外）、肾、肝、肉中的最大残限量，修改了烯草酮在哺乳类动物内脏以及肉中，咯菌腈在菠萝中，氟氯吡啶酯、高效氯氟氰菊酯在哺乳类动物肉、内脏、乳中，苯嗪草酮在梨中的最大残留限量。

### 2. 关于植物及植物产品的卫生措施

2018 年 3 月，新西兰初级产业部制定了猕猴桃种植植物进口卫生标准。该要求是监管可能随出口新西兰猕猴桃种植植物引发有害生物安全风险的管理法规。

2018 年 4 月，新西兰初级产业部制定了苗木进口卫生标准。内容涉及梳黄菊属苗木（整体植物、插条及培植组织）的进口规范及入境条件。

2018 年 4 月，新西兰初级产业部制定了供人类消费或装饰用的新鲜西葫芦、笋瓜及南瓜的进口卫生标准，允许认可国家向新西兰出口新鲜西葫芦、笋瓜及南瓜。

2018 年 5 月，新西兰初级产业部制定了种植用桃金娘科种子管理规定。要求来源于无桃金娘锈菌病国家的种子以及根据 MPI-STD-ATBRT 标准批准生物安全处理规定，种子必须经批准化学物的处理。MPI 建议按最大标签比率采用以下一种杀真菌剂：嘧菌酯、三唑醇、代森锰、嗪氨灵及戊唑醇。

**3．关于动物及动物产品的卫生措施**

2018 年 3 月，新西兰初级产业部修订了猫狗进口卫生标准。新增条款针对犬流感，要求入境猫狗转运前至少 21 天不得在有猫狗呼吸道传染病临床症状地点滞留过，并且猫狗不得有猫狗呼吸道传染病临床症状。

2018 年 3 月，新西兰初级产业部修订了动物产品进口卫生标准。要求进口从第三国加工过的畜产品要采取严格的食品安全及生物安全措施。

2018 年 12 月，新西兰初级产业部制定了马匹进口卫生标准。明确了进口活马生物安全的一般进口要求，也是进口所有符合进口卫生标准（HIS）要求国家的马匹生物安全风险的管理规则。内容包括一个兽医证书样板及双边马匹贸易兽医认证，其中具体国别兽医证书标明了指定国家出口马匹前所需认证的内容。

# 三十六、尼加拉瓜

## （一）TBT 措施

2018 年，尼加拉瓜通报了 4 项关于食品规范的中美洲技术法规，分别涉及食品及饮料、食品添加剂、熟奶酪、奶粉和奶油粉。

## （二）SPS 措施

**1．关于食品安全的措施**

2018 年 2 月尼加拉瓜卫生部通报了第 03 107-17 号尼加拉瓜强制性技术标准（NTON）/ 第 67.04.75：17 号中美洲技术法规（RTCA）：乳制品、熟制干酪；该法规制了定熟制奶酪需遵守的规范。

2018 年 8 月，尼加拉瓜卫生部通报了第 03 109-18 号尼加拉瓜强制技术法规（NTON）/ 第 67.04.76：18 号中美洲技术法规（RTCA）：奶制品、奶粉及乳脂粉；该法规制定了奶粉及乳脂粉必须符合的规范。

**2．关于植物及植物产品的卫生措施**

2018 年 6 月，尼加拉瓜通报了农畜卫生保护局第 001-2018 ARP 号决议：中国进口甜瓜籽的植物卫生要求，该决议规定了进口产源于中国甜瓜籽的植物卫生要求。进入本国货物必须备有一份含以下附加声明的产地国植物卫生证书：种子来自经产地国国家植物保护组织（NPPO）注册、检验和认证的生产地，且无南瓜花叶病毒、黄瓜绿斑驳花叶病毒及瓜类果斑病菌。货物不得含土、野草籽及所有其他植物材料。入境本国时，植物卫生诊断实验室要进行一次检验、抽样和分析，确定是否存在有害生物。货物要接受农畜局植物检疫官的植物卫生检验，验证是否符合植物卫生要求，并根据随附文件决定是否准予进口。

**3．关于动物及动物产品的卫生措施**

2018 年 5 月，尼加拉瓜农畜卫生保护局通报了监管尼加拉瓜某些兽医用禁限物质的第 001–2018 号执行决议；该决议含一份兽医用物质名单及根据其禁限情况，使用与销售此类物质的监管控制规定，包括禁止通过任何给药途径、作为任何物种动物原料或兽药使用，生产、注册、进口、销售、营销、运输、储存、加工及单独和组合使用以下物质：甲状腺拮抗剂、卡巴氧、孔雀绿、喹乙醇、硝基呋喃类、磺胺塞唑、万古霉素、士的宁、有机氯（氯化物）、芪类、氯霉素及其任何盐类、乙硫磷、双氯醇胺、结晶紫、迪美唑、毒死蜱、阿维菌素、磺胺类（磺胺剂）、促进生长或提高产量的抗菌药物、合成代谢物、乙型受体素、抗球虫药及球孢子菌。

# 三十七、尼日利亚

## SPS 措施

### 关于食品安全的措施

2018 年 5 月，尼日利亚国家食品药物控制管理局制定了 2017 年啤酒法规。内容包括啤酒分类、标签、包装、污染物最大限量、处罚等，其中啤酒分类依据的是酿酒所用酵母种类（上部发酵型酵母或底部发酵型酵母）或酒精含量。

2018 年 5 月，尼日利亚国家食品药物控制管理局制定了 2017 年预包装食物（标签）法规，适用于供给消费者的预包装食品标签。内容包括食品名称、须标注某些信息的预包装食品、成分表、教育和培训、加工助剂及食品添加剂残留、电离辐照。

2018 年 5 月，尼日利亚国家食品药物控制管理局制定了 2017 年食物及食品现行良好生产规范，用于保证食物或食品符合消费安全、质量、有益于身心健康和适用性的要求。规定了供人类与动物消费食物或食品的生产、加工、包装或存留的最低良好生产规范要求，包括人员组织、人员资格、疫病控制、教育和培训、质量保证偏差或缺陷。

2018 年 5 月，尼日利亚国家食品药物控制管理局制定了 2017 年食品安全法规，规定了销售或供给消费者的食品配制、加工、烘焙、包装、储存及运输、分配、处理和供给的最低食品安全要求。

2018 年 5 月，尼日利亚国家食品药物控制管理局制定了 2017 年食品召回法规，适用于被确定或初步视为不安全及 / 或时常被机构指定的食物或食品，内容包括食品召回、食品召回运行系统、食品召回计划、召回通知、召回情况报告、食品回收。

2018 年 5 月，尼日利亚国家食品药物控制管理局制定了 2017 年蜂蜜法规，适用于所有蜜蜂从植物蜜源或植物活体采集的，或昆虫吮吸植物产生的，后经蜜蜂采集的分泌物，再与自身特有物质混合、沉淀、脱水、放入蜂巢储存熟化的蜂蜜，也包括经加工直接食用的所有种类蜂蜜。

2018 年 5 月，尼日利亚国家食品药物控制管理局制定了 2017 年转基因食品法规。适用于含或由转基因生物组成、由转基因生物或其某些成分制成的提供给最终消费者的食品，内容包括粘贴标签前的食品安全评估、粘贴标签、可追溯性、转基因生物标签数据库。

2018 年 5 月，尼日利亚国家食品药物控制管理局制定了 2017 年食品卫生法规草案，适用于所有从事食品配制、加工、包装、运输、分配、制造、处理、储存或销售的企业或任何其他食品企业相关事项。

2018 年 5 月，尼日利亚国家阿布贾联邦卫生部制定了 2017 年食品安全质量法案，在于保证有效管理食品饲料安全风险。法案目的在于保护消费者免受食品及饲料的危害，制定食品与饲料安全的官方控制一般原则、食品饲料经营者要求及规定联邦与州政府功能和权力机构。该法案具体内容包括：食品安全原则、食品与饲料安全与质量一般要求、官方检测与参考实验室。

2018 年 5 月，尼日利亚联邦农业乡村发展部制定了一项成立尼日利亚农业检疫局及相关事务的法案，规定了成立尼日利亚农业检疫局及理事会，以及其目的、结构、检疫局职能及理事会权利等内容。

2018 年 5 月，尼日利亚国家食品药物控制管理局制定了 2017 年饮食补充剂法规，对食品补充剂的生产、粘贴标签、展示、包装及广告制定了具体规则。

2018 年 5 月，尼日利亚国家食品药物控制管理局制定了 2017 年营养、卫生及其他食品声明法规。规定了营养、卫生及其他食品标签声明相关使用标准，以保证食品标签上有清楚准确的消费者保护声明而足以使消费者做出明智而有意义的选择，并且有助于保证公平竞争，从而促进和保护食品领域的创新。

# 三十八、阿曼

## TBT 措施

2018 年 1 月，阿曼商业工业部制定了 2 项关于汽车设备的法令，规定了以液化石油气为推进燃料的汽车设备和以压缩天然气为推进燃料的汽车改装设备的安装核准要求。

2018 年 1 月，阿曼商业工业部制定了关于压力调节器、自动转换装置的要求，适用于最大压力为 4 巴且最大容量为 150 千克每小时的带有丁烷、丙烷及其混合物的安全装置和适配器。

2018 年 2 月，阿曼商业工业部通报了关于电动汽车装置的规定，涉及道路车辆电力系统和充电系统的安全要求。

2018 年 3 月，阿曼商业工业部通报了关于建筑用煅铝和铝合金棒材、管材和型材的标准。

2018 年 4 月，阿曼商业工业部制定了汽车用无铅汽油的标准，规定了用于汽车发动机的无铅汽油的规范和要求。

2018 年 8 月，阿曼商业工业部制定了关于面包的技术法规，涉及所有类型的由小麦粉或与其他类型的谷物粉混合制成的面包（特殊膳食功能的面包不适用），其中一般要求、包装、运输和储存、样品和标签项目是强制性的。

# 三十九、巴拿马

## TBT 措施

### 1. 食品

2018 年 2 月，巴拿马标准与工业技术总局、贸易和工业部通报了关于熟奶酪规范的中美洲技术法规，规定熟奶酪必须遵守的规范。

2018 年 8 月，巴拿马标准与工业技术总局通报了关于食品添加剂的中美洲技术法规，规定了不同类型食品中允许的食品添加剂及其最高水平。

2018 年 8 月，巴拿马标准与工业技术总局通报了关于奶粉和奶油粉的中美洲技术法规，规定了符合相关定义的奶粉和奶油粉必须遵守的规范。

### 2. 医疗产品

2018 年 8 月，巴拿马标准与工业技术总局通报了关于人类用药卫生注册要求的中美洲技术法规，规定了人类用药卫生注册条件与要求。

### 3. 其他

2018 年 3 月，巴拿马标准与工业技术总局、贸易和工业部制定了水泥销售合格评定法规，包括目的、法律基础、定义、缩写、合格评定程序、控制和监督程序及参考文献。

# 四十、巴拉圭

## TBT 措施

### 1. 机动车相关产品

2018 年 9 月，巴拉圭工业贸易部（MIC）制定了执行决议，规定了用于无驾驶室的两轮、三轮或四轮摩托车驾驶员和乘客的旅游类防护头盔的生产商和进口商注册制度，并规定了此类头盔的强制性认证、进口前许可制度以及标志和标签。

2018 年 9 月，巴拉圭工业贸易部通报了关于车用天然气（VNG）储气瓶阀门安全要求的南非共同市场技术法规，规定了汽车使用的车用天然气系统组件的气瓶阀门必须遵守的安全要求和生产测试要求。

2018 年 10 月，巴拉圭工业贸易部通报了关于机动车辆和拖车分类的南非共同市场技术法规，规定了机动车辆和拖车的分类，以便在南方共同市场缔约国流通、核准、认证和注册。

### 2. 灯具相关产品

2018 年 4 月，巴拉圭工业贸易部制定了白炽灯和荧光灯制造商和进口商注册制度及制定了进口前许可制度和强制能效认证制度的决议，确定了通过工业贸易部单一出口窗口必须满足的要求。

# 四十一、巴基斯坦

## TBT 措施

2018 年 5 月，巴基斯坦标准质量管理局制定 3 项技术标准，涉及粉茶、液体茶 / 咖啡增白剂和精制棕榈液油；内容包括范围、术语、要求、卫生、成分要求、包装、标签、标志、取样和分析方法以及其他参数。

2018 年 7 月，巴基斯坦标准质量管理局制定 4 项灯具产品标准，产品涉及自镇流 LED 灯、LED 模组、LED 模块和荧光灯的电子镇流器；规定了证明家用和类似一般照明用途、具有整体稳定工作方式的 LED 灯合格所需的性能要求以及测试方法和条件。

# 四十二、秘鲁

## （一）TBT 措施

### 1. 医疗相关产品

2018 年 6 月，秘鲁卫生部制定麻及其衍生物药用和治疗用途控制法案的实施细则，制定大麻及其衍生物药用和治疗用途控制规定；以及获得药用大麻及其衍生物研究、生产、进口和销售许可要求。

2018 年 8 月，秘鲁卫生部制定了生物制品注册和重新注册所需文件的提交和内容的疫苗技术法规，制定疫苗产品注册和重新注册所需的文件规定以及文件信息规定。

### 2. 其他

2018 年 2 月，秘鲁国家质量协会—计量局制定冷饮用水和热水水表的计量标准法规，内容包括全封闭管道中冷饮用水和热水水表计量与技术要求、水表型式评估和初始验证测试方法及测试报告格式等内容。

2018 年 8 月，秘鲁卫生部制定多氯联苯健康和环境管理技术法规，确定了多氯联苯（PCB）库存和残留物以及含有多氯联苯或受其污染的库存和残留物的健康和环境管理条件。

2018 年 9 月，秘鲁国家质量协会—计量局制定预包装中产品数量的计量标准法规，规定了以预定固定数量的质量、体积、长度、面积或数量标明的预包装产品的法定计量要求；以及用于验证预包装中产品数量的抽样计划和程序。

## （二）SPS 措施

### 1. 关于植物及植物产品的卫生措施

2018 年 3 月，秘鲁国家农业卫生局通报了一项管理决议草案，该草案制定秘鲁进口产源于中国甜叶菊植物及插条及体外培植甜叶菊植物的卫生要求。

2018 年 10 月，秘鲁国家农业卫生局通报了安第斯共同体（Andean）农用化学杀虫剂注册和控制技术手册，该技术手册含 Andean 委员会第 804 号决定执行法规，制定了 Andean 成员国农用化学杀虫剂注册要求。它包括注册申请人必须考虑的农业经济、卫生及环境方面问题。

**2．关于动物及动物产品的卫生措施**

2018 年 5 月，秘鲁国家农业卫生局通报了第 0014-2018-MINAGRI-SENASA-DSA 号管理决议，批准从荷兰返回秘鲁爬行类动物的强制动物卫生要求。

2018 年 12 月，秘鲁国家农业卫生局通报了为进口口蹄疫病易染动物及相关风险产品设定的一项条件，规定为防止口蹄疫病毒再次输入，与秘鲁口蹄疫疫情相同的国家或地区可以向秘鲁进口动物及畜产品。

# 四十三、菲律宾

## （一）TBT 措施

**1．建筑材料**

2018 年 1 月，菲律宾贸易与工业部（DTI）标准局制定了变形钢筋、再轧钢筋和等边角钢强制产品认证的新技术法规，规定了关于变形钢筋、再轧钢筋和等边角钢强制产品认证的新技术法规。

**2．电子电气产品**

2018 年 2 月，菲律宾贸易与工业部产品标准司制定了家用电器技术法规，规定了所有家用及类似用途电器的生产商和进口商必须遵守菲律宾国家标准要求。法规要求相关产品的生产商、装配商和进口商在产品分销和销售前必须分别获得菲律宾标准（PS）认证标志许可证或进口商品清关（ICC）许可证。非普通家用但可能成为公共危险来源的电器（如商业企业使用的电器）也在该法规管辖范围内。

2018 年 2 月，菲律宾贸易与工业部产品标准司制定了一般照明用自镇流 LED 灯技术法规，规定了所有自镇流 LED 灯的生产商、分销商、进口商和零售商必须遵守菲律宾国家标准要求。

**3．医疗设备**

2018 年 5 月，菲律宾食品药品管理局—设备管理、辐射健康和研究中心发布辐射设备海关放行许可证颁放准则，规定除非获得 CDRRHR 颁发的海关放行许可证（CFCR），可电离的辐射设备（如 X 射线设备）和非电离设备（如激光、超声波、扫描仪和红外辐射装置等）等设备不得进入菲律宾。

**4．农业和渔业机械**

2018 年 5 月，菲律宾贸易与工业部标准局发布国家农业和渔业机械合格证书发放指南。该指南以菲律宾国家标准 / 菲律宾农业工程标准（PNS/PAES）作为农业和渔业机械合格证书（CC）发放的政策和机制。

2018 年 5 月，菲律宾贸易与工业部标准局发布农业和渔业机械生产商、制造商、装配商、分销商、经销商、进口商和出口商（MFADDIE）及其产品注册指南，为所有相关方提供指导和信息。该指南包括农业和渔业机械生产商等各方及其产品注册指导信息，也包括 MFADDIE 运营许可证（PTO）和产品注册证书（CPR）的发放。

**5．食品**

2018 年 10 月，菲律宾食品药品管理局（FDA）—食品法规和研究中心（CFRR）制定关于食品添加剂通用标准和食品法典乳制品术语使用通用标准的行政法令，正式批准某些法典标准，作为分类和鉴定食品的基础。

2018 年 10 月，菲律宾食品药品管理局（FDA）—食品法规和研究中心（CFRR）修订了预包装食品标签管理规则和法规，包括加糖饮料附加强制标签信息指南，规定了关于甜味剂类型以及每升容量粉末中含糖饮料（SB）等效份量的额外强制标签信息声明准则。

## （二）SPS 措施

**1．关于植物及植物产品的卫生措施**

2018 年 5 月，菲律宾农业部发布了进口作物杀虫剂最大残留限量的菲律宾国家标准。

2018 年 6 月，菲律宾农业部发布了菲律宾国家标准：玉米糁加工处理卫生操作规范。该标准旨在为生产、加工及存放优质玉米糁提供指南，以防上述产品受到类似黄曲毒素、重金属及杀虫剂残留的污染。

2018 年 6 月，菲律宾农业部发布了菲律宾国家标准：玉米糁分级分类。该标准旨在根据玉米糁物理特点及当前相关行业分类惯例提供指南。

2018 年 6 月，菲律宾农业部发布了菲律宾国家标准：防止和降低粮谷内毒素污染的操作规程。

2018 年 6 月，菲律宾农业部发布了菲律宾国家标准：谷物定级和分类——稻谷及去壳米。该标准旨在制定谷物，特别是稻米和去壳米的安全、质量、包装、标签，包括检测分析的标准规范。

2018 年 8 月，菲律宾农业部发布了苹果、柑橘果、葡萄、龙眼、荔枝、桔子、梨的农药最大残留限量。

**2．关于动物及动物产品的卫生措施**

2018 年 4 月，菲律宾农业部发布了国家良好畜牧业实践标准守则。

2018 年 5 月，菲律宾农业部通报了出口到菲律宾猫狗的强制射频识别和微芯片识别要符合 2004 年第 24 号农业部行政令。

2018 年 5 月，菲律宾农业部发布了向菲律宾出口活动物的进口程序。

2018 年 9 月，菲律宾农业部发布了进口源自拉脱维亚、波兰、罗马尼亚、俄罗斯、乌克兰和中国的猪（家猪和野猪）及其产品，包括猪肉及精液的临时禁令。本指令禁止进口源自拉脱维亚、波兰、罗马尼亚、俄罗斯联邦、乌克兰和中国的猪（家猪和野猪）及其产品，包括猪肉及精液，立即终止申请和签发上述商品卫生与植物卫生进口清关的办理和评估。所有主要口岸进入菲律宾的上述货物将被农业部兽医检疫官和检验官拦截和没收。来自上述国家的抵达旅客携带的肉及肉制品同样也被没收。

2018 年 9 月，菲律宾农业部发布了进口源自中国猪（家猪和野猪）及其产品，包括猪肉及精液的临时禁令。本指令禁止进口源自中国猪（家猪和野猪）及其产品，还暂停上述商品加工、评估及签发卫生与植物卫生进口清关许可证。所有主要港口的农业部兽医检疫官和检验官拦截和没收运往菲律宾国内的上述商品货物。

## 四十四、俄罗斯

### SPS 措施

#### 1. 关于食品安全的措施

2018 年 7 月，俄罗斯联邦经欧亚经济委员会制定了卫生与流行病监督（控制）的产品（商品）的共同卫生及流行病卫生要求第ⅱ章第 1 部分修改案。内容涉及修改在欧亚经济联盟内采取卫生措施批准的受卫生与流行病监督（控制）产品（商品）的共同卫生及流行病卫生要求，修改第 1 部分时引用了 3- 单氯丙二醇、缩水甘油及其酯类在食品中最大残留限量的卫生标准。

#### 2. 关于植物及植物产品的卫生措施

2018 年 3 月，俄罗斯联邦经欧亚经济委员会制定了修改欧亚经济联盟边境及关税区检疫产品和物品的植物卫生统一检疫要求草案。准许欧亚经济联盟关税区内符合要求的加工企业进口被大豆紫斑病菌病原体感染的大豆；修改进境旅客携带的无植物卫生证书瓜类、西瓜及南瓜要求；明确新鲜柑橘果、香蕉、大蕉的检疫要求和有植物卫生检疫要求的某些散装类产品在关税区内的流通规定；修改相关规定，以防出现植物卫生检疫同类产品的双重解释和要求。

2018 年 6 月，俄罗斯联邦经欧亚经济委员会制定了修改欧亚经济同盟植物检疫对象共用名单。

#### 3. 关于动物及动物产品的卫生措施

2018 年 2 月，俄罗斯联邦农业部经欧亚经济委员会执行管理委员会制定了出口欧亚经济同盟地区兔精液共同兽医要求的草案。该草案覆盖产品为接受兽医检验的物品（商品）。

2018 年 4 月，俄罗斯联邦经欧亚经济委员会制定了修改兽医检疫（监督）商品通用名单的草案，内容涉及与欧亚经济联盟以外国家和地区经济活动中新增兽医检验（监督）商品名单并重新调整相关商品描述。

2018 年 12 月，俄罗斯联邦经欧亚经济委员会制定了兽医控制（监督）商品（产品）一般兽医（卫生与兽医）要求草案，确定了向欧亚经济联盟地区进口“赖氨酸及其脂类、盐类”的兽医措施。

## 四十五、卢旺达

### TBT 措施

#### 1. 食品农产品

2018 年，卢旺达标准委员会制定一系列技术规范，涉及脱水大蒜、新鲜大蒜、蛋黄酱、冰糖、强化食用油脂、辣椒油、辣椒酱、水果味饮料、罐装鱼类、酸奶、奶酪、黄油、甜饼、鲜豆腐、熟豆、蛋糕、超高温灭菌牛奶、红茶、奶粉和奶油粉、原奶、巴氏杀菌奶、乳制品冰淇淋、甜炼乳、酥油、速溶茶、高粱啤酒、绿茶、乌尔瓦格酒、香蕉酒精饮料、植物调味酒精饮料、能量饮料、澳洲坚果仁、烘烤澳洲坚果、小麦粉、强化麦粉、玉米粉、强化玉米粉、绿豆、高粱、复合面粉、食用全脂大豆粉的规范；规定了部分产品食用要求及取样与测试方法。

2018 年 1 月和 11 月，卢旺达标准委员会制定了加工肉制品卫生操作规范和肉类卫生操作规范，分别规范了加工肉制品在接收、处理、加工、包装、储存和运输过程中的卫生操作最低要求，以及从活畜生产到零售点的生肉、肉制品和人造肉的卫生规定。

**2．化妆品**

2018 年 1 月和 4 月，卢旺达标准委员会制定化妆品行业使用的矿物油、蓖麻油、澳洲胡桃油、牙膏、葫芦油、酥油、辣木的规范，规定了化妆品行业使用的相关产品要求及取样和测试方法。

2018 年 4 月，卢旺达标准委员会制定刮胡水、沐浴皂、抗菌沐浴皂的规范，规定了刮胡水产品要求及取样和测试方法。

**3．其他**

2018 年 1 月，卢旺达标准委员会制定燃料添加剂检验指南。

2018 年 1 月，卢旺达标准委员会制定天然建筑用砂、混凝土骨料的规范，规定了规范适用的范围和部分骨料的性质。

2018 年 1 月，卢旺达标准委员会制定纸巾规范，适用于包括一般和工业用途的成卷和单张（单层和双层）纸巾。

2018 年 1 月，卢旺达标准委员会制定男士和女士内裤规范，规定了男 / 女士针织内裤的要求、取样、测试方法。

2018 年 1 月，卢旺达标准委员会制定床垫柔性聚氨酯泡沫规范，涉及再生柔性聚氨酯泡沫。

2018 年 4 月，卢旺达标准委员会制定建筑物消防安全操作规范，包括根据用途或居住特点制定的建筑物消防等级和分类的一般原则。

2018 年 4 月，卢旺达标准委员会制定自动火灾探测和报警系统的安装和维护规范，包括火灾探测和报警系统的规划、设计、选择、安装和维护最低要求。

2018 年 4 月，卢旺达标准委员会制定用于饮用水处理的氯化钠的规范，描述了氯酸钠的特性并规定了氯酸钠的要求和相应的测试方法。

2018 年 4 月，卢旺达标准委员会制定用于食品工业的清洁化学品的标准，规定了用于食品加工设备并可能接触食品的此类清洁化学品安全最低要求。

2018 年 4 月，卢旺达标准委员会制定有机生产标准，包括植物生产、畜牧业、水产养殖、可持续渔业、养蜂、野生产品的收获以及产品的加工和标签；不包括产品检验或认证等验证程序。

2018 年 4 月，卢旺达标准委员会制定硝酸铵钙肥料、氯化钾肥料、硫酸钾肥料、过磷酸钙肥料、有机肥料、硫酸铵肥料的规范，规定了其取样和测试方法。

2018 年 4 月，卢旺达标准委员会制定漂白剂规范，规定了用于生产饮用水的次氯酸钠溶液要求和测试方法。

2018 年 11 月，卢旺达标准委员会制定建筑玻璃规范，包括建筑玻璃的指导规定，涉及建筑物的能量、光（视觉）和太阳环境的影响。

# 四十六、沙特阿拉伯

## （一）TBT 措施

2018 年，沙特标准计量和质量组织（SASO）制定了 2 项关于个人防护设备的技术法规。

2018 年 2 月，沙特 SASO 制定了 2 项关于光伏太阳能产品的技术法规，明确了小型光伏太阳能系统及其本国附加要求，适用于配电服务提供商、合格消费者、承包商和将小型太阳能光伏系统连接到配电系统和 / 或与配电服务提供商的网络测量装置相关的其他人员。

2018 年 3 月，沙特 SASO 制定了关于面包生产的技术法规，规定用小麦粉制作面包时必须满足的技术要求，特殊营养功能面包不适用。

2018 年 3 月，沙特 SASO 修订了 2 项关于新轻型汽车的标准，规定了燃油节能标签要求和平均能耗标准，适用于所有新轻型车辆（包括电池式电动车辆和插电式电池电动车辆）。

2018 年 4 月，沙特 SASO 制定了关于用聚乙烯对苯二甲酸酯制成的一次性饮用水瓶的标准，涉及吹塑和注塑的一次性饮用水瓶，可多次灌装的除外。

2018 年 5 月，沙特 SASO 制定了关于游乐园骑乘设施的技术法规。

2018 年 7 月，沙特 SASO 制定了 3 项关于汽车的技术法规，规定了挂车和半挂车安全性、环保性、能效性和防盗性的一般要求，以及改装车和限量车辆安全要求，适用于通过添加、替换或更改车辆设备或系统而改装的旧的或新的轻型车辆。

2018 年 7 月，沙特 SASO 制定了关于烟火制品的技术法规。

2018 年 7 月，沙特 SASO 制定了关于电池安全性能的技术法规。

2018 年 9 月，沙特食品药品管理局（SFDA）通报了关于烟草制品包装要求的技术法规，规定了包括卷烟、雪茄、果味烟草和手卷烟草的包装条件。

2018 年 9 月，沙特 SFDA 制定了关于反式脂肪酸的技术法规，适用于防止在食品中使用氢化油。

2018 年 11 月，沙特 SASO 修订了关于洗涤剂的技术法规。

## （二）SPS 措施

### 1．关于食品安全的措施

2018 年 3 月，沙特阿拉伯王国食品和药物管理局通报了“面包生产技术要求”的技术法规草案，该技术法规草案涉及用小麦粉加工生产面包需符合的技术要求，不适用于特殊营养面包。

2018 年 6 月，沙特阿拉伯食品和药物管理局通报了有关从具有疯牛病（BSE）风险的国家进口牛肉及牛肉产品的条件草案，修改 BSE 风险国家牛肉及牛肉产品现有进口条件的拟定条件草案。

2018 年 9 月，沙特阿拉伯王国食品和药物管理局通报了“反式脂肪酸”的技术法规草案，该技术法规草案适用于防止食品使用部分氢化食油。

### 2．关于动物及动物产品的卫生措施

2018 年 9 月，沙特阿拉伯环境、水及农业部通报了 2018 年 9 月 2 日（22/12/1439 H）第

142/79731/1439 号决定通知："进口源自中国马匹的临时禁令"，该禁令根据 OIE2018 年 8 月 26 日第 31 期 35 号报告，因中国出现马鼻疽病，沙特阿拉伯认为有必要防止该疫病传入国内。因此，沙特阿拉伯暂停进口中国马匹。

# 四十七、萨尔瓦多

## （一）TBT 措施

2018 年，萨尔瓦多通报 2 项关于乳制品的中美洲技术法规，分别为熟奶酪规范和奶粉和奶油粉规范。

2018 年 4 月，萨尔瓦多制定关于非自动称重仪器计量的技术法规，规定了官方计量控制的非自动称重仪器必须遵守的计量与技术要求，并制定了相关要求和标准测试程序。

2018 年 11 月，萨尔瓦多制定关于生咖啡质量要求的技术法规，规定了可销售生咖啡的质量规范和特征。

## （二）SPS 措施

### 1. 关于食品安全的措施

2018 年 2 月，萨尔瓦多技术法规局制定了熟制干酪需遵守的技术规范。

2018 年 8 月，萨尔瓦多技术法规局制定了奶制品、奶粉及乳脂粉需遵守的技术规范。

2018 年 11 月，萨尔瓦多技术法规局发布通报，规定了咖啡和绿咖啡的质量规范及特性。

### 2. 关于动物及动物产品的卫生措施

2018 年 10 月，萨尔瓦多技术法规局发布通报，规定了从事市场销售动物的屠宰、加工、剔骨及相关产品储存运输的屠宰场必须满足的卫生要求。

# 四十八、新加坡

## TBT 措施

### 1. 食品

2018 年 9 月，新加坡修订食品法规（2019），将目前允许的大麦 β－葡聚糖血液胆固醇降低效果的健康声明使用扩大到燕麦 β－葡聚糖。

2018 年 11 月，新加坡发布食品安全法规措施提案，规定了即食食品定义，并更新现行法规一揽表。

### 2. 环保节能

2018 年 1 月，新加坡发布氢氟碳化合物（HFCs）控制案，要求进口或出口所列 HFCs 的公司（不管是纯净的还是混合的）都需要从 NEA（污染控制部门）获得有害物质（HS）许可证。

2018 年 3 月，新加坡修订公用事业（供水）法规，规定进口洗碗机仍然执行强制性 WELS，但所有家用洗碗机在新加坡供应、定购、展示或广告宣传之前都必须注册并贴上提供水效等级信息的标签。为了注册，洗碗机必须按照测定水效标准进行测试。7 月，再度修订公用事业（供水）法规，规定给水配件（水龙头和混合器、双冲洗 LCFC、小便池冲洗阀和无水小便池）的最低水效等级将从 1 级增加到 2 级。10 月，规定从 2019 年 4 月 1 日起，只有 2 级以上的给水配件产品才能在新加坡销售和供应。12 月，规定自 2020 年 4 月 1 日起，强制水效标签计划（WELS）中的恒温混合器现行测试标准将被取代。

2018 年 7 月，新加坡修订相关能源节约法案法规，修订白炽灯 MEPS，并规定镇流器 MEPS。

2018 年 12 月，新加坡提出环境保护与管理法案（EPMA）、环境保护与管理法规（汽车排放）。国家环境署（NEA）将对汽油和柴油中的甲醇、甲基环戊二烯基三羰基锰（MMT）、磷和脂肪酸甲酯（FAME）添加剂实行限制。从 2019 年 7 月 1 日起，加油站和其他授权销售点零售的所有汽油和柴油都必须遵守新的限制。

**3．机动车辆**

2018 年 9 月，新加坡修订关于个人机动移动设备的法律，规定道路（公共道路）使用者（如行人、骑自行车的人和 / 或 PMD 骑手）必须遵守的安全标准。

# 四十九、南非

## TBT 措施

**1．食品**

2018 年，南非制定 3 项产品等级、包装和标志法规，分别就爆米花、桃子和油桃、马铃薯规定了相关质量标准、容器、包装和标志要求、抽样程序以及违法处罚等内容。

2018 年 4 月，南非制定醋和仿醋的分类、包装和标志法规，规定了醋和仿醋的质量标准及标签要求，并为地理标识醋提供保护。

2018 年 5 月，南非制定酒精饮料容器标签健康信息法规，规定酒精饮料健康警告标签要求。

2018 年 7 月，南非制定加工肉制品强制性规范，将第 1（整个肌肉，固化，热处理产品）、2（整个肌肉，未固化，热处理或部分热处理产品）、6（粉碎，固化，热处理产品）、10（粉碎，未固化和热处理产品）、12（改性，固化，热处理产品）类热处理和即食（RTE）产品以及南非国家标准 SANS 885 中列出的未指定 RTE 产品确定为高风险等级加工肉制品。

2018 年 9 月，南非制定葡萄酒和烈酒成分、生产和标签法规，修订了葡萄酒、利口酒和烈酒的酒类产品法案的现行成分、生产和标签规定，并允许根据原产地葡萄酒计划认证原产地葡萄酒的葡萄品种和认证程序。

**2．其他**

2018 年 3 月，南非通报制定关于化妆品标签、广告和成分的法规。

2018 年 3 月，南非制定建筑物防潮和防水用聚合物薄膜强制性规范。

2018 年7月，南非制定打火机安全强制性规范，规定了打火机上市条件及应满足的最低安全要求。

# 五十、坦桑尼亚

## TBT 措施

### 1．肥料

2018 年，坦桑尼亚发布 9 项关于肥料规范的东非标准（DEAS），分别规定了相关肥料产品要求及取样和测试方法。所涉产品包括：硫酸钾（钾硫酸盐）、氯化钾（钾的氯盐）、硝酸铵钙（CAN）、重过磷酸钙（TSP）、硫酸铵、尿素、氮磷钾（NPK）化合物、磷矿石颗粒、磷矿石粉。

2018 年，坦桑尼亚制定 3 项肥料规范标准，分别就有机肥料、叶面肥料和农用石灰材料规定了相关产品要求及取样和测试方法。

### 2．饲料

2018年，坦桑尼亚发布5项关于饲料规范的东非标准，分别规定了相关产品要求及取样和测试方法。所涉产品包括：复合猪饲料、复合家禽饲料、复合鱼饲料（罗非鱼和鲶鱼饲料）、牛饲料和奶山羊饲料。

### 3．肉蛋及乳制品

2018 年，坦桑尼亚制定 10 项肉制品规范标准，分别规定了相关产品要求及取样和测试方法。所涉产品包括：鸡肉胴体或切块（生的和五香的）、禽胴体（鸡、鸭、鹅、火鸡、鸽子、珍珠鸡或其他家禽）、猪胴体或切块、山羊胴体或切肉、羊肉和羊肉胴体及切肉、腌牛肉、干剔骨肉、香肠（牛、绵羊、山羊、猪和其他动物的红肉香肠）、鸡肉香肠、冷冻和冷藏鸵鸟肉。

2018 年，坦桑尼亚制定 2 项蛋类规范标准，分别就孵化鸡蛋和食用鸡蛋规定了相关产品要求及取样和测试方法。

2018 年，坦桑尼亚制定 6 项奶制品规范标准，分别规定了相关产品要求及取样和测试方法。所涉产品包括：原乳、超高温灭菌乳（超高温灭菌还原乳、重组乳、调配乳）、奶粉和奶油粉、甜炼乳、酥油、黄油。

2018 年，坦桑尼亚发布 8 项关于乳制品的东非标准，分别规定了相关产品要求及取样和测试方法。所涉产品包括：超高温灭菌（UHT）牛奶、巴氏杀菌牛奶、奶粉和奶油粉、甜炼乳、酸奶、乳制品冰淇淋、黄油、酥油。

### 4．食品及调味品

2018 年，坦桑尼亚发布 15 项关于食品和调味品的东非标准，分别规定了相关产品要求及取样和测试方法。所涉产品包括：咖喱粉、醋、姜、黄姜、丁香、马萨拉抓饭、马萨拉茶、食用全脂大豆粉、复合面粉、龙爪稷、高粱、绿豆、玉米粉产品、小麦粉、硬质小麦粗粉。

2018 年，坦桑尼亚制定 4 项关于食品和调味品的规范标准，分别就南瓜粉（果肉）、黑醋栗汁、腰果仁和芝麻种子规定了产品要求及取样和测试方法。

2018 年 6 月，坦桑尼亚发布关于有机生产的东非标准，规定了有机生产要求，包括植物生产、畜牧业、水产养殖、可持续渔业、养蜂、野生产品的收获以及产品加工和标签；不包括产品检验或认证等验证程序。

2018 年 11 月，坦桑尼亚制定碘盐生产、包装、运输、储存和销售卫生操作规范。

2018 年，坦桑尼亚制定 7 项酒类及饮料规范标准，分别规定了相关产品要求及取样和测试方法。所涉产品包括：生啤酒、利口酒、非谷物酒精饮料、果味酒精饮料、玫瑰茄酒精饮料、碳酸软饮料、无糖碳酸软饮料。

**5．纺织品及鞋类**

2018 年，坦桑尼亚制定 12 项纺织品规范标准，分别规定了相关产品要求、性能特征及制造要求等内容。所涉产品包括：毛巾、厚棉布、连衣裙、经编和纬编针织面料、棉康茄、棉基滕格、剑麻和马尼拉绳索、人造纤维绳索、人造多丝纤维线绳、棉麻纤维线绳、打包机聚丙烯线绳、自动捡拾打包机和类似农用打包机用麻绳。

2018 年，坦桑尼亚制定 3 项鞋类相关规范标准，分别就运动鞋、帆布鞋、鞋类配件规定了产品性能要求及测试方法等内容。

2018 年 7 月，坦桑尼亚制定服装用皮革性能标准，规定了服装生产用皮革要求；适用于绒面革、粒面革和羊皮，不包括毛皮。

**6．建筑材料**

2018 年 7 月，坦桑尼亚发布了关于冷轧型钢规范的东非标准，规定了厚度 8mm 以下结构和一般用途冷轧型钢的尺寸和截面特性。

2018 年，坦桑尼亚发布 3 项关于混凝土加强用钢规范的东非标准，分别规定了相关普通钢筋、螺纹钢筋和焊接钢网的技术要求。

2018 年，坦桑尼亚发布 3 项关于钢板及钢钉规范的东非标准，分别规定了外部用热浸预涂金属涂层钢板和卷材、一般用途的镀锌普通钢板和波纹钢板的要求及取样与测试方法；一般用途钢钉和钢丝钉的首选形状和尺寸、尺寸公差和表面涂层要求。

**7．其他**

2018 年 1 月，坦桑尼亚制定消防救援软管卷轴规范标准，规定安装在建筑物内和消防车用消防软管卷轴的材料、结构细节和试验要求。

2018 年 1 月，坦桑尼亚制定纸巾规范标准，规定一般和工业用成卷和单张（单层和双层）纸巾要求及取样与测试方法。

2018 年 4 月，坦桑尼亚制定农具铲子规范标准，规定铲子的材料与其他要求。

2018 年 4 月，坦桑尼亚制定径向型蜂蜜提取器规范标准，规定了相关产品要求。

2018 年 4 月，坦桑尼亚制定机动车和拖车反光牌照规范标准，规定了反光牌照最低要求，具体包括光度和色度特性以及适用的测试规范。

2018 年 4 月，坦桑尼亚制定燃油表（容积正位移型）标准规范，规定了相关燃油表设计、制造、压力等级、标志和测试的最低要求。

2018 年 4 月，坦桑尼亚制定一般用途天然气规范标准，规定天然气要求及取样和测试、计算和互换性指数方法。

2018年8月，坦桑尼亚发布关于牙膏规范的东非标准，规定氟化和非氟化牙膏要求及取样和测试方法。

2018 年，坦桑尼亚制定 3 项卫生用品规范标准，分别就草药肥皂、婴儿香皂和玻璃液体清洁剂规定了相关产品要求及取样和测试方法。

2018 年 11 月，坦桑尼亚制定直链烷基苯规范标准，规定洗涤剂制备用直链烷基苯要求及取样和试验方法。

# 五十一、泰国

## TBT 措施

### 1. 食品药品

2018 年 1 月，泰国食品药品管理局发布关于婴儿食品信息和信息传播渠道的指导、方法、条件和详细内容的婴幼儿食品销售管理法。

2018 年 5 月，泰国食品药品管理局修订必须具备营养标签和每日摄取量（GDA）指南及每日摄取量（GDA）标签要求。

2018 年 11 月，泰国食品药品管理局颁布酒类进口许可法规。

2018 年 11 月，泰国食品药品管理局制定 7 项 MOPH 技术法规，涉及预包装食品标签、大豆蛋白水解或发酵产生的食品调料、密封容器中的饮料、鱼酱、食品补充剂、冰淇淋、用于食品生产和产品的清洁或消毒产品。

### 2. 机动车

2018 年 1 月，泰国工业部制定汽车用冷轧扁钢标准。

2018 年 5 月，泰国工业部制定摩托车安全要求标准，要求发动机排放等级为 7。

### 3. 通信设备

2018 年 7 月，泰国工业部制定对管道光缆、直埋光缆和捆扎式架空通信光缆标准规范。

2018 年 8 月，泰国工业部制定家用冰箱和冰柜的能源效率和安全要求等规范

2018 年 8 月，泰国工业部制定一般结构用冷成型结构钢型材规范。

2018 年 7 月，泰国发布使用 VHF/UHF 语音通信的陆地移动业务中使用的无线电通信设备要求。

### 4. 其他

2018 年 5 月，泰国工业部修订泰国饮用水未增塑聚氯乙烯（PVC-U）管道工业标准。

2018 年 10 月，泰国消费者保护委员会发布标签委员会公告，规定燃气热水装置和燃气热水器是受标签控制的商品，标签必须包含 “如果安装在没有通风的房间内会有死亡危险”的警告生命，警告应固定在燃气热水器和即热式燃气热水器的正面，并应永久显示在产品上。

# 五十二、土耳其

## （一）TBT 措施

### 1. 食品

2018 年 1 月，土耳其食品农业和畜牧部发布了食用酪蛋白和酪蛋白酸盐的公报，涉及符合技术

与卫生要求的食用酪蛋白和酪蛋白酸盐的制备、加工、标签、保存、储存、运输、市场供应和产品特性。

2018 年 5 月，土耳其科技工业部发布了饮用奶的公报，规定了对生产、储存、运输和营销卫生的且符合相关技术要求的饮用奶的参数。

2018 年 7 月，土耳其农林部发布了 5 项食品相关的公报，规定了膳食替代品、婴儿配方食品和后续配方食品的成分和信息要求，糖的定义和规范，橄榄油和橄榄渣油分析方法，蜂蜜的产品定义、成分标准和标签要求。

2018 年 9 月，土耳其农林部修订了动物源食品中药物活性物质分类及最大残留限量法规。

**2．其他**

2018 年 4 月，土耳其海关、贸易消费者保护部和市场监督总局发布了消费品合格检验公报，修订了装饰产品、新奇打火机、挥发性气体气球、婴儿行走架、提篮和托架、家用婴儿床和摇篮、轮式儿童车、安抚奶嘴座、儿童服装、食品仿制品、激光产品、婴儿 / 儿童背带、婴儿摇椅等的合格认定附加参考标准。

2018 年 11 月，土耳其科技工业部发布了 2 项纺织材料的公报，规定了服装用纺织羊毛面料的样品描述、特性、取样、检验和测试以及上市程序，以及半染色牛皮皮革的规范标准。

2018 年 11 月，土耳其农林部制定了与食品接触的塑料材料和物品成分迁移测试使用的食物模拟剂的技术规范。

## （二）SPS 措施

**1．关于食品的安全措施**

2018 年 1 月，土耳其农畜食品部发布食用酪蛋白和酪蛋白酸盐产品标准的食品法典公报草案，标准内容规定了供人食用酪蛋白和酪蛋白酸盐根据技术卫生要求的制备、加工、标签、保存、储存、运输、市场供应和产品特性。

2018 年 5 月，土耳其农畜食品部发布饮用乳产品标准的食品法典公报，规定了饮用乳的特征，便于生产、储存、运输和销售，并符合饮用乳的技术标准。具体适用范围包括饮用乳，但不包括生乳。

2018 年 7 月，土耳其农林部发布体重控制饮食替代品的食品法典公报，规定了体重控制饮食完全替代品的成分及信息要求。

2018 年 7 月，土耳其农林部发布婴儿配方、后续配方食品及婴幼儿喂养相关信息要求的食品法典公报。

2018 年 8 月，土耳其农林部发布糖产品标准的食品法典公报草案，规定了半白糖、白糖、特白糖、糖液、转化糖液、转化糖浆、葡萄糖浆、干葡萄糖浆、葡萄糖或水合葡萄糖、葡萄糖或无水葡萄糖及果糖的定义及规范的一般规则。

2018 年 9 月，土耳其农林部发布修订运动食品标准的食品法典公报，规定了运动食品成分的要求。

2018 年 9 月，土耳其农林部发布修改动物源食品内药物活性物质的分类与最大残留限量法规的食品法典公报，目的是协调 2009 年欧委会有关动物源食品内最大残留限量的药物活性物质及其分类的第（EU）37/2010 号法规最新修改案。

2018 年 11 月，土耳其农林部发布食品接触塑料和物品产品标准的食品法典公报，规定了食品接触塑料和物品安全规范及检测规则。

2018 年 11 月，土耳其农林部发布食品接触塑料和物品成分迁移测试使用的食品模拟物标准，明确规定食品接触塑料和物品成分迁移测试中使用的食品模拟物的规范要求。

2018 年 11 月，土耳其农林部发布食品法典公报制定了橄榄油及甘油残留物分析方法标准。

2018 年 12 月，土耳其农林部发布蜂蜜产品标准的食品法典公报，规定了蜂蜜产品的定义、成分标准及标签要求。

# 五十三、乌干达

## （一）TBT 措施

### 1．食品农产品

2018 年 1 月，乌干达国家标准局制定了乳和乳制品的生产、处理、加工、储存、运输、营销、分销和销售的卫生条件和操作规范的技术规范。

2018 年 3 月，乌干达国家标准局对有机生产的要求加以规定，具体包括植物生产、畜牧业、水产养殖、可持续渔业、养蜂、野生产品的收获以及产品的加工和标签。

2018 年 3 月至 4 月，乌干达国家标准局制定了 5 项技术法规，规定了牛饲料、猪饲料、家禽饲料、鱼饲料、山羊饲料等饲料要求及取样和测试方法。

2018 年，乌干达国家标准局制定了 36 项技术规范，规范了相关产品的质量要求及取样与测试方法。涉及产品包括：小麦粉、发酵粉、食品级阿斯巴甜味剂、食品级糖精、蜂蜡、绿咖啡豆、水稻米粉、即食谷物和谷物粉、预熟脱水豆类产品、黄油、超高温灭菌（UHT）牛奶、酸奶、原奶、巴氏杀菌奶、乳制品冰淇淋、甜炼乳、酥油、果汁、果茶、牛胴体和切块、食用内脏、发酵（非酒精）谷物饮料、康普查、麦芽谷物饮料、干绿豆、高粱米、龙爪稷、复合面粉、食用全脂大豆粉、食用甘蔗、蛋糕、蔬菜汁、干肉、兔肉、甜菊糖苷、饮用水等。

### 2．机动车及零配件

2018 年 9 月，乌干达国家标准局修订技术法规，重新规定汽车发动机的机油和润滑剂的分类、火花点火发动机油、摩托车发动机的性能要求和试验方法；规定了摩托车内胎要求及取样和测试方法；规定了公交车车身设计和施工要求。

2018 年 10 月，乌干达国家标准局制定了 7 项技术法规，规定了汽车发动机油与弹性体相容性的定量程序测试方法、柴油发动机的发动机油性能特性测试程序的测试方法、柴油喷射器装置剪切稳定性的标准试验方法、柴油发动机润滑剂腐蚀各种金属的测试方法、发动机油的高温高剪切粘度的测试方法。

### 3．化学化工

2018 年 1 月，乌干达国家标准局制定了处理、储存和处置杀虫剂的程序和要求的技术规范。

2018 年 1 月，乌干达国家标准局制定了石油散货仓库的布局和设计、以及石油产品及其衍生物的正常处理、储存和配送使用设备的安装的技术规范。

2018 年 3 月，乌干达国家标准局制定了 10 项技术法规，规定了各种肥料的要求及取样和测试方法。具体包括：生物沉积源料磷矿石粉肥料、磷矿石颗粒肥料、过磷酸盐（TSP）肥料、硫酸钾肥料、氯化钾（钾的氯盐）肥料、硝酸铵钙（CAN）肥料、尿素肥料、硫酸铵肥料和 NPK 肥料（化合物和混合物）、有机无机复合肥料、复合微生物肥料等。

2018 年 10 月，乌干达国家标准局制定了 25 项技术法规，对石油产品的各种测试方法做出规定。具体包括：石油产品的闪点和燃点测定方法；石油产品的运动粘度和粘度指数计算程序规范；石油产品中硫含量的标准试验方法；润滑油发泡特性的试验方法；润滑油中添加元素、磨损金属和污染物的标准试验方法；润滑油蒸发损失的标准试验方法；废机油的屈服应力和表现粘度的标准试验方法；机油粘度、沉积物、挥发性、防锈特性、过滤性、均匀性和混溶性、低温可泵性、以及机油的发动机测试程序及方法。

2018 年 10 月，乌干达国家标准局制定关于硫化橡胶的拉伸性能、抵抗液体影响能力、压痕硬度、测试程序和方法，以及橡皮硬度测量装置测试方法的技术规范。

**4．其他**

2018 年 1 月，乌干达国家标准局制定了捕鱼用刺网要求及测试方法的技术规范。

2018 年 3 月，乌干达国家标准局制定了 6 项技术法规，规定了手术缝合线、缝合针、用于制作手术器械的不锈钢要求及取样和测试方法。

2018 年 3 月，乌干达国家标准局制定了口红要求及取样和测试方法的技术法规。

2018 年 4 月，乌干达国家标准局制定了进口检验和清关法规。本法规适用于乌干达强制标准规范的商品，包含关于进口清关证明的申请和发放、目的地检验、发放进口清关证明前商品保质期的核查、无进口清关证明商品的放行等程序，以及在东非共同体伙伴国家制造的商品、销毁或再出口商品和根据印章放行商品。

2018 年 10 月，乌干达国家标准局制定了 4 项纺织品技术法规，规定了乌干达共和国国旗、家庭用床单和枕套、棉质 T 恤的制造要求，并对纺织面料标签信息等提出了建议。

2018 年 10 月，乌干达国家标准局制定了 11 项家具技术法规。具体包括：木门、窗户、通风机框架和百叶窗的选择、安装和维护；木质家具、用于图书馆的木质和钢制家具、木制和钢制搁置柜、钢制文件柜、座椅、复合办公桌、住宅型木床的材料的具体要求；木门百叶窗进行质量评估的测试方法。

2018 年 10 月至 11 月，乌干达国家标准局制定了 9 项建材技术法规，规定了碳纤维和玻璃纤维增强聚合物（FRP）棒材尺寸，规定了镀锌钢丝网、链节钢丝网、混凝土砌块、混凝土实心砖、混凝土路面砖的结构和表面处理以及试验要求，规定了内部表面使用的清漆、道路标志涂料、热塑性材料和溶剂基脱漆剂的成分、性能要求和试验方法。

2018 年 11 至 12 月，乌干达国家标准局制定了 7 项食品药品包装方面的技术法规。具体包括：用于药品包装的铝和铝合金压箔要求；纸和纸板、玻璃容器、杯子等食品接触包装材料的制造、类型、选择和使用指南；包装中干燥剂的选择和使用指南；柔性层压管侧缝强度的评估方法。

## （二）SPS 措施

**1．关于食品安全的措施**

2018 年 4 月，乌干达农畜渔业部发布了渔业及水产养殖产品法规（质量保证），规定了鱼、渔业、水产养殖品及水产养殖价值链所有环节的监控措施，以及可能污染鱼、渔业及水产养殖品的物质及残留物的监控程序。

2018 年 6~12 月，乌干达国家标准局发布了一系列标准，规定了 48 种农食产品的要求、抽样和测试方法。涉及产品包括：超高温消毒奶、黄油、酸奶、奶粉及全脂乳粉、生牛奶、巴氏消毒奶、乳类冰淇淋、加糖炼乳、酥油、果汁及果浆饮料、蔬菜坚果涂抹酱、芝麻酱（鹰嘴豆泥）、天然醋、人工醋、姜黄、玛莎拉茶、咖喱粉、香料与调料、丁香、辣香杂菜炒饭、生姜、可食用天然肠衣、鲜奶油、乳脂产品、不加糖炼乳、糖（霜）粉、红茶（除花茶或无咖啡因红茶外）、速溶茶、绿茶、果香红茶、红茶菌饮料、发酵（无酒精）谷物饮料、麦芽谷物饮料、牛（牛肉）胴体及切块、食用内脏、食用全脂豆粉、复合粉、龙爪稷粒、高粱谷、绿豆、小麦粉、玉米面产品、食用甘蔗、蔬菜汁、糕点、甜菊糖苷、肉干、兔肉（胴体及肉块）等。

2018 年 12 月，乌干达国家标准局发布了 2 项与食品接触的包装材料标准，包括食品包装用纸盘和纸杯、食品接触纸质及纸板包装材料的要求、抽样和检测方法。

# 五十四、乌克兰

## （一）TBT 措施

### 1. 食品

2018 年 1 月，乌克兰农业政策与食品部制定了人类食用糖类型要求，涵盖的产品包括半白糖、白糖、加糖、糖溶液、转化糖溶液、转化糖浆、葡萄糖—果糖糖浆、干葡萄糖浆、右旋糖或无水右旋糖、果糖。

### 2. 机电产品

2018 年 1 月，乌克兰发布了电气电子设备中限制使用某些危险物质的技术法规。

2018 年 6 月，乌克兰国家能源效率和节能管理局发布了 4 项关于能效管理的技术法规，涉及家用制冷电器、机顶盒、真空吸尘器和外部电源空载条件下电力消耗和平均有效效率生态设计要求的技术法规。

### 3. 轻工产品

2018 年 5 月，乌克兰经济发展及贸易部发布了关于建筑物和轮式车辆维修使用的油漆和清漆中有机溶剂产生的排放限量的技术法规。

2018 年 10 月，乌克兰经济发展及贸易部发布了鞋类主要部件生产材料标签要求。

### 4. 其他

2018 年 10 月，乌克兰社会政策部发布了关于批准工业用爆炸材料的技术法规，规定了工业用爆炸材料的要求和合格评定程序及上市和监督规则。

2018 年 11 月，乌克兰核管制检查局发布了关于批准放射性废物贮存和处置包装设备的技术法规，规定了申请人向相关国家相关部门提交的文件清单要求和合格评定程序要求。

### （二）SPS 措施

**1．关于食品安全的措施**

2018 年 1 月，乌克兰农业政策与食品部发布 4 项法规草案，分别涉及：动物源加工与未加工食品的特别卫生要求；食品经营者的食品、饲料、动物卫生及进口动物副产品相关立法；批准进口统一检疫文件表及进口统一入境文件表；审核乌克兰动物源食品允许出口国国家控制系统相关程序。

2018 年 3 月，乌克兰农业政策与食品部修订了食品内某些污染物的国家卫生法规标准，规定了污染物最大限量。

2018 年 5 月，乌克兰农业政策与食品部发布法规草案，修订了非动物源食品或非动物源饲料的国家控制机制。

2018 年 10 月，乌克兰农业政策与食品部发布了 2 项通报，内容涉及指定检验点接受国家检验的产品名单和批准制定食品和饲料进口特别要求的程序。

2018 年 12 月，乌克兰农业政策与食品部发布法规，内容涉及针对出口乌克兰边境商品（包括过境）实施官方检验措施的某些问题。

**2．关于植物及植物产品的卫生措施**

2018 年 5 月，乌克兰国家食品安全及消费者保护局修订了某些植物卫生程序法规，内容涉及：植物卫生检验实验室的批准程序；植物卫生检验及植物卫生检验仲裁；确定乌克兰境内植物卫生证书的有效期为 14 天；植物卫生实验室官员在植物卫生检验期间不遵守法律的行政责任；签发出口及转口植物卫生证书时，需考虑进口国的植物卫生要求。

**3．关于动物及动物产品的卫生措施**

2018 年 1 月，乌克兰农业政策与食品部发布指令草案，规定了兽药的生产、在国内市场的流通、出口及进口兽药的基本要求和生产规范。

2018 年 10 月，乌克兰农业政策与食品部制定生产、流通和使用中保证饲料安全的法律及组织规范。

## 五十五、阿拉伯联合酋长国

### （一）TBT 措施

2018 年 2 月，阿联酋标准计量局（ESMA）制定了关于 ECAS（阿联酋合格评定计划）认证标志使用标准，用于规范 ESMA 及其客户在其产品上使用 ECAS 认证标志。

2018 年 3 月，阿联酋 ESMA 修订了关于洗衣机、甩干机和洗碗机的能效标签的技术法规，规定了带或不带加热装置和冷（热）水供给功能的家用洗衣机的能耗和水耗测量方法，还规定了家用和销售用于内置家用的洗碗机的能耗和水耗测量方法。

2018 年 4 月，阿联酋 ESMA 颁布了关于鲨鱼捕捞和贸易的法令，包括全年禁止本地捕捞鲨鱼（含鱼翅）、全年禁止鱼翅的进出口和复出口、每年 3 至 7 月禁止在本地市场进行任何鲨鱼交易。

2018 年 5 月，阿联酋 ESMA 制定了关于电子烟的技术法规，规定了作为传统卷烟替代品的电子烟的进口、生产、包装、使用、重量和说明性标签的要求。

2018 年 8 月，阿联酋联邦税务局（FTA）制定了对本国市场销售的烟草制品的用于强化 FTA 的控税能力的标签和点码要求。

2018 年 9 月，阿联酋 ESMA 制定了关于食品的营养健康要求及其使用条件的技术法规。

2018 年 9 月，阿联酋 ESMA 颁布了可持续发展农业系统的标志，该标志适用于所有规模的农场。

2018 年 10 月，阿联酋 ESMA 修订了关于蜂蜜的技术法规，适用于所有可直接食用的蜂蜜及其产品以及可重新用于零售包装的散装蜂蜜，工业用蜂蜜除外。

### （二）SPS 措施

#### 1. 关于植物及植物产品的卫生措施

2018年2月，阿拉伯联合酋长国制定针对进口曾有草地贪夜蛾传染记录的国家植物寄主的部级令，对进口被草地贪夜蛾传染国家的农业产品进行规范，如：植物、花、蔬菜、水果及青饲料。

#### 2. 关于动物及动物产品的卫生措施

2018 年 3 月，阿拉伯联合酋长国气候变化与环境部制定出口阿联酋肉类（家禽肉及红肉）屠宰场的批准程序。内容包括对良好卫生规范及食品安全法规的基本要求、声明文件和文件审议评估列表等。

## 五十六、美国

### （一）TBT 措施

#### 1. 环保

2018 年 1 月，美国环保署（EPA）制定预先公告（ANPRM），就现有电力机组（EGU）提出限制温室气体（GHG）排放的指导方针，州和联邦政府在这一过程中各自作用、适用于现有 EGU 的减排系统、合规措施和根据清洁空气法（CAA）规定的州规划要求等信息。

2018 年 2 月，EPA 修订和更新排放源测试法规中对包含不准确测试的规定，更新程序以及批准为测试人员提供更大灵活性的替代程序。

2018 年 3 月，加利福尼亚州环境保护局制定使用制冷剂氢氟烃（HFCs）的法规，明确禁止在新型和改型固定制冷设备中以及在泡沫塑料中作为发泡剂。

2018 年 3 月，佛蒙特州环境保护局（VTDEC）向 EPA 请求批准实施和执行佛蒙特州空气污染控制法规的替代标准，规定了全氯乙烯干洗设施有害空气污染物的国家排放标准（干洗 NESHAP）。

2018 年 4 月，俄亥俄州环境保护局空气污染控制处（DAPC）向机构规则审查联合委员会（JCARR）提出修订俄亥俄州行政法典关于“消费品规则计划”中的规则，对在俄亥俄州销售、供应、定购或制造的消费品（如油漆、清洁产品和美容产品）中可能包含的挥发性有机化合物（VOCs）的数量规定了限制。

2018 年 4 月，加利福尼亚州环境保护局修订法规以维持臭氧空气质量效益和州执行计划中声明的 VOC 限制所实现的效益。

2018 年 5 月，EPA 提出修订挥发性有机化合物（VOC）的法律定义，提出将 cis–1,1,1,4,4,4– 六氟丁 –2– 烯从挥发性有机化合物（VOC）法定清单中排除；修订木质建筑产品表面涂层的国家危险空气污染物排放标准（NESHAP），并增加合格验证方程，变更关于启动、关闭和故障（SSM）的处理周期规定。

2018 年 5 月，新罕布什尔州环境保护局修订排放标准，明确特定锅炉、燃气轮机、内燃机、沥青干燥机、焚化炉、墙板干燥机、煅烧机、煅烧炉、石膏石干燥机、应急发电机、负荷调节装置和其他杂项排放源氮氧化物（NOx）合理使用控制技术（RACT）要求。

2018 年 7 月， EPA 要求每年制定可再生燃料百分比标准，适用于 2019 年生产或进口的汽油和柴油运输燃料的纤维素生物燃料、生物质柴油、先进生物燃料和总可再生燃料总量的年度百分比标准。

2018 年 10 月，EPA 对 2012 年法规制定中完成的 2017-2025 型号年的轻型车辆温室气体（GHG）排放标准提出 2 项技术修订，澄清法规中的计算方法，并修订电器维护和泄漏维修规定，禁止在电器或工业制冷的维护、运行、维修或处理过程中故意排放或释放臭氧消耗制冷剂和替代制冷剂，使其仅适用于使用含有 I 类或 II 类物质制冷剂的设备。

2018 年 11 月，EPA 提出修订联邦法规法典（CFR）的新排放源性能标准（NSPS），涉及复合木制品甲醛排放标准的法规以使其要求与加州空气资源委员会（CARB）有毒物质空气传播控制措施（ATCM）第 II 阶段计划保持一致。

**2．食品**

2018 年 1 月，美国农业部（USDA）修订农产品销售局（AMS）有关新鲜芒果国家研究和推广计划规定的意见，将冷冻芒果纳入管辖商品内。

2018 年 5 月，美国食品药品管理局（FDA）修订蟹肉通用或常用名称法规，用金色霸王蟹蟹肉通用或常用名称的“金色帝王蟹肉”代替“棕色帝王蟹肉”。

2018 年 5 月，农产品销售局（AMS）提出修订国家强制性生物工程（BE）食品信息披露标准，要求食品生产商和其他食品零售实体披露有关 BE 食品及其成分含量的信息。

2018 年 6 月，加利福尼亚州环境健康风险评估办公室（OEHHA）制定法规提案，澄清了提案 65 列出的咖啡中不构成癌症重大风险的化学物质。

2018 年 8 月，USDA 农产品销售局（AMS）修订美国家禽类别、标准和等级（家禽标准），降低“烤鸡”类别家禽年龄要求，明确即食重量为 5.5 磅以上。

2018 年 8 月，AMS 提出修订美国罐装利马豆等级标准、美国罐装蘑菇等级标准、美国泡菜等级标准和美国绿橄榄等级标准和质量水平描述方法。

2018 年 10 月，USDA 制定法规提案，取消甜橙和金山橙的等级和尺寸要求，简化供货和出口的橙子、柚子、橘子和蜜柚等级和尺寸要求的表格。

2018 年 11 月，美国酒烟税收与贸易局（TTB）提出修订其葡萄酒、蒸馏酒和麦芽饮料标签与广告管理法规。TTB 建议重新组织和重新编制这些法规，加以简化，将指导文件和现行政策纳入法规，尽可能减少行业成员的法律负担。

2018 年 12 月，美国食品安全检验局（FSIS）规定 2022 年 1 月 1 日为新的肉类和家禽产品标签法规的统一执行日期，该法规将于 2019 年 1 月 1 日至 2020 年 12 月 31 日期间颁布，尽量减少标签变更引起的经济影响。

2018 年 12 月，FDA 提出修订“生物产品”定义的法规，提供法定术语“蛋白质”和“化学合成多肽”的解释，旨在澄清监管此类产品的法定框架。

### 3．儿童相关产品

2018 年 1 月，根据防止儿童汽油烧伤法（CGBPA 或法案），美国消费产品安全委员会（CPSC）批准了 ASTM 自愿性标准、消费用便携式燃料容器防儿童开启瓶盖测定规范、ASTMF2517–05 中公布的便携式燃料容器的防儿童开启要求。

2018 年 2 月，CPSC 修订了禁止在儿童玩具和儿童保育用品中使用的邻苯二甲酸酯的法规，删除部分邻苯二甲酸盐，并增加了其他一些物质，并更新了评估是否符合禁止含有指定邻苯二甲酸盐的儿童玩具和儿童护理用品的第三方实验室的认可要求，提供了 CPSC 的认可标准和程序。

2018 年 6 月，CPSC 颁布关于耐用婴幼儿产品的消费品安全标准，认为更严格的要求能够进一步减少相关产品引起的受伤危险，这些标准与适用自愿标准“大体相同”或比自愿标准更加严格。

2018 年 7 月，EPA 建议将地板和窗台的尘铅危害标准（DLHS）分别从 40[mu]g/ft\2\ 和 250[mu]g/ft\2\ 降低至 10[mu]g/ft\2\ 和 100[mu]g/ft\2\，以减少儿童铅接触。

2018 年 8 月，俄勒冈州公共卫生处修订儿童健康关注的高优先级化学品清单，建立负责提供产品通知的实体的优先顺序。

2018 年 10 月，CPSC 要求耐用婴幼儿产品制造商制定消费者注册计划，并修订消费品安全改善法“耐用婴幼儿产品”的定义，明确使用适用强制标准中的产品名称列出的产品类别，细化婴儿背带和小床及摇篮的产品类别范围。

### 4．医疗设备

2018 年 1 月，美国食品药品管理局（FDA）提出将一次性使用的女性避孕套重新分类，将其重新命名为“一次性使用内部避孕套”，修订后将其从 III 类设备（产品代码 MBU）改为须经上市前制定的 II 类设备（特别管控）。

2018 年 4 月，美国卫生及公共服务部（HHS）提出修订联邦法规法典中涉及闭路逃生呼吸器（CCER）核准后测试的现行语言。修订后的语言澄清了 CCER 的核准后测试可以排除人员测试和环境调节，由卫生及公共服务部（HHS）疾病预防控制中心（CDC）的国家职业安全卫生研究所（NIOSH）决定。

2018 年 7 月，FDA 提出将乳腺癌 X 线照相、超声波乳腺病变、肺结节 X 线照相和龋齿检测 X 光照相的医学影像分析仪由 III 类设备（上市前审批）重新分类为 II 类（特别管控）设备，并将美观用微针设备、体内固化髓内固定棒分类为 II 类设备。

2018 年 11 月，FDA 颁布将部分医疗设备由 III 类装置（受产品代码 LZR 管制）重新分类为 II 类（特别管控）的法令，包括超声波回旋破坏装置、脑外伤评估测试设备、内窥镜电外科夹具切割系统、前列腺组织移除的流体喷射系统、基于下一代测序的肿瘤分析测试设备、基于疱疹病毒核酸的皮肤和粘膜病变板、外部上肢震颤刺激器、气道正压输送系统、外部施用的光能源设备、胃肠道内止血设备、头痛热前庭刺激器、治疗干眼症的鼻内电刺激设备、高通量湿化氧输送设备和主动植入式骨导听觉系统。

### 5．烟草制品

2018 年 3 月，美国食品药品管理局（FDA）颁布法规制定提案预先公告（ANPRM），获取制定烟草制品标准所参考的信息，设定卷烟尼古丁最高含量。

2018 年 4 月，FDA 颁布法规制定提案预先公告，以获取有关香料在烟草制品中所起作用的信息。

特别是寻求关于调味品如何吸引年轻人尝试使用烟草产品、某些调味品是否及如何帮助成年吸烟者减少烟草使用和转向低危害产品的意见、数据、研究结果或其他信息。

**6. 枪支**

2018 年 1 月，美国司法部酒精、烟草、枪支与爆炸物管理局（ATF）发布一项法规制定提案公告（NPRM），解释全国枪械法 1934 和枪械管制法 1968 中“机枪”的法定定义，澄清某些通常被称为“撞火”枪托的装置属于这个定义范围。

2018 年 2 月，加利福尼亚州司法部修订手枪测试实验室认证和认证枪械安全设备实验室、枪械安全设备标准和测试以及枪支安全标准法规。

2018 年 4 月，美国司法部修订酒精、烟草、枪支与爆炸物管理局的法规，澄清撞火枪托、滑火装置和某些具有类似特征的装置（撞火枪托装置）是国家枪支法案 1934（NFA）和枪支管制法案 1968（GCA）所定义的“机枪”。

**7. 航空器**

2018 年 7 月，美国交通部（DOT）联邦航空管理局（FAA）提出在适航性法规中增加一项新的测试要求，以解决发动机吸入鸟类后继续运行的问题，规定了为了获得涡扇发动机的认证，制造商必须证明在与上升或着陆相关的较低风扇速度下操作时吸入中型鸟之后发动机核心可以继续运行。

2018 年 7 月，FAA 提出为运输类飞机的设计标准增加新的负荷条件，要求飞机设计成能承受由方向舵踏板快速逆转引起的载荷，并适用于具有动力舵控制面或表面的运输类飞机，防止方向舵逆转引起的方向舵和垂直稳定器的结构失效。

2018 年 11 月，FAA 发布公告，根据主要类别飞机规定宣布了垂直航空技术（VAT）型号 S-52L 旋翼飞机的适航性设计标准提案并征求意见。

**8. 燃料**

2018 年 1 月，美国环保署（EPA）征求关于使用蒸馏高粱油作为原料导致非重要农业部门温室气体排放的评估意见。通过酯交换过程从蒸馏高粱油生产的生物柴油和取暖用油，以及通过加氢处理过程从蒸馏高粱油生产的可再生柴油、航空燃油、取暖用油、石脑油和液化石油气（LPG），符合可再生燃料标准计划的先进生物燃料和生物质柴油所需的生命周期温室气体排放减少 50%。

2018 年 1 月，联邦贸易委员会（FTC）就关于规定回收油测试程序和标签标准的总体成本、收益以及法规和经济影响征求公众意见，对所有现行 FTC 规则和指南进行系统审核的一部分。

2018 年 2 月，犹他州农业和食品部制定有关汽车燃料的标准。该法规采用了 2017 年版本的国家标准与技术协会（NIST）手册，制定了统一的发动机燃料和汽车润滑剂法规。

**9. 化学物质**

2018 年 2 月，美国环保署（EPA）根据有毒物质管理法（TSCA）修订 3,3'- 亚甲基双（5- 甲基恶唑啉）的重要新用途规则（SNUR）。SNUR 就法规提案指定的重要新用途活动要求生产（包括进口）或加工此化学物质的人员至少在活动开始之前 90 天制定 EPA。

2018 年 6 月，EPA 根据有毒物质管理法（TSCA）对石棉危害应急反应法规定的石棉提出重要新用途规则（SNUR），提出的石棉（包括作为商品一部分）重要新用途被 EPA 确定为不再为某些用途制造（包括进口）或加工。

2018 年，EPA 根据有毒物质管理法（TSCA）先后 2 次对须经生产前通知（PMN）的 79 种化学物质提出重要新用途规则（SNUR），须经 EPA 根据 TSCA 第 5（e）条颁布认可令。

**10．机动车**

2018 年 8 月，美国国家高速公路交通安全管理局（NHTSA）和环保署（EPA）发布“2021–2026 年型号乘用车和轻型卡车安全经济燃油效率（SAFE）法规”（SAFE 车辆法规），修订某些现有的企业平均燃油经济性（CAFE）和乘用车与轻型卡车尾气二氧化碳排放标准，制定包括所有 2021–2026 年型号的新标准。

2018 年 10 月，丰田汽车北美公司（丰田）向 NHTSA 提出允许制造商选择为车辆安装自适应远光系统的请求，NHTSA 批准并提出制定适当的性能要求，以确保在新制造的车辆上安装的自适应远光系统的安全性，并就与自动驾驶系统（ADS）测试、开发和最终部署的近期和长期挑战相关事项征求公众意见。

**11．核电**

2018 年 8 月，美国核能管理委员会（NRC）修订法规，将美国机械工程师协会（ASME）公布的关于批准、修订和重新确认的规范案例的三个法规指南（RG）的修订编入法规。该措施允许核电厂许可证持有人和施工许可证、运营许可证、联合许可证、标准设计认证、标准设计批准和制造许可证的申请人自愿使用这些 RG 中列出的规范案例作为建筑工程标准、在役检查（ISI）和核电站组件的在役测试（IST）的替代方案。

2018 年 11 月，NRC 修订法规，通过引用编入由美国机械工程师协会（ASME）规范 2015–2017 锅炉与压力容器规范（BPV 规范）、ASME 规范 2015–2017 核电厂运行与维护规范—第 1 分部：OM：核电厂 IST（OM 规范）部分，引用编入 2 个修订的 ASME 规范案例。

**12．能效**

2018 年 1 月，美国能源部（DOE）公布最终法规，将国会在能源政策与节约法案中规定的耐用灯和防震灯托架要求编入联邦法规法典。

2018 年 2 月，加利福尼亚州消费者服务局建筑标准委员会颁布建筑能效标准 2019，对新建低层住宅建筑太阳能光伏装置提出新的要求，更新当前的通风和室内空气质量（IAQ）要求，并将第 24 编第 6 部分扩展到适用于医疗保健设施。

2018 年 10 月，加州资源局通过制定单管和双管便携式空调全州能效标准，提高全州能效。

**13．有机农业**

2018 年 1 月，美国农业部（USDA）提出的法规拟撤销农产品销售局（AMS）于 2017 年 1 月 19 日在联邦纪事公布的有机畜禽规范（OLPP）最终法规，增加有关牲畜处理和运输及禽类生活条件的新规定，修订 USDA 有机法规中对有机畜禽生产的要求，扩大和澄清包括家畜管理和生产规范及哺乳动物生活条件的现有要求。同时，USDA 拟修订国家清单上允许有机生产或处理的 17 种物质的使用限制，并提出在国家清单上增加 16 种允许有机生产或处理的新物质。

2018 年 5 月，USDA 修订有机法规中关于国家允许和禁止物质清单（国家清单）部分，将有机畜牧生产使用的硫元素添加到国家清单中，并将来自非农业物质的酒石酸氢钾重新分类为农业物质，且要求商业使用的是该物质的有机形式。

**14．管道**

2018年2月，明尼苏达州劳动和工业部高压管道系统委员会，通过引用编入最新的关于高压蒸汽和其他加热介质管道、氨制冷管道、生物过程管道以及这些高压管道系统焊接要求的国家规范和工程标准。

2018年8月，因涉及运营商就管道附近的人口增长而需要采取以下等级定位变更，管道与危险品安全管理局（PHMSA）征求公众对于天然气输送管道现有等级定位要求的意见。运营商认为由于人口增加而等级定位发生变化的管道执行综合管理措施是与目前要求的减少压力、压力测试或更换管道要求同样安全但成本更低的替代方案。

**15．其他**

2018年3月，消费品安全委员会（CPSC）颁布根据联邦有害物质法案（FHSA）要求修订动物试验的法规。

2018年3月，CPSC颁布最终法规，修订委员会引用ANSI/SVIA标准2017版本的强制性ATV（全地形车）标准。

2018年4月，CPSC应卤化溶剂工业联盟请求修订1987年政策声明，涉及某些含二氯甲烷的产品标签，处理除政策声明中提到的慢性危害以外的吸入二氯甲烷蒸汽造成的急性危害，并为与含二氯甲烷脱漆剂有关的急性危害警示标签提供了指南。

2018年4月，纽约州农业市场部颁布法规提案，通过引用将2018年版的国家标准与技术协会手册（2018年版）编入纽约州法规法典（NYCRR），其中包含商业测量设备规格、容差和规定。

2018年5月，内政部安全和环境执法局（BSEE）提出修订现行油气井控制和防井喷系统法规，修订油气井设计、油气井控制、套管、固井、实时监测（RTM）和海底控制要求。

2018年7月，应自动售货和包装食品行业的请求，FDA提出从正面是玻璃的自动售货机出售的包装食品的包装正面（FOP）热量声明的标签字体尺寸要求进行修订，并为自动售货机销售的某些食品提供热量声明。

2018年7月，农业部（USDA）动植物检疫局（APHIS）根据雷斯法案的要求，建议免除含有微量植物材料的产品声明，并建议所有雷斯法案声明在进口后3个工作日内提交。同时，APHIS征求公众对监管方案的意见，执行复合植物材料声明要求时出现的某些问题可通过这些方案加以解决。

2018年10月，俄亥俄州商务部建筑标准委员会制定有关水力管道、特殊管道和储存系统、太阳能热能系统、燃气、管道系统、供水和配水、电气和参考标准的法规，以符合5年法规审查及现行的俄亥俄州住宅规范。

2018年10月，加州环境健康危害评估办公室修订法规，避免企业根据食品多个样品的平均值给出被列为导致生殖毒性的化学物质的“某个水平”证据，而导致无法通过基于来自不同制造商或生产商的食品或在不同设施中生产的食品中的化学品浓度平均值计算该水平量值的问题。

2018年11月，卫生及公共服务部（HHS）提出修订规定呼吸器制造商必须停止制造、标签和销售某些自给式自救器型号的截止日期的法律语言。

2018年11月，国家标准与技术协会（NIST）就自愿性产品标准修订提案（PS）2-10“木基结构板材性能标准”征求公众意见，该标准为那些选择遵守标准方规定了要求，以及为评估建筑覆盖物和单层地板用木基结构板材的可接受性规定了要求。

2018 年 11 月，管道与危险品安全管理局（PHMSA）修订危险材料法规（HMR），包括修改运输名称、危险等级、包装类别、特殊规定、包装授权、空运数量限制和船舶装载要求，以便与国际法规和标准保持一致。

2018 年 12 月，EPA 就新住宅木材加热器、新住宅水暖器和强制通风炉性能标准 2015（2015NSPS）的若干方面征求意见，以便在今后的法规制定中改进这些标准和相关测试方法。EPA 为在 2020 年 5 月执行日期之前生产或进口的水暖器和强制通风炉增加一个为期 2 年的"销售期"，零售时间延长至 2022 年 5 月。零售商在"第 2 阶段"标准生效日期 2020 年 5 月之后有更多时间出售符合"第 1 阶段"标准的水暖器和强制通风炉库存。并就 2020 年 5 月执行日期之后所有受影响的新住宅木材加热器的销售期是否合适征求意见。

## （二）SPS 措施

### 1. 关于食品安全的措施

2018 年 1 月，美国环保署（EPA）拟修订联邦食品药物及化妆品法案项下柑橘果 10–10 组及猪脂肪内 / 表顺式氯氰菊酯的现有许可限量。

2018 年 3 月，美国食品安全检验局（FSIS）拟修订蛋制品检验法规，要求官方注册的蛋制品加工厂建立实施危害分析和关键控制点系统及卫生标准操作程序，并满足肉与家禽法规的其他卫生要求。

2018 年 10 月，FSIS 拟修订鲶形目鱼类检验法规，将中国列入有资格对美出口鲶形目鱼类及鱼产品的国家名单。根据本提案，只有经认证的中国企业所生产的未加工鲶鱼目鱼类及鱼类品才有资格出口美国，并且此类产品在抵达美国入境点时要继续接受 FSIS 复检。

2018 年，美国环保署共发布了 44 项杀虫剂许可限量措施，具体内容如下：规定了苯醚甲环唑、溴虫腈、异恶酰草胺、氟磺胺草醚、环氟菌胺、苯酰菌胺、砜嘧磺隆、喹禾灵、春雷霉素、氟吡菌胺、抗倒酯、烯草酮、联氟砜、甲磺草胺、氟醚唑、矮壮素、戊唑醇、二氯吡啶酸、杀菌剂灭螨醌、唑虫酰胺、乙草胺、噻酮磺隆、苯并烯氟菌唑、氟草烟、啶磺草胺、氟啶虫酰胺、双氟磺草胺、螺甲螨酯、解毒喹、双丙环虫酯（包括其代谢物及降解物）、丙炔氟草胺、唑菌胺酯、啶酰菌胺、丙硫菌唑、派罗克杀草砜、嘧菌酯、溴氰虫酰胺、咯菌腈、新喹唑啉、异恶草酮、联苯吡菌胺、土霉素等种杀虫剂许可限量，涉及番石榴、木瓜、干茶叶、香蕉、苹果、人参、马铃薯等多种农作物及产品以及牛肉、山羊肉、马肉等动物肉类产品；修订了甜菜根内 / 表咯菌腈、紫花苜蓿草料及紫花苜蓿干草内 / 表二甲戊乐灵的残留许可限量；免除了未去纤维棉籽上派罗克杀草砜的已定许可限量。

### 2. 关于动物及动物产品的卫生措施

2018 年 2 月，FSIS 拟修订联邦肉类检验法规，建立新的猪屠宰企业检验制度。

2018 年 5 月，FSIS 拟修订联邦肉类检验法规，取消要求在切开取出内脏前清洗猪胴体的规定。

2018 年 8 月，FSIS 拟修订联邦肉类检验法规，取消如牲畜胴体在同一屠宰企业内继续加工时，在检验时注明官方检验文字的要求。

2018 年 8 月，FSIS 拟修订联邦肉与家禽产品检验法规，取消未经检验产品生产的规定要求，如：在官方注册企业的可食用产品区内的宠物食品，准许官方注册企业在检验期外生产这类产品。

# 五十七、乌拉圭

## TBT 措施

2018 年 8 月，乌拉圭发布了烟草制品的行政法令，明确了简包装或中性包装要求。

2018 年 10 月，乌拉圭发布了食品接触塑料材料和聚合物涂层的制备添加剂肯定列表，制定了用于制备与食品直接接触的塑料材料和聚合物涂料的授权添加剂和聚合加工助剂清单。

2018 年 11 月，乌拉圭发布了关于包装食品标签的行政法令，要求含有高钠、糖、脂肪或饱和脂肪的包装食品正面标签。

2018 年 10 月，乌拉圭发布了机动车辆和拖车的技术法规，规定了机动车辆和拖车的分类，规定了在南方共同市场（MERCOSUR）缔约国流通、核准、认证和登记要求。

# 五十八、越南

## （一）TBT 措施

### 1．机动车及其他车辆

2018 年 3 月，越南制定关于汽车制造、装配和进口及汽车保修和维护服务业务要求的法令，规定了汽车制造、装配、进口及汽车保修、维护服务、要求、适用范围。

2018 年 3 月，越南制定 2 项关于轨道车辆的技术法规，涉及制造、装配和进口的铁路车辆验收标准和轨道车辆的质量、安全技术和环境保护检查的要求。

2018 年 4 月，越南修订 3 项关于电池的技术法规，涉及摩托车、助力车铅酸蓄电池和电动自行车牵引用电池。

2018 年 4 月，越南制定城市公交残疾人无障碍技术法规。

2018 年 7 月，越南制定 3 项农用机械相关的技术法规，包括农用手提式便携割草机、农用拖拉机和联合收割机，规定了相关产品的技术和安全要求。

### 2．食品药品

2018 年 5 月，越南制定预防和控制酒精使用危害法案。

2018 年 6 月，越南发布基本药物清单，规定了食品添加剂的管理和使用，包括食品添加剂许可使用清单和在食品中的最高限量，以及添加提高食品营养价值的维生素 A 限量的技术要求。

### 3．照明、节水设备和不锈钢

2018 年 3 月，越南制定 LED 照明设备技术法规。

2018 年 10 月，越南发布测定节水用途产品和设备标准，规定了评估节水产品和设备的测定和测量标准。

2018 年 12 月，越南发布国家不锈钢技术法规，规定了不锈钢的化学含量限制、技术要求以及国内生产、进口和在市场上流通的不锈钢的质量管理要求。

## （二）SPS 措施

### 1．关于食品的安全措施

2018 年 5 月，越南卫生部制定了食品中准许添加营养强化剂维生素 A 的国家技术法规草案，规定食品中准许添加维生素 A 的技术要求。

2018 年 6 月，越南卫生部发布食品添加剂管理和使用的法规草案，制定了 1 份食品添加剂许可名单，并制定食品内最大限量来规范食品添加剂的管理和使用。

2018 年 9 月，越南卫生部制定了“有利于改善学龄前及小学生身体素质的 2020 年学校乳品规划”中新鲜乳制品的管理方案草案，该草案规定了学校乳品规划中新鲜乳制品定义，补充维生素及矿物质和具体管理要求。

### 2．关于植物及植物产品的卫生措施

2018 年 4 月，越南农业乡村发展部制定农作物生产法草案，法案规定作物生产区中植物种类、肥料、培植、收获后、加工、保存和贸易及国家管理的相关要求。

2018 年 10 月，越南农业乡村发展部发布了国家植物源食品出口安全检验法规草案，该草案旨在监督出口食品安全，明确规定了植物源食品出口检验的安全文件和程序，当食品安全不符合进口国相关法规时，植物源产品的退运流程以及植物源产品出口的食品安全检验结果的处置措施。

### 3．关于动物及动物产品的卫生措施

2018 年 3 月，越南农业乡村发展部制定牲畜法草案，法案通过规定良好饲养繁殖规范及养殖牲畜、家禽及宠物的一般原则，使畜牧业生产经营得到监管与规范化。

2018 年 3 月，越南农业乡村发展部修订了《越南兽医法》中兽药管理指南相关内容。

2018 年 5 月，越南农业乡村发展部制定了《水产养殖业合成饲料—食品安全技术要求》法规草案，规定了食品安全标准和越南地方水产养殖业合成及进口合成饲料中的最大限量，适用于任何地方产的或由代理商、组织或个体进口的用于饲养供人消费水生动物的合成饲料。

2018 年 6 月，越南农业乡村发展部制定了《冷藏肉—技术要求：第 1 部分：冷藏猪肉》国家标准，标准规定了食品用冷藏猪肉的技术要求。

# 第三章<br>国外技术性贸易措施<br>对中国出口影响情况调查报告

# 第一节 国外技术性贸易措施对全国出口影响情况调查报告

2019 年，海关总署在全国范围内组织了 2018 年国外技术性贸易措施对中国出口企业影响情况的调查。调查采用了双层复合不等比例抽样法，从全国随机抽取了 5080 家出口企业进行问卷调查，共收到有效问卷 5080 份，回收率为 100%。经过对调查结果的统计分析，2018 年中国有 31.0% 的出口企业遭受到国外技术性贸易措施的影响，比 2017 年上升了 0.9 个百分点；直接损失总额 2177.5 亿元，比 2017 年减少了 303.7 亿元；企业因国外技术性贸易措施而新增加的成本为 426.4 亿元，比 2017 年减少了 263.3 亿元；在海关等政府部门的大力帮扶下，企业因国外技术性贸易措施所导致的损失减少 242.7 亿元，占 2018 年全年出口总额的 0.1%。

本次调查依据 HS 编码，根据所经营产品，将中国出口企业分为七大类（详见本节附录）：

第一，农食产品类企业，包括 HS 编码 01 ~ 24 的产品，主要涉及农产品、动植物产品（包括油脂）、食品、饮料、酒、烟草等；

第二，机电仪器类企业，包括 HS 编码 84 ~ 93 的产品，主要涉及机械设备、车辆、航空器、船舶、光学仪器、钟表、乐器、武器类的产品；

第三，化矿金属类企业，包括 HS 编码 25 ~ 38、72 ~ 83 的产品，主要涉及矿物产品、化学产品、贱金属及其制品等；

第四，纺织鞋帽类企业，包括 HS 编码 50 ~ 67 的产品，主要涉及各种天然纤维、化学纤维、纺织品、服装、鞋、帽类产品等；

第五，橡塑皮革类企业，包括 HS 编码 39 ~ 43 的产品，主要涉及塑料、橡胶、皮革、毛皮及其制品等；

第六，玩具家具类企业，包括 HS 编码 71、94 ~ 97 的产品，主要涉及珠宝、贵金属及其制品、家具、灯具、玩具、游戏及运动用品、艺术品、收藏品、古物、杂项制品等；

第七，木材纸张非金属类企业，包括 HS 编码 44 ~ 49、68 ~ 70 的产品，主要涉及木及木制品、纸浆及纸制品、印刷品、矿物材料制品、陶瓷产品、玻璃及其制品等。

# 一、出口贸易损失分析

## （一）贸易损失形式分析：丧失定单是造成损失的最主要原因

进口方往往以中国企业出口产品不能满足其特定的技术要求为由取消定单，或对货物进行扣留、销毁、退回、口岸处理、改变用途、降级等，而使中国企业遭受经济损失。

从表 3-1-1 和图 3-1-1 可以看出，2018 年，丧失定单是造成损失的最主要表现形式，在全部损失形式中所占的比例为 43.0%，其次是退回货物、降级处理以及口岸处理，在全部损失形式中占比分别为 13.6%、10.0% 和 8.1%。

表 3-1-1　不同类别出口企业遭受损失的主要形式占比　　单位：%

| 类别 | 丧失定单 | 扣留货物 | 销毁货物 | 退回货物 | 口岸处理 | 改变用途 | 降级处理 | 其他 | 合计 |
|---|---|---|---|---|---|---|---|---|---|
| 农食产品 | 40.9 | 6.6 | 7.4 | 15.8 | 7.4 | 3.8 | 10.9 | 7.2 | 100.0 |
| 化矿金属 | 50.7 | 4.9 | 3.9 | 10.8 | 8.8 | 3.3 | 8.2 | 9.5 | 100.0 |
| 木材纸张非金属 | 48.3 | 4.5 | 6.3 | 14.2 | 8.5 | 4.0 | 9.1 | 5.1 | 100.0 |
| 机电仪器 | 39.0 | 9.2 | 6.3 | 14.1 | 8.7 | 5.6 | 7.6 | 9.4 | 100.0 |
| 橡塑皮革 | 51.7 | 3.3 | 3.9 | 13.3 | 7.2 | 6.1 | 10.0 | 4.4 | 100.0 |
| 玩具家具 | 41.6 | 8.4 | 6.1 | 12.6 | 7.4 | 4.8 | 11.3 | 7.7 | 100.0 |
| 纺织鞋帽 | 41.8 | 7.9 | 7.5 | 12.1 | 8.1 | 5.5 | 12.7 | 4.4 | 100.0 |
| 总体 | 43.0 | 7.1 | 6.3 | 13.6 | 8.1 | 4.7 | 10.0 | 7.2 | 100.0 |

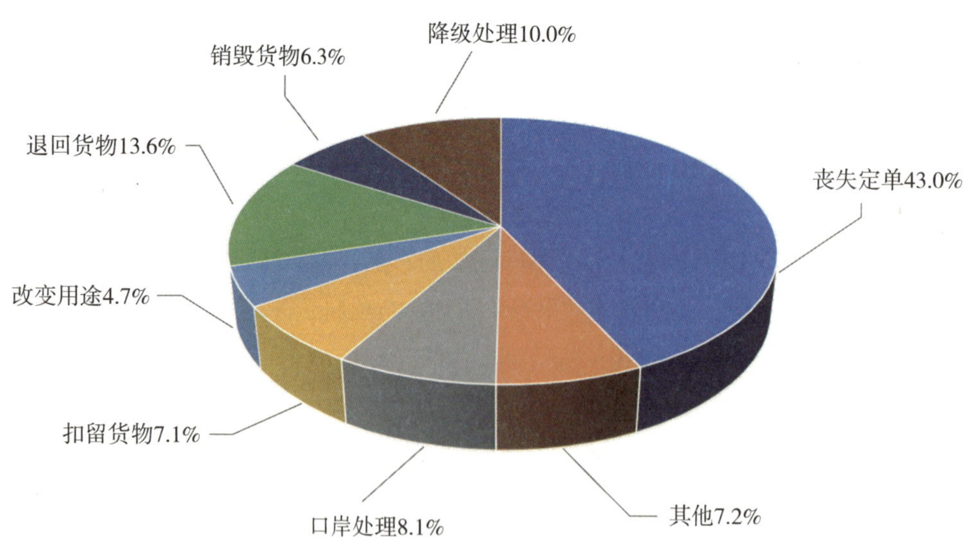


图 3-1-1　遭受国外技术性贸易措施损失的形式

表 3–1–2 显示了 2018 年中国出口企业在不同国家或地区遭受损失的形式。以美国、欧盟、日韩等主要贸易伙伴为例，丧失定单分别占中国企业出口到上述国家和地区各种损失形式总数的 40.9%、50.7%、48.3%，分别较 2017 年增加了 12.7、–6.5 和 –4.4 个百分点。另外，在对美国、欧盟、日韩出口时，货物被退回以及被降级处理分别占企业出口到上述国家和地区各种损失形式总数的 15.8%、10.9% 和 10.8% 及 8.2%、14.2% 和 9.1%。

表 3-1-2 产品出口到不同国家或地区时遭受损失的主要形式占比 单位：%

| 损失形式 / 到岸地 | 丧失定单 | 扣留货物 | 销毁货物 | 退回货物 | 口岸处理 | 改变用途 | 降级处理 | 其他 | 合计占比 |
|---|---|---|---|---|---|---|---|---|---|
| 美国 | 40.9 | 6.6 | 7.4 | 15.8 | 7.4 | 3.8 | 10.9 | 7.2 | 100.0 |
| 欧盟 | 50.7 | 4.9 | 3.9 | 10.8 | 8.8 | 3.3 | 8.2 | 9.5 | 100.0 |
| 日韩 | 48.3 | 4.5 | 6.3 | 14.2 | 8.5 | 4.0 | 9.1 | 5.1 | 100.0 |
| 其他 | 39.0 | 9.2 | 6.3 | 14.1 | 8.7 | 5.6 | 7.6 | 9.4 | 100.0 |
| 总体 | 43.0 | 7.1 | 6.3 | 13.6 | 8.1 | 4.7 | 10.0 | 7.2 | 100.0 |

## （二）企业直接损失分析

本报告中的直接损失是指进口国技术性贸易措施给企业出口造成的直接损失，包括产品被进口国主管机构扣留、销毁、拒绝进口（退货）、产品降级、丧失定单等造成的损失；直接损失率为出口企业因国外技术性贸易措施所发生的直接损失额与出口企业出口总额之间的比率。

### 1. 行业分析：机电仪器类企业直接损失最多

表 3–1–3 显示了中国不同类别、不同地区的出口企业，在 2018 年所遭受的直接损失总额。从表 3–1–4 可以看出，2018 年中国出口企业因国外技术性贸易措施而遭受的直接损失总额约为 2177.5 亿元，较 2017 年减少 303.7 亿元左右，直接损失总额占全年出口额的 1.3%，比 2017 年下降 0.3 个百分点。其中，机电仪器类企业遭受的直接损失最大，达到 1113.1 亿元，占直接损失总额的 51.1%；其次为玩具家具类企业，直接损失额为 242.3 亿元，占 10.3%；化矿金属类企业的直接损失额居第三位，为 208.6 亿元，占 9.6%；橡塑皮革类企业的直接损失额为 207.9 亿元，占 9.6%，居第四位；农食产品类企业的直接损失额为 185.8 亿元，占 8.5%；木材纸张非金属类企业直接损失额 151.1 亿元，占 6.9%；纺织鞋帽类企业直接损失额 86.7 亿元，占 4.0%。

表 3-1-3　不同类别、不同地区出口企业遭受的直接损失总额估算值

单位：万元

| 企业类别 | 北京 | 天津 | 河北 | 山西 | 内蒙古 | 辽宁 | 吉林 | 黑龙江 | 上海 | 江苏 | 浙江 |
|---|---|---|---|---|---|---|---|---|---|---|---|
| 农食产品 | 20,210.5 | 235.8 | 13,705.0 | 5,673.1 | 18,865.9 | 10,122.1 | 14,046.1 | 4,399.7 | 4,686.8 | 124,169.3 | 10,219.4 |
| 机电仪器 | 4,259.4 | 402.5 | 14,337.3 | 300,557.2 | 189,164.7 | 86,215.2 | 25.5 | 9.8 | 94,349.9 | 3,224,869.0 | 159,334.6 |
| 化矿金属 | – | 71.4 | 47,822.3 | 64,899.3 | – | 32,709.4 | 8,160.1 | 80.5 | 100,395.9 | 700,641.0 | 92,649.2 |
| 纺织鞋帽 | 42,557.6 | 114.6 | 5,020.8 | 8,185.7 | 215.8 | 226.6 | 3,535.6 | 11,160.6 | 12,490.9 | 237,068.7 | 147,882.4 |
| 橡塑皮革 | 491,462.4 | 42.2 | 12,268.0 | 0.4 | 532.6 | 18,822.5 | 14,306.3 | – | 45,969.0 | 58,696.1 | 243,407.0 |
| 玩具家具 | 328.6 | 951.3 | 698.3 | 191.1 | – | 2,759.7 | 2,748.7 | 286.0 | 3,063.0 | 1,209,665.0 | 70,367.1 |
| 木材纸张非金属 | 8,870.9 | – | 11,376.8 | 992.5 | – | 6,902.9 | 2,385.0 | 1,208.2 | 10,071.4 | 63,885.1 | 720,776.2 |
| 企业合计 | 567,689.3 | 1,817.9 | 105,228.5 | 380,499.2 | 208,779.0 | 157,758.5 | 45,207.5 | 17,144.7 | 271,026.8 | 5,618,993.5 | 1,444,635.9 |

| 企业类别 | 安徽 | 福建 | 江西 | 山东 | 河南 | 湖北 | 湖南 | 广东 | 广西 | 海南 | 四川 |
|---|---|---|---|---|---|---|---|---|---|---|---|
| 农食产品 | 15,957.3 | 130,350.7 | 19,578.3 | 93,422.9 | 16,479.2 | 13,884.6 | 26,730.4 | 1,179,273.0 | 30,658.0 | 274.0 | 32,154.1 |
| 机电仪器 | 93,538.4 | 94,350.9 | 5,440.8 | 52,593.3 | 79,420.4 | 9,615.3 | 17,966.5 | 695,840.4 | 1,128.8 | 149.7 | 5,157,842.0 |
| 化矿金属 | 125,182.8 | 126,661.5 | 82,194.1 | 55,736.8 | 88,365.0 | 18,988.6 | 161,807.2 | 114,833.1 | 980.7 | 113.2 | 82,027.5 |
| 纺织鞋帽 | 7,260.5 | 82,278.4 | 12,179.4 | 23,613.8 | 4,806.2 | 4,747.5 | 812.8 | 163,862.9 | – | – | 56,927.6 |
| 橡塑皮革 | 829,282.9 | 16,149.2 | 748.0 | 135,261.2 | 7,608.6 | 6,253.6 | 722.4 | 114,905.9 | 56.3 | 62,269.5 | 4,107.6 |
| 玩具家具 | 7,277.7 | 66,008.4 | – | 156,230.7 | 100.7 | 4,400.4 | 11,943.3 | 646,508.1 | 10,060.5 | 149.2 | 34,528.4 |
| 木材纸张非金属 | 28.8 | 66,494.8 | 14,289.8 | 24,579.0 | 984.5 | 4,337.9 | – | 112,313.5 | – | 2,574.6 | 174.7 |
| 企业合计 | 1,078,528.3 | 582,293.9 | 134,430.4 | 541,437.7 | 197,764.6 | 62,227.9 | 219,982.7 | 3,027,537.1 | 42,884.3 | 65,530.2 | 5,367,761.7 |

| 企业类别 | 重庆 | 贵州 | 云南 | 西藏 | 陕西 | 甘肃 | 青海 | 宁夏 | 新疆 | 总计 |
|---|---|---|---|---|---|---|---|---|---|---|
| 农食产品 | 8,462.8 | 1,276.2 | 30,163.8 | – | 13,936.5 | 5,020.8 | – | 1,523.1 | 12,773.8 | 1,858,253.2 |
| 机电仪器 | 796,655.0 | 32,095.4 | 3,587.1 | – | 15,558.7 | 921.9 | – | 651.0 | – | 11,130,880.6 |
| 化矿金属 | 104,117.8 | 3,468.8 | 18,453.4 | – | – | 2.8 | 272.3 | 53,100.0 | 1,827.9 | 2,085,562.4 |
| 纺织鞋帽 | 10,101.1 | 5,120.0 | – | – | 3,852.5 | 5,838.4 | 1.1 | – | 17,087.8 | 866,949.4 |
| 橡塑皮革 | 960.9 | – | – | – | 767.0 | 1,795.8 | – | 12,844.3 | – | 2,079,239.6 |
| 玩具家具 | 3,155.2 | 812.7 | 9,725.0 | – | 764.0 | 75.7 | 61.9 | – | – | 2,242,860.6 |
| 木材纸张非金属 | 3,305.8 | 394,081.9 | 645.2 | – | 38,899.8 | 21,782.7 | – | – | 424.3 | 1,511,386.3 |
| 企业合计 | 926,758.6 | 436,855.0 | 62,574.5 | – | 73,778.5 | 35,438.1 | 335.2 | 68,118.3 | 32,113.8 | 21,775,132.2 |

表 3-1-4 不同类别出口企业因国外技术性贸易措施所遭受的直接损失额

| 损失额<br>企业类别 | 直接损失总额（万元） | | 占直接损失总额的比例（%） |
|---|---|---|---|
| | 2018 年 | 比 2017 年变动额 | |
| 农食产品 | 1,858,253.2 | 541,443.7 | 8.5 |
| 机电仪器 | 11,130,880.6 | −299,347.4 | 51.1 |
| 化矿金属 | 2,085,562.4 | −3,711,108.0 | 9.6 |
| 纺织鞋帽 | 866,949.4 | −2,408,078.3 | 4.0 |
| 橡塑皮革 | 2,079,239.7 | 750,084.5 | 9.6 |
| 玩具家具 | 2,242,860.6 | 1,278,680.1 | 10.3 |
| 木材纸张非金属 | 1,511,386.3 | 811,627.3 | 6.9 |
| 总计 | 21,775,132.2 | −3,036,698.1 | 100.0 |

**2．省份分析：苏、川、粤、浙等地企业遭受的直接损失最多**

由于各出口生产企业技术水平、产品结构和目标市场不尽相同，所以各地区因国外技术性贸易措施而遭受的直接损失情况也有所不同。表 3–1–5 给出了各地区 2018 年出口产品所遭受的直接损失额。

表 3-1-5 不同地区出口企业所遭受的直接损失额估算值

| 损失额<br>地区 | 直接损失总额（万元） | | 在直接损失总额中所占比例（%） |
|---|---|---|---|
| | 2018 年损失额 | 比 2017 年变动额 | |
| 北京 | 567,689.3 | 193,121.8 | 2.6 |
| 天津 | 1,817.9 | −125,886.2 | 0.0 |
| 河北 | 105,228.5 | −485,445.8 | 0.5 |
| 山西 | 380,499.2 | 344,114.4 | 1.8 |
| 内蒙古 | 208,779.0 | 72,307.7 | 1.0 |
| 辽宁 | 157,758.5 | −435,400.1 | 0.7 |
| 吉林 | 45,207.5 | −60,545.1 | 0.2 |
| 黑龙江 | 17,144.7 | −23,230.5 | 0.1 |
| 上海 | 271,026.8 | −204,847.0 | 1.2 |
| 江苏 | 5,618,993.5 | 1,364,720.4 | 25.8 |
| 浙江 | 1,444,635.9 | −2,952,095.8 | 6.6 |
| 安徽 | 1,078,528.3 | 637,997.6 | 5.0 |
| 福建 | 582,293.9 | −994,586.6 | 2.7 |
| 江西 | 134,430.4 | −178,102.5 | 0.6 |
| 山东 | 541,437.7 | −2,331,467.5 | 2.5 |
| 河南 | 197,764.6 | 10,582.9 | 0.9 |
| 湖北 | 62,227.9 | −110,977.4 | 0.3 |
| 湖南 | 219,982.7 | −48,999.4 | 1.0 |
| 广东 | 3,027,537.1 | −4,222,800.6 | 13.9 |

（续表 3-1-5）

| 损失额<br>地区 | 直接损失总额（万元） | | 在直接损失总额中所占比例（%） |
|---|---|---|---|
| | 2018 年损失额 | 比 2017 年变动额 | |
| 广西 | 42,884.3 | –29,412.9 | 0.2 |
| 海南 | 65,530.2 | 65,530.2 | 0.3 |
| 四川 | 5,367,761.7 | 5,301,124.2 | 24.7 |
| 重庆 | 926,758.6 | 803,543.2 | 4.3 |
| 贵州 | 436,855.0 | 364,146.9 | 2.0 |
| 云南 | 62,574.5 | 22,365.9 | 0.3 |
| 西藏 | – | – | – |
| 陕西 | 73,778.5 | –69,005.8 | 0.3 |
| 甘肃 | 35,438.1 | 29,510.8 | 0.2 |
| 青海 | 335.2 | –4,524.8 | 0.0 |
| 宁夏 | 68,118.3 | 25,229.2 | 0.3 |
| 新疆 | 32,113.8 | 6,333.8 | 0.2 |
| 总计 | 21,775,132.2 | –3,036,698.8 | 100.0 |

由表 3–1–5 可以看出，国外技术性贸易措施对中国不同地区出口企业造成的直接损失额存在很大差别。江苏、四川、广东、浙江、安徽、重庆遭受的直接损失额分别达到 561.9 亿元、536.8 亿元、302.8 亿元、144.5 亿元、107.9 亿元和 92.7 亿元，六者之和约占全国直接损失总额的 80.3%。

与 2017 年的情况相比，四川、江苏、重庆、安徽、贵州、山西、北京、内蒙古和海南等省区的出口企业 2018 年的直接损失额分别增加了 530.1 亿元、136.5 亿元、80.4 亿元、63.8 亿元、36.4 亿元、34.4 亿元、19.3 亿元、7.2 亿元、6.6 亿元，其他地区的直接损失额则与 2017 年基本持平或有所减少，其中，广东、浙江、山东、福建、河北和辽宁的直接损失额减幅较大，分别减少了 422.3 亿元、295.2 亿元、233.1 亿元、99.5 亿元、48.5 亿元和 43.5 亿元。

**3．目标市场分析：中国产品出口到欧盟和美国时所遭受的直接损失额最大**

由于进口国家或地区经济发展水平、经济结构以及政府经济政策等方面的不同，其技术性贸易措施对中国出口企业产生的影响也存在差异。表 3–1–6 列出了 2018 年中国产品出口到不同国家或地区时，其技术性贸易措施给中国出口企业造成的直接损失情况。

**表 3-1-6　出口到不同国家或地区所遭受的直接损失估算值**

| 出口目的地 | 直接损失总额（万元） | | 在全部直接损失额中所占比例（%） |
|---|---|---|---|
| | 2018 年损失额 | 比 2017 年变动额 | |
| 美国 | 13,024,188.8 | 4,908,438.2 | 59.8 |
| 欧盟 | 5,585,525.7 | 881,482.8 | 25.7 |
| 日韩 | 545,540.6 | –1,040,953.6 | 2.5 |
| 其他 | 2,619,876.4 | –7,785,666.2 | 12.0 |
| 总计 | 21,775,132.2 | –3,036,698.8 | 100.0 |

由表 3–1–6 可以看出，美国和欧盟作为中国最主要的两个出口市场，其技术性贸易措施给中国出口企业带来的直接损失也最大，分别达到了 1302.4 亿元和 558.6 亿元，分别比 2017 年增加了 490.8 亿元和 88.1 亿元，在直接损失总额中的比例分别达到 59.8% 和 25.7%。二者造成的直接损失额合计 1861.0 亿元，占直接损失总额的 85.5%。日韩技术性贸易措施给中国出口企业带来的直接损失也高达 54.6 亿元，比 2017 年减少了 104.1 亿元。应该注意的是，从出口到不同国家 / 地区所遭受的直接损失占全部损失额的比例来看，2018 年美国、欧盟占比大幅上升，较 2017 年分别上升 21.3、6.7 个百分点；而日韩则下降了 3.9 个百分点。

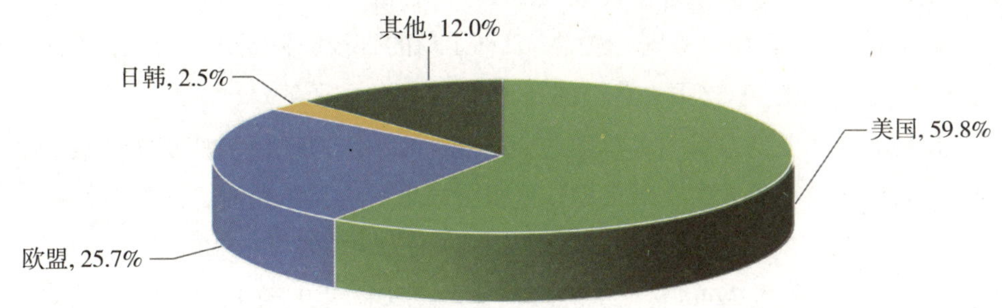


图 3-1-2　出口到不同国家或地区所遭受的直接损失占全部损失额的比例分布

图 3–1–2 说明了我国产品出口到不同国家或地区所遭受的直接损失占全部损失额的比例，由图中可以看出美国与欧盟的技术性贸易措施给我国出口企业造成的损失远大于世界其他国家或地区。表 3–1–7 进一步说明了 2018 年中国不同类别的出口企业在出口到不同国家或地区时，因对方技术性贸易措施所遭受的直接损失情况。

表 3-1-7　不同类别出口企业出口到不同国家或地区所遭受的直接损失额　　单位：万元

| 企业类别 | 美国 | 欧盟 | 日韩 | 其他 | 总计 |
|---|---|---|---|---|---|
| 农食产品 | 1,448,273.0 | 76,349.7 | 114,545.1 | 219,085.6 | 1,858,253.4 |
| 机电仪器 | 6,363,571.4 | 3,494,493.4 | 230,335.2 | 1,042,480.0 | 11,130,880.0 |
| 化矿金属 | 1,110,066.0 | 170,692.4 | 62,469.4 | 742,334.7 | 2,085,562.5 |
| 纺织鞋帽 | 587,388.3 | 125,806.0 | 35,122.1 | 118,633.0 | 866,949.4 |
| 橡塑皮革 | 841,394.8 | 911,823.1 | 47,349.2 | 278,672.5 | 2,079,239.7 |
| 玩具家具 | 1,630,564.7 | 531,105.3 | 10,647.5 | 70,542.9 | 2,242,860.4 |
| 木材纸张非金属 | 1,042,930.7 | 275,255.8 | 45,072.2 | 148,127.6 | 1,511,386.3 |
| 总计 | 13,024,188.8 | 5,585,525.7 | 545,540.6 | 2,619,876.4 | 21,775,132.2 |

农食产品类出口企业遭受的直接损失额为 185.8 亿元，较 2017 年增加了 54.1 亿元，在各类出口企业中列第五位。其中，对美国、日韩出口的直接损失额分别为 144.8 亿元、11.5 亿元，在该类出口企业直接损失总额中所占比例分别为 77.9%、6.2%。此外，农食产品企业在向欧盟和其他国家和地区出口时，遭受的直接损失分别达到 7.7 亿元和 21.9 亿元。

机电仪器类出口企业遭受的直接损失额为 1113.1 亿元，较 2017 年减少了 29.9 亿元，是各类别企业中受国外技术性贸易措施影响最大的。其中，该类企业出口美国、欧盟时遭受的直接损失额分别为626.4亿元和349.4亿元，在该类企业总损失额中所占比例分别为57.2%和31.4%。对其他国家和地区出口的直接损失额也超过100亿元，达到104.2亿元。

化矿金属类出口企业直接损失额为208.6亿元，较2017年大幅减少371.1亿元，直接损失额在各类别企业中列第三位。其中对美国、其他国家和地区出口时所遭受的直接损失额分别为111.0亿元、74.2亿元，在该类出口企业直接损失额中所占比例分别为53.2%和35.6%。

纺织鞋帽类出口企业所遭受的直接损失额较2017年大幅减少了240.8亿元，降至86.7亿元，直接损失额在各类企业中居末位。其中对美国、欧盟、日韩出口的直接损失额分别为58.7亿元、89.2亿元、38.9亿元，分别占该类企业出口直接损失总额的28.0%、27.2%、11.9%。

橡塑皮革类出口企业遭受的直接损失总额为207.9亿元，比2017年增加了75.0亿元，在各类出口企业中列第四位。直接损失主要发生在对美国、欧盟国家出口该类产品时，直接损失额分别为84.1亿元、91.2亿元，在该类企业出口直接损失总额中的比例分别为40.5%和43.9%。

玩具家具类出口企业遭受了224.3亿元的直接损失，较2017年大增127.9亿元，在各类出口企业中跃居第二位。其中，对美国、欧盟和日韩出口的直接损失额分别为163.1亿元、53.1亿元和1.1亿元，三者合计占该类企业出口直接损失总额的96.9%。

木材纸张非金属类出口企业遭受的直接损失总额为151.1亿元，较2017年增加81.2亿元，在各类出口企业中遭受的直接损失位居第六。该类产品在对美国、欧盟出口时所遭受的直接损失为104.3亿元、27.5亿元，在该类企业出口直接损失总额中占85.5%。

## （三）直接损失率分析

### 1. 行业分析：农食产品类企业直接损失率最高

表3-1-8和图3-1-3显示了2018年中国不同类别出口企业的直接损失率情况，可以看出，2018年中国出口企业因国外技术性贸易措施而遭受的直接损失率平均水平为1.3%，机电仪器类、化矿金属类、纺织鞋帽类出口企业直接损失率低于或等于平均值。特别是农食产品类出口企业，其直接损失率在各类出口企业中最高，达到3.6%；木材纸张非金属类出口企业的直接损失率第二，达到了2.6%。

表3-1-8　不同类别出口企业直接损失率

| 企业类别 | 出口额（万元） | 直接损失额（万元） | 直接损失率（%） |
|---|---|---|---|
| 农食产品 | 51,215,242.0 | 1,858,253.4 | 3.6 |
| 机电仪器 | 851,372,547.0 | 11,130,880.0 | 1.3 |
| 化矿金属 | 246,063,837.0 | 2,085,562.5 | 0.9 |
| 纺织鞋帽 | 215,982,378.0 | 866,949.4 | 0.4 |
| 橡塑皮革 | 89,874,692.0 | 2,079,239.7 | 2.3 |
| 玩具家具 | 124,227,983.0 | 2,242,860.4 | 1.8 |
| 木材纸张非金属 | 59,226,104.0 | 1,511,386.3 | 2.6 |
| 总计 | 1,617,962,782.7 | 21,775,132.2 | 1.3 |

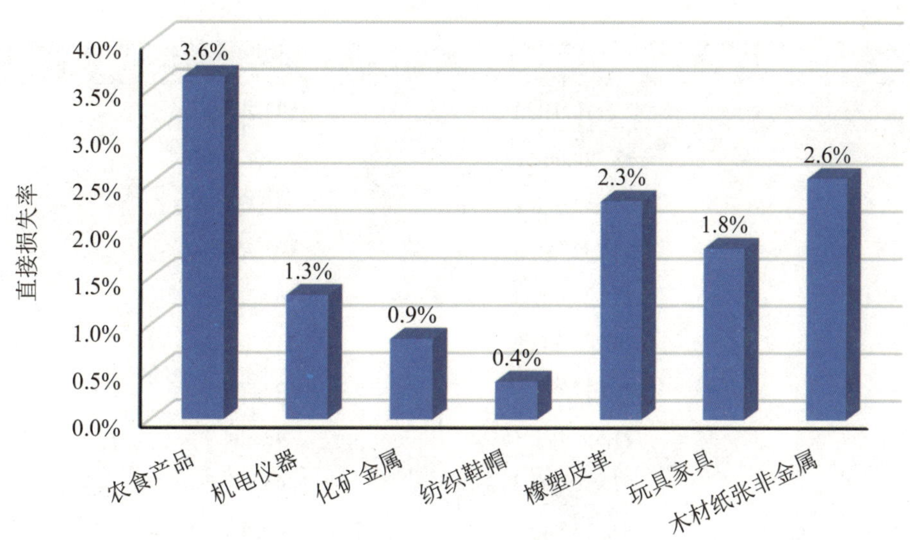


图 3-1-3 不同类别出口企业直接损失率

**2．省份分析：川、黔、蒙等地企业直接损失率最高**

由表 3–1–9 可以看出，我国不同地区的出口企业遭受的直接损失率有比较明显的差异，四川、贵州、内蒙古、山西、安徽、宁夏、重庆、甘肃、海南、江苏等地出口企业发生的直接损失率都高于 1.3% 的全国平均水平，其中四川出口企业直接损失率高达 16.1%。云南、福建、广东、浙江、江西、黑龙江、河南、山东等地出口企业的直接损失率均低于 1%。此外，上海的出口总额位居全国第四，但其直接损失率却仅为 0.2%。

表 3-1-9 不同地区出口企业直接损失率

| 地区 | 出口额（万元） | 直接损失额（万元） | 直接损失率（%） |
|---|---:|---:|---:|
| 北京 | 48,317,082.0 | 567,689.3 | 1.2 |
| 天津 | 32,077,124.2 | 1,817.9 | 0.0 |
| 河北 | 22,420,050.1 | 105,228.5 | 0.5 |
| 山西 | 8,104,802.1 | 380,499.2 | 4.7 |
| 内蒙古 | 3,782,563.6 | 208,779.0 | 5.5 |
| 辽宁 | 32,136,418.8 | 157,758.5 | 0.5 |
| 吉林 | 3,246,860.2 | 45,207.5 | 1.4 |
| 黑龙江 | 2,939,764.3 | 17,144.7 | 0.6 |
| 上海 | 135,993,079.9 | 271,026.8 | 0.2 |
| 江苏 | 266,485,025.4 | 5,618,993.5 | 2.1 |
| 浙江 | 211,352,641.9 | 1,444,635.9 | 0.7 |
| 安徽 | 23,855,226.1 | 1,078,528.3 | 4.5 |

（续表 3-1-9）

| 地区 | 出口额（万元） | 直接损失额（万元） | 直接损失率（%） |
|---|---|---|---|
| 福建 | 76,110,048.0 | 582,293.9 | 0.8 |
| 江西 | 22,228,068.2 | 134,430.4 | 0.6 |
| 山东 | 105,652,758.3 | 541,437.7 | 0.5 |
| 河南 | 35,732,088.0 | 197,764.6 | 0.6 |
| 湖北 | 22,520,001.4 | 62,227.9 | 0.3 |
| 湖南 | 20,243,285.2 | 219,982.7 | 1.1 |
| 广东 | 426,012,417.0 | 3,027,537.1 | 0.7 |
| 广西 | 21,555,022.1 | 42,884.3 | 0.2 |
| 海南 | 2,977,597.7 | 65,530.2 | 2.2 |
| 四川 | 33,315,442.9 | 5,367,761.7 | 16.1 |
| 重庆 | 33,936,652.2 | 926,758.6 | 2.7 |
| 贵州 | 3,375,573.8 | 436,855.0 | 12.9 |
| 云南 | 8,066,460.6 | 62,574.5 | 0.8 |
| 西藏 | 282,704.3 | – | 0.0 |
| 陕西 | 20,786,461.0 | 73,778.5 | 0.4 |
| 甘肃 | 1,458,462.7 | 35,438.1 | 2.4 |
| 青海 | 311,131.6 | 335.2 | 0.1 |
| 宁夏 | 1,801,359.2 | 68,118.3 | 3.8 |
| 新疆 | 10,886,610.0 | 32,113.8 | 0.3 |
| 总计 | 1,617,962,782.7 | 21,775,132.2 | 1.3 |

### 3．目标市场分析：对美国出口直接损失率最高

表 3–1–10 和图 3–1–4 说明了中国出口企业出口到不同国家或地区所发生的直接损失率情况。从表 3–1–10 中可以看出，中国企业出口到日韩和其他国家地区时发生的直接损失率低于 1.3% 的平均水平，但出口到美国、欧盟时所发生的直接损失率则高于平均水平 2.8、0.8 个百分点。

表 3-1-10　出口到不同国家或地区的直接损失率

| 出口目的地 | 出口额（万元） | 直接损失额（万元） | 直接损失率（%） |
|---|---|---|---|
| 美国 | 315,075,944.7 | 13,024,188.8 | 4.1 |
| 欧盟 | 268,656,856.5 | 5,585,525.7 | 2.1 |
| 日韩 | 168,511,741.2 | 545,540.6 | 0.3 |
| 其他 | 885,718,240.2 | 2,619,876.4 | 0.3 |
| 总计 | 1,617,962,782.7 | 21,775,132.2 | 1.3 |

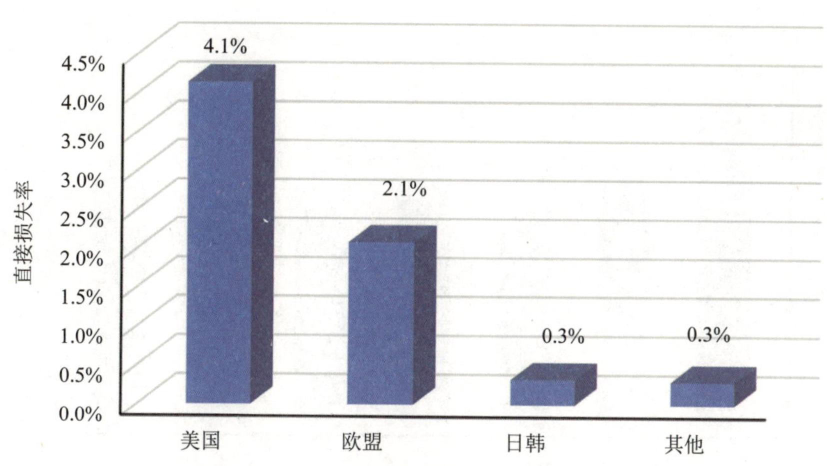


图 3-1-4 出口到不同国家或地区的直接损失率

## 二、企业应对成本分析

本报告所指的新增成本包括中国出口企业为适应进口国的新要求进行技术改造、包装及标签更换、新增检验、检疫、认证、处理、注册等产生的费用，以及在采购、物流、通关等方面增加的费用。

为满足进口国家或地区对产品的新要求，中国出口企业需要对产品进行测试、检验、认证、注册，或改进产品生产技术、更换产品包装及标签及对产品进行其他处理，或办理其他手续，从而导致出口成本增加，利润下降。

### （一）检测等成本分析：农食产品类企业负担最重

表 3-1-11 与图 3-1-5 显示了 2018 年中国不同类别出口企业为满足国外技术要求而发生的产品测试、检验、认证、注册费在出口产品销售额中所占的百分比情况。从图表中可以看出，测试、检验、认证、注册费在农食产品、机电仪器和木材纸张非金属类企业出口产品销售额中所占比例均不低于平均水平，分别为 4.0%、3.2% 与 3.2%。

表 3-1-11 产品测试、检验、认证、注册费用在出口销售额中占比 单位：%

| 企业类别 | 测试、检验、认证、注册费比例 |
|---|---|
| 农食产品 | 4.0 |
| 机电仪器 | 3.2 |
| 化矿金属 | 2.5 |
| 纺织鞋帽 | 3.1 |
| 橡塑皮革 | 2.8 |
| 玩具家具 | 2.6 |
| 木材纸张非金属 | 3.2 |
| 总计 | 3.2 |

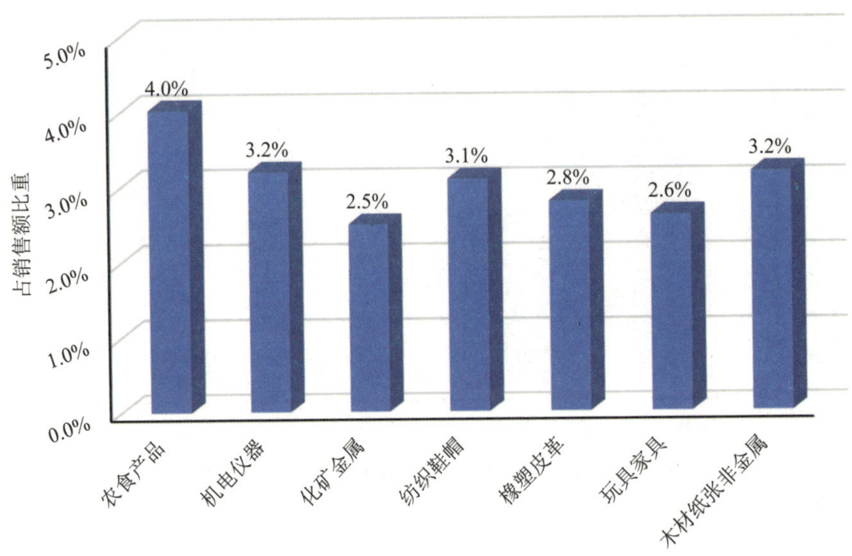


图 3-1-5　产品测试、检验、认证、注册费用在出口产品销售额中的百分比

## （二）企业新增成本分析

### 1．行业分析：机电仪器类企业新增成本最高

表 3-1-12 为不同类别出口企业新增成本估算值，图 3-1-6 显示了各类别出口企业新增成本在新增成本总额中的比例。

表 3-1-12　不同类别出口企业新增成本

| 企业类别 | 新增成本总额（万元） | | 各类企业新增成本占新增成本总额的百分比（%） |
|---|---|---|---|
| | 2018 年新增成本 | 比 2017 年变动额 | |
| 农食产品 | 156,936.7 | -470,118.0 | 3.7 |
| 机电仪器 | 1,940,827.5 | -348,765.3 | 45.5 |
| 化矿金属 | 358,410.0 | -1,301,801.4 | 8.4 |
| 纺织鞋帽 | 299,527.1 | -403,189.4 | 7.0 |
| 橡塑皮革 | 295,044.3 | -36,264.6 | 6.9 |
| 玩具家具 | 686,205.9 | -45,838.0 | 16.1 |
| 木材纸张非金属 | 526,927.4 | -27,158.5 | 12.4 |
| 总计 | 4,263,878.8 | -2,633,135.1 | 100.0 |

从表 3-1-12 中可以看出，为满足国外技术的新要求，中国 2018 年出口企业所发生的新增成本总额为 426.4 亿元，比 2017 年减少了 263.3 亿元。七大类别企业按照新增成本由高到低的顺序分别为：机电仪器、玩具家具、木材纸张非金属、化矿金属、纺织鞋帽、橡塑皮革和农食产品类。其中，

机电仪器类企业的新增成本为 194.1 亿元，比 2017 年减少了 34.9 亿元，在新增成本中所占比例为 45.5%，居各类企业之首；玩具家具类企业新增成本为 68.6 亿元，比 2017 年减少了 4.6 亿元，在新增成本总额中所占比例为 24.1%，在各类企业中位列第二；木材纸质非金属类企业新增成本为 52.7 亿元，比 2017 年减少 2.7 亿元，在各类企业中排在第三位，其新增成本占七大类别出口企业全部新增成本总额的 12.4%；化矿金属类企业新增成本 35.8 亿元，比 2017 年减少 130.2 亿元，降幅最大，在七大类别出口企业中列第四位。纺织鞋帽、橡塑皮革和农食产品类企业新增加成本较 2017 年分别减少 40.3 亿元、3.6 亿元和 47.0 亿元，各达到 30.0 亿元、29.5 亿元和 15.7 亿元。

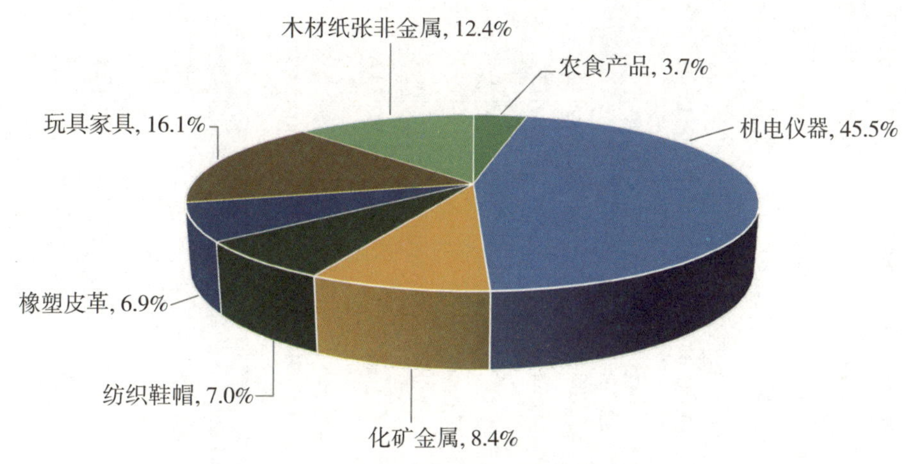


图 3-1-6 不同类别出口企业新增成本占新增成本总额的比例

### 2. 省份分析：渝、浙、苏、粤四地企业新增成本最高

表 3-1-13 列出了中国 2018 年不同地区、不同类别的出口企业在出口时所发生的新增成本情况。表 3-1-14 显示了不同地区出口企业新增成本及在新增成本总额中所占的比例。从表 3-1-13、3-1-14 中可以看出，中国各地区新增成本的情况有很大的差异。重庆新增成本超过 100 亿元，达到 118.9 亿元，占全国新增总成本的 27.9%，为全国最高；浙江、江苏、广东新增成本均超过 40 亿元，分别为 46.3 亿元、45.7 亿元和 44.0 亿元，占全国新增成本总额的 10.9%、10.7% 和 10.3%，在全国各地区中依次居于第二、三、四位。

### 3. 目标市场分析：对欧盟出口企业新增成本最多

表 3-1-15 和表 3-1-16 说明了中国出口到不同国家或地区的新增成本情况。从表 3-1-15 可以看出，造成中国出口企业新增成本增加较多的国家和地区为欧盟、美国，相应的新增成本均超过 100 亿元，分别为 156.7 亿元、132.0 亿元，两者合计占全国出口企业新增成本总额的 67.8%。与 2017 年相比，2018 年对美国和欧盟出口时发生的新增成本分别减少了 8.8 亿元和 65.5 亿元，但对日韩出口时的新增成本却增加了 4.3 亿元。

表 3-1-13　不同地区、不同类别出口企业出口新增成本估算值

单位：万元

| 企业类别 | 北京 | 天津 | 河北 | 山西 | 内蒙古 | 辽宁 | 吉林 | 黑龙江 | 上海 | 江苏 | 浙江 | 安徽 |
|---|---|---|---|---|---|---|---|---|---|---|---|---|
| 农食产品 | 2,384.9 | 19.6 | 4,606.2 | 3,076.2 | 1,903.1 | 4,054.0 | 627.1 | 1,779.7 | 1,800.5 | 10,032.0 | 3,060.8 | 2,772.0 |
| 机电仪器 | 5,197.2 | 1,125.4 | 5,116.0 | 32,681.8 | 110,255.5 | 264.8 | – | 9.8 | 16,486.9 | 102,700.3 | 140,067.6 | 33,531.2 |
| 化矿金属 | – | – | 41,745.3 | 1,885.5 | 89.9 | 57,941.8 | 11.1 | 201.2 | 46,575.3 | 9,244.4 | 74,042.2 | 5,224.7 |
| 纺织鞋帽 | 2,429.0 | 764.5 | 1,573.2 | 29,515.9 | 325.3 | 3,872.6 | – | 94.7 | 8,667.7 | 39,031.3 | 86,662.0 | 19,611.2 |
| 橡塑皮革 | 3,233.0 | 42.2 | 7,512.4 | 70.3 | 532.6 | 472.5 | 768.1 | – | 22,933.4 | 21,231.5 | 92,999.4 | 35,119.8 |
| 玩具家具 | 419.0 | 792.8 | 785.2 | 132.9 | – | 287.3 | 2,385.2 | 86.8 | 4,174.3 | 266,453.4 | 31,643.0 | 10,378.9 |
| 木材纸张非金属 | 5,871.0 | 1,830.0 | 8,294.7 | 490.8 | – | 2,294.8 | 82.4 | 301.1 | 6,413.5 | 8,254.6 | 34,759.7 | 743.0 |
| 总计 | 19,534.0 | 4,574.4 | 69,633.1 | 67,853.4 | 113,106.4 | 69,187.9 | 3,873.8 | 2,473.3 | 107,051.5 | 456,947.4 | 463,234.8 | 107,380.7 |

| 企业类别 | 福建 | 江西 | 山东 | 河南 | 湖北 | 湖南 | 广东 | 广西 | 海南 | 四川 |
|---|---|---|---|---|---|---|---|---|---|---|
| 农食产品 | 21,043.5 | 3,010.1 | 32,936.7 | 5,895.0 | 7,742.4 | 11,453.9 | 6,478.4 | 307.2 | 1,754.8 | 12,021.7 |
| 机电仪器 | 11,528.2 | 8,102.7 | 42,473.2 | 25,186.8 | 27,664.5 | 7,114.9 | 114,013.7 | 277.6 | 112.3 | 77,912.6 |
| 化矿金属 | 16,370.7 | 8,035.7 | 18,527.0 | 24,368.9 | 2,495.3 | 10,327.2 | 15,456.4 | 128.6 | 714.4 | 195.8 |
| 纺织鞋帽 | 21,437.5 | 6,682.1 | 13,632.5 | 1,782.7 | 4,265.5 | 455.6 | 33,499.7 | – | 16.4 | 320.4 |
| 橡塑皮革 | 1,113.2 | 2,960.4 | 61,885.4 | 5,585.9 | 3,329.7 | 10,004.0 | 15,900.8 | – | 7,947.2 | 891.2 |
| 玩具家具 | 64,760.0 | – | 11,402.8 | 23.4 | 4,150.0 | 6,579.5 | 176,034.6 | 296.6 | 97.1 | 101,680.3 |
| 木材纸张非金属 | 61,271.6 | 4,754.6 | 24,254.9 | 348.1 | 723.6 | 1,144.8 | 79,109.4 | – | 163.8 | 475.2 |
| 总计 | 197,524.6 | 33,545.6 | 205,112.5 | 63,190.7 | 50,370.9 | 47,079.8 | 440,492.9 | 1,009.9 | 10,806.1 | 193,497.1 |

| 企业类别 | 重庆 | 贵州 | 云南 | 西藏 | 陕西 | 甘肃 | 青海 | 宁夏 | 新疆 | 总计 |
|---|---|---|---|---|---|---|---|---|---|---|
| 农食产品 | 3,044.4 | 263.1 | 5,114.0 | – | 1,373.9 | 740.1 | 26.7 | 684.5 | 6,930.3 | 156,936.7 |
| 机电仪器 | 1,171,444.7 | 664.5 | 1,422.3 | – | 4,594.2 | 878.9 | – | – | – | 1,940,827.5 |
| 化矿金属 | – | 213.4 | 5,888.3 | – | – | 198.7 | 45.4 | 6,363.3 | 12,119.9 | 358,410.0 |
| 纺织鞋帽 | 10,170.6 | 11,580.6 | – | – | 626.7 | 287.0 | 1.1 | – | 2,221.4 | 299,527.1 |
| 橡塑皮革 | 480.4 | – | – | – | 30.7 | – | – | – | – | 295,044.3 |
| 玩具家具 | 698.6 | 96.5 | 1,945.0 | – | 865.8 | 31.1 | 6.2 | – | – | 686,205.9 |
| 木材纸张非金属 | 3,289.7 | 234,570.9 | 10,907.3 | – | 28,598.2 | 4,116.0 | – | – | 3,863.7 | 526,927.4 |
| 总计 | 1,189,128.4 | 247,389.1 | 25,276.9 | – | 36,089.4 | 6,251.8 | 79.4 | 7,047.8 | 25,135.4 | 4,263,878.8 |

表 3-1-14 不同地区出口企业新增成本及占比

| 地区 | 新增成本（万元） | 占新增成本总额的比例（%） |
|---|---|---|
| 北京 | 19,534.0 | 0.5 |
| 天津 | 4,574.4 | 0.1 |
| 河北 | 69,633.1 | 1.6 |
| 山西 | 67,853.4 | 1.6 |
| 内蒙古 | 113,106.4 | 2.7 |
| 辽宁 | 69,187.9 | 1.6 |
| 吉林 | 3,873.8 | 0.1 |
| 黑龙江 | 2,473.3 | 0.1 |
| 上海 | 107,051.5 | 2.5 |
| 江苏 | 456,947.4 | 10.7 |
| 浙江 | 463,234.8 | 10.9 |
| 安徽 | 107,380.7 | 2.5 |
| 福建 | 197,524.6 | 4.6 |
| 江西 | 33,545.6 | 0.8 |
| 山东 | 205,112.5 | 4.8 |
| 河南 | 63,190.7 | 1.5 |
| 湖北 | 50,370.9 | 1.2 |
| 湖南 | 47,079.8 | 1.1 |
| 广东 | 440,492.9 | 10.3 |
| 广西 | 1,009.9 | 0.0 |
| 海南 | 10,806.1 | 0.3 |
| 四川 | 193,497.1 | 4.5 |
| 重庆 | 1,189,128.4 | 27.9 |
| 贵州 | 247,389.1 | 5.8 |
| 云南 | 25,276.9 | 0.6 |
| 西藏 | – | – |
| 陕西 | 36,089.4 | 0.9 |
| 甘肃 | 6,251.8 | 0.2 |
| 青海 | 79.4 | 0.0 |
| 宁夏 | 7,047.8 | 0.2 |
| 新疆 | 25,135.4 | 0.6 |
| 总计 | 4,263,878.8 | 100.0 |

表 3-1-15　出口到不同国家的出口产品新增成本

| 出口目的地 | 新增成本（万元） | 占新增成本总额的比例（%） |
|---|---|---|
| 美国 | 1,566,960.5 | 36.8 |
| 欧盟 | 1,319,711.3 | 31.0 |
| 日韩 | 668,401.9 | 15.7 |
| 其他 | 708,805.2 | 16.6 |
| 总计 | 4,263,878.8 | 100.0 |

表 3-1-16　不同类别企业出口产品到不同国家或地区新增成本　　单位：万元

| 企业类别 | 美国 | 欧盟 | 日韩 | 其他 | 总计 |
|---|---|---|---|---|---|
| 农食产品 | 54,200.9 | 38,816.8 | 23,577.8 | 40,341.3 | 156,936.7 |
| 机电仪器 | 396,987.7 | 722,851.8 | 531,908.0 | 289,080.1 | 1,940,827.5 |
| 化矿金属 | 148,119.8 | 95,890.7 | 23,936.9 | 90,462.6 | 358,410.0 |
| 纺织鞋帽 | 114,100.2 | 74,594.5 | 36,153.5 | 74,678.9 | 299,527.1 |
| 橡塑皮革 | 84,059.2 | 129,271.2 | 14,536.5 | 67,177.3 | 295,044.3 |
| 玩具家具 | 398,653.6 | 221,018.2 | 7,667.7 | 58,866.4 | 686,205.9 |
| 木材纸张非金属 | 370,839.2 | 37,268.1 | 30,621.3 | 88,198.8 | 526,927.4 |
| 总计 | 1,566,960.5 | 1,319,711.3 | 668,401.9 | 708,805.2 | 4,263,878.8 |

表 3–1–16 详细列出了中国不同类别企业出口到不同国家或地区所发生的新增成本的情况。从表 3–1–16 中可以看到，农食产品类出口企业 2018 年共发生新增成本 15.7 亿元，在七大类别出口企业中排名最后。新增成本主要发生在对美国、其他国家和地区的出口中，其中对美国出口该类产品时新增成本最多，为 5.4 亿元；对欧盟、其他国家和地区出口时，企业发生的新增成本分别为 3.9 亿元和 4.0 亿元。

机电仪器类出口企业 2018 年因技术性贸易措施新增成本 194.1 亿元，比 2017 年减少了 34.9 亿元，仍是七类企业中发生新增成本最多的。为适应欧盟、日韩的相关技术要求，该类出口企业分别发生了 72.3 亿元、53.2 亿元的新增成本，除对日韩出口时发生的新增成本比 2017 年增加 47.2 亿元外，出口美国、欧盟和其他国家地区的新增成本分别比 2017 年减少了 10.5 亿元、7.2 亿元和 64.4 亿元。

化矿金属类出口企业 2018 年共发生新增成本 35.8 亿元，较 2017 年大幅减少 130.2 亿元，在七大类别出口企业中列第四位。新增成本主要发生在对美国和欧盟的出口中，分别为 14.8 亿元和 9.6 亿元，较 2017 年各减少 16.5 亿元和 42.5 亿元。

纺织鞋帽类出口企业 2018 年共发生新增成本 30.0 亿元，较 2017 年减少了 40.3 亿元，在七类别出口企业中列第五位。其中，对美国、其他国家和地区出口时，中国出口企业发生的新增成本分别为 11.4 亿元、7.5 亿元，比 2017 年减少了 5.7 亿元和 24.1 亿元；对欧盟出口时，中国企业发生的新增成本为 7.5 亿元，与 2017 年相比减少了 7.9 亿元；而对日韩国家出口该类产品时，发生的新增成本也达到了 3.6 亿元。

橡塑皮革类出口企业 2018 年新增成本总额为 29.5 亿元，比 2017 年减少了 3.6 亿元，在七类出口企业中列第六位。新增成本主要发生在对欧盟的出口中，新增成本额达到了 12.9 亿元，合计占该类出口企业发生的新增成本总额的 43.8%。对美国出口该类产品时的新增成本也相对较高，达到了 8.4 亿元。

玩具家具类出口企业 2018 年新增成本总额为 68.6 亿元，比 2017 年减少了 4.6 亿元。其中，对美国、日韩出口新增成本分别为 39.9 亿元和 0.8 亿元，二者合计占该类出口企业全部新增成本的比例约为 77.1%；对欧盟出口时的新增成本为 22.1 亿元，较 2017 年增加 1.6 亿元。

木材纸张非金属类出口企业 2018 年新增成本总额为 52.7 亿元，比 2017 年减少了 2.7 亿元。新增成本主要发生在对美国的出口中，为 37.1 亿元，比 2017 年增加 2.8 亿元；对欧盟和日韩出口时的新增成本分别为 3.7 亿元和 3.1 亿元，分别较 2017 年减少 7.9 亿元、2.0 亿元。

### （三）新增成本率分析

新增成本率则是指出口企业为适应国外技术性贸易措施的要求而发生的新增成本占企业出口额的比重。

#### 1. 行业分析：木材纸张非金属类企业新增成本率最高

表 3-1-17 和图 3-1-7 显示了中国不同类别出口企业为适应国外技术性贸易措施的要求所发生的新增成本率。从表 3-1-20 中可以看出，2018 年中国出口企业为了满足国外技术性贸易措施的要求而发生的新增成本率为 0.3%，在不同类别的出口企业中，木材纸张非金属类、玩具家具类出口企业的新增成本率高于平均水平，其他类别出口企业新增成本率则低于或等于平均水平。

表 3-1-17 不同类别出口企业新增成本率

| 企业类别 | 出口额（万元） | 新增成本（万元） | 新增成本率（%） |
|---|---|---|---|
| 农食产品 | 51,215,242.2 | 156,936.7 | 0.3 |
| 机电仪器 | 831,372,547.3 | 1,940,827.5 | 0.2 |
| 化矿金属 | 246,063,837.1 | 358,410.0 | 0.1 |
| 纺织鞋帽 | 215,982,377.6 | 299,527.1 | 0.1 |
| 橡塑皮革 | 89,874,691.8 | 295,044.3 | 0.3 |
| 玩具家具 | 124,227,982.8 | 686,205.9 | 0.6 |
| 木材纸张非金属 | 59,226,103.9 | 526,927.4 | 0.9 |
| 总计 | 1,617,962,782.7 | 4,263,878.8 | 0.3 |

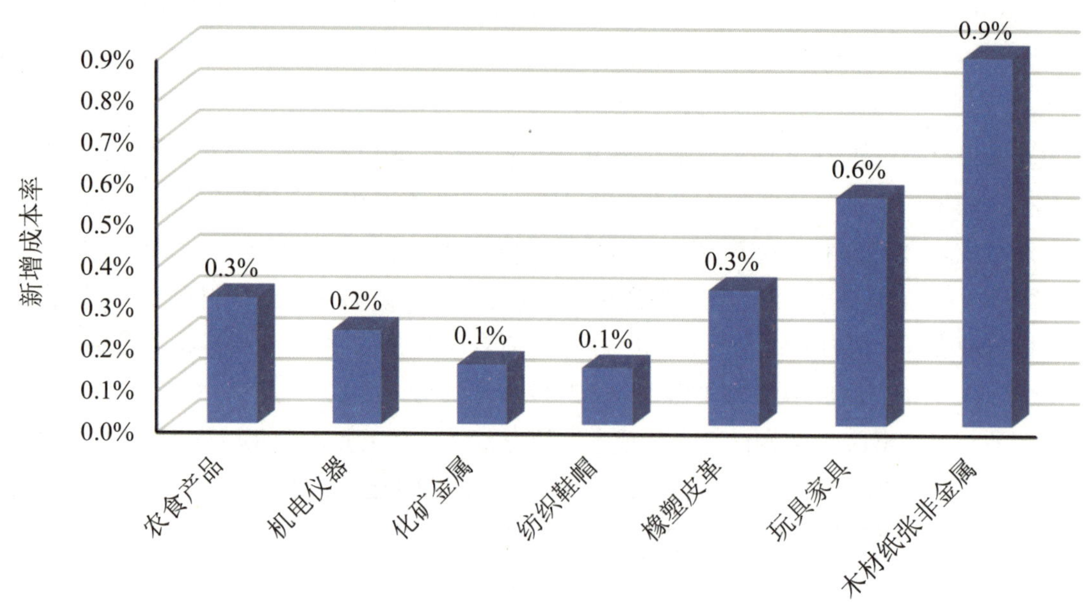


图 3-1-7 不同类别出口企业新增成本率

2．省份分析：渝、黔、蒙企业新增成本率远高于其他省区

从表 3–1–18 可以看出中国不同地区出口企业的新增成本率情况，其中，重庆、贵州、内蒙古、山西、四川等 9 个省区的出口企业，新增成本率要高于 0.3% 的全国平均水平，尤其是重庆和贵州的出口企业，新增成本率分别达到 3.5% 和 7.3%。

表 3-1-18 不同地区出口企业新增成本率

| 地区 | 出口额（万元） | 新增成本（万元） | 新增成本率（%） |
|---|---|---|---|
| 北京 | 48,317,082.0 | 19,534.0 | 0.0 |
| 天津 | 32,077,124.2 | 4,574.4 | 0.0 |
| 河北 | 22,420,050.1 | 69,633.1 | 0.3 |
| 山西 | 8,104,802.1 | 67,853.4 | 0.8 |
| 内蒙古 | 3,782,563.6 | 113,106.4 | 3.0 |
| 辽宁 | 32,136,418.8 | 69,187.9 | 0.2 |
| 吉林 | 3,246,860.2 | 3,873.8 | 0.1 |
| 黑龙江 | 2,939,764.3 | 2,473.3 | 0.1 |
| 上海 | 135,993,079.9 | 107,051.5 | 0.1 |
| 江苏 | 266,485,025.4 | 456,947.4 | 0.2 |
| 浙江 | 211,352,641.9 | 463,234.8 | 0.2 |

（续表 3-1-18）

| 地区 | 出口额（万元） | 新增成本（万元） | 新增成本率（%） |
|---|---|---|---|
| 安徽 | 23,855,226.1 | 107,380.7 | 0.5 |
| 福建 | 76,110,048.0 | 197,524.6 | 0.3 |
| 江西 | 22,228,068.2 | 33,545.6 | 0.2 |
| 山东 | 105,652,758.3 | 205,112.5 | 0.2 |
| 河南 | 35,732,088.0 | 63,190.7 | 0.2 |
| 湖北 | 22,520,001.4 | 50,370.9 | 0.2 |
| 湖南 | 20,243,285.2 | 47,079.8 | 0.2 |
| 广东 | 426,012,417.0 | 440,492.9 | 0.1 |
| 广西 | 21,555,022.1 | 1,009.9 | 0.0 |
| 海南 | 2,977,597.7 | 10,806.1 | 0.4 |
| 四川 | 33,315,442.9 | 193,497.1 | 0.6 |
| 重庆 | 33,936,652.2 | 1,189,128.4 | 3.5 |
| 贵州 | 3,375,573.8 | 247,389.1 | 7.3 |
| 云南 | 8,066,460.6 | 25,276.9 | 0.3 |
| 西藏 | 282,704.3 | – | – |
| 陕西 | 20,786,461.0 | 36,089.4 | 0.2 |
| 甘肃 | 1,458,462.7 | 6,251.8 | 0.4 |
| 青海 | 311,131.6 | 79.4 | 0.0 |
| 宁夏 | 1,801,359.2 | 7,047.8 | 0.4 |
| 新疆 | 10,886,610.0 | 25,135.4 | 0.2 |
| 总计 | 1,617,962,782.7 | 4,263,878.8 | 0.3 |

### 3．目标市场分析：对欧美出口企业新增成本率最高

表 3–1–19 和图 3–1–8 显示了中国出口企业出口到不同国家或地区的新增成本率情况。从表 3–1–19 中可以看出，中国出口企业在对美国、欧盟和日韩出口时，新增成本率高于全国出口企业 0.3% 的平均水平；对其他国家和地区出口时的新增成本率较低，仅为 0.1%。

表 3-1-19 出口到不同国家或地区的新增成本率

| 出口目的地 | 出口额（万元） | 新增成本（万元） | 新增成本率（%） |
|---|---|---|---|
| 美国 | 315,075,944.7 | 1,566,960.5 | 0.5 |
| 欧盟 | 248,656,856.5 | 1,319,711.3 | 0.5 |
| 日韩 | 168,511,741.2 | 668,401.9 | 0.4 |
| 其他 | 885,718,240.2 | 708,805.2 | 0.1 |
| 总计 | 1,617,962,782.7 | 4,263,878.8 | 0.3 |

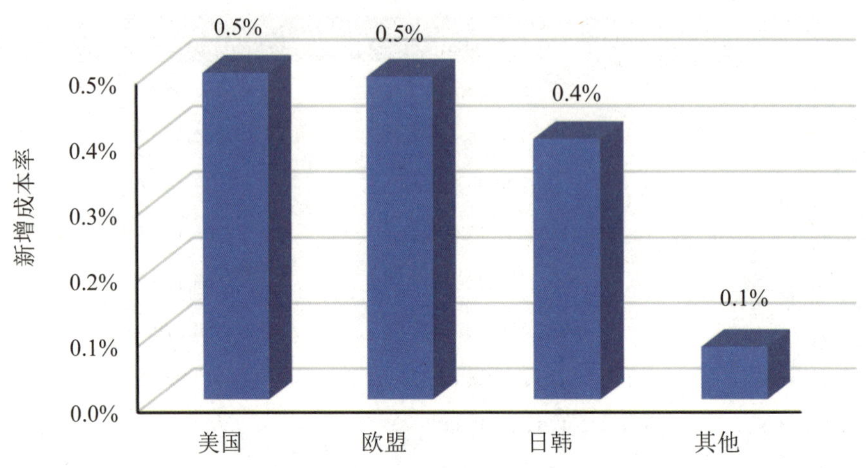


图 3-1-8　出口到不同国家或地区的新增成本率

# 三、受影响企业范围分析

## （一）企业分析

### 1. 行业分析：农食产品类企业受影响比例最高

中国不同类别的出口企业受到了国外技术性贸易措施不同程度的影响。由表 3-1-20 可以看出，2018 年受到国外技术性贸易措施影响的企业数，分别占七类出口企业的 39.1%、27.2%、33.2%、25.9%、29.0%、32.1%、32.8%，合计占比为 31.0%，比 2017 年增加 0.9 个百分点。分企业类型来看，七类出口企业受国外技术性贸易措施影响的企业比例均较 2017 年有所上升；其中，化矿金属、农食产品和玩具家具类企业受影响的增幅相对较大，分别为 9.8、8.2 和 7.0 个百分点；橡塑皮革类企业受影响的比例降幅相对最小，为 4.6 个百分点。

表 3-1-20　不同类别出口企业受国外技术性贸易措施影响的数目占比　　单位：%

| 企业类别 | 是 | | 否 | 合计占比 |
|---|---|---|---|---|
| | 在该类别企业中比例 | 与 2017 年比较的比例变化 | | |
| 农食产品 | 39.0 | 8.2 | 69.1 | 100.0 |
| 机电仪器 | 27.1 | 5.3 | 78.1 | 100.0 |
| 化矿金属 | 33.2 | 9.8 | 76.6 | 100.0 |
| 纺织鞋帽 | 25.9 | 4.7 | 78.8 | 100.0 |
| 橡塑皮革 | 29.0 | 4.6 | 75.6 | 100.0 |
| 玩具家具 | 32.1 | 7.0 | 74.9 | 100.0 |
| 木材纸张非金属 | 32.8 | 6.7 | 73.9 | 100.0 |
| 总体 | 31.0 | 0.9 | 69.0 | 100.0 |

### 2. 性质分析：国有企业受影响比例最高

据调查，2018 年中国约有 31.0% 的出口企业受到国外技术性贸易措施的影响，比 2017 年下降 3.8 个百分点。如表 3–1–21 所示，分企业所有制性质来看，国有企业、民营企业、港澳台企业和外资企业中受影响企业占比分别为 34.1%、33.3%、25.6% 和 21.9%，较 2017 年分别下降 3.8、3.0、–3.0、0.7 个百分点。

表 3-1-21 不同性质出口企业受国外技术性贸易措施影响情况 单位：%

| 企业性质 | 是 | | 否 | 合计占比 |
|---|---|---|---|---|
| | 在该类别企业中比例 | 与 2017 年比较的比例变化 | | |
| 国有企业 | 34.1 | –3.8 | 65.9 | 100.0 |
| 民营企业 | 33.3 | –3.0 | 66.7 | 100.0 |
| 港、澳、台企业 | 25.6 | 3.0 | 74.4 | 100.0 |
| 外资企业 | 21.9 | –0.7 | 78.1 | 100.0 |
| 总体 | 31.0 | –1.5 | 69.0 | 100.0 |

### 3. 出口额分析：企业规模与受影响比例正相关

按企业年出口额，将农产品出口企业分为低于 50 万元、50 万（含）~ 500 万元、500 万（含）~ 2 亿元、超过 2 亿元四类，同时将工业品出口企业分为低于 300 万元、300 万（含）~2000 万元、2000 万（含）~4 亿元、超过 4 亿元四类。从表 3–1–22 可以看出，2018 年出口企业出口额越大，遭受国外技术性贸易措施影响的比例就越高。其中，出口额低于 50 万元的农产品出口企业和出口额低于 300 万元的工业品出口企业，受影响的比例分别为 26.6% 和 19.0%，而出口额超过 2 亿元的农产品出口企业和出口额超过 4 亿元的工业品出口企业，受影响的比例则分别达到了 47.8% 和 31.5%，均高于农产品出口企业和工业品出口企业受影响的平均水平。

表 3-1-22 不同规模出口企业（按出口额划分）受国外技术性贸易措施影响情况 单位：%

| 类别 | 规模 | 是 | | 否 | 合计占比 |
|---|---|---|---|---|---|
| | | 在该类企业中比例 | 与 2017 年比较的比例变化 | | |
| 农产品 | 低于 50 万元 | 26.6 | 12.6 | 73.4 | 100 |
| | 50 万（含）~500 万元 | 33.8 | 11.3 | 66.2 | 100 |
| | 500 万（含）~2 亿元 | 45.2 | 10.7 | 54.8 | 100 |
| | 超过 2 亿元 | 47.8 | 6.9 | 52.2 | 100 |
| 农产品出口企业合计占比 | | 39.0 | 8.1 | 61.0 | 100 |
| 工业品 | 低于 300 万元 | 19.0 | 8.1 | 81.0 | 100 |
| | 300 万（含）~2000 万元 | 29.6 | 8.5 | 70.4 | 100 |
| | 2000 万（含）~4 亿元 | 33.3 | 5.0 | 66.7 | 100 |
| | 超过 4 亿元 | 31.5 | 1.5 | 68.5 | 100 |
| 工业品出口企业合计占比 | | 29.1 | 6.1 | 70.9 | 100 |
| 总体 | | 31.0 | 6.4 | 69.0 | 100 |

#### 4．业务类型分析：生产 / 加工 / 制造型企业受影响比例较高

按经营业务的性质，将企业分成生产 / 加工 / 制造型（含自营出口）、流通贸易型与其他三种类型。由表 3–1–23 可以看出，2018 年生产 / 加工 / 制造型、流通贸易型企业受国外技术性贸易措施影响的比例分别为 34.1% 和 26.6%，与 2017 年相比分别上升了 7.3 和 9.2 个百分点；其他类型企业受国外技术性贸易措施影响的比例为 17.2%，较 2017 年微降 0.6 个百分点。

表 3-1-23　不同类型出口企业受国外技术性贸易措施影响情况　　单位：%

| 企业类型 | 是 | | 否 | 合计占比 |
|---|---|---|---|---|
| | 在该类企业中的比例 | 与 2017 年相比的比例变化 | | |
| 生产 / 加工 / 制造型（含自营出口） | 34.1 | 7.3 | 65.9 | 100.0 |
| 流通贸易型企业 | 26.6 | 9.2 | 73.4 | 100.0 |
| 其他 | 17.2 | –0.6 | 82.8 | 100.0 |
| 总体 | 31.0 | 6.4 | 69.0 | 100.0 |

### （二）省份分析

#### 1．总体分析：晋、湘两省出口企业受影响比例相对较高

2018 年，中国不同地区的出口企业受国外技术性贸易措施影响的程度有所不同。

从表 3–1–24 可以看出，各地区受国外技术性贸易措施影响的出口企业占当地出口企业总数的比例有很大差别，山西、湖南、河南、四川、贵州等 14 个省区被调查的样本企业中，受影响企业比例超过了 31% 的总体水平，其中山西该比例最高，为 49.6%。与 2017 年相比，河南、四川、甘肃、福建、湖南、重庆和贵州受影响的企业比例有明显的上升，增幅分别为 20.2、18.5、17.7、15.7、14.0、12.4 和 12.3 个百分点；青海、陕西、广西受影响企业的比例则有比较明显的下降，降幅分别为 61.8、14.7、13.2 个百分点。

表 3-1-24　不同地区出口企业受国外技术性贸易措施影响的情况　　单位：%

| 地区 | 是 | | 否 | 合计占比 |
|---|---|---|---|---|
| | 在该类企业中的比例 | 与 2017 年相比的比例变化 | | |
| 北京 | 29.7 | 11.5 | 70.3 | 100.0 |
| 天津 | 17.1 | 6.0 | 82.9 | 100.0 |
| 河北 | 37.4 | 3.7 | 62.6 | 100.0 |
| 山西 | 49.6 | 10.6 | 50.4 | 100.0 |
| 内蒙古 | 22.6 | 8.0 | 77.4 | 100.0 |
| 辽宁 | 23.6 | 12.3 | 76.4 | 100.0 |
| 吉林 | 30.5 | 8.3 | 69.5 | 100.0 |
| 黑龙江 | 12.3 | –2.9 | 87.7 | 100.0 |
| 上海 | 23.5 | –3.9 | 76.5 | 100.0 |
| 江苏 | 31.5 | 11.6 | 68.5 | 100.0 |

（续表 3-1-24）

| 地区 | 是 | | 否 | 合计占比 |
|---|---|---|---|---|
| | 在该类企业中的比例 | 与 2017 年相比的比例变化 | | |
| 浙江 | 34.5 | 4.1 | 65.5 | 100.0 |
| 安徽 | 42.9 | 2.1 | 57.1 | 100.0 |
| 福建 | 34.8 | 15.7 | 65.2 | 100.0 |
| 江西 | 29.3 | 4.0 | 70.7 | 100.0 |
| 山东 | 35.3 | 7.0 | 64.7 | 100.0 |
| 河南 | 45.6 | 20.2 | 54.4 | 100.0 |
| 湖北 | 38.0 | 5.2 | 62.0 | 100.0 |
| 湖南 | 46.7 | 14.0 | 53.3 | 100.0 |
| 广东 | 26.4 | 3.5 | 73.6 | 100.0 |
| 广西 | 15.7 | –13.2 | 84.3 | 100.0 |
| 海南 | 21.7 | 11.4 | 78.3 | 100.0 |
| 四川 | 44.6 | 18.5 | 55.4 | 100.0 |
| 重庆 | 25.3 | 12.4 | 74.7 | 100.0 |
| 贵州 | 43.7 | 12.3 | 56.3 | 100.0 |
| 云南 | 22.0 | 5.1 | 78.0 | 100.0 |
| 西藏 | – | – | – | – |
| 陕西 | 30.1 | –14.7 | 69.9 | 100.0 |
| 甘肃 | 32.6 | 17.7 | 67.4 | 100.0 |
| 青海 | 13.2 | –61.8 | 86.8 | 100.0 |
| 宁夏 | 22.2 | 4.5 | 77.8 | 100.0 |
| 新疆 | 20.7 | 8.5 | 79.3 | 100.0 |
| 总体 | 31.0 | 6.4 | 69.0 | 100.0 |

**2. 交叉分析：不同行业间企业受影响比例差异明显**

表 3–1–25 显示了各地区不同类别受影响企业在该地区、该类别出口企业总数中所占的比例，从中可以看到，各地区不同类别的出口企业受影响的程度有很大差异。

2018 年农食产品类企业受国外技术性贸易措施影响的总体比例为 39.0%，在各类企业中位列第一，较 2017 年上升了 8.2 个百分点。从地区分布看，按受影响出口企业的比例从小到大排列，依次为河北、湖南、安徽、四川、宁夏、浙江、福建、贵州、河南、山东、湖北、陕西、江西、山西和甘肃，均高于全国农食产品类企业受影响比例，其中，河北该比例为 62.9%，居全国首位。

在机电仪器类企业中，2018 年受影响的企业比例较 2017 年上升了 5.3 个百分点，达到 27.1%；其中贵州、湖南、四川、山西、重庆、河南、湖北、甘肃、安徽、河北、浙江、内蒙古和山东等 13 个省区受影响的出口企业比例均超过 27.1% 的全国平均比例，尤其是贵州，该比例达到了 50.0%。

在化矿金属类企业中，受影响的企业比例为33.2%，比2017年上升了9.8个百分点，贵州和黑龙江该比例全国各地区中最高，均为80.0%。除此之外，天津、河北、上海、福建、安徽、内蒙古和云南等地受影响出口企业的比例均超过了半数。

在纺织鞋帽类企业中，平均有25.9%的出口企业受到影响，较2017年上升了4.7个百分点，其中甘肃该比例最高，达到44.4%，而河南、天津、江苏、四川、北京、山西、陕西、福建等14个地区受影响的出口企业比例也高于全国平均水平。

在橡塑皮革类企业中，平均有29.0%的出口企业受到影响，比2017年上升了4.6个百分点。其中，山西和河南该比例均超过50%，四川、安徽、青海、江苏、山东、北京、上海、浙江、湖北、辽宁等10个省区受影响的企业比例也高于该类企业全国平均水平。

在玩具家具类企业中，平均有32.1%的出口企业受到影响，较2017年上升了7.0个百分点。不仅山西、湖南、贵州、四川、浙江、江苏、安徽、吉林、河北、广东、福建、广西等12个省区出口企业受影响的比例高于该类企业的全国平均水平。

在木材纸张非金属类企业中，出口企业受国外技术性贸易措施影响的比例为32.8%，比2017年上升了6.7个百分点，在各类企业中受影响的比例居第二位。吉林、河北、湖南、山西、北京等5个地区受影响的企业比例均超过半数；吉林和河北该比例均为60.0%，为全国最高。

**表3-1-25 各出口地区各类出口企业受影响的比例** 单位：%

| 类别 | 北京 | 天津 | 河北 | 山西 | 内蒙古 | 辽宁 | 吉林 | 黑龙江 | 上海 | 江苏 | 浙江 |
|---|---|---|---|---|---|---|---|---|---|---|---|
| 农食产品 | 34.3 | 15.0 | 62.9 | 42.9 | 37.1 | 31.4 | 30.6 | 14.3 | 31.8 | 33.3 | 52.0 |
| 机电仪器 | 22.0 | 16.2 | 38.1 | 43.6 | 33.3 | 13.6 | 10.0 | 10.0 | 16.3 | 23.1 | 37.3 |
| 化矿金属 | 12.5 | 78.6 | 76.5 | 4.5 | 60.0 | 7.0 | 10.0 | 80.0 | 74.1 | 44.4 | 0.0 |
| 纺织鞋帽 | 33.3 | 40.0 | 26.5 | 33.3 | 20.0 | 12.5 | 10.0 | 10.0 | 20.9 | 33.3 | 28.5 |
| 橡塑皮革 | 44.4 | 10.0 | 8.0 | 60.0 | 10.0 | 33.3 | 22.2 | 0.0 | 43.8 | 47.6 | 42.9 |
| 玩具家具 | 30.0 | 20.0 | 40.0 | 66.7 | 0.0 | 31.3 | 40.0 | 20.0 | 20.0 | 41.7 | 42.6 |
| 木材纸张非金属 | 50.0 | 20.0 | 60.0 | 50.0 | 0.0 | 33.3 | 60.0 | 18.2 | 36.4 | 46.2 | 35.7 |
| 总体 | 29.7 | 17.1 | 37.4 | 49.6 | 22.6 | 23.6 | 30.5 | 12.3 | 23.5 | 31.5 | 34.5 |

| 类别 | 安徽 | 福建 | 江西 | 山东 | 河南 | 湖北 | 湖南 | 广东 | 广西 | 海南 | 四川 |
|---|---|---|---|---|---|---|---|---|---|---|---|
| 农食产品 | 54.3 | 51.6 | 43.2 | 48.1 | 48.6 | 47.2 | 57.1 | 22.9 | 22.9 | 22.7 | 54.3 |
| 机电仪器 | 39.6 | 22.5 | 20.8 | 29.0 | 42.3 | 40.0 | 46.7 | 24.3 | 17.6 | 14.3 | 44.8 |
| 化矿金属 | 60.0 | 72.7 | 20.0 | 31.8 | 50.0 | 41.2 | 50.0 | 18.8 | 8.3 | 22.2 | 35.7 |
| 纺织鞋帽 | 29.4 | 30.9 | 31.8 | 26.6 | 41.4 | 21.4 | 20.0 | 22.1 | 0.0 | 12.5 | 33.3 |
| 橡塑皮革 | 50.0 | 15.4 | 20.0 | 44.6 | 70.0 | 36.4 | 25.0 | 22.2 | 10.0 | 14.3 | 50.0 |
| 玩具家具 | 40.0 | 33.3 | 0.0 | 18.8 | 30.0 | 27.3 | 50.0 | 37.6 | 33.3 | 28.6 | 45.5 |
| 木材纸张非金属 | 20.0 | 43.5 | 40.0 | 37.0 | 40.0 | 33.3 | 55.6 | 14.7 | 0.0 | 33.3 | 30.0 |
| 总体 | 42.9 | 34.8 | 29.3 | 35.3 | 45.6 | 38.0 | 46.7 | 26.4 | 15.7 | 21.7 | 44.6 |

（续表 3-1-25）

| 类别 | 重庆 | 贵州 | 云南 | 西藏 | 陕西 | 甘肃 | 青海 | 宁夏 | 新疆 | 行业合计占比 |
|---|---|---|---|---|---|---|---|---|---|---|
| 农食产品 | 30.8 | 50.0 | 25.0 | – | 44.4 | 40.0 | 7.1 | 53.3 | 31.4 | 39.0 |
| 机电仪器 | 42.9 | 50.0 | 20.0 | – | 25.0 | 40.0 | 0.0 | 12.5 | 0.0 | 27.1 |
| 化矿金属 | 20.0 | 80.0 | 55.6 | – | 0.0 | 22.2 | 14.3 | 44.4 | 33.3 | 33.2 |
| 纺织鞋帽 | 30.0 | 22.2 | 0.0 | – | 33.3 | 44.4 | 11.1 | 0.0 | 12.5 | 25.9 |
| 橡塑皮革 | 12.5 | 0.0 | 0.0 | – | 14.3 | 12.5 | 50.0 | 14.3 | 0.0 | 29.0 |
| 玩具家具 | 12.5 | 50.0 | 14.3 | – | 25.0 | 11.1 | 100.0 | 0.0 | 0.0 | 32.1 |
| 木材纸张非金属 | 18.2 | 33.3 | 28.6 | – | 33.3 | 33.3 | 0.0 | 0.0 | 28.6 | 32.8 |
| 总体 | 25.3 | 43.7 | 22.0 | – | 30.1 | 32.6 | 13.2 | 22.2 | 20.7 | 31.0 |

## （三）目标市场分析

由于进口国家或地区在经济和技术发展水平、政府经济政策等方面存在差异，它们对进口产品所采取的措施也各有侧重，对中国不同类别的出口企业产生着不同的影响。但总体上来说，国外技术性贸易措施已成为中国出口企业普遍面临的问题。

### 1．总体分析：对美欧出口企业受影响最集中

图 3–1–9 说明了 2018 年我国不同产品出口到不同国家或地区时遭遇技术性贸易措施的分布情况，配合表 3–1–2 中不同类别企业出口到不同国家或地区时遭遇技术性贸易措施的累计数，可以看出，被调查企业受国外技术性贸易措施影响的地区分布比较集中，受美国、欧盟、日韩技术性贸易措施影响的企业累计数分别占总数的 33.2%、26.4% 和 13.0%。

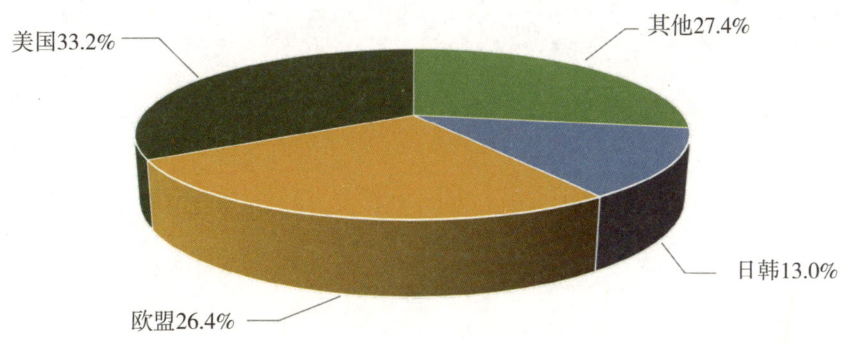


图 3-1-9　中国出口企业在不同国家或地区遭遇技术性贸易措施的分布情况

### 2．交叉分析：出口到美国的玩具家具类企业受影响范围最广

图 3–1–10 反映了不同类别企业出口时遭遇国外技术性贸易措施的分布情况，配合表 3–1–26 中的数据可以看出，农食产品类企业受国外技术性贸易措施的影响数量最多，受影响的企业数占比达到 17.8%；木材纸张类企业受国外技术性贸易措施影响的数量约占受影响企业总数的 15.2%，位列第二；将占比从大到小排列，其余依次为纺织鞋帽类、玩具家具类、橡塑皮革类、化矿金属类和机电仪器类企业。

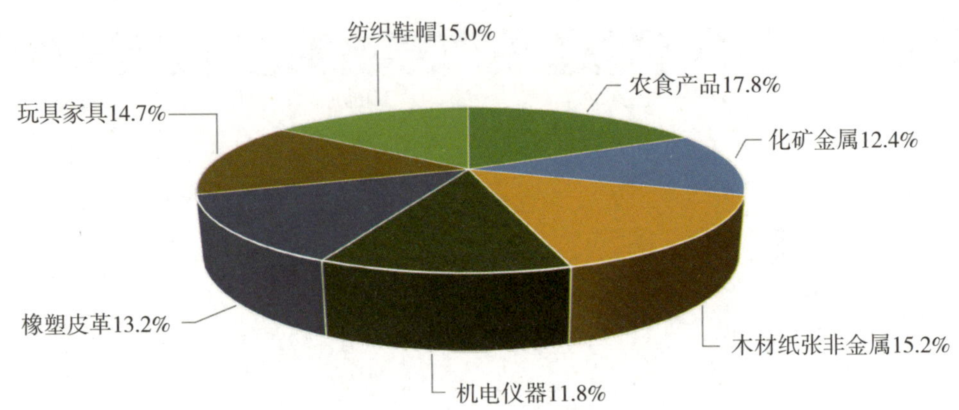


图 3-1-10　中国不同类别企业遭遇国外技术性贸易措施的分布情况

将企业类别和出口目的国交叉分析来看，在出口到美国的玩具家具类企业中，有 44.7% 的企业遭遇到了技术性贸易措施；其次为出口到美国的木材纸张类企业，受影响占比为 38.0%；第三位出口到美国的橡塑皮革类企业，受影响企业占比为 38.0%；最低的是出口到日韩的玩具家具类企业，仅有 7.3% 的企业遭遇到了技术性贸易措施的影响。

**表 3-1-26　不同类别企业出口到不同国家或地区遭遇技术性贸易措施的比例**　　单位：%

| 企业类别 | 美国 | 欧盟 | 日韩 | 其他 | 合计 |
|---|---|---|---|---|---|
| 农食产品 | 26.9 | 24.4 | 18.7 | 30.1 | 100.0 |
| 机电仪器 | 32.6 | 25.4 | 11.7 | 30.3 | 100.0 |
| 化矿金属 | 29.0 | 29.6 | 12.6 | 28.7 | 100.0 |
| 纺织鞋帽 | 35.1 | 27.6 | 11.7 | 25.5 | 100.0 |
| 橡塑皮革 | 36.6 | 29.0 | 12.9 | 21.5 | 100.0 |
| 玩具家具 | 44.7 | 27.1 | 7.3 | 20.9 | 100.0 |
| 木材纸张非金属 | 38.0 | 23.5 | 11.2 | 27.3 | 100.0 |
| 总体 | 33.2 | 26.4 | 13.0 | 27.4 | 100.0 |

## 四、企业遭遇措施情况分析

技术性贸易措施包括技术法规、标准、合格评定程序、动植物卫生与食品安全措施等，通常表现为产品安全、环保、技术标准、认证认可、包装及包装材料、动植物检疫、农兽药残留限量等要求。

### （一）措施类型分析：企业遭遇农兽药残留限量与认证要求最多

工业品企业受到的技术性贸易措施种类大致可以分为：厂商或产品的注册要求（包括审核）、技术标准要求、认证要求、标签和标志要求、包装及材料的要求、环保要求（包括节能及产品回收）、特殊的检验要求（如指定检验地点、机构、方法）、产品的人身安全要求、工业产品中有毒有害物质限量要求、计量单位要求、木质包装的要求以及其他等 12 中类型。

从表 3–1–27 可以看出，农食产品类企业遭遇较多的技术性贸易措施依次是食品中农兽药残留限量、重金属等有害物质限量要求、食品微生物指标要求、食品标签要求、食品添加剂要求、食品接触材料要求、植物病虫害杂草方面的要求等。

除其他类外，在受其余 11 类技术性贸易措施影响的工业企业中，机电仪器类企业数量占比均居第一位。分项来看，厂商或产品的注册要求（包括审核）还主要影响纺织鞋帽和化矿金属类企业，其在受该类措施影响的企业中，数量占比分别为 16.7% 和 15.2%；技术标准要求还主要影响纺织鞋帽、化矿金属和玩具家具类企业，这三类企业的数量占比分别为 17.1%、15.1% 和 13.7%，依次列第二、三、四位；认证要求也还主要影响化矿金属类、纺织鞋帽类和玩具家具类企业，其数量占比依次为 15.9%、15.4% 和 12.5%；标签和标志要求还主要影响到纺织鞋帽类企业，该类受影响企业的数量占比为 17.4%；包装及材料要求还主要影响纺织鞋帽类企业，这类企业在受影响企业总数中的占比为 18.3%；环保要求（包括节能及产品回收）、特殊的检验要求（如指定检验地点、机构、方法）、产品的人身安全要求、工业产品中有毒有害物质限量要求还主要影响到纺织鞋帽类和玩具家具类企业。

**表 3-1-27 遭遇不同措施影响的各类企业数量占比**

单位：%

| 产品类别 | 措施的种类＼企业类别 | 农食产品 | 机电仪器 | 化矿金属 | 纺织鞋帽 | 橡塑皮革 | 玩具家具 | 木材纸张非金属 | 合计 |
|---|---|---|---|---|---|---|---|---|---|
| 工业品 | 厂商或产品的注册要求（包括审核） | 13.8 | 28.1 | 15.2 | 16.7 | 8.3 | 11.6 | 6.3 | 100.0 |
| | 技术标准要求 | 8.2 | 32.0 | 15.1 | 17.1 | 7.2 | 13.7 | 6.7 | 100.0 |
| | 认证要求 | 7.6 | 32.5 | 15.9 | 15.4 | 8.6 | 12.5 | 7.5 | 100.0 |
| | 标签和标志要求 | 9.7 | 30.8 | 14.9 | 17.4 | 7.1 | 12.2 | 7.9 | 100.0 |
| | 包装及材料的要求 | 9.0 | 28.7 | 13.9 | 18.3 | 8.3 | 13.3 | 8.6 | 100.0 |
| | 环保要求（包括节能及产品回收） | 7.2 | 28.8 | 12.2 | 19.1 | 9.2 | 14.8 | 8.6 | 100.0 |
| | 特殊的检验要求（如指定检验地点、机构、方法） | 9.9 | 26.6 | 13.9 | 20.0 | 8.2 | 14.6 | 6.8 | 100.0 |
| | 产品的人身安全要求 | 8.2 | 29.8 | 13.3 | 17.8 | 8.0 | 15.1 | 7.8 | 100.0 |
| | 工业产品中有毒有害物质限量要求 | 8.0 | 28.6 | 14.1 | 18.7 | 9.0 | 14.5 | 7.1 | 100.0 |
| | 计量单位要求 | 10.6 | 27.6 | 15.2 | 18.3 | 8.2 | 11.7 | 8.4 | 100.0 |
| | 木质包装的要求 | 8.3 | 29.9 | 19.1 | 12.8 | 7.9 | 11.9 | 10.1 | 100.0 |
| | 其他 | 12.1 | 18.2 | 27.3 | 15.2 | – | 9.1 | 18.2 | 100.0 |
| 工业品总计 | | 9.0 | 29.7 | 14.9 | 17.3 | 8.1 | 13.2 | 7.8 | 100.0 |

（续表3-1-27）

| 产品类别 | 企业类别<br>措施的种类 | 企业类别 | | | | | | | 合计 |
|---|---|---|---|---|---|---|---|---|---|
| | | 农食产品 | 机电仪器 | 化矿金属 | 纺织鞋帽 | 橡塑皮革 | 玩具家具 | 木材纸张非金属 | |
| 农业品 | 种养殖基地、加工厂、仓库注册要求 | 60.8 | 12.1 | 4.7 | 8.8 | 4.7 | 5.9 | 2.9 | 100.0 |
| | 动物疫病方面的要求 | 59.3 | 11.5 | 7.2 | 8.1 | 2.4 | 8.1 | 3.3 | 100.0 |
| | 植物病虫害杂草方面的要求 | 66.2 | 10.4 | 4.2 | 6.9 | 2.3 | 5.0 | 5.0 | 100.0 |
| | 食品中农兽药残留限量要求 | 77.3 | 6.8 | 4.0 | 4.0 | 1.7 | 3.4 | 2.8 | 100.0 |
| | 食品微生物指标要求 | 74.3 | 8.8 | 3.7 | 3.7 | 2.0 | 5.4 | 2.0 | 100.0 |
| | 食品添加剂要求 | 68.6 | 10.6 | 5.3 | 6.2 | 1.8 | 4.9 | 2.7 | 100.0 |
| | 食品中重金属等有害物质的限量要求 | 76.0 | 8.3 | 3.5 | 4.9 | 2.4 | 3.1 | 1.7 | 100.0 |
| | 食品接触材料的要求 | 67.5 | 10.5 | 5.8 | 6.3 | 2.1 | 4.7 | 3.1 | 100.0 |
| | 食品标签要求 | 70.4 | 8.6 | 3.9 | 6.4 | 3.9 | 4.6 | 2.1 | 100.0 |
| | 木质包装的要求 | 48.1 | 14.8 | 11.4 | 9.0 | 3.8 | 6.2 | 6.7 | 100.0 |
| | 食品化妆品中过敏原的要求 | 59.4 | 15.0 | 6.9 | 6.3 | 2.5 | 6.3 | 3.8 | 100.0 |
| | 其他 | 52.3 | 9.1 | 6.8 | 2.3 | 2.3 | 6.8 | 20.5 | 100.0 |
| 农业品总计 | | 67.2 | 10.2 | 5.2 | 6.2 | 2.7 | 5.1 | 3.4 | 100.0 |

表3–1–28是不同地区被调查企业遭受国外各种技术性贸易措施的累计数。由于各地区出口产品结构、生产技术水平不同，其遭受的国外技术性贸易措施主要类型也存在差异。

广东受技术性贸易措施影响的企业占比居全国第一。工业品的出口企业受影响占比高达15.2%，以产品的人身安全要求、工业产品中有毒有害物质限量要求、环保要求（包括节能及产品回收）为最主要的内容。制约广东农产品出口企业的主要障碍是动物疫病方面的要求、木质包装的要求等。

浙江受国外技术性贸易措施影响的企业占比居于其次，主要也集中在工业品出口企业中，遭遇到的障碍类型以工业产品中有毒有害物质限量要求、环保要求（包括节能及产品回收）以及产品的人身安全要求等为最多；在农产品出口中，浙江企业则主要受到动物疫病方面的要求、食品接触材料的要求以及种养殖基地、加工厂、仓库注册要求等障碍的影响。

江苏受国外技术性贸易措施影响的企业占比居全国第三，与广东和浙江的情况类似，也主要集中在工业品的出口中，出口企业主要受国外标签和标志、厂商或产品的注册、产品的人身安全、有毒有害物质限量等方面要求的影响。江苏农产品出口遭遇国外技术性贸易措施主要集中在木质包装、食品化妆品中过敏原的要求等方面。

表3–1–29列出了出口到不同国家或地区遭遇各类技术性贸易措施的情况。中国出口到欧盟的工业品主要受环保要求（包括节能及产品回收）、工业产品中有毒有害物质限量要求、认证要求、技术标准要求、产品的人身安全要求等的限制；农产品出口遭遇的措施主要有食品中农兽药残留限量要求、食品接触材料的要求、食品微生物指标要求、食品添加剂要求等。

出口到美国的工业品遭遇的措施主要有厂商或产品的注册要求（包括审核）、技术标准要求、包装

表 3-1-28 不同地区遭遇不同贸易措施影响的企业数占比

单位：%

| 产品类别 | 措施的种类 \ 地区 | 北京 | 天津 | 河北 | 山西 | 内蒙古 | 辽宁 | 吉林 | 黑龙江 | 上海 | 江苏 | 浙江 | 安徽 | 福建 | 江西 | 山东 | 河南 |
|---|---|---|---|---|---|---|---|---|---|---|---|---|---|---|---|---|---|
| 工业品 | 厂商或产品的注册要求（包括审核） | 1.9 | 0.7 | 2.6 | 3.6 | 1.7 | 2.6 | 1.3 | 0.4 | 5.5 | 8.5 | 15.2 | 3.2 | 5.0 | 3.2 | 7.0 | 3.6 |
| | 技术标准要求 | 3.0 | 0.9 | 3.5 | 4.3 | 1.2 | 3.6 | 0.9 | 0.5 | 5.6 | 8.2 | 14.2 | 2.2 | 4.0 | 2.5 | 6.4 | 3.3 |
| | 认证要求 | 3.1 | 1.2 | 3.9 | 3.9 | 1.3 | 3.5 | 1.2 | 0.5 | 5.0 | 8.9 | 14.3 | 3.4 | 4.8 | 2.3 | 6.8 | 3.1 |
| | 标签和标志要求 | 2.3 | 1.2 | 2.7 | 2.8 | 1.6 | 4.2 | 1.5 | 0.4 | 6.9 | 8.2 | 15.2 | 2.1 | 4.2 | 2.8 | 6.2 | 2.7 |
| | 包装及材料的要求 | 2.8 | 1.1 | 3.0 | 5.0 | 1.6 | 3.7 | 1.2 | 0.4 | 6.8 | 7.5 | 13.6 | 1.6 | 4.5 | 3.1 | 5.8 | 3.7 |
| | 环保要求（包括节能及产品回收） | 2.2 | 0.8 | 2.7 | 2.6 | 1.7 | 3.4 | 1.4 | 0.7 | 4.8 | 7.9 | 15.5 | 2.2 | 6.0 | 3.4 | 6.0 | 2.7 |
| | 特殊的检验要求（如指定检验地点、机构、方法） | 3.2 | 0.7 | 4.2 | 4.1 | 1.1 | 3.8 | 1.4 | 0.6 | 5.4 | 8.0 | 14.6 | 3.1 | 5.5 | 2.8 | 6.5 | 3.1 |
| | 产品的人身安全要求 | 2.1 | 0.9 | 3.2 | 3.2 | 1.2 | 3.7 | 1.2 | 0.2 | 6.2 | 8.5 | 15.3 | 1.4 | 5.0 | 2.8 | 6.6 | 2.7 |
| | 工业产品中有毒有害物质限量要求 | 2.1 | 0.9 | 2.7 | 4.3 | 1.7 | 3.4 | 1.6 | 0.3 | 5.4 | 8.3 | 15.9 | 3.1 | 4.7 | 3.1 | 5.3 | 3.0 |
| | 计量单位要求 | 2.4 | 1.1 | 3.3 | 3.5 | 1.8 | 4.6 | 1.1 | 0.2 | 7.1 | 6.6 | 14.6 | 1.1 | 4.2 | 4.2 | 5.5 | 3.1 |
| | 木质包装的要求 | 2.4 | 1.9 | 3.1 | 5.6 | 1.3 | 4.7 | 1.3 | 0.4 | 6.8 | 7.7 | 12.8 | 2.0 | 4.3 | 3.3 | 6.1 | 2.7 |
| | 其他 | 1.9 | 0.7 | 2.6 | 3.6 | 1.7 | 2.6 | 1.3 | 0.4 | 5.5 | 8.5 | 15.2 | 3.2 | 5.0 | 3.2 | 7.0 | 3.6 |
| 工业品总计 | | 2.5 | 1.1 | 3.2 | 3.9 | 1.5 | 3.7 | 1.3 | 0.4 | 5.9 | 8.1 | 14.6 | 2.4 | 4.7 | 3 | 6.2 | 3.1 |
| 农业品 | 种养殖基地、加工厂、仓库注册要求 | 2.4 | 1.5 | 3.5 | 2.1 | 2.4 | 1.5 | 3.5 | 0.6 | 4.4 | 2.4 | 5.9 | 1.8 | 5.6 | 8.3 | 5.6 | 5.0 |
| | 动物疫病方面的要求 | 2.9 | 1.4 | 3.8 | 1.4 | 4.3 | 3.3 | 2.9 | 0.0 | 5.7 | 3.3 | 6.2 | 1.4 | 4.8 | 6.7 | 2.9 | 3.8 |
| | 植物病虫害杂草方面的要求 | 2.3 | 1.2 | 2.3 | 4.2 | 3.5 | 3.5 | 3.5 | 0.4 | 3.5 | 3.8 | 3.8 | 3.5 | 5.4 | 6.5 | 5.8 | 3.8 |
| | 食品中农兽药残留限量要求 | 1.7 | 1.4 | 4.8 | 3.4 | 3.1 | 2.0 | 3.4 | 0.9 | 4.5 | 1.7 | 4.0 | 3.4 | 3.7 | 6.5 | 7.7 | 4.3 |
| | 食品微生物指标要求 | 3.0 | 1.0 | 2.7 | 3.4 | 3.0 | 2.7 | 3.7 | 1.0 | 5.1 | 3.0 | 3.4 | 4.1 | 4.1 | 6.4 | 7.8 | 3.4 |
| | 食品添加剂要求 | 4.0 | 1.8 | 4.4 | 2.7 | 3.5 | 2.7 | 3.5 | 0.0 | 5.3 | 3.1 | 4.9 | 2.2 | 4.4 | 7.5 | 6.6 | 4.9 |
| | 食品中重金属等有害物质的限量要求 | 2.8 | 1.0 | 4.2 | 3.8 | 2.4 | 2.1 | 3.8 | 1.0 | 4.9 | 2.4 | 4.5 | 4.2 | 4.2 | 6.6 | 5.9 | 4.9 |
| | 食品接触材料的要求 | 2.1 | 1.0 | 2.1 | 2.1 | 2.6 | 2.1 | 4.2 | 0.5 | 5.8 | 2.6 | 5.8 | 2.1 | 4.2 | 8.4 | 7.3 | 3.1 |
| | 食品标签要求 | 3.2 | 1.1 | 3.6 | 3.2 | 3.2 | 2.1 | 3.2 | 0.4 | 5.4 | 3.2 | 3.9 | 2.9 | 3.2 | 5.4 | 6.4 | 6.1 |
| | 木质包装的要求 | 3.8 | 2.4 | 2.9 | 2.4 | 3.3 | 4.8 | 1.9 | 0.0 | 7.1 | 5.7 | 5.2 | 1.0 | 4.3 | 6.7 | 4.8 | 3.3 |
| | 食品化妆品中过敏原的要求 | 1.3 | 1.3 | 3.1 | 4.4 | 3.1 | 1.9 | 3.1 | 0.0 | 6.9 | 4.4 | 4.4 | 2.5 | 5.0 | 9.4 | 5.0 | 3.8 |
| | 其他 | 6.8 | 2.3 | 0 | 0 | 4.5 | 4.5 | 2.3 | 0 | 2.3 | 6.8 | 0 | 4.5 | 2.3 | 11.4 | 4.5 | 0 |
| 农业品总计 | | 2.7 | 1.4 | 3.4 | 3.0 | 3.1 | 2.6 | 3.4 | 0.5 | 5.1 | 3.2 | 4.6 | 2.8 | 4.4 | 7.1 | 6.1 | 4.2 |
| 总计 | | 2.6 | 1.1 | 3.3 | 3.7 | 1.9 | 3.4 | 1.8 | 0.4 | 5.7 | 6.9 | 12.2 | 2.5 | 4.6 | 4.0 | 6.2 | 3.3 |

（续表 3-1-28）

| 产品类别 | 措施的种类 \ 地区 | 湖北 | 湖南 | 广东 | 广西 | 海南 | 四川 | 重庆 | 贵州 | 云南 | 西藏 | 陕西 | 甘肃 | 青海 | 宁夏 | 新疆 | 总计 |
|---|---|---|---|---|---|---|---|---|---|---|---|---|---|---|---|---|---|
| 工业品 | 厂商或产品的注册要求（包括审核） | 1.6 | 3.4 | 12.9 | 2.4 | 1.3 | 4.8 | 1.6 | 1.7 | 0.4 | – | 2.0 | 0.3 | 0.7 | 0.4 | 0.4 | 100.0 |
| | 技术标准要求 | 2.2 | 3.0 | 15.1 | 1.4 | 1.6 | 3.3 | 2.2 | 2.2 | 0.4 | – | 2.3 | 0.7 | 0.5 | 0.5 | 0.4 | 100.0 |
| | 认证要求 | 2.3 | 2.7 | 15.2 | 1.0 | 1.4 | 2.7 | 1.9 | 1.7 | 0.2 | – | 2.3 | 0.5 | 0.2 | 0.5 | 0.5 | 100.0 |
| | 标签和标志要求 | 2.0 | 2.7 | 15.4 | 1.9 | 1.0 | 3.1 | 2.0 | 1.8 | 0.3 | – | 2.9 | 0.4 | 0.5 | 0.5 | 0.5 | 100.0 |
| | 包装及材料的要求 | 1.9 | 2.3 | 15.7 | 1.6 | 1.7 | 3.2 | 1.2 | 1.8 | 0.8 | – | 2.5 | 0.5 | 0.5 | 0.5 | 0.5 | 100.0 |
| | 环保要求（包括节能及产品回收） | 2.0 | 3.6 | 16.4 | 1.4 | 2.0 | 3.5 | 2.0 | 0.9 | 0.4 | – | 2.0 | 0.5 | 0.3 | 0.5 | 0.5 | 100.0 |
| | 特殊的检验要求（如指定检验地点、机构、方法） | 1.1 | 3.4 | 13.7 | 1.0 | 1.7 | 3.1 | 2.1 | 1.4 | 0.7 | – | 2.0 | 0.3 | 0.3 | 0.7 | 0.4 | 100.0 |
| | 产品的人身安全要求 | 1.2 | 3.4 | 17.8 | 1.4 | 1.4 | 3.7 | 1.6 | 1.8 | 0.2 | – | 1.6 | 0.5 | 0.5 | 0.2 | 0.4 | 100.0 |
| | 工业产品中有毒有害物质限量要求 | 1.9 | 3.2 | 16.5 | 1.3 | 1.2 | 3.7 | 1.6 | 1.3 | 0.6 | – | 1.4 | 0.5 | 0.4 | 0.5 | 0.3 | 100.0 |
| | 计量单位要求 | 0.9 | 4.2 | 15.9 | 1.8 | 1.8 | 3.5 | 1.1 | 2.6 | 0.4 | – | 1.3 | 0.2 | 0.4 | 0.4 | 0.9 | 100.0 |
| | 木质包装的要求 | 1.7 | 3.1 | 13.6 | 1.7 | 2.0 | 4.2 | 1.9 | 1.5 | 0.4 | – | 1.8 | 0.3 | 0.4 | 0.4 | 0.6 | 100.0 |
| | 其他 | 0 | 6.1 | 9.1 | 3 | 0 | 9.1 | 0 | 3 | 0 | – | 9.1 | 3 | 0 | 0 | 6.1 | 100 |
| 工业品总计 | | 1.8 | 3.1 | 15.2 | 1.5 | 1.5 | 3.5 | 1.8 | 1.7 | 0.4 | – | 2.1 | 0.5 | 0.4 | 0.5 | 0.5 | 100.0 |
| 农业品 | 种养殖基地、加工厂、仓库注册要求 | 2.7 | 6.2 | 5.6 | 4.1 | 2.9 | 6.2 | 2.1 | 2.1 | 1.8 | – | 3.8 | 3.2 | 0.3 | 0.9 | 1.8 | 100.0 |
| | 动物疫病方面的要求 | 1.9 | 7.7 | 5.7 | 3.8 | 2.9 | 5.7 | 3.8 | 2.4 | 1.4 | – | 3.8 | 1.9 | 0.0 | 1.4 | 2.4 | 100.0 |
| | 植物病虫害杂草方面的要求 | 2.7 | 4.6 | 2.3 | 5.0 | 1.9 | 5.0 | 1.9 | 2.3 | 1.2 | – | 4.2 | 7.3 | 0.4 | 2.3 | 1.9 | 100.0 |
| | 食品中农兽药残留限量要求 | 3.1 | 4.8 | 3.4 | 4.3 | 2.6 | 6.3 | 2.3 | 2.0 | 2.0 | – | 5.4 | 3.1 | 0.3 | 2.0 | 2.0 | 100.0 |
| | 食品微生物指标要求 | 3.0 | 6.1 | 3.4 | 2.4 | 2.7 | 6.1 | 1.7 | 2.0 | 1.4 | – | 5.4 | 3.7 | 0.3 | 2.7 | 1.4 | 100.0 |
| | 食品添加剂要求 | 2.7 | 4.9 | 4.0 | 2.7 | 2.7 | 5.8 | 3.1 | 2.7 | 0.0 | – | 3.5 | 2.7 | 0.4 | 1.3 | 2.2 | 100.0 |
| | 食品中重金属等有害物质的限量要求 | 4.2 | 4.9 | 3.1 | 3.5 | 1.7 | 6.3 | 1.7 | 1.7 | 1.4 | – | 5.2 | 2.8 | 0.3 | 2.8 | 1.7 | 100.0 |
| | 食品接触材料的要求 | 2.6 | 5.2 | 4.7 | 3.7 | 2.6 | 8.4 | 1.6 | 2.1 | 1.6 | – | 4.2 | 1.6 | 0.5 | 2.6 | 2.6 | 100.0 |
| | 食品标签要求 | 3.2 | 5.4 | 4.3 | 3.9 | 2.1 | 6.4 | 2.1 | 2.5 | 2.9 | – | 4.6 | 2.5 | 0.4 | 1.4 | 1.8 | 100.0 |
| | 木质包装的要求 | 1.4 | 7.1 | 5.7 | 2.4 | 2.4 | 6.2 | 1.0 | 1.0 | 1.0 | – | 6.2 | 2.4 | 0.0 | 1.4 | 2.4 | 100.0 |
| | 食品化妆品中过敏原的要求 | 0.6 | 5.6 | 5.0 | 3.8 | 2.5 | 9.4 | 1.3 | 0.6 | 1.3 | – | 3.8 | 2.5 | 0.0 | 1.9 | 2.5 | 100.0 |
| | 其他 | 2.3 | 6.8 | 4.5 | 0.0 | 2.3 | 9.1 | 0.0 | 0.0 | 6.8 | – | 6.8 | 6.8 | 0.0 | 0.0 | 2.3 | 100.0 |
| 农业品总计 | | 2.7 | 5.6 | 4.2 | 3.6 | 2.5 | 6.4 | 2.0 | 2.0 | 1.6 | – | 4.7 | 3.2 | 0.3 | 1.9 | 2.0 | 100.0 |
| 总体 | | 2.0 | 3.7 | 12.5 | 2.0 | 1.7 | 4.2 | 1.8 | 1.8 | 0.7 | – | 2.7 | 1.1 | 0.4 | 0.8 | 0.9 | 100.0 |

与材料要求、工业产品中有毒有害物质限量要求、认证要求以及产品的人生安全要求等；农产品出口遭遇的措施主要为食品中农兽药残留限量要求、种养殖基地、加工厂、仓库注册要求以及食品化妆品中过敏原的要求等。

日韩对中国工业品出口的限制主要集中在产品的人身安全、技术标准、计量单位、以及标签标志要求上；而作为中国重要的农食产品出口市场，其在食品添加剂、食品微生物指标、食品中重金属等有害物质的限量以及植物病虫害杂草方面的要求对中国出口企业的影响尤为突出。

**表 3-1-29 出口到不同国家或地区遭遇不同技术性贸易措施的企业数占比** 单位：%

| 产品类别 | 措施的种类＼出口目的地 | 美国 | 欧盟 | 日韩 | 其他 | 总计 |
|---|---|---|---|---|---|---|
| 工业品 | 厂商或产品的注册要求（包括审核） | 28.2 | 23.2 | 15.9 | 32.7 | 100.0 |
| | 技术标准要求 | 27.4 | 26.9 | 17.4 | 28.2 | 100.0 |
| | 认证要求 | 27.0 | 30.1 | 13.9 | 29.0 | 100.0 |
| | 标签和标志要求 | 26.9 | 24.9 | 16.6 | 31.6 | 100.0 |
| | 包装及材料的要求 | 27.4 | 25.4 | 16.2 | 31.0 | 100.0 |
| | 环保要求（包括节能及产品回收） | 26.6 | 30.9 | 16.4 | 26.1 | 100.0 |
| | 特殊的检验要求（如指定检验地点、机构、方法） | 25.7 | 25.7 | 16.2 | 32.4 | 100.0 |
| | 产品的人身安全要求 | 26.8 | 26.6 | 17.6 | 29.1 | 100.0 |
| | 工业产品中有毒有害物质限量要求 | 27.3 | 30.6 | 16.6 | 25.5 | 100.0 |
| | 计量单位要求 | 26.3 | 21.4 | 17.4 | 34.9 | 100.0 |
| | 木质包装的要求 | 24.9 | 24.2 | 16.6 | 34.3 | 100.0 |
| | 其他 | 26.3 | 10.5 | 5.3 | 57.9 | 100.0 |
| 工业品总计 | | 26.8 | 26.7 | 16.3 | 30.2 | 100.0 |
| 农业品 | 种养殖基地、加工厂、仓库注册要求 | 25.4 | 18.2 | 17.0 | 39.3 | 100.0 |
| | 动物疫病方面的要求 | 21.1 | 18.0 | 18.9 | 42.0 | 100.0 |
| | 植物病虫害杂草方面的要求 | 19.8 | 18.1 | 20.8 | 41.3 | 100.0 |
| | 食品中农兽药残留限量要求 | 31.8 | 31.8 | 0.0 | 36.4 | 100.0 |
| | 食品微生物指标要求 | 20.3 | 23.3 | 21.5 | 34.9 | 100.0 |
| | 食品添加剂要求 | 22.7 | 22.5 | 21.7 | 33.0 | 100.0 |
| | 食品中重金属等有害物质的限量要求 | 22.3 | 20.1 | 20.9 | 36.7 | 100.0 |
| | 食品接触材料的要求 | 22.6 | 23.8 | 19.3 | 34.3 | 100.0 |
| | 食品标签要求 | 21.6 | 21.0 | 18.8 | 38.6 | 100.0 |
| | 木质包装的要求 | 22.4 | 20.0 | 18.0 | 39.6 | 100.0 |
| | 食品化妆品中过敏原的要求 | 22.6 | 21.3 | 17.1 | 39.0 | 100.0 |
| | 其他 | 23.3 | 22.5 | 17.1 | 37.2 | 100.0 |
| 农业品总计 | | 22.6 | 17.0 | 11.3 | 49.1 | 100.0 |
| 总计 | | 26.8 | 26.7 | 16.2 | 30.3 | 100.0 |

### （二）出口贸易障碍分析：技术性贸易措施是第三大贸易障碍

在调查问卷中，针对中国企业在2017年出口中可能遇到的障碍，共设计了以下8个项目供选择：①技术性贸易措施；②反倾销；③反补贴；④配额；⑤许可证；⑥关税；⑦汇率；⑧其他。

表3-1-30　中国企业出口时所遇到的主要障碍占比　　单位：%

| 主要障碍<br>企业类别 | 技术性贸易措施 | 反倾销 | 反补贴 | 配额 | 许可证 | 关税 | 汇率 | 其他 | 合计 |
|---|---|---|---|---|---|---|---|---|---|
| 农食产品 | 21.4 | 5.9 | 3.8 | 7.1 | 13.1 | 23.7 | 22.7 | 2.4 | 100.0 |
| 机电仪器 | 18.5 | 8.9 | 3.4 | 3.9 | 11.6 | 27.7 | 23.1 | 2.9 | 100.0 |
| 化矿金属 | 16.1 | 11.3 | 4.0 | 5.7 | 12.6 | 25.9 | 22.2 | 2.2 | 100.0 |
| 纺织鞋帽 | 17.7 | 8.3 | 3.6 | 4.9 | 10.5 | 28.4 | 24.6 | 2.1 | 100.0 |
| 橡塑皮革 | 17.7 | 9.9 | 4.5 | 5.6 | 11.7 | 27.3 | 21.7 | 1.6 | 100.0 |
| 玩具家具 | 18.5 | 9.6 | 3.9 | 5.1 | 10.9 | 29.0 | 21.1 | 2.0 | 100.0 |
| 木材纸张非金属 | 16.6 | 11.1 | 4.1 | 5.7 | 11.0 | 26.1 | 22.7 | 2.7 | 100.0 |
| 总体 | 18.4 | 8.8 | 3.8 | 5.3 | 11.8 | 26.8 | 22.8 | 2.4 | 100.0 |

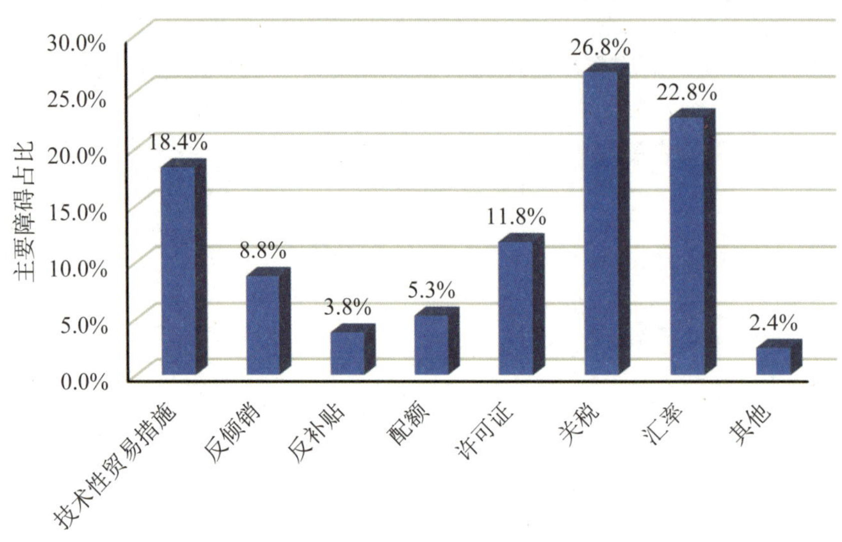


图3-1-11　中国出口企业出口遇到的主要障碍

从表3-1-30和图3-1-11可知，无论是从总体还是分企业类型看，技术性贸易措施都是仅次于汇率、关税的影响中国企业出口的第三大贸易障碍。

从表3-1-31可以看出，在5080家回答该问题的受访企业中，有18.7%的企业认为技术性贸易措施是企业产品出口的最大障碍，较2017年降低12.6个百分点。另外，有6.8%和12.3%的企业分别认为技术性贸易措施是影响企业出口的第二大和第三大障碍。综合企业对各选项的选择次数和影响力排序，企业在出口中遇到的障碍由大到小依次为：汇率、关税、技术性贸易措施、反倾销、许可证、配额、其他贸易措施。从总体上看，2018 年国外技术性贸易措施仍然排在汇率和关税之后，是影响我国企业出口的第三大障碍。

表 3-1-31 中国企业出口时所遇到的最大障碍类型占比 单位：%

| 最大障碍<br>选择次数 | 汇率 | 技术性贸易措施 | 关税 | 许可证 | 反倾销 | 反补贴 | 配额 | 其他 |
|---|---|---|---|---|---|---|---|---|
| 第一位选择 | 16.0 | 18.7 | 25.5 | 7.1 | 7.2 | 0.8 | 2.5 | 2.1 |
| 第二位选择 | 16.6 | 6.8 | 20.3 | 9.2 | 6.5 | 2.6 | 3.6 | 1.0 |
| 第三位选择 | 13.4 | 12.3 | 9.1 | 7.2 | 3.9 | 3.5 | 4.0 | 1.6 |

## （三）措施制约原因分析：为达到国外要求导致成本过高是最主要原因

在调查问卷中，针对 2018 年中国企业在出口中受到国外技术性贸易措施制约的原因，共设计了以下 9 个项目供选择：① 生产技术水平达不到国外技术要求、标准、限量等；② 为达到国外要求导致成本过高；③ 不了解国外规定；④ 国外措施针对进口产品具有歧视性；⑤ 认证、注册周期长费用高；⑥ 国外检验检测项目繁多；⑦ 不合理的出口证书要求；⑧ 动植物及其产品的检疫要求；⑨ 其他。

表 3–1–32 和图 3–1–12 显示了中国企业在出口时受国外技术性贸易措施制约的原因。从企业对各选项的总选择次数看，企业认为出口受到国外技术性贸易措施制约最主要的两个原因为：为达到国外要求导致成本过高和生产技术水平达不到国外技术要求。此外，企业认为不了解国外规定以及认证、注册周期长费用高也是其受到国外技术型贸易措施制约的重要原因。

若区分不同类别的出口企业，从表 3–1–32 可以看出，“生产技术水平达不到国外技术要求”是所有类型受国外技术性贸易措施影响企业的最主要原因；农食产品类企业将“为达到国外要求导致成本过高”视为最主要原因，将“检验检测项目繁多”视为次重要原因。

表 3-1-32 企业受国外技术性贸易措施制约的不同原因占比 单位：%

| | 技术水平达不到要求 | 为达要求导致成本过高 | 不了解国外规定 | 国外措施具有歧视性 | 认证、注册周期长费用高 | 检验检测项目繁多 | 不合理的出口证书要求 | 动植物及其产品检疫要求 | 其他 | 合计 |
|---|---|---|---|---|---|---|---|---|---|---|
| 农食产品 | 14.1 | 20.7 | 13.8 | 7.9 | 12.3 | 14.4 | 5.8 | 10.8 | 0.3 | 100.0 |
| 机电仪器 | 19.2 | 21.0 | 15.7 | 10.0 | 15.9 | 10.7 | 5.1 | 2.1 | 0.4 | 100.0 |
| 化矿金属 | 19.0 | 20.9 | 13.9 | 10.0 | 16.5 | 11.1 | 6.0 | 2.3 | 0.3 | 100.0 |
| 纺织鞋帽 | 19.7 | 23.0 | 16.0 | 9.2 | 11.0 | 12.8 | 5.5 | 2.6 | 0.2 | 100.0 |
| 橡塑皮革 | 18.2 | 22.2 | 17.2 | 9.6 | 13.7 | 10.9 | 4.7 | 3.0 | 0.5 | 100.0 |
| 玩具家具 | 16.0 | 24.0 | 14.9 | 8.8 | 12.7 | 13.2 | 5.2 | 4.9 | 0.3 | 100.0 |
| 木材纸张非金属 | 16.8 | 23.3 | 13.1 | 10.6 | 13.5 | 11.5 | 5.9 | 5.0 | 0.4 | 100.0 |
| 总体 | 17.6 | 21.8 | 14.9 | 9.3 | 13.7 | 12.2 | 5.5 | 4.6 | 0.3 | 100.0 |

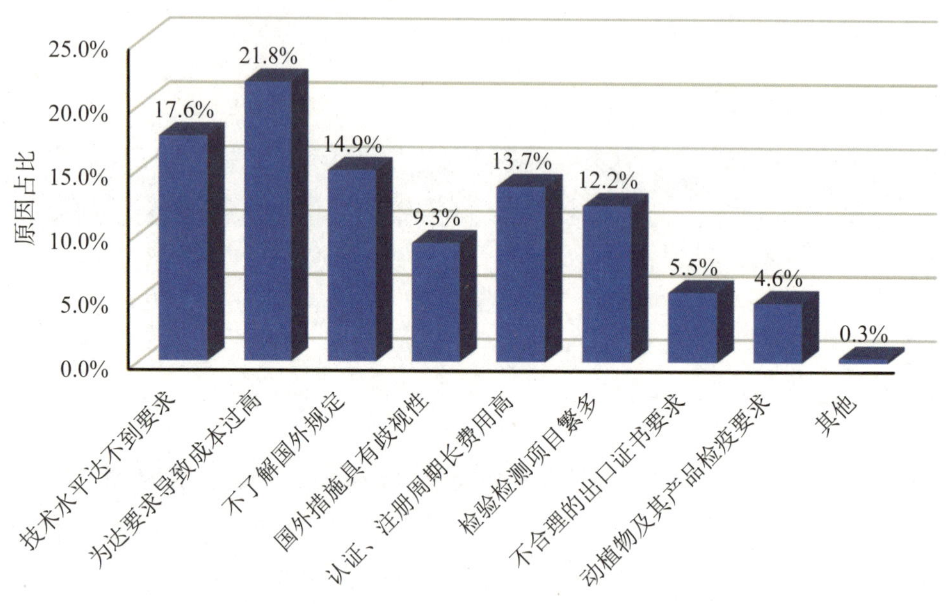


图 3-1-12　企业受国外技术性贸易措施制约的原因

表 3-1-33 列出了中国不同地区出口企业受国外技术性贸易措施制约的原因。从表中可以看到，在宁夏、河北、四川、浙江、广东、河南、贵州、湖北、内蒙古、甘肃、吉林、云南、广西、上海、湖南、福建、安徽、海南、江西、山东、重庆、山西、陕西、北京、辽宁等地区，为达到国外要求导致成本过高被认为是出口企业受国外技术性贸易措施制约的最主要原因；而在天津、西藏、黑龙江、新疆和青海等省区的企业认为，不了解国外规定是导致出口时受到国外技术性贸易措施制约的最主要原因；对于江苏省的出口企业而言，生产技术水平达不到国外技术要求、标准、限量是克服国外技术性贸易措施制约而亟待解决的问题。

## 五、企业应对情况分析

### （一）应对方式分析：提高产品竞争力、向海关报告以及与外商交涉是企业最主要的做法

在调查问卷中，针对中国企业在遭遇国外技术性贸易措施时采取的做法，设计了以下 10 个项目供企业选择：① 向海关报告；② 向商务部门报告；③ 向我驻外使馆报告；④ 向行业商协会报告；⑤ 向其他主管部门报告；⑥ 与国外进口商交涉；⑦ 与国外主管部门交涉；⑧ 不寻求任何解决方式，不再出口或寻求新市场；⑨ 加强技术攻关和升级改造，提高产品竞争力；⑩ 其他。

表 3-1-33 中国不同地区出口企业受国外技术性贸易措施制约的原因 单位：%

| 原因<br>地区 | 技术水平达不到要求 | 为达要求导致成本过高 | 不了解国外规定 | 国外措施具有歧视性 | 认证、注册周期长费用高 | 检验检测项目繁多 | 不合理的出口证书要求 | 动植物及其产品检疫要求 | 其他 | 合计占比 |
|---|---|---|---|---|---|---|---|---|---|---|
| 北京 | 15.3 | 18.0 | 15.7 | 8.4 | 17.6 | 12.3 | 5.8 | 6.1 | 0.8 | 100.0 |
| 天津 | 16.0 | 20.3 | 22.8 | 7.3 | 11.6 | 12.9 | 4.7 | 3.5 | 0.9 | 100.0 |
| 河北 | 16.5 | 20.9 | 15.1 | 10.7 | 12.6 | 12.3 | 6.1 | 5.4 | 0.5 | 100.0 |
| 山西 | 22.9 | 23.2 | 15.7 | 7.9 | 13.9 | 10.1 | 4.9 | 1.5 | 0.0 | 100.0 |
| 内蒙古 | 17.9 | 20.8 | 15.5 | 8.7 | 15.5 | 9.7 | 5.8 | 6.3 | 0.0 | 100.0 |
| 辽宁 | 18.3 | 23.4 | 17.5 | 10.2 | 11.6 | 9.4 | 4.3 | 4.6 | 0.8 | 100.0 |
| 吉林 | 10.9 | 21.3 | 15.9 | 8.7 | 14.8 | 13.1 | 4.4 | 10.9 | 0.0 | 100.0 |
| 黑龙江 | 17.0 | 14.9 | 17.4 | 9.9 | 13.1 | 14.9 | 5.3 | 7.5 | 0.0 | 100.0 |
| 上海 | 18.6 | 18.8 | 16.6 | 9.8 | 12.9 | 11.8 | 6.1 | 5.0 | 0.4 | 100.0 |
| 江苏 | 20.4 | 19.9 | 15.3 | 9.4 | 14.1 | 12.6 | 5.4 | 2.6 | 0.3 | 100.0 |
| 浙江 | 19.3 | 22.1 | 13.9 | 10.8 | 13.7 | 12.6 | 5.7 | 1.8 | 0.3 | 100.0 |
| 安徽 | 16.1 | 21.2 | 9.9 | 11.3 | 16.4 | 16.4 | 4.8 | 3.4 | 0.3 | 100.0 |
| 福建 | 14.7 | 20.1 | 14.7 | 10.8 | 13.7 | 15.4 | 6.6 | 3.9 | 0.0 | 100.0 |
| 江西 | 18.3 | 21.3 | 17.9 | 8.1 | 10.2 | 13.6 | 5.1 | 5.1 | 0.4 | 100.0 |
| 山东 | 18.3 | 24.6 | 11.5 | 8.8 | 14.4 | 11.6 | 7.3 | 3.4 | 0.1 | 100.0 |
| 河南 | 16.8 | 20.3 | 15.3 | 8.4 | 13.4 | 13.1 | 5.6 | 6.9 | 0.3 | 100.0 |
| 湖北 | 13.1 | 23.4 | 13.8 | 8.9 | 17.7 | 13.5 | 3.6 | 5.3 | 0.7 | 100.0 |
| 湖南 | 16.5 | 22.6 | 11.5 | 9.9 | 16.1 | 14.0 | 3.7 | 5.8 | 0.0 | 100.0 |
| 广东 | 18.5 | 26.0 | 13.8 | 9.1 | 14.1 | 10.9 | 4.9 | 2.6 | 0.3 | 100.0 |
| 广西 | 16.1 | 18.4 | 16.5 | 9.6 | 8.8 | 12.3 | 7.7 | 9.2 | 1.5 | 100.0 |
| 海南 | 13.2 | 21.7 | 16.5 | 11.8 | 11.8 | 11.2 | 4.0 | 8.6 | 1.3 | 100.0 |
| 四川 | 17.6 | 18.7 | 13.9 | 7.7 | 15.4 | 13.9 | 5.1 | 7.0 | 0.7 | 100.0 |
| 重庆 | 20.6 | 25.5 | 11.8 | 7.4 | 14.7 | 10.3 | 3.9 | 5.9 | 0.0 | 100.0 |
| 贵州 | 11.0 | 21.9 | 18.7 | 12.9 | 13.6 | 10.3 | 3.2 | 7.7 | 0.7 | 100.0 |
| 云南 | 17.4 | 24.9 | 19.3 | 6.1 | 13.2 | 7.0 | 4.7 | 7.5 | 0.0 | 100.0 |
| 西藏 | 20.4 | 14.8 | 29.6 | 9.3 | 1.9 | 5.6 | 5.6 | 13.0 | 0.0 | 100.0 |
| 陕西 | 14.0 | 20.9 | 15.5 | 7.4 | 15.1 | 13.2 | 6.6 | 7.4 | 0.0 | 100.0 |
| 甘肃 | 17.4 | 21.4 | 11.2 | 6.6 | 13.8 | 14.3 | 7.1 | 8.2 | 0.0 | 100.0 |
| 青海 | 18.8 | 18.8 | 20.3 | 6.3 | 10.9 | 14.1 | 6.3 | 4.7 | 0.0 | 100.0 |
| 宁夏 | 17.5 | 26.3 | 9.5 | 6.6 | 12.4 | 13.9 | 9.5 | 4.4 | 0.0 | 100.0 |
| 新疆 | 21.2 | 17.9 | 22.5 | 9.3 | 9.3 | 10.6 | 2.0 | 7.3 | 0.0 | 100.0 |
| 总体 | 17.6 | 21.8 | 14.9 | 9.3 | 13.7 | 12.2 | 5.5 | 4.6 | 0.3 | 100.0 |

表 3-1-34　不同类型出口企业遭遇技术性贸易措施时采取的各种做法占比　　单位：%

| 做法<br>企业所属行业 | 向海关报告 | 向商务部门报告 | 向驻外使馆报告 | 向行业商协会报告 | 向其他主管部门报告 | 与外商交涉 | 与国外主管部门交涉 | 不再出口 | 提高竞争力 | 其他 | 合计 |
|---|---|---|---|---|---|---|---|---|---|---|---|
| 农食产品 | 22.4 | 15.6 | 3.0 | 9.4 | 5.1 | 20.3 | 2.6 | 1.5 | 18.6 | 1.6 | 100.0 |
| 机电仪器 | 16.8 | 14.3 | 2.3 | 8.7 | 6.1 | 20.7 | 3.4 | 1.4 | 23.4 | 2.9 | 100.0 |
| 化矿金属 | 16.8 | 14.1 | 3.4 | 9.1 | 5.3 | 21.1 | 4.1 | 1.7 | 22.1 | 2.3 | 100.0 |
| 纺织鞋帽 | 17.6 | 15.0 | 3.2 | 9.8 | 4.7 | 21.6 | 3.1 | 1.8 | 20.9 | 2.3 | 100.0 |
| 橡塑皮革 | 18.0 | 15.1 | 3.2 | 8.4 | 4.6 | 21.4 | 4.7 | 1.9 | 20.4 | 2.4 | 100.0 |
| 玩具家具 | 17.5 | 15.3 | 3.8 | 9.4 | 5.2 | 21.2 | 3.2 | 1.5 | 21.2 | 1.8 | 100.0 |
| 木材纸张非金属 | 17.5 | 14.4 | 2.5 | 9.9 | 5.3 | 21.8 | 2.9 | 1.6 | 21.8 | 2.3 | 100.0 |
| 总体 | 18.3 | 14.8 | 3.0 | 9.2 | 5.3 | 21.0 | 3.3 | 1.6 | 21.3 | 2.2 | 100.0 |

表 3-1-34 给出了分企业类别的每种选项被选次数占企业选择总频次的比重。从中可以看出，当农食企业遭遇技术性贸易措施时，首先会选择向海关部门报告，其次选择跟外商交涉，第三选择提高竞争力；对于机电仪器、化矿金属类企业而言，会首先考虑通过技术攻关和升级改造、提高产品竞争力来应对技术性贸易措施的限制，其次选择与外商交涉；对于纺织鞋帽、塑料皮革、玩具家具以及木材纸张非金属类企业，会首选与外商进行交涉，其次再通过加强技术攻关和升级改造，提高产品竞争力。

图 3-1-13 展示了总体上每种选项被选次数占选择总频次的比重，其中选择“加强技术攻关和升级改造，提高产品竞争力”的企业占比为 21.3%，排列在第一位；选择“与外商交涉”企业占比为 21.0% 次，居第二位；选择“向海关报告”的企业占比 18.3%，排第三位。

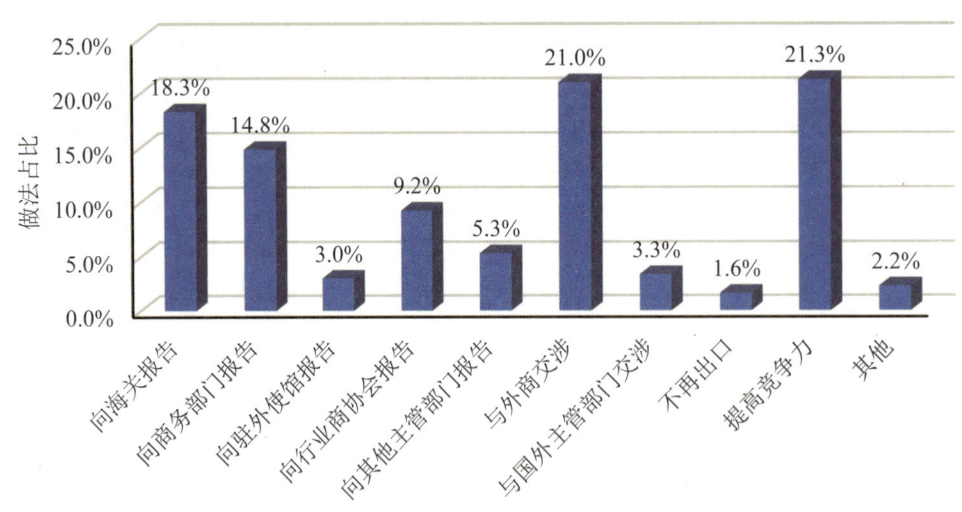


图 3-1-13　出口企业遭遇技术性贸易措施时采取的做法

表 3-1-35 给出了分地区的每种选项被选次数占企业选择总频次的比重，从中可以发现中国不同地区出口企业在遭遇国外技术性贸易措施时所采取的行动非常相似。绝大多数地区的企业都将“加强技

**表 3-1-35 不同地区出口企业遭遇技术性贸易措施时采取的做法占比** 单位：%

| 做法<br>地区 | 向当地海关报告 | 向商务部门报告 | 向驻外使馆报告 | 向行业商协会报告 | 向其他主管部门报告 | 与外商交涉 | 与国外主管部门交涉 | 不再出口 | 提高竞争力 | 其他 | 合计 |
|---|---|---|---|---|---|---|---|---|---|---|---|
| 北京 | 13.7 | 11.8 | 2.6 | 10.8 | 6.2 | 24.8 | 3.6 | 1.0 | 21.9 | 3.6 | 100.0 |
| 天津 | 17.5 | 18.6 | 2.5 | 9.1 | 4.6 | 22.1 | 3.5 | 1.1 | 17.2 | 3.9 | 100.0 |
| 河北 | 19.1 | 15.3 | 3.2 | 8.6 | 4.8 | 22.5 | 2.0 | 1.8 | 21.5 | 1.2 | 100.0 |
| 山西 | 14.0 | 11.6 | 1.0 | 3.4 | 4.1 | 30.0 | 2.7 | 2.1 | 29.7 | 1.4 | 100.0 |
| 内蒙古 | 20.5 | 17.8 | 5.4 | 8.9 | 7.8 | 18.2 | 3.1 | 2.3 | 13.2 | 2.7 | 100.0 |
| 辽宁 | 20.1 | 10.3 | 2.1 | 7.4 | 4.7 | 25.3 | 3.1 | 1.6 | 24.0 | 1.4 | 100.0 |
| 吉林 | 19.6 | 13.2 | 2.8 | 9.6 | 6.0 | 16.0 | 6.0 | 1.2 | 21.2 | 4.4 | 100.0 |
| 黑龙江 | 27.4 | 14.8 | 2.2 | 7.2 | 7.2 | 17.3 | 5.8 | 1.8 | 15.2 | 1.1 | 100.0 |
| 上海 | 15.6 | 10.6 | 1.9 | 8.3 | 7.3 | 23.7 | 3.7 | 2.5 | 23.1 | 3.3 | 100.0 |
| 江苏 | 15.5 | 13.4 | 2.2 | 8.8 | 5.4 | 22.5 | 4.5 | 1.4 | 23.1 | 3.3 | 100.0 |
| 浙江 | 16.1 | 13.8 | 2.9 | 9.6 | 5.2 | 22.5 | 3.7 | 1.0 | 23.2 | 1.9 | 100.0 |
| 安徽 | 17.1 | 15.3 | 2.1 | 8.9 | 5.8 | 22.3 | 1.5 | 2.1 | 23.9 | 0.9 | 100.0 |
| 福建 | 17.3 | 14.0 | 3.1 | 11.1 | 4.2 | 22.3 | 4.2 | 1.4 | 21.0 | 1.4 | 100.0 |
| 江西 | 23.9 | 15.8 | 2.5 | 8.1 | 6.0 | 18.6 | 3.2 | 2.1 | 19.0 | 1.1 | 100.0 |
| 山东 | 17.8 | 15.2 | 3.5 | 8.5 | 5.2 | 21.3 | 2.9 | 2.1 | 21.8 | 1.7 | 100.0 |
| 河南 | 19.0 | 13.8 | 3.8 | 11.1 | 4.6 | 20.6 | 2.7 | 1.1 | 22.0 | 1.4 | 100.0 |
| 湖北 | 17.5 | 19.3 | 2.3 | 11.7 | 4.1 | 17.8 | 1.5 | 1.5 | 21.4 | 2.9 | 100.0 |
| 湖南 | 16.0 | 13.9 | 4.9 | 10.1 | 5.2 | 19.9 | 4.5 | 0.7 | 21.6 | 3.1 | 100.0 |
| 广东 | 18.3 | 14.1 | 2.7 | 9.9 | 5.2 | 18.8 | 2.8 | 1.9 | 23.7 | 2.7 | 100.0 |
| 广西 | 21.7 | 20.1 | 5.5 | 11.0 | 5.8 | 16.8 | 2.1 | 0.6 | 15.6 | 0.9 | 100.0 |
| 海南 | 14.1 | 16.6 | 2.5 | 11.1 | 9.1 | 22.1 | 4.0 | 2.0 | 16.1 | 2.5 | 100.0 |
| 四川 | 18.1 | 13.9 | 3.9 | 10.4 | 5.2 | 18.5 | 3.6 | 1.3 | 23.0 | 2.3 | 100.0 |
| 重庆 | 23.8 | 14.8 | 2.4 | 6.7 | 3.3 | 21.4 | 3.8 | 0.5 | 19.1 | 4.3 | 100.0 |
| 贵州 | 22.0 | 18.3 | 3.7 | 9.4 | 6.8 | 19.9 | 1.1 | 2.6 | 15.7 | 0.5 | 100.0 |
| 云南 | 21.9 | 21.1 | 3.6 | 6.0 | 5.2 | 20.3 | 4.4 | 2.4 | 15.1 | 0.0 | 100.0 |
| 西藏 | 22.5 | 23.9 | 12.7 | 11.3 | 5.6 | 15.5 | 5.6 | 1.4 | 1.4 | 0.0 | 100.0 |
| 陕西 | 18.3 | 14.7 | 2.9 | 12.1 | 4.8 | 19.8 | 3.7 | 1.5 | 20.2 | 2.2 | 100.0 |
| 甘肃 | 23.4 | 22.5 | 1.8 | 7.8 | 2.3 | 23.9 | 1.4 | 1.8 | 15.1 | 0.0 | 100.0 |
| 青海 | 16.4 | 14.9 | 1.5 | 9.0 | 0.0 | 20.9 | 3.0 | 3.0 | 14.9 | 16.4 | 100.0 |
| 宁夏 | 19.8 | 16.6 | 1.9 | 6.4 | 4.5 | 20.4 | 1.9 | 0.0 | 24.2 | 4.5 | 100.0 |
| 新疆 | 23.1 | 17.5 | 4.8 | 9.6 | 7.0 | 12.7 | 4.8 | 1.8 | 17.0 | 1.8 | 100.0 |
| 总体 | 18.3 | 14.8 | 3.0 | 9.2 | 5.3 | 21.0 | 3.3 | 1.6 | 21.3 | 2.2 | 100.0 |

术攻关和升级改造，提高产品竞争力”、“与国外进口商交涉”、“向当地海关报告”作为遭遇国外技术性贸易措施时的主要做法。

### （二）信息渠道分析：海关是获取技术性贸易措施信息最主要的来源

在调查问卷中，针对中国出口企业获取国外技术性贸易措施信息的途径，共设计了以下 12 个选项供选择：① 海关；② 其他政府部门；③ 直接与我国 TBT、SPS 咨询点联系；④ 通过 TBT、SPS 咨询点网站；⑤ 我国驻外使领馆；⑥ 外国驻华使领馆；⑦ 我国有关行业协会和商会；⑧ 媒体（报纸、杂志、电视等）；⑨ 国外经销商提供的信息；⑩ 国外 TBT、SPS 咨询点；⑪ 国外政府网站；⑫ 其他。

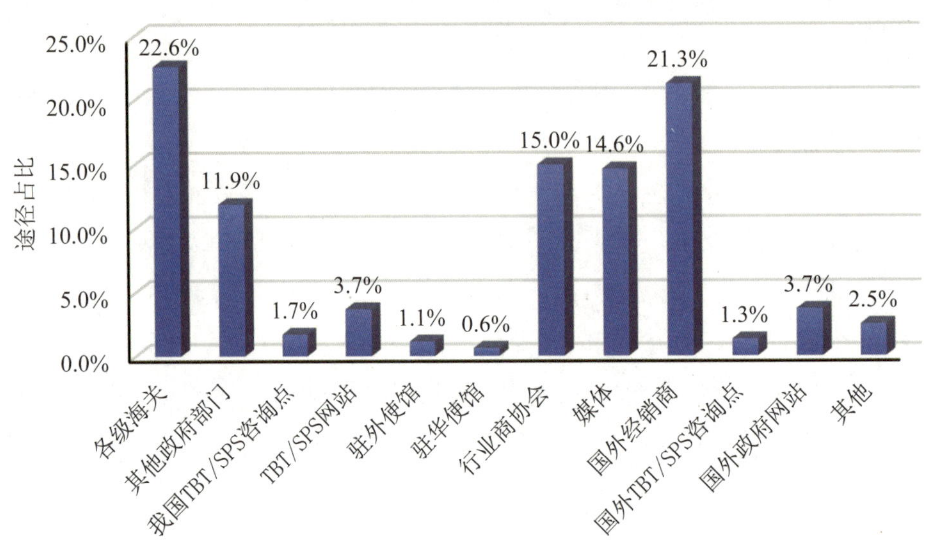


图 3-1-14　中国出口企业获取国外技术性贸易措施信息的途径占比

图 3–1–13 展示了总体上每种选项被选次数占企业数量的比重，从中可知，有 22.6% 的企业是从海关获得了关于技术性贸易措施的信息；其次是从国外经销商处，占比为 21.3%；第三位的信息获取渠道为行业商会，从该处获得信息的企业占比为 15.0%。

表 3-1-36　不同类别出口企业获取国外技术性贸易措施信息的途径占比　　单位：%

| 途径 / 所属行业 | 海关 | 其他政府部门 | 我国TBT/SPS咨询点 | TBT/SPS网站 | 驻外使馆 | 驻华使馆 | 行业商协会 | 媒体 | 国外经销商 | 国外TBT/SPS咨询点 | 国外政府网站 | 其他 | 合计 |
|---|---|---|---|---|---|---|---|---|---|---|---|---|---|
| 农食产品 | 26.0 | 11.5 | 1.5 | 3.7 | 0.8 | 0.5 | 14.1 | 13.0 | 21.9 | 1.2 | 4.1 | 1.7 | 100.0 |
| 机电仪器 | 20.3 | 11.8 | 1.7 | 3.5 | 1.1 | 0.7 | 16.3 | 15.2 | 20.9 | 1.4 | 3.9 | 3.3 | 100.0 |
| 化矿金属 | 21.5 | 9.9 | 1.9 | 3.0 | 1.4 | 0.9 | 15.2 | 14.6 | 23.4 | 1.4 | 4.3 | 2.4 | 100.0 |
| 纺织鞋帽 | 22.8 | 12.4 | 1.9 | 3.9 | 1.4 | 0.7 | 14.4 | 15.8 | 19.6 | 1.5 | 3.0 | 2.7 | 100.0 |
| 橡塑皮革 | 22.5 | 12.7 | 1.7 | 4.1 | 1.5 | 0.5 | 14.3 | 14.6 | 21.3 | 1.2 | 3.5 | 2.3 | 100.0 |
| 玩具家具 | 22.6 | 13.3 | 1.6 | 4.4 | 1.3 | 0.2 | 14.2 | 14.0 | 22.0 | 0.9 | 3.2 | 2.4 | 100.0 |
| 木材纸张非金属 | 23.7 | 12.9 | 1.6 | 3.9 | 0.6 | 0.4 | 15.2 | 15.5 | 20.6 | 0.9 | 3.3 | 1.5 | 100.0 |
| 总体 | 22.7 | 11.9 | 1.7 | 3.7 | 1.1 | 0.6 | 15.0 | 14.6 | 21.3 | 1.3 | 3.7 | 2.5 | 100.0 |

表 3-1-36、表 3-1-37 说明了分行业、分地区的每种选项被选次数占企业选择总频次的比重。从表 3-1-36、3-1-37 中可以看出，所有类别、大多数地区的企业获取国外技术性贸易措施信息的主要来源总体一致，海关是出口企业获取信息最主要的来源。此外，国外经销商、有关行业协会和商会、媒体（包括报纸、杂志、电视等）、其他政府部门也是企业获取国外技术性贸易措施信息的重要渠道。此外，值得引起注意的是，TBT/SPS 咨询点所起的作用有待进一步加强。

**表 3-1-37 不同地区出口企业获取国外技术性贸易措施信息的途径占比** 单位：%

| 途径<br>地区 | 海关 | 其他政府部门 | 中国TBT/SPS 咨询点 | TBT/SPS网站 | 驻外使馆 | 驻华使馆 | 行业商协会 | 媒体 | 国外经销商 | 国外TBT/SPS 咨询点 | 国外政府网站 | 其他 | 合计占比 |
|---|---|---|---|---|---|---|---|---|---|---|---|---|---|
| 北京 | 19.7 | 8.1 | 1.9 | 6.5 | 1.9 | 0.3 | 15.2 | 12.9 | 22.3 | 1.3 | 4.9 | 4.9 | 100.0 |
| 天津 | 24.4 | 13.1 | 2.5 | 3.9 | 0.7 | 0.7 | 12.4 | 15.6 | 19.1 | 0.4 | 2.8 | 4.6 | 100.0 |
| 河北 | 21.3 | 13.5 | 1.9 | 3.0 | 1.1 | 1.0 | 12.0 | 15.4 | 22.6 | 1.5 | 3.6 | 3.2 | 100.0 |
| 山西 | 21.0 | 7.4 | 1.0 | 1.9 | 0.3 | 0.3 | 14.8 | 11.6 | 33.9 | 1.9 | 3.9 | 1.9 | 100.0 |
| 内蒙古 | 23.6 | 13.7 | 2.2 | 3.4 | 1.7 | 0.4 | 15.9 | 13.3 | 18.0 | 0.9 | 4.7 | 2.2 | 100.0 |
| 辽宁 | 23.1 | 9.3 | 1.1 | 1.5 | 0.6 | 0.4 | 14.2 | 15.5 | 29.0 | 0.6 | 3.0 | 1.7 | 100.0 |
| 吉林 | 27.7 | 12.5 | 1.3 | 2.7 | 0.9 | 0.0 | 12.5 | 14.7 | 19.6 | 1.3 | 3.1 | 3.6 | 100.0 |
| 黑龙江 | 31.8 | 11.7 | 1.9 | 1.9 | 0.4 | 0.8 | 12.5 | 18.2 | 18.9 | 0.8 | 0.8 | 0.4 | 100.0 |
| 上海 | 22.2 | 11.6 | 1.8 | 3.7 | 0.6 | 0.0 | 15.9 | 16.1 | 21.0 | 1.2 | 3.1 | 2.9 | 100.0 |
| 江苏 | 20.5 | 12.2 | 1.5 | 2.8 | 0.7 | 0.6 | 16.0 | 15.9 | 21.5 | 1.6 | 3.5 | 3.5 | 100.0 |
| 浙江 | 21.2 | 12.0 | 2.0 | 3.0 | 1.2 | 0.6 | 15.7 | 15.1 | 20.9 | 1.8 | 3.9 | 2.7 | 100.0 |
| 安徽 | 25.9 | 10.8 | 1.2 | 2.8 | 0.6 | 0.6 | 14.2 | 13.9 | 23.8 | 0.3 | 4.9 | 0.9 | 100.0 |
| 福建 | 21.2 | 11.9 | 2.0 | 5.4 | 1.2 | 0.6 | 16.7 | 13.6 | 20.6 | 1.6 | 3.6 | 1.6 | 100.0 |
| 江西 | 27.8 | 13.5 | 2.1 | 4.3 | 1.1 | 0.4 | 15.3 | 12.1 | 16.7 | 1.4 | 3.2 | 2.1 | 100.0 |
| 山东 | 21.5 | 11.2 | 2.3 | 4.1 | 1.4 | 1.1 | 14.5 | 13.7 | 25.1 | 1.3 | 3.1 | 0.9 | 100.0 |
| 河南 | 26.6 | 10.9 | 1.1 | 4.9 | 1.1 | 0.5 | 16.6 | 13.9 | 18.5 | 0.8 | 3.5 | 1.6 | 100.0 |
| 湖北 | 22.0 | 14.1 | 1.2 | 3.2 | 0.9 | 0.3 | 14.4 | 15.8 | 20.8 | 0.3 | 2.9 | 4.1 | 100.0 |
| 湖南 | 23.5 | 14.6 | 1.6 | 3.2 | 2.2 | 0.6 | 16.2 | 12.4 | 19.7 | 0.6 | 3.8 | 1.6 | 100.0 |
| 广东 | 21.2 | 11.0 | 1.3 | 4.4 | 0.7 | 0.3 | 15.9 | 16.2 | 20.4 | 1.5 | 4.1 | 3.1 | 100.0 |
| 广西 | 24.8 | 14.6 | 2.4 | 4.4 | 1.7 | 0.3 | 13.6 | 18.6 | 15.3 | 1.4 | 2.0 | 1.0 | 100.0 |
| 海南 | 22.9 | 13.5 | 2.1 | 2.6 | 0.0 | 0.0 | 17.7 | 15.1 | 20.3 | 0.0 | 4.2 | 1.6 | 100.0 |
| 四川 | 21.7 | 12.5 | 1.5 | 3.3 | 1.8 | 1.2 | 16.6 | 11.3 | 21.4 | 2.4 | 4.8 | 1.8 | 100.0 |
| 重庆 | 28.9 | 9.3 | 2.5 | 2.9 | 1.0 | 0.5 | 13.7 | 13.2 | 22.1 | 1.0 | 2.0 | 2.9 | 100.0 |
| 贵州 | 20.8 | 9.6 | 1.5 | 5.6 | 1.5 | 1.5 | 14.7 | 11.7 | 22.3 | 2.0 | 7.1 | 1.5 | 100.0 |
| 云南 | 26.8 | 15.4 | 0.4 | 2.6 | 1.3 | 0.0 | 11.8 | 14.9 | 21.5 | 0.9 | 2.6 | 1.8 | 100.0 |
| 西藏 | 21.9 | 18.8 | 3.1 | 3.1 | 15.6 | 9.4 | 9.4 | 7.8 | 4.7 | 3.1 | 3.1 | 0.0 | 100.0 |

（续表 3-1-37）

| 途径<br>地区 | 海关 | 其他政府部门 | 中国TBT/SPS咨询点 | TBT/SPS网站 | 驻外使馆 | 驻华使馆 | 行业商协会 | 媒体 | 国外经销商 | 国外TBT/SPS咨询点 | 国外政府网站 | 其他 | 合计占比 |
|---|---|---|---|---|---|---|---|---|---|---|---|---|---|
| 陕西 | 20.8 | 14.0 | 2.0 | 6.1 | 1.0 | 1.0 | 15.3 | 12.6 | 19.1 | 0.3 | 6.5 | 1.4 | 100.0 |
| 甘肃 | 26.0 | 14.1 | 1.3 | 4.4 | 0.9 | 0.4 | 14.5 | 15.0 | 19.4 | 0.4 | 3.5 | 0.0 | 100.0 |
| 青海 | 22.9 | 5.7 | 2.9 | 1.4 | 0.0 | 0.0 | 10.0 | 10.0 | 24.3 | 1.4 | 4.3 | 17.1 | 100.0 |
| 宁夏 | 19.6 | 11.4 | 1.3 | 5.7 | 0.0 | 0.0 | 13.9 | 12.7 | 20.3 | 3.2 | 4.4 | 7.6 | 100.0 |
| 新疆 | 24.8 | 13.5 | 3.2 | 3.2 | 3.6 | 1.8 | 13.1 | 14.9 | 15.3 | 1.8 | 3.6 | 1.4 | 100.0 |
| 总体 | 22.7 | 11.9 | 1.7 | 3.7 | 1.1 | 0.6 | 15.0 | 14.6 | 21.3 | 1.3 | 3.7 | 2.5 | 100.0 |

## （三）信息获取难易程度分析

在调查问卷中，针对中国出口企业获取技术性贸易措施动态信息的难易程度，共设计了以下 5 个选项供选择：① 非常容易；② 比较容易；③ 一般 / 正常；④ 比较困难；⑤ 非常困难。从总体上看，有 64.9% 的企业认为获取技术性措施动态信息的难度正常，占比居第一位。此外，认为比较困难和非常困难的企业占比分别为 20.1%、2.6%，二者合计占比为 22.7%；而选择“比较容易”和“非常容易”的企业合计占比为 12.5%，要低于认为“困难”的企业占比。

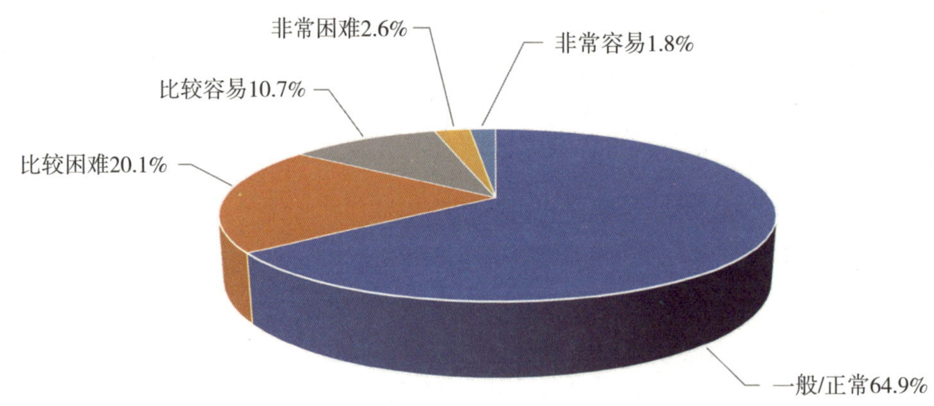


图 3-1-15　在获取技术性贸易措施信息上不同难易程度的企业个数占比

### 1. 所有制结构分析：外资企业在信息获取方面具有优势

由图 3–1–16 可知，从企业所有制结构来看，不管是哪种类型的企业，普遍认为获取技术性贸易措施信息的难易程度为“一般 / 正常”。从选择“比较困难”这一选项的企业占比来看，国有企业中选择的比例最高，为 22.8%；其次民营企业，占比为 20.6%；外资企业占比最低，为 17.5%。港澳台企业、国有企业、民营企业、外资企业选择“比较容易”这一选项的比例分别为 12.0%、10.3%、10.3% 和

12.1%，民营和国有企业这一比例最低。因此我们可以认为，外资企业在获得技术性贸易措施信息方面具有一定的优势，内资企业的劣势相对突出。

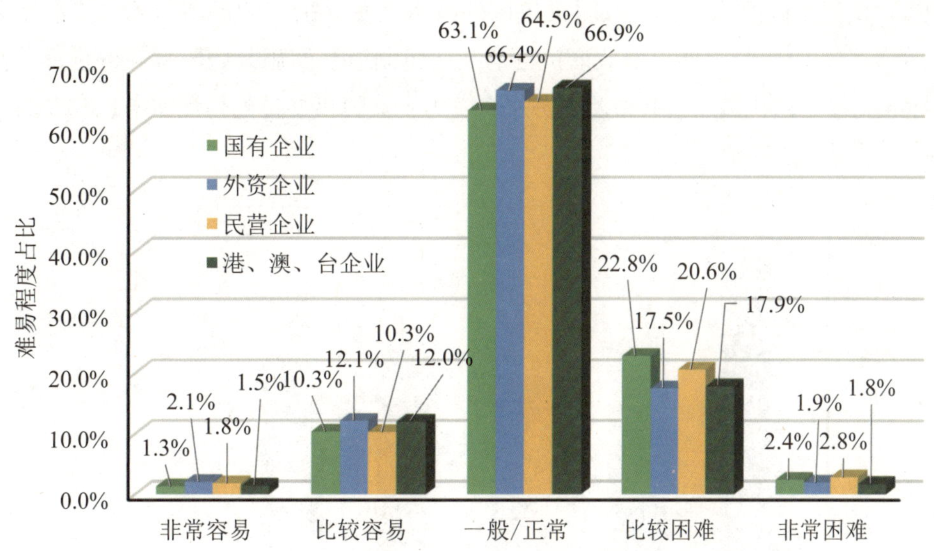


图 3-1-16 不同所有制企业获取技术性贸易措施信息的难易程度

### 2. 行业分析：玩具家具类企业相对困难，木材纸张非金属类企业相对容易

表 3–1–38 给出了不同行业的企业获取技术性贸易措施信息的情况，不管哪种行业，都有超过 60% 比例的企业选择了“一般 / 正常”选项，均位居各行业首位；其中塑料皮革类企业中，选择这一选项的比例高达 67.2%。将“比较困难”和“非常困难”两个选项合并分析发现，玩具家具类企业选择上述选项的比例合计为 26.1%；其次为化矿金属类企业，合并占比为 24.8%；占比最低的为橡塑皮革类企业，合计占比 19.9%。将“非常容易”和“比较容易”选项合并分析发现，木材纸张非金属类企业合计占比最高，为 13.9%；机电仪器和化矿金属类企业的占比最低，均为 11.9%。

表 3-1-38 分行业企业获取技术性贸易措施信息的难易程度 单位：%

| 难易程度 / 行业类别 | 非常容易 | 比较容易 | 一般 / 正常 | 比较困难 | 非常困难 | 合计 |
|---|---|---|---|---|---|---|
| 农食产品 | 2.2 | 10.5 | 64.3 | 20.0 | 3.0 | 100.0 |
| 机电仪器 | 1.4 | 10.5 | 65.9 | 20.2 | 2.0 | 100.0 |
| 化矿金属 | 1.5 | 10.4 | 63.4 | 22.5 | 2.3 | 100.0 |
| 纺织鞋帽 | 2.0 | 10.8 | 66.0 | 18.4 | 2.7 | 100.0 |
| 橡塑皮革 | 2.3 | 10.6 | 67.2 | 18.3 | 1.6 | 100.0 |
| 玩具家具 | 2.0 | 10.2 | 61.6 | 22.8 | 3.3 | 100.0 |
| 木材纸张非金属 | 1.2 | 12.7 | 64.8 | 17.6 | 3.6 | 100.0 |
| 总体 | 1.8 | 10.7 | 64.9 | 20.1 | 2.6 | 100.0 |

### （四）应对需求分析：及时提供国外技术性贸易措施的最新信息、技术指南和咨询是企业最希望得到的帮助

在调查问卷中，就出口企业在应对国外技术性贸易措施时希望政府主管机构和中介组织采取的措施，共设计了以下 6 个项目供选择：① 及时提供国外技术性贸易措施的最新信息、技术指南和咨询；② 强化认证认可工作，建立与国外权威认证机构的互认机制；③ 实施与国际接轨的标准化战略，推动企业参与国际标准制修定；④ 搭建公共检测服务平台，为企业提供便捷的检测服务；⑤ 及时对外交涉、谈判，将影响降至最低；⑥ 其他。

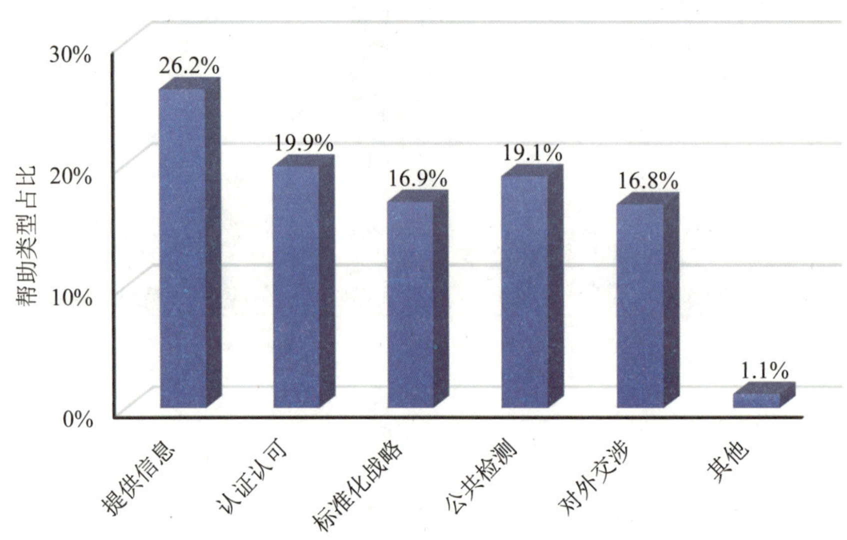


图 3-1-17　出口企业应对国外技术性贸易措施时希望得到的帮助

从图 3-1-17 可知，在应对技术性贸易措施时，有 80.5% 的企业希望政府部门或中介组织能够及时提供国外技术性贸易措施的最新信息、技术指南和咨询，占比居第一位；其次，希望强化认证认可工作、建立与国外权威认证机构的互认机制的企业占比为 60.9%；希望能够搭建公共检测服务平台的企业占比为 58.4%，占比居第三位。

表 3-1-39　不同类别出口企业在应对国外技术性贸易措施时希望得到的帮助占比　　单位：%

| 所需帮助 / 行业类别 | 提供信息 | 认证认可 | 标准化战略 | 公共检测 | 对外交涉 | 合计占比 |
|---|---|---|---|---|---|---|
| 农食产品 | 26.5 | 19.8 | 16.0 | 19.6 | 17.2 | 0.9 |
| 机电仪器 | 25.9 | 20.6 | 17.8 | 18.9 | 15.7 | 1.1 |
| 化矿金属 | 25.3 | 20.3 | 17.8 | 18.3 | 16.6 | 1.7 |
| 纺织鞋帽 | 26.8 | 19.1 | 16.6 | 19.2 | 17.0 | 1.3 |
| 橡塑皮革 | 26.0 | 18.7 | 17.0 | 19.9 | 17.1 | 1.2 |
| 玩具家具 | 27.2 | 19.6 | 16.1 | 19.1 | 17.1 | 1.0 |
| 木材纸张非金属 | 26.1 | 20.0 | 17.0 | 18.1 | 17.8 | 1.0 |
| 总体 | 26.2 | 19.9 | 16.9 | 19.1 | 16.8 | 1.1 |

**表 3-1-40 不同地区出口企业在应对国外技术性贸易措施时希望得到的帮助占比** **单位：%**

| 地区＼所需帮助 | 提供信息 | 认证认可 | 标准化战略 | 公共检测 | 对外交涉 | 其他 | 合计 |
|---|---|---|---|---|---|---|---|
| 北京 | 23.4 | 20.3 | 18.6 | 18.1 | 17.9 | 1.7 | 100.0 |
| 天津 | 27.2 | 20.9 | 16.1 | 17.9 | 14.3 | 3.6 | 100.0 |
| 河北 | 26.7 | 19.6 | 17.5 | 19.1 | 16.3 | 0.8 | 100.0 |
| 山西 | 25.7 | 20.6 | 18.8 | 18.8 | 15.8 | 0.2 | 100.0 |
| 内蒙古 | 25.9 | 19.5 | 16.0 | 20.6 | 17.4 | 0.7 | 100.0 |
| 辽宁 | 28.7 | 17.6 | 15.3 | 22.0 | 15.6 | 0.8 | 100.0 |
| 吉林 | 26.5 | 18.6 | 15.8 | 20.6 | 16.2 | 2.4 | 100.0 |
| 黑龙江 | 26.8 | 22.9 | 18.2 | 16.9 | 14.9 | 0.3 | 100.0 |
| 上海 | 25.5 | 20.5 | 16.4 | 18.6 | 17.2 | 1.9 | 100.0 |
| 江苏 | 25.4 | 19.9 | 17.7 | 19.3 | 16.5 | 1.2 | 100.0 |
| 浙江 | 26.0 | 20.6 | 17.5 | 18.7 | 15.8 | 1.5 | 100.0 |
| 安徽 | 24.6 | 20.8 | 17.8 | 19.1 | 17.3 | 0.5 | 100.0 |
| 福建 | 25.6 | 18.4 | 17.7 | 20.1 | 17.4 | 0.8 | 100.0 |
| 江西 | 30.7 | 21.0 | 13.7 | 16.3 | 17.0 | 1.3 | 100.0 |
| 山东 | 27.3 | 19.4 | 16.6 | 19.0 | 17.5 | 0.3 | 100.0 |
| 河南 | 26.9 | 19.4 | 16.4 | 19.0 | 18.1 | 0.2 | 100.0 |
| 湖北 | 27.0 | 19.4 | 16.2 | 19.9 | 16.9 | 0.7 | 100.0 |
| 湖南 | 24.6 | 19.9 | 17.5 | 20.8 | 16.4 | 0.9 | 100.0 |
| 广东 | 27.2 | 19.7 | 16.4 | 18.4 | 17.1 | 1.2 | 100.0 |
| 广西 | 25.6 | 18.1 | 18.1 | 19.5 | 17.8 | 0.8 | 100.0 |
| 海南 | 26.0 | 17.6 | 17.2 | 19.4 | 18.9 | 0.9 | 100.0 |
| 四川 | 26.0 | 20.5 | 17.2 | 17.5 | 18.0 | 0.8 | 100.0 |
| 重庆 | 25.4 | 20.0 | 15.3 | 18.3 | 19.0 | 2.0 | 100.0 |
| 贵州 | 25.7 | 19.1 | 16.6 | 19.9 | 17.4 | 1.2 | 100.0 |
| 云南 | 28.0 | 20.9 | 14.9 | 19.9 | 15.6 | 0.7 | 100.0 |
| 西藏 | 23.7 | 22.0 | 17.0 | 15.3 | 22.0 | 0.0 | 100.0 |
| 陕西 | 24.9 | 21.7 | 19.6 | 19.6 | 14.0 | 0.3 | 100.0 |
| 甘肃 | 26.1 | 21.8 | 14.2 | 19.2 | 18.8 | 0.0 | 100.0 |
| 青海 | 20.8 | 18.8 | 16.7 | 18.8 | 14.6 | 10.4 | 100.0 |
| 宁夏 | 21.3 | 19.9 | 19.0 | 19.0 | 16.7 | 4.2 | 100.0 |
| 新疆 | 27.8 | 17.9 | 17.5 | 20.6 | 15.5 | 0.8 | 100.0 |
| 总体 | 26.2 | 19.9 | 16.9 | 19.1 | 16.8 | 1.1 | 100.0 |

由表3-1-39、表3-1-40可以看出，不同类别、所有地区的企业在应对国外技术性贸易措施时，最希望得到的帮助都是"及时提供国外技术性贸易措施的最新信息、技术指南和咨询"；与此同时，绝大多数企业将"搭建公共检测服务平台，为企业提供便捷的检测服务"和"强化认证认可工作，建立与国外权威认证机构的互认机制"作为第二和第三强烈的需求。另外，企业对"实施与国际接轨的标准化战略，推动企业参与国际标准制修订"的希望也比较强烈。这种状况反映出中国出口企业仍然迫切需要相关机构及时提供有关的最新信息和检测服务，并推进在认证、标准等方面的国际合作。

### （五）应对结果分析：企业国际竞争力和产品质量安全水平得以提升

为调查技术性贸易措施对企业竞争力的影响，本调研设计了"在符合国际技术性贸易措施过程中，企业国际市场竞争力和产品质量安全水平是否有所提升"这一问题。

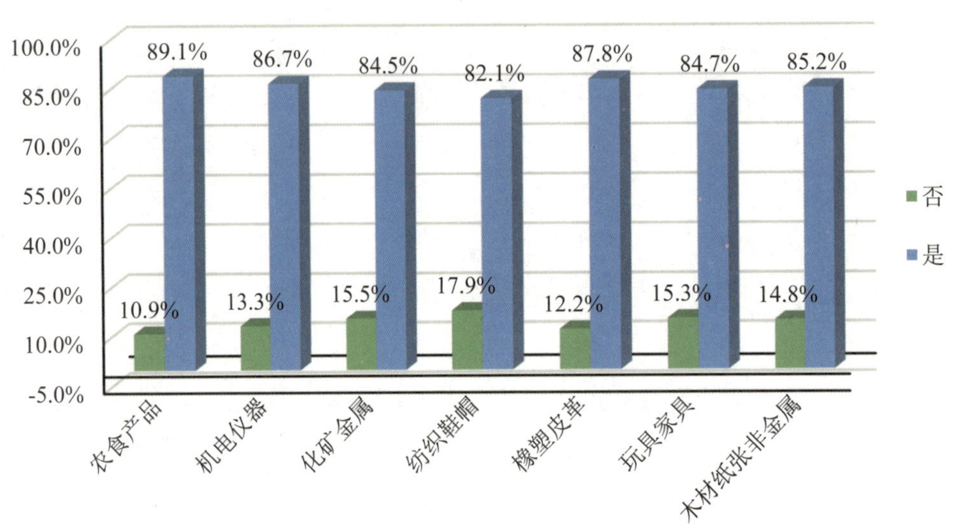


图3-1-18　技术性贸易措施对企业国际竞争力的影响

图3-1-18反映了技术性贸易措施对企业市场竞争力和产品质量安全提升的影响。从总体上来看，有85.9%的企业都认为在符合技术性贸易措施的过程中提升了竞争力和质量。分企业类别来看，农食产品类中有89.1%的企业认为技术性贸易措施有利于提高自身的国际竞争力和产品质量安全；其次为塑料皮革类企业，占比为87.8%。

## 六、政府部门减损情况分析

政府部门减损是指海关等政府部门为应对技术性贸易措施，通过采取发布国预警信息、指导技术改进、协助产品备案、提供认证便利、取得国外认可、协助交涉维权、列入政府示范、参与通报评议等多种措施，帮助减少企业因技术性贸易措施所导致的损失。

### （一）减损措施分析：发布预警信息、提供认证便利和取得国外认可是最有效的方式

在调查问卷中，针对海关等政府部门中国企业在遭遇国外技术性贸易措施时采取的帮扶措施，设计了以下 9 个项目供企业选择：① 由于得到海关等政府部门发布的国外措施预警信息，及时作出调整，避免了退运或整改等一系列后续问题；② 遇到国外技术性贸易措施时，得到海关等政府部门的技术指导、产品改造、质量提升后顺利出口；③ 产品经海关等政府部门帮扶后在国外备案或注册，获准进入国外市场；④ 由于得到海关等政府部门的检测认证，取得了通行的检测认证证书，从而避免了产品送国外检测的不便；⑤ 产品经海关部门认证，得到国外认可，成功进入国外市场；⑥ 被国外客户或官方通报产品不合格，经海关等政府部门交涉后成功维权或成功交易；⑦ 产品被列入海关等政府部门的示范区，在进出口的通关时间、效率有明显提高；⑧ 参与海关等政府部门的国外措施通报评议、特别贸易关注等工作，相关产品出口形势得到了扭转；⑨ 其他。

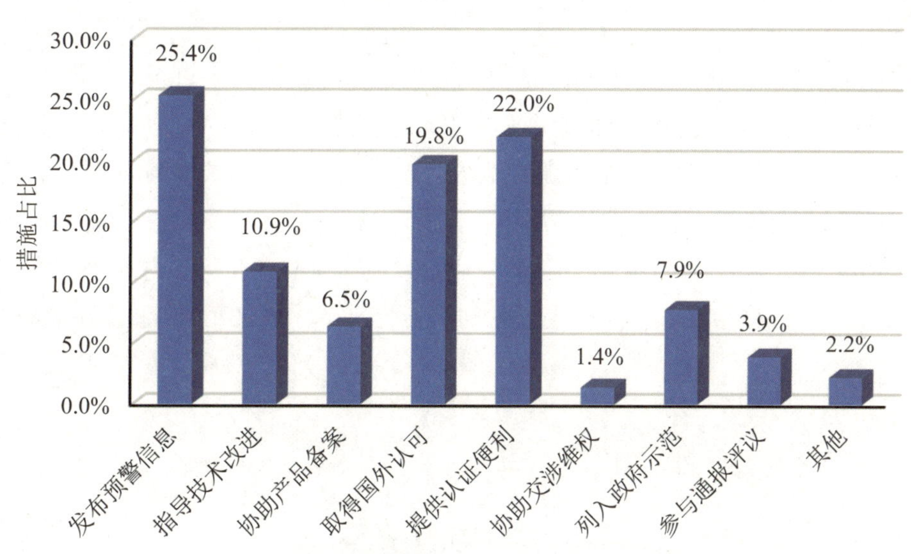


图 3-1-19　政府部门减损时采取的各种措施占比

表 3-1-41、图 3-1-19 显示了海关等政府部门帮扶企业减少损失时所采取的措施。就中国出口企业总体而言，主要通过政府部门采取的以下三方面措施减少了损失，即发布国外措施预警信息、提供通行的检测认证证书便利以及帮助企业取得国外认可，三者合计占企业选择总频次的 67.2%。此外，企业认为指导技术改进、列入政府示范区也是减少技术型贸易措施致损额的重要措施。

从表 3-1-41 可以看出，对机电仪器、纺织鞋帽、橡塑皮革、玩具家具以及木材纸张非金属类企业而言，政府部门发布的国外措施预警信息是降低企业损失最有效的措施；对农食产品和化矿金属类企业而言，提供认证便利能够最大程度的降低企业损失。

### （二）减损额分析

#### 1．行业分析：机电仪器类企业减损最多

图 3-1-20、表 3-1-42 显示了中国不同类别、不同地区出口企业，于 2018 年在海关等政府部门帮

表 3-1-41　不同类别出口企业减损时采取的各种措施占比　　单位：%

| 企业类别＼做法 | 发布预警信息 | 指导技术改进 | 协助产品备案 | 取得国外认可 | 提供认证便利 | 协助交涉维权 | 列入政府示范 | 参与通报评议 | 其他 | 合计 |
|---|---|---|---|---|---|---|---|---|---|---|
| 农食产品 | 20.9 | 14.3 | 7.8 | 17.4 | 23.6 | 1.6 | 10.1 | 3.5 | 0.8 | 100.0 |
| 机电仪器 | 25.9 | 3.5 | 4.3 | 25.0 | 24.1 | 2.6 | 6.9 | 3.5 | 4.3 | 100.0 |
| 化矿金属 | 21.6 | 10.2 | 9.1 | 20.5 | 23.9 | 0.0 | 8.0 | 2.3 | 4.6 | 100.0 |
| 纺织鞋帽 | 31.7 | 12.2 | 3.7 | 22.0 | 19.5 | 1.2 | 4.9 | 3.7 | 1.2 | 100.0 |
| 橡塑皮革 | 31.6 | 13.2 | 2.6 | 21.1 | 15.8 | 0.0 | 2.6 | 5.3 | 7.9 | 100.0 |
| 玩具家具 | 33.8 | 11.3 | 7.0 | 18.3 | 18.3 | 1.4 | 2.8 | 5.6 | 1.4 | 100.0 |
| 木材纸张非金属 | 26.7 | 8.3 | 6.7 | 16.7 | 20.0 | 1.7 | 13.3 | 6.7 | 0.0 | 100.0 |
| 总体 | 25.4 | 10.9 | 6.5 | 19.8 | 22.0 | 1.4 | 7.9 | 3.9 | 2.2 | 100.0 |

扶下减少的损失总额。从图 3–1–20、表 3–1–42 可以看出，2018 年中国出口企业因海关等政府部门帮扶而减少的损失总额约为 242.7 亿元，减损额占全年出口总额的 0.2%。其中，机电仪器类企业减损额最大，达到 141.7 亿元，占减损总额的 58.4%；其次为农食产品类企业，其减损额为 34.8 亿元，占减损总额的 14.3%；木材纸张非金属类企业的减损额居第三位，为 21.0 亿元，占 8.6%；玩具家具类企业的减损额为 18.9 亿元，占 7.8%，居第四位；化矿金属类企业的减损额为 16.5 亿元，占 6.8%；纺织鞋帽类企业减损额 5.4 亿元，占 2.2%；橡塑皮革非金属类企业减损额最少，为 4.5 亿元，占减损总额的 1.8%。

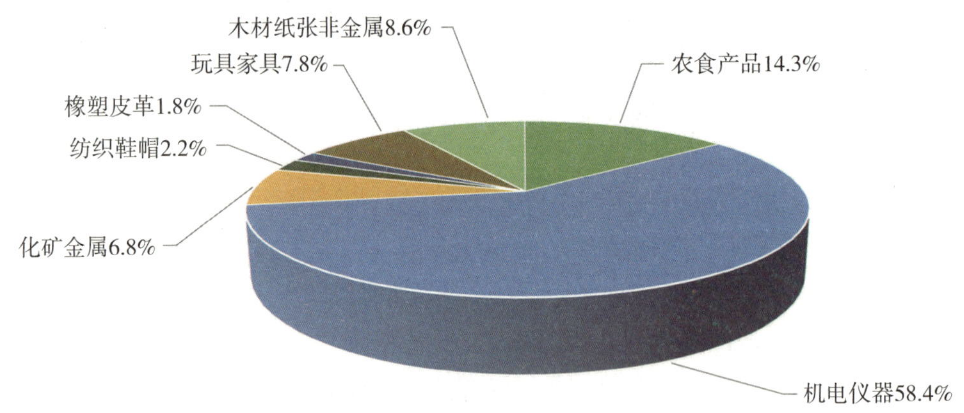


图 3-1-20　不同类别出口企业减损额占全部企业减损总额的比例

**2．省份分析：晋、闽、渝三地减损力度最大**

表 3–1–43 显示了不同地区出口企业减损额估算值及在减损总估算值中所占的比重。从表 3–1–43 中可以看出，中国各地区减损额的情况有很大的差异。山西的减损额为 97.5 亿元，占全国减损总额的 40.2%；减损超过 20 亿元的还有福建、重庆和浙江三省，占全国减损总额的比例分别为 11.1%、9.2% 和 8.4%。

表 3-1-42 不同类别、不同地区出口企业减损总额估算值

单位：万元

| 企业类别 | 北京 | 天津 | 河北 | 山西 | 内蒙古 | 辽宁 | 吉林 | 黑龙江 | 上海 | 江苏 | 浙江 |
|---|---|---|---|---|---|---|---|---|---|---|---|
| 农食产品 | 1207.3 | 58.7 | 67649.6 | 344.8 | 187.6 | 432.7 | 108.7 | 14.3 | 377.6 | 3157.5 | 3362.2 |
| 机电仪器 | 631.5 | 95.0 | 781.5 | 973768.1 | – | – | – | 2.7 | 1581.2 | 41723.0 | 6814.9 |
| 化矿金属 | – | – | 2888.5 | 123.1 | 3121.9 | 1224.1 | 35.7 | – | 6782.9 | 407.0 | 39192.4 |
| 纺织鞋帽 | 556.1 | – | 420.1 | 74.2 | 301.8 | – | – | 618.4 | 475.3 | 5477.4 | 14471.2 |
| 橡塑皮革 | – | – | 2035.9 | – | – | 3.7 | 599.7 | – | – | – | 20712.4 |
| 玩具家具 | – | 398.7 | 111.2 | 9.7 | – | 8.0 | – | 270.7 | 933.7 | – | 6793.6 |
| 木材纸张非金属 | – | – | 471.6 | 263.1 | – | 690.0 | – | – | 20935.3 | – | 111377.0 |
| 总体 | 2394.9 | 552.5 | 74358.5 | 974582.9 | 3611.3 | 2358.5 | 744.1 | 906.0 | 31086.0 | 50764.8 | 202723.7 |

| 企业类别 | 安徽 | 福建 | 江西 | 山东 | 河南 | 湖北 | 湖南 | 广东 | 广西 | 海南 | 四川 |
|---|---|---|---|---|---|---|---|---|---|---|---|
| 农食产品 | 7114.3 | 108693.1 | 611.7 | 17688.6 | 2722.7 | 94473.6 | 2752.3 | 14688.9 | 1736.0 | 17.6 | 1613.4 |
| 机电仪器 | 1586.3 | 10739.1 | 979.7 | 71686.1 | 6731.7 | 76.8 | 31238.1 | 43518.7 | 538.5 | – | 2366.0 |
| 化矿金属 | 35861.9 | 2113.7 | 29345.6 | 26741.5 | 8776.3 | 2079.0 | – | 1281.7 | 27.8 | – | 4292.4 |
| 纺织鞋帽 | – | 19697.7 | 190.2 | 1253.2 | 3082.6 | 2202.8 | 68.1 | 4249.8 | 70.9 | – | 31.3 |
| 橡塑皮革 | – | – | 329.1 | 14621.4 | 3279.6 | 192.8 | 728.6 | –– |  | – | 580.2 |
| 玩具家具 | 3598.6 | 118412.6 | – | – | – | 35.8 | 3491.9 | 48525.2 | 142.0 | – | 738.2 |
| 木材纸张非金属 | 27963.1 | 10659.5 | 1463.5 | 4721.4 | – | 176.4 | 142.2 | 7751.4 | 670.9 | 3361.5 | – |
| 总体 | 76124.2 | 270315.7 | 32919.9 | 136712.1 | 24592.9 | 99237.1 | 38421.3 | 120015.7 | 3186.1 | 3379.2 | 9621.5 |

| 企业类别 | 重庆 | 贵州 | 云南 | 西藏 | 陕西 | 甘肃 | 青海 | 宁夏 | 新疆 | 总计 |
|---|---|---|---|---|---|---|---|---|---|---|
| 农食产品 | 504.2 | 127.6 | 16593.8 | 314.7 | 429.9 | 230.5 | 822.7 | 1613.4 | 504.2 | 348036.4 |
| 机电仪器 | 222379.3 | 103.0 | – | 105.7 | 5.6 | – | – | 2366.0 | 222379.3 | 1417452.4 |
| 化矿金属 | – | 9.4 | – | – | – | 237.4 | 98.1 | 4292.4 | – | 164640.4 |
| 纺织鞋帽 | – | – | – | 298.3 | 260.3 | – | – | 31.3 | – | 53799.6 |
| 橡塑皮革 | – | – | – | 219.9 | 1346.6 | 179.3 | – | 580.2 | – | 44829.1 |
| 玩具家具 | – | 118.0 | 5128.2 | – | 52.9 | – | 337.3 | 738.2 | – | 189106.4 |
| 木材纸张非金属 | – | 9982.6 | 2535.4 | 2001.7 | 38.6 | – | 4347.0 | – | – | 209552.4 |
| 总体 | 222883.5 | 10340.6 | 24257.4 | 2940.3 | 2134.0 | 647.2 | 5605.0 | 9621.5 | 222883.5 | 2427416.6 |

## 表 3-1-43　2018 年不同地区出口企业减损额估算值

| 减损额地区 | 减损总额（万元） | 在减损总额中所占比例（%） |
|---|---|---|
| 北京 | 2394.9 | 0.1 |
| 天津 | 552.5 | 0.0 |
| 河北 | 74358.5 | 3.1 |
| 山西 | 974582.9 | 40.2 |
| 内蒙古 | 3611.3 | 0.2 |
| 辽宁 | 2358.5 | 0.1 |
| 吉林 | 744.1 | 0.0 |
| 黑龙江 | 906.0 | 0.0 |
| 上海 | 31086.0 | 1.3 |
| 江苏 | 50764.8 | 2.1 |
| 浙江 | 202723.7 | 8.4 |
| 安徽 | 76124.2 | 3.1 |
| 福建 | 270315.7 | 11.1 |
| 江西 | 32919.9 | 1.4 |
| 山东 | 136712.1 | 5.6 |
| 河南 | 24592.9 | 1.0 |
| 湖北 | 99237.1 | 4.1 |
| 湖南 | 38421.3 | 1.6 |
| 广东 | 120015.7 | 4.9 |
| 广西 | 3186.1 | 0.1 |
| 海南 | 3379.2 | 0.1 |
| 四川 | 9621.5 | 0.4 |
| 重庆 | 222883.5 | 9.2 |
| 贵州 | 10340.6 | 0.4 |
| 云南 | 24257.4 | 1.0 |
| 西藏 | – | – |
| 陕西 | 2940.3 | 0.1 |
| 甘肃 | 2134.0 | 0.1 |
| 青海 | – | – |
| 宁夏 | 647.2 | 0.0 |
| 新疆 | 5605.0 | 0.2 |
| 总计 | 2427416.6 | 100.0 |

### （三）减损率分析

减损率则是指出口企业因海关等政府部门帮扶而减少的损失与企业出口额的比率。

**1. 行业分析：农食产品类企业减损率最高**

表 3-1-44 显示了中国不同类别出口企业得益于海关等政府部门帮扶而取到的减损率。从表 3-1-44 中可以看出，2018 年中国出口企业因海关等政府部门帮扶而取得的减损率为 0.2%，在不同类别的出口企业中，除化矿金属、纺织鞋帽、橡塑皮革类出口企业外，其他类别企业该比率均不低于平均水平。其中，农食产品类出口企业该比率最高，为 0.7%；其次为木材纸张非金属类出口企业，为 0.4%。

**表 3-1-44 不同类别出口企业减损率**

| 企业类别 | 出口额（万元） | 减损额（万元） | 减损率（%） |
|---|---|---|---|
| 农食产品 | 51,215,242.2 | 348,036.4 | 0.7 |
| 机电仪器 | 831,372,547.3 | 1,417,452.3 | 0.2 |
| 化矿金属 | 246,063,837.1 | 164,640.4 | 0.1 |
| 纺织鞋帽 | 215,982,377.6 | 53,799.6 | 0.0 |
| 橡塑皮革 | 89,874,691.8 | 44,829.1 | 0.0 |
| 玩具家具 | 124,227,982.8 | 189,106.4 | 0.2 |
| 木材纸张非金属 | 59,226,103.9 | 209,552.4 | 0.4 |
| 总计 | 1,617,962,782.7 | 2,427,416.6 | 0.2 |

**2. 省份分析：晋、渝、滇三省市企业的减损率位于全国前列**

从表 3-1-45 可以看出中国不同地区出口企业的减损率情况，其中，河北、山西、重庆、云南、安徽、福建、湖北、河北、贵州等省区的出口企业减损率高于 0.2% 的全国平均水平。尤其是山西省出口企业，在海关等政府部门出台的各种政策措施的帮扶下，减损率高达 12.0%。

**表 3-1-45 不同地区出口企业减损率**

| 地区 | 出口额（万元） | 减损额（万元） | 减损率（%） |
|---|---|---|---|
| 北京 | 48317082.0 | 2394.9 | 0.0 |
| 天津 | 32077124.2 | 552.5 | 0.0 |
| 河北 | 22420050.1 | 74358.5 | 0.3 |
| 山西 | 8104802.1 | 974582.9 | 12.0 |
| 内蒙古 | 3782563.6 | 3611.3 | 0.1 |
| 辽宁 | 32136418.8 | 2358.5 | 0.0 |
| 吉林 | 3246860.2 | 744.1 | 0.0 |
| 黑龙江 | 2939764.3 | 906.0 | 0.0 |
| 上海 | 135993079.9 | 31086.0 | 0.0 |
| 江苏 | 266485025.4 | 50764.8 | 0.0 |
| 浙江 | 211352641.9 | 202723.7 | 0.1 |
| 安徽 | 23855226.1 | 76124.2 | 0.3 |

（续表 3-1-45）

| 地区 | 出口额（万元） | 减损额（万元） | 减损率（%） |
|---|---|---|---|
| 福建 | 76110048.0 | 270315.8 | 0.4 |
| 江西 | 22228068.2 | 32919.9 | 0.1 |
| 山东 | 105652758.3 | 136712.1 | 0.1 |
| 河南 | 35732088.0 | 24592.9 | 0.1 |
| 湖北 | 22520001.4 | 99237.1 | 0.4 |
| 湖南 | 20243285.2 | 38421.3 | 0.2 |
| 广东 | 426012417.0 | 120015.7 | 0.0 |
| 广西 | 21555022.1 | 3186.1 | 0.0 |
| 海南 | 2977597.7 | 3379.2 | 0.1 |
| 四川 | 33315442.9 | 9621.5 | 0.0 |
| 重庆 | 33936652.2 | 222883.5 | 0.7 |
| 贵州 | 3375573.8 | 10340.6 | 0.3 |
| 云南 | 8066460.6 | 24257.4 | 0.3 |
| 西藏 | 282704.3 | | 0.0 |
| 陕西 | 20786461.0 | 2940.3 | 0.0 |
| 甘肃 | 1458462.7 | 2134.0 | 0.1 |
| 青海 | 311131.6 | | 0.0 |
| 宁夏 | 1801359.2 | 647.2 | 0.0 |
| 新疆 | 10886610.0 | 5605.0 | 0.1 |
| 总计 | 1617962782.7 | 2427416.6 | 0.2 |

# 附录

## 七大类别企业分类与 HS 编码对照

| 七类企业 | HS 编码 | 产品名称 |
|---|---|---|
| 1 | 01 | 第 1 章　活动物 |
| | 02 | 第 2 章　肉及食用杂碎 |
| | 03 | 第 3 章　鱼及其他水生无脊椎动物 |
| | 04 | 第 4 章　乳；蛋；蜂蜜；其他食用动物产品 |
| | 05 | 第 5 章　其他动物产品 |
| | 06 | 第 6 章　活植物；茎、根；插花、簇叶 |
| | 07 | 第 7 章　食用蔬菜、根及块茎 |
| | 08 | 第 8 章　食用水果及坚果；甜瓜等水果的果皮 |
| | 09 | 第 9 章　咖啡、茶、马黛茶及调味香料 |

（续表）

| 七类企业 | HS 编码 | 产品名称 |
|---|---|---|
| 1 | 10 | 第 10 章 谷物 |
| | 11 | 第 11 章 制粉工业产品；麦芽；淀粉等；面筋 |
| | 12 | 第 12 章 油籽；子仁；工业或药用植物；饲料 |
| | 13 | 第 13 章 虫胶；树胶、树脂及其他植物液、汁 |
| | 14 | 第 14 章 编结用植物材料；其他植物产品 |
| | 15 | 第 15 章 动、植物油、脂、蜡；精制食用油脂 |
| | 16 | 第 16 章 肉、鱼及其他水生无脊椎动物的制品 |
| | 17 | 第 17 章 糖及糖食 |
| | 18 | 第 18 章 可可及可可制品 |
| | 19 | 第 19 章 谷物粉、淀粉等或乳的制品；糕饼 |
| | 20 | 第 20 章 蔬菜、水果等或植物其他部分的制品 |
| | 21 | 第 21 章 杂项食品 |
| | 22 | 第 22 章 饮料、酒及醋 |
| | 23 | 第 23 章 食品工业的残渣及废料；配制的饲料 |
| | 24 | 第 24 章 烟草、烟草及烟草代用品的制品 |
| 2 | 84 | 第 84 章 核反应堆、锅炉、机械器具及零件 |
| | 85 | 第 85 章 电机、电气、音像设备及其零附件 |
| | 86 | 第 86 章 铁道车辆；轨道装置；信号设备 |
| | 87 | 第 87 章 车辆及其零附件，但铁道车辆除外 |
| | 88 | 第 88 章 航空器、航天器及其零件 |
| | 89 | 第 89 章 船舶及浮动结构体 |
| | 90 | 第 90 章 光学、照相、医疗等设备及零附件 |
| | 91 | 第 91 章 钟表及其零件 |
| | 92 | 第 92 章 乐器及其零件、附件 |
| | 93 | 第 93 章 武器、弹药及其零件、附件 |
| 3 | 25 | 第 25 章 盐；硫磺；土及石料；石灰及水泥等 |
| | 26 | 第 26 章 矿砂、矿渣及矿灰 |
| | 27 | 第 27 章 矿物燃料、矿物油及其产品；沥 |
| | 28 | 第 28 章 无机化学品；贵金属等的化合物 |
| | 29 | 第 29 章 有机化学品 |
| | 30 | 第 30 章 药品 |
| | 31 | 第 31 章 肥料 |
| | 32 | 第 32 章 鞣料；着色料；涂料；油灰；墨水等 |
| | 33 | 第 33 章 精油及香膏，芳香料制品，化妆盥洗品 |
| | 34 | 第 34 章 洗涤剂、润滑剂、人造蜡、塑型膏等 |

（续表）

| 七类企业 | HS 编码 | 产品名称 |
|---|---|---|
| 3 | 35 | 第 35 章 蛋白类物质；改性淀粉；胶；酶 |
| | 36 | 第 36 章 炸药；烟火；引火品；易燃材料制品 |
| | 37 | 第 37 章 照相及电影用品 |
| | 38 | 第 38 章 杂项化学产品 |
| | 72 | 第 72 章 钢铁 |
| | 73 | 第 73 章 钢铁制品 |
| | 74 | 第 74 章 铜及其制品 |
| | 75 | 第 75 章 镍及其制品 |
| | 76 | 第 76 章 铝及其制品 |
| | 78 | 第 78 章 铅及其制品 |
| | 79 | 第 79 章 锌及其制品 |
| | 80 | 第 80 章 锡及其制品 |
| | 81 | 第 81 章 其他贱金属、金属陶瓷及其制品 |
| | 82 | 第 82 章 贱金属器具、利口器、餐具及零件 |
| | 83 | 第 83 章 贱金属杂项制品 |
| 4 | 50 | 第 50 章 蚕丝 |
| | 51 | 第 51 章 羊毛等动物毛；马毛纱线及其机 |
| | 52 | 第 52 章 棉花 |
| | 53 | 第 53 章 其他植物纤维；纸纱线及其机织物 |
| | 54 | 第 54 章 化学纤维长丝 |
| | 55 | 第 55 章 化学纤维短纤 |
| | 56 | 第 56 章 絮胎、毡呢及无纺织物；线绳制品等 |
| | 57 | 第 57 章 地毯及纺织材料的其他铺地制品 |
| | 58 | 第 58 章 特种机织物；簇绒织物；刺绣品等 |
| | 59 | 第 59 章 特种机织物；簇绒织物；刺绣品等 |
| | 60 | 第 60 章 针织物及钩编织物 |
| | 61 | 第 61 章 针织或钩编的服装及衣着附件 |
| | 62 | 第 62 章 非针织或非钩编的服装及衣着附件 |
| | 63 | 第 63 章 其他纺织制品；成套物品；旧纺 |
| | 64 | 第 64 章 鞋靴、护腿和类似品及其零件 |
| | 65 | 第 65 章 帽类及其零件 |
| | 66 | 第 66 章 伞、手杖、鞭子、马鞭及其零件 |
| | 67 | 第 67 章 加工羽毛及制品；人造花；人发制品 |

（续表）

| 七类企业 | HS 编码 | 产品名称 |
| --- | --- | --- |
| 5 | 39 | 第 39 章 塑料及其制品 |
| | 40 | 第 40 章 橡胶及其制品 |
| | 41 | 第 41 章 生皮（毛皮除外）及皮革 |
| | 42 | 第 42 章 皮革制品；旅行箱包；动物肠线 |
| | 43 | 第 43 章 毛皮、人造毛皮及其制品 |
| 6 | 71 | 第 71 章 珠宝、贵金属及制品；仿首饰；硬币 |
| | 94 | 第 94 章 家具；寝具等；灯具；活动房 |
| | 95 | 第 95 章 玩具、游戏或运动用品及其零附件 |
| | 96 | 第 96 章 杂项制品 |
| | 97 | 第 97 章 艺术品、收藏品及古物 |
| 7 | 44 | 第 44 章 木及木制品；木炭 |
| | 45 | 第 45 章 软木及软木制品 |
| | 46 | 第 46 章 编结材料制品；篮筐及柳条编结品 |
| | 47 | 第 47 章 木浆等纤维状纤维素浆；废纸及纸板 |
| | 48 | 第 48 章 纸及纸板；纸浆、纸或纸板制品 |
| | 49 | 第 49 章 印刷品；手稿、打字稿及设计图纸 |
| | 68 | 第 68 章 矿物材料的制品 |
| | 69 | 第 69 章 陶瓷产品 |
| | 70 | 第 70 章 玻璃及其制品 |

# 第二节　国外技术性贸易措施对浙江省出口影响情况调查报告

2019 年，海关总署在浙江省范围内组织了 2018 年国外技术性贸易措施对浙江省出口企业影响情况的调查，共收到有效问卷 550 份。经过对调查结果的统计分析，2018 年浙江省有 34.5% 的出口企业遭受国外技术性贸易措施的影响，比 2017 年增加了 4.1 个百分点；直接损失总额 144.4 亿元，比 2017 年减少了 295.2 亿元；企业因国外技术性贸易措施而新增加的成本为 46.3 亿元，比 2017 年减少了 38.1 亿元；在海关等政府部门的大力帮扶下，企业因国外技术性贸易措施所导致的损失减少 20.3 亿元，占 2018 年全年出口总额的 0.1%。

## 一、出口贸易损失分析

### （一）贸易损失形式分析：丧失定单是贸易损失的最主要形式

从表 3-2-1 和图 3-2-1 可以看出，2018 年，丧失定单是造成损失的最主要表现形式，在全部损失形式中所占的比例为 46.2%，其次是退回货物、降级处理和其他，在全部损失形式中占比分别为 14.3%、10.2% 和 8.6%。

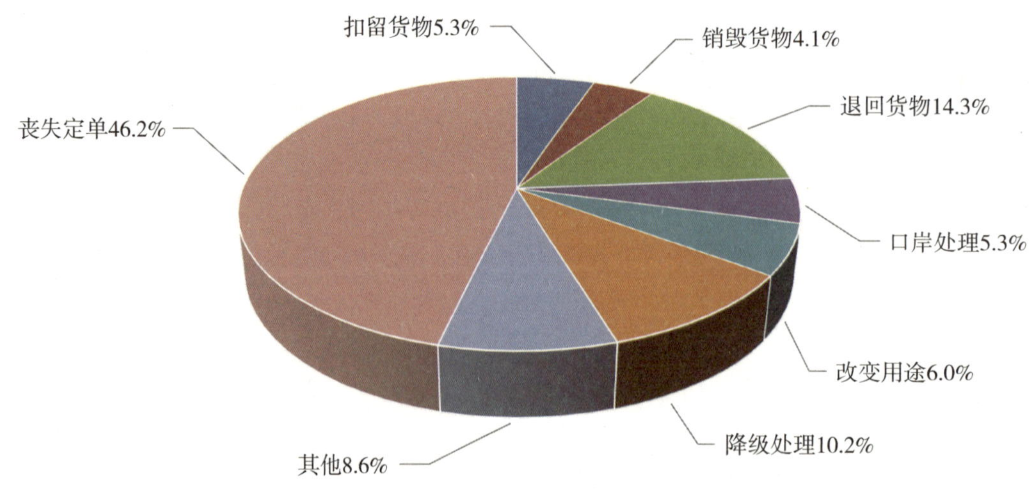


图 3-2-1　浙江省出口企业遭受国外技术性贸易措施损失的形式

表 3–2–1 显示了浙江省不同类别出口企业遭受损失的主要形式。从各类别企业看，丧失订单均为出口企业遭受损失的主要形式，按照占比值由高至低依次为：木材纸张非金属类（100.0%）、纺织鞋帽类（52.6%）、橡塑皮革类（50.0%）、机电仪器类（47.9%）、玩具家具类（45.5%）、化矿金属类（31.6%）、农食产品类（28.6%）。

**表 3-2-1 浙江省不同类别、不同规模出口企业遭受损失的主要形式** **单位：%**

| 类别 | 丧失定单 | 扣留货物 | 销毁货物 | 退回货物 | 口岸处理 | 改变用途 | 降级处理 | 其他 | 合计 |
|---|---|---|---|---|---|---|---|---|---|
| 农食产品 | 28.6 | 4.8 | 4.8 | 14.3 | 4.8 | 19.0 | 9.5 | 14.3 | 100.0 |
| 机电仪器 | 47.9 | 5.5 | 2.7 | 21.9 | 2.7 | 1.4 | 4.1 | 13.7 | 100.0 |
| 化矿金属 | 31.6 | 5.3 | 7.9 | 7.9 | 10.5 | 7.9 | 13.2 | 15.8 | 100.0 |
| 纺织鞋帽 | 52.6 | 5.3 | 5.3 | 13.2 | 6.6 | 6.6 | 9.2 | 1.3 | 100.0 |
| 橡塑皮革 | 50.0 | – | – | 10.0 | – | 10.0 | 25.0 | 5.0 | 100.0 |
| 玩具家具 | 45.5 | 9.1 | 3.0 | 12.1 | 6.1 | 3.0 | 15.2 | 6.1 | 100.0 |
| 木材纸张非金属 | 100.0 | – | – | – | – | – | – | – | 100.0 |
| 总计 | 46.2 | 5.3 | 4.1 | 14.3 | 5.3 | 6.0 | 10.2 | 8.6 | 100.0 |

表 3–2–2 显示了 2018 年浙江省出口企业在不同国家或地区遭受损失的形式。以美国、欧盟、日韩等主要贸易伙伴为例，丧失定单分别占浙江省企业出口到上述国家和地区各种损失形式总数的 59.8%、56.4%、23.5%。另外，在对美国、欧盟、日韩出口时，货物被退回和降级处理分别占企业出口到上述国家和地区各种损失形式总数的 12.3%、20.5%、23.5% 和 10.7%、5.1%、11.8%。产品出口到美国、欧盟和日韩的损失形式都以丧失定单为主，并且产品在美国和欧盟丧失定单的比例远高于其他损失形式。

**表 3-2-2 浙江省产品出口到不同国家或地区时遭受损失的主要形式** **单位：%**

| 到岸地 | 损失形式 | | | | | | | | |
|---|---|---|---|---|---|---|---|---|---|
| | 丧失定单 | 扣留货物 | 销毁货物 | 退回货物 | 口岸处理 | 改变用途 | 降级处理 | 其他 | 合计 |
| 美国 | 59.8 | 2.5 | 0.8 | 12.3 | 1.6 | 2.5 | 10.7 | 9.8 | 100.0 |
| 欧盟 | 56.4 | 2.6 | 2.6 | 20.5 | 2.6 | 7.7 | 5.1 | 2.6 | 100.0 |
| 日韩 | 23.5 | 5.9 | 5.9 | 23.5 | 11.8 | 5.9 | 11.8 | 11.8 | 100.0 |
| 其他 | 27.3 | 10.2 | 9.1 | 12.5 | 9.1 | 10.2 | 11.4 | 9.1 | 100.0 |
| 总体 | 46.2 | 5.3 | 4.1 | 14.3 | 8.6 | 6.0 | 10.2 | 8.6 | 100.0 |

## （二）企业直接损失分析

2018 年浙江省出口企业因国外技术性贸易措施而遭受的直接损失总额约为 144.4 亿元，较 2017 年减少 295.2 亿左右，全国排名第四，占全国直接损失额的 6.6%。

### 1. 行业分析：木材纸张非金属类企业直接损失最多

2018 年浙江省出口企业因国外技术性贸易措施而遭受的直接损失总额约为 144.4 亿元，较 2017 年减少了 295.2 亿元左右。从表 3–2–3 中可以看出，木材纸张非金属类企业遭受的直接损失最大，达到 72.1 亿元，占直接损失总额的 49.9%；其次为橡塑皮革类企业，其直接损失额为 24.3 亿元，占直接损失总额的 16.8%；机电仪器类企业的直接损失额居第三位，为 15.9 亿元，占 11.0%；纺织鞋帽类企业的直接损失额为 14.8 亿元，居第四位，占 10.2%；化矿金属类企业的直接损失额为 9.3 亿元，占 6.4%；玩具家具类企业的直接损失额为 7.0 亿元，占 4.9%；农食产品类企业的直接损失额为 1.0 亿元，占直接损失总额的 0.7%。

表 3-2-3　浙江省不同类别出口企业因国外技术性贸易措施所遭受的直接损失额　　单位：万元

| 企业类别 | 直接损失额 | | 占直接损失总额的比例 |
|---|---|---|---|
| | 2018 年 | 比 2017 年变动额 | |
| 农食产品 | 10,219.4 | –50,030.6 | 0.7% |
| 机电仪器 | 159,334.6 | –2,013,109.4 | 11.0% |
| 化矿金属 | 92,649.2 | –1,041,396.9 | 6.4% |
| 纺织鞋帽 | 147,882.4 | –567,118.1 | 10.2% |
| 橡塑皮革 | 243,407.0 | 156,720.7 | 16.8% |
| 玩具家具 | 70,367.1 | –147,481.4 | 4.9% |
| 木材纸张非金属 | 720,776.2 | 710,319.9 | 49.9% |
| 总计 | 1,444,635.9 | –2,952,095.7 | 100.0% |

图 3–2–2 说明了浙江省直接损失在各类别出口企业的分布情况，以及浙江省不同类别出口企业直接损失额与全国各类别企业直接损失总值的比较情况。

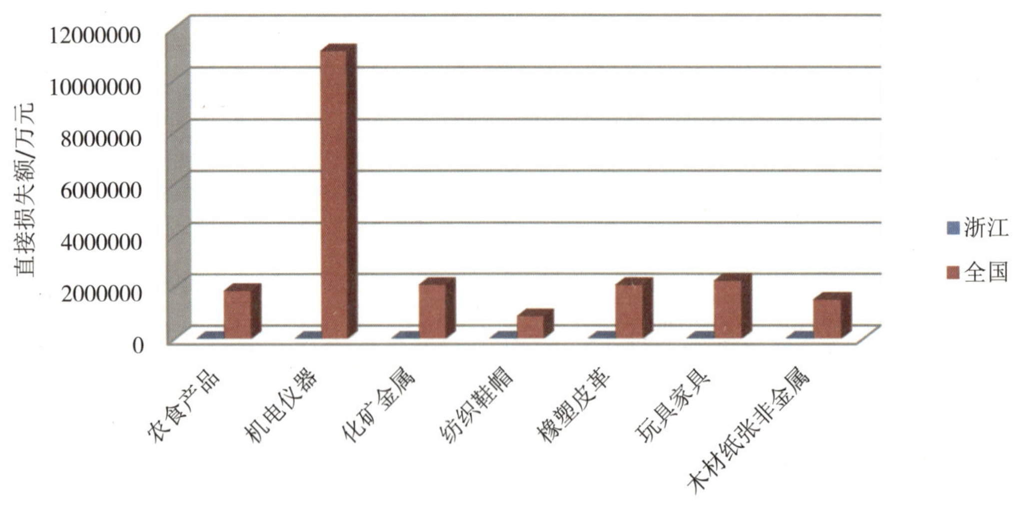


图 3-2-2　浙江省不同类别企业直接损失额与该类企业全国直接损失总值的比较

### 2. 目标市场分析：浙江省产品出口到美国和欧盟时所遭受的直接损失较大

通过调查显示，2018 年浙江省出口美国和欧盟的企业受损较多，分别占浙江省出口企业因技术性贸易措施而造成的整体损失额的 57.3% 和 25.7%。其中玩具家具类和化矿金属类企业在出口美国时遭受的直接损失额较高，分别占该类企业出口美国直接损失额的 85.7% 和 67.7%；木材纸张非金属类和橡塑皮革类企业在出口欧盟时遭受的直接损失额较高，分别占该类企业出口欧盟直接损失额的 34.2% 和 28.3%。

## （三）直接损失率分析：木材纸张非金属类企业直接损失率最高

表 3–2–4 和图 3–2–3 显示了浙江省不同类别出口企业因国外技术性贸易措施而遭受的直接损失率情况，可以看出，2018 年浙江省出口企业因国外技术性贸易措施而遭受的直接损失率平均水平为 0.7%，木材纸张非金属类出口企业的直接损失率高达 8.5%，在各类出口企业中最高。橡塑皮革类企业的直接损失率也比较高，达到 1.4%。机电仪器类企业的直接损失率最低，为 0.2%。

表 3-2-4　浙江省不同类别出口企业直接损失率

| 企业类别 | 出口额（万元） | 直接损失额（万元） | 直接损失率（%） |
|---|---|---|---|
| 农食产品 | 3,643,926.4 | 10,219.4 | 0.3 |
| 机电仪器 | 67,781,129.8 | 159,334.6 | 0.2 |
| 化矿金属 | 35,101,587.0 | 9,2649.2 | 0.3 |
| 纺织鞋帽 | 53,927,936.6 | 147,882.4 | 0.3 |
| 橡塑皮革 | 17,759,489.0 | 243,407.0 | 1.4 |
| 玩具家具 | 24,694,942.2 | 70,367.1 | 0.3 |
| 木材纸张非金属 | 8,443,631.0 | 720,776.2 | 8.5 |
| 总计 | 211,352,641.9 | 1,444,635.9 | 0.7 |

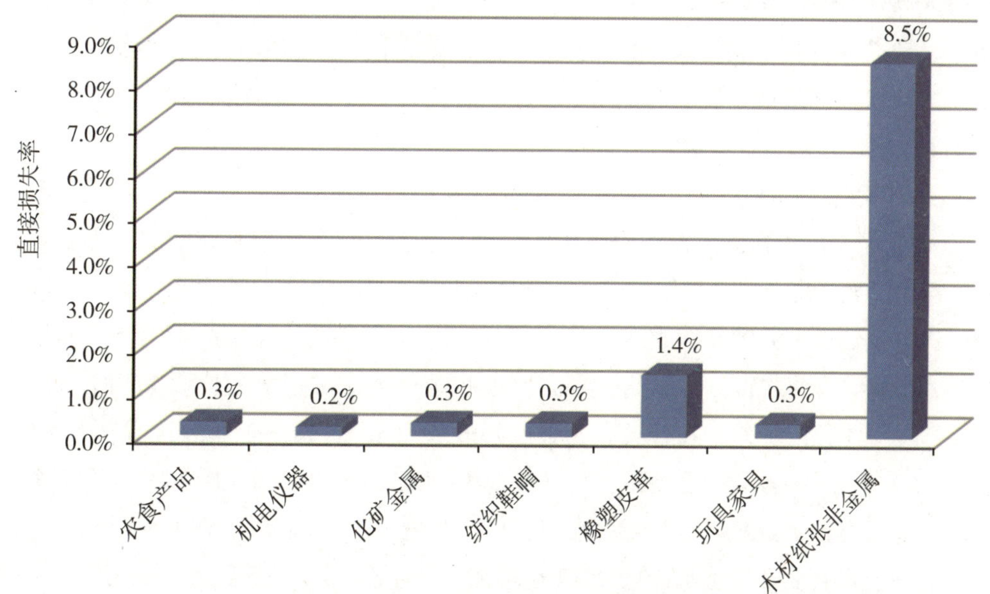


图 3-2-3　浙江省不同类别出口企业直接损失率

## 二、企业应对成本分析

### （一）检测等成本分析：木材纸张非金属类企业负担最重

表 3-2-5 显示了 2018 年浙江省不同类别出口企业为满足国外技术要求而发生的产品测试、检验、认证、注册费在出口产品销售额中所占的百分比情况。从表中可以看出，测试、检验、认证、注册费在木材纸张非金属、玩具家具和纺织鞋帽类企业出口产品销售额中所占比例较高，分别为4.0%、1.7% 和 1.4%。

表 3-2-5　浙江省产品测试、检验、认证、注册费用在出口销售额中的百分比

| 企业类别 | 测试、检验、认证、注册费比例（%） |
|---|---|
| 农食产品 | 0.5 |
| 机电仪器 | 0.8 |
| 化矿金属 | 0.9 |
| 纺织鞋帽 | 1.4 |
| 橡塑皮革 | 0.4 |
| 玩具家具 | 1.7 |
| 木材纸张非金属 | 4.0 |
| 总体 | 1.4 |

### （二）企业新增成本分析

2018 年，为满足国外技术新要求，浙江省出口企业所发生的新增成本总额为 46.3 亿元，较 2017 年减少 38.1 亿元。浙江省新增成本总额占全国新增成本总额的 10.9%，全国排名第二。

#### 1. 行业分析：机电仪器类企业最高

表 3-2-6 列出了浙江省 2018 年不同类别出口企业在出口时所发生的新增成本情况。图 3-2-4 显示了各类别出口企业新增成本在新增成本总值中的比例。七大类别企业按照新增成本由多到少的顺序分别为：机电仪器类、橡塑皮革类、纺织鞋帽类、化矿金属类、木材纸张非金属类、玩具家具类、农食产品类。其中，机电仪器类企业的新增成本为 14.0 亿元，比 2017 年减少了 20.6 亿元，在新增成本中所占比例为 30.4%，居各类企业之首。橡塑皮革类企业的新增成本为 9.3 亿元，比 2017 年增加了 7.2 亿元，在新增成本中所占比例为 20.2%，在各类企业中位列第二。纺织鞋帽类企业的新增成本为 8.7 亿元，比 2017 年增加了 2.5 亿元，在各类企业中排在第三位，其新增成本占七大类别出口企业全部新增成本总额的 18.8%。化矿金属类企业新增成本 7.4 亿元，比 2017 年减少了 4.1 亿元，在七大类别出口企业中列第四位。木材纸张非金属类企业新增成本较 2017 年增加了 2.9 亿元，为 3.5 亿元。玩具家具类和农食产品类企业的新增成本则分别为 3.2 亿元和 0.3 亿元。

表 3-2-6　浙江省不同类别出口企业新增成本

| 企业类别 | 新增成本（万元） | 比 2017 年变动额（万元） | 各类企业新增成本占新增成本总额的百分比（%） |
|---|---|---|---|
| 农食产品 | 3,060.8 | −124,047.1 | 0.7 |
| 机电仪器 | 140,067.6 | −206,294.2 | 30.2 |
| 化矿金属 | 74,042.2 | −40,930.3 | 16.0 |
| 纺织鞋帽 | 86,662.0 | 25,738.7 | 18.7 |
| 橡塑皮革 | 92,999.4 | 72,136.5 | 20.1 |
| 玩具家具 | 31,643.0 | −135,951.7 | 6.8 |
| 木材纸张非金属 | 34,759.7 | 28,625.4 | 7.5 |
| 总计 | 463,234.7 | −380,722.7 | 100.0 |

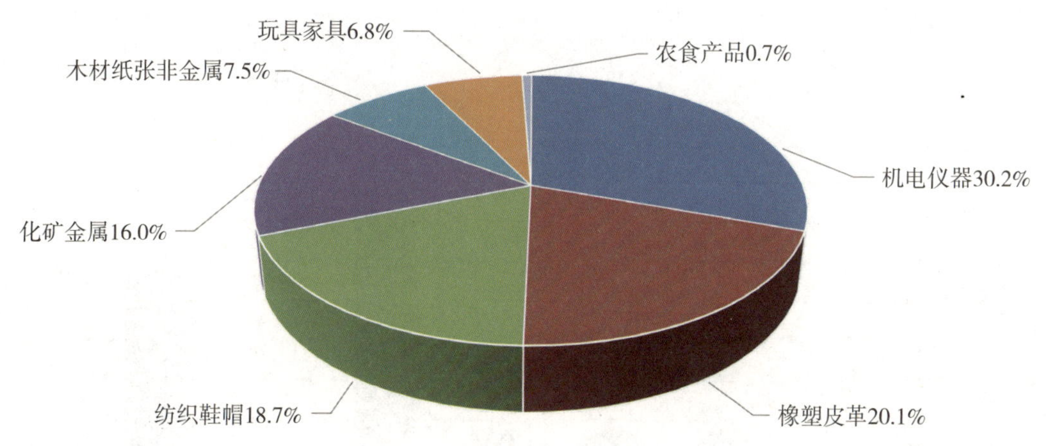


图 3-2-4　浙江省不同类别出口企业新增成本占新增成本总额的比例

**2. 目标市场分析：对美国出口企业新增成本最多**

通过调查显示，2018 年浙江省出口美国和欧盟的企业新增成本较多，分别占新增成本总额的 39.3% 和 34.5%。出口澳大利亚 / 新西兰和非洲地区的企业中，新增成本较多的是农食产品类企业。出口韩国和西亚地区的企业中，新增成本较多的是机电仪器类企业；出口东盟、拉美和欧亚经济联盟（除俄罗斯）地区的企业中，新增成本较多的是纺织鞋帽类企业；出口加拿大和日本地区的企业中，新增成本较多的是橡塑皮革类企业；出口欧盟地区的企业中，新增成本较多的是玩具家具类企业；出口美国和印度地区的企业中，新增成本较多的是木材纸张非金属类企业。

## （三）新增成本率分析：橡塑皮革类企业新增成本率最高

表 3–2–7 和图 3–2–5 显示了浙江省不同类别出口企业为适应国外技术性贸易措施的要求所发生的

新增成本率。从表 3–2–7 中可以看出，2018 年浙江省出口企业为了满足国外技术性贸易措施的要求而发生的新增成本率为 0.2%，各类别企业的新增成本率普遍不高，均低于 1%。其中橡塑皮革类和木材纸张非金属类出口企业该比率最高，分别为 0.5% 和 0.4%。农食产品类和玩具家具类企业该比率最低，均为 0.1%。

表 3-2-7　浙江省不同类别出口企业新增成本率

| 企业类别 | 出口额（万元） | 新增成本（万元） | 新增成本率（%） |
|---|---|---|---|
| 农食产品 | 3,643,926.4 | 3,060.82 | 0.1 |
| 机电仪器 | 67,781,129.8 | 140,067.63 | 0.2 |
| 化矿金属 | 35,101,587.0 | 74,042.15 | 0.2 |
| 纺织鞋帽 | 53,927,936.6 | 86,662.00 | 0.2 |
| 橡塑皮革 | 17,759,489.0 | 92,999.43 | 0.5 |
| 玩具家具 | 24,694,942.2 | 31,643.04 | 0.1 |
| 木材纸张非金属 | 8,443,631.0 | 34,759.70 | 0.4 |
| 总计 | 211,352,641.9 | 463,234.78 | 0.2 |

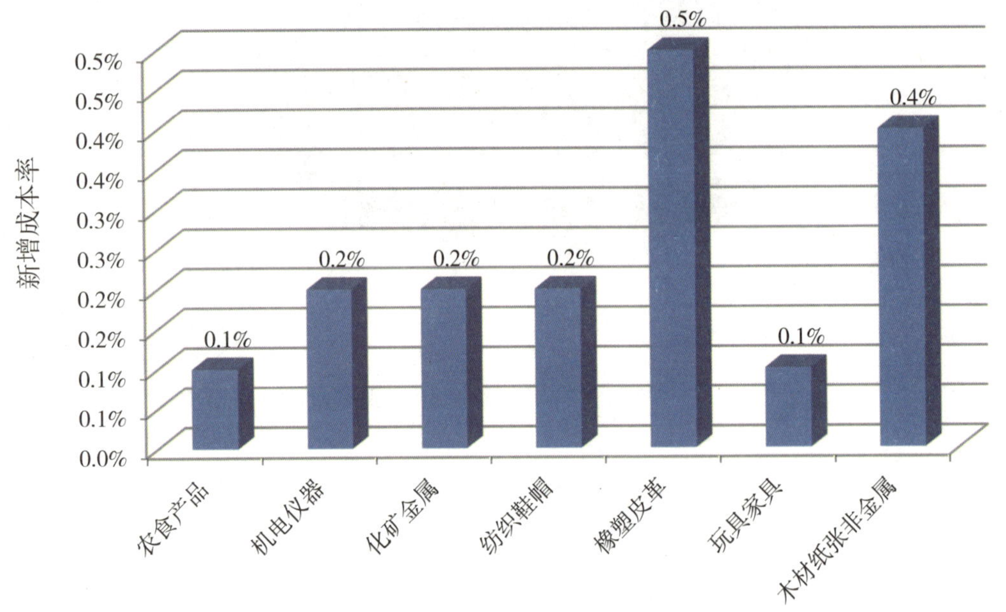


图 3-2-5　浙江省不同类别出口企业新增成本率

## 三、受影响企业范围分析

2018 年，浙江省有 34.5% 的出口企业遭受国外技术性贸易措施的影响，比 2017 年上升了 4.1 个百分点，高于全国 31.0% 的受影响水平。

## （一）企业分析

### 1. 行业分析：农食产品类企业受影响比例最高

浙江省不同类别的出口企业受到了国外技术性贸易措施不同程度的影响。由图 3–2–6 可以看出，2018 年浙江省受到国外技术性贸易措施影响的企业数，分别占七类出口企业的 52.0%、37.3%、28.2%、28.5%、42.9%、42.6%、35.7%，合计占比为 38.2%。从总体上看，七类出口企业受国外技术性贸易措施影响的企业比例均较 2017 年增加；其中，农食产品类、木材纸张非金属类、橡塑皮革类企业受影响涨幅最大，分别增加 26.2、20.3 和 12.3 个百分点；化矿金属类企业受影响的比例涨幅相对最小，为 0.1 个百分点。

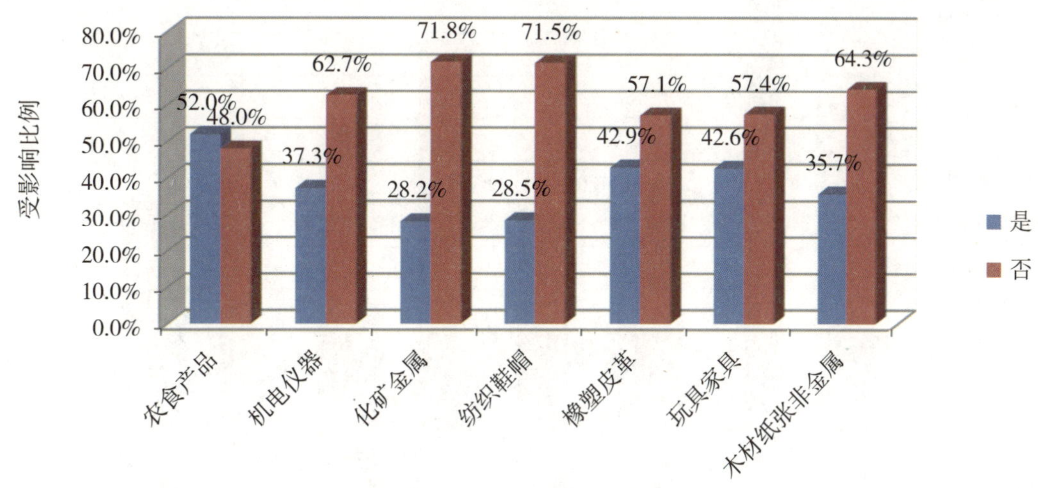


图 3-2-6　浙江省不同类别出口企业受国外技术性贸易措施影响的情况

### 2. 性质分析：国有企业和港、澳、台企业受影响比例最高

据调查，2018 年浙江省约有 34.5% 的出口企业受到国外技术性贸易措施的影响。如图 3–2–7 所示，出口企业中，国有经济性质的企业受影响的比例为 40.0%，港、澳、台资企业受影响的比例为 46.7%，民营出口企业受影响的比例为 33.8%，外资企业受影响的比例为 35.8%。

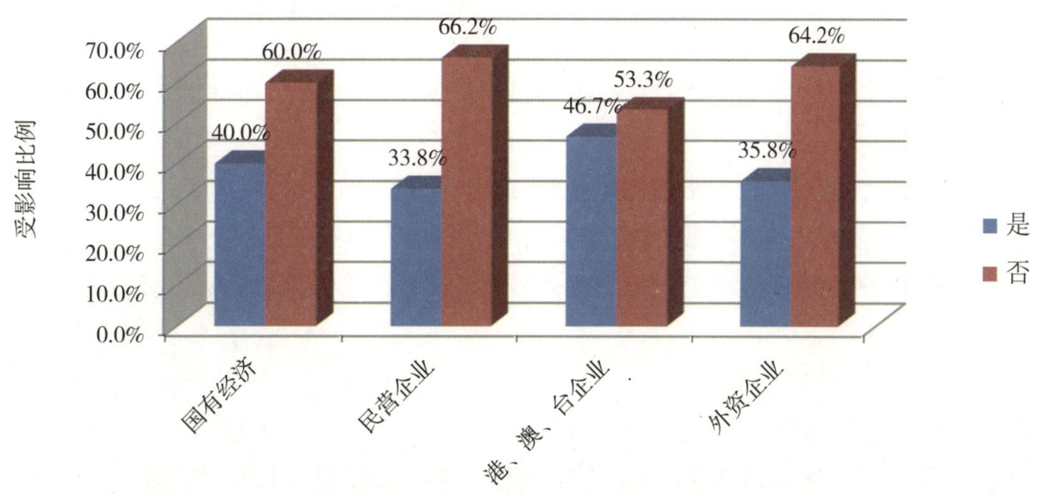


图 3-2-7　浙江省不同性质出口企业受国外技术性贸易措施影响情况

**3. 出口额分析：出口额为 50 万元（含）～ 500 万元的农产品出口企业受影响比例最大**

从图 3-2-8 可以看出，2018 年浙江省工业品出口企业出口额越大，遭受国外技术性贸易措施影响的比例就越高。其中，出口额低于 300 万元的工业品出口企业受影响的比例为 18.8%，出口额超过 4 亿元的工业品出口企业受影响的比例为 46.3%；2018 年农产品出口企业中，出口额低于 50 万元的农产品出口企业受影响的比例为 25.0%；而出口额超过 2 亿元的农产品出口企业受影响的比例为 50.0%。

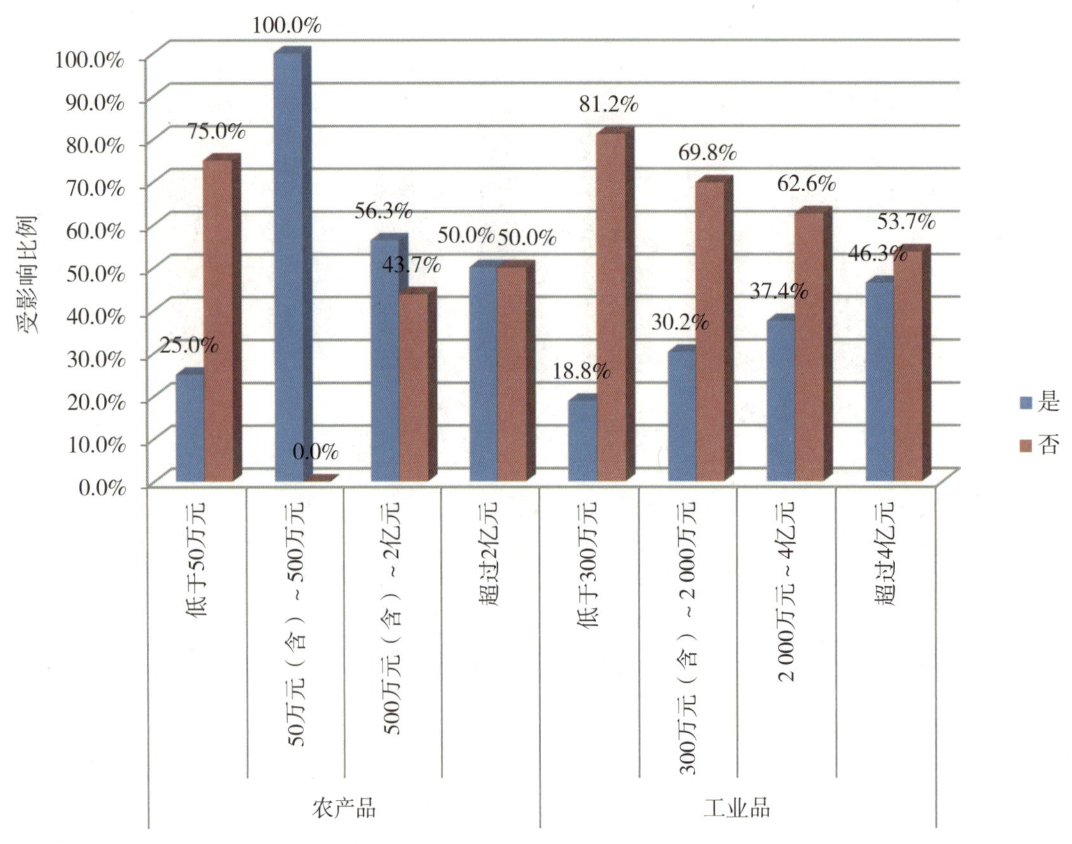


图 3-2-8 浙江省不同规模出口企业（按年出口额划分）受国外技术性贸易措施影响情况

**4. 业务类型分析：生产 / 加工 / 制造型企业受影响比例较高**

由图 3-2-9 可以看出，2018 年浙江省生产 / 加工 / 制造型、流通贸易型企业受国外技术性贸易措施影响的比例分别为 45.9% 和 31.0%，其他类型企业受国外技术性贸易措施影响的比例为 15.0%。

## （二）目标市场分析

**1. 总体分析：对欧美出口企业受影响最集中**

图 3-2-10 说明了 2018 年浙江省不同产品出口到不同国家或地区时遭遇技术性贸易措施的分布情况，可以看出，被调查企业受国外技术性贸易措施影响的地区分布主要集中在欧美，受美国和欧盟技术

性贸易措施影响的企业累计数分别占受影响企业累积总数的 36.5% 和 31.4%。

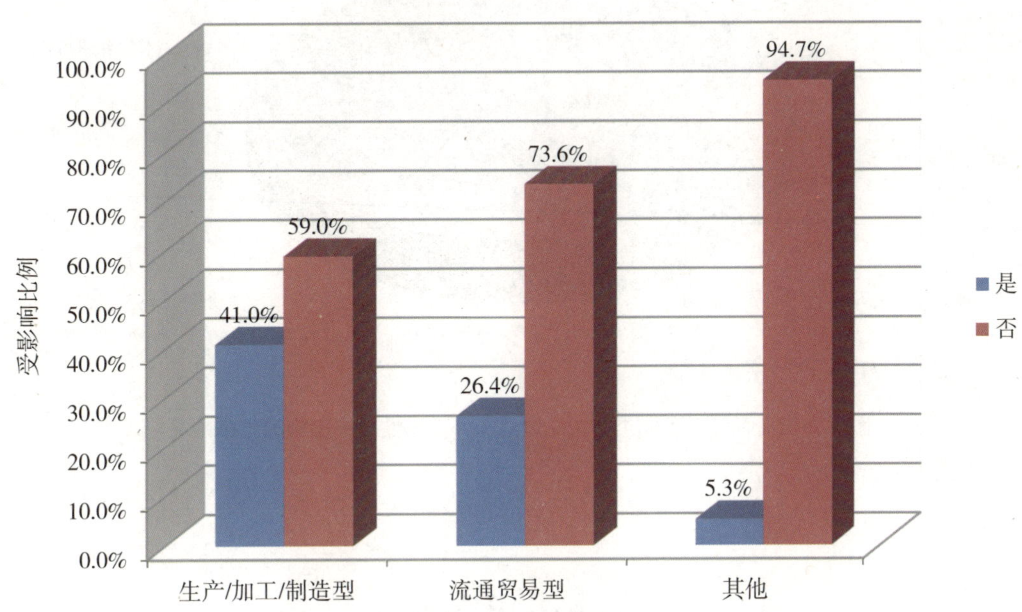


图 3-2-9 浙江省不同类型出口企业受国外技术性贸易措施影响情况

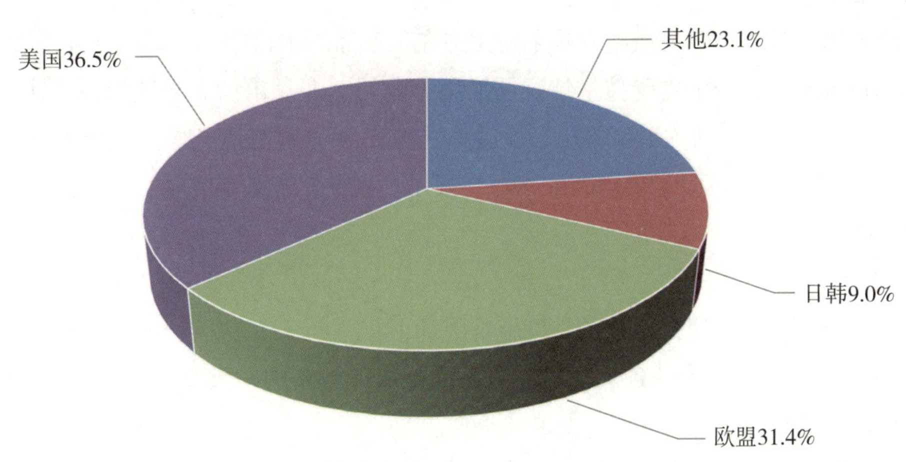


图 3-2-10 浙江省出口企业在不同国家或地区遭遇技术性贸易措施的分布情况

### 2. 交叉分析：机电仪器类企业受影响范围最广

图 3–2–11 反映了浙江省不同类别企业出口时遭遇国外技术性贸易措施的分布情况，可以看出机电仪器类企业受国外技术性贸易措施的影响范围最广，受影响企业累计数在总数中的占比为 35.8%。纺织鞋帽类受影响企业累计数占总数的 24.4%，排名第二。木材纸张非金属类企业的受影响范围最小，仅占总数的 3.0%。

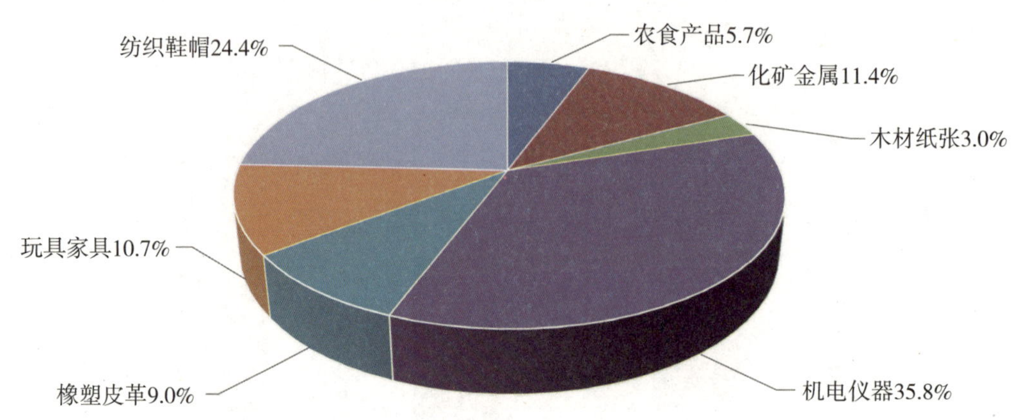


图 3-2-11　浙江省不同类别企业遭遇国外技术性贸易措施的分布情况

# 四、企业遭遇措施情况分析

## （一）措施类型分析：企业遭遇认证要求最多

### 1. 总体分析

浙江省企业遭受技术性贸易措施影响主要集中在工业品的出口中，主要是认证要求、标签和标志要求，以及技术标准要求，分别占受技术性贸易措施影响的工业品出口企业选择总频次的 12.5%、10.2% 和 10.0%。在农产品方面，制约浙江省出口企业的主要是种养殖基地 / 加工厂 / 仓库注册要求、动物疫病方面的要求和农兽药残留限量要求，分别占受技术性贸易措施影响的农产品出口企业选择总频次的 13.6%、9.0% 和 9.0%。

### 2. 行业分析

浙江省不同类别企业遭遇技术性贸易措施情况如下：

机电仪器类企业是遭遇国外各类技术性贸易措施次数最多的一类企业，企业遭遇的主要措施为认证、标签和标志、技术标准要求等。

纺织鞋帽类企业出口时，各种认证、环保、特殊的检验要求是企业最常遭遇的技术性贸易措施。

化矿金属类企业遭遇国外技术性贸易措施种类主要为认证、标签和标志、工业产品中有毒有害物质限量要求等。

农食产品类企业遭遇最多的是食品中农兽药残留限量要求、食品中重金属等有害物质的限量要求和食品接触材料的要求。

橡塑皮革类企业遭遇最多的是厂商或产品的注册要求、认证要求和包装及材料的要求。

玩具家具类企业遭遇最多的是技术标准要求、认证要求和工业产品中有毒有害物质限量要求。

木材纸张非金属类企业遭遇最多的是认证要求、标签和标志要求和包装及材料的要求。

**3. 目标市场分析**

浙江省企业出口到欧盟的工业品主要受认证、有毒有害物质限量、技术标准、环保要求等的限制；农产品遭遇的措施主要有种养殖基地 / 加工厂 / 仓库注册要求、农兽药残留限量要求、微生物指标要求、食品添加剂要求、重金属等有害物质的限量要求、食品接触材料的要求等。

出口到美国的工业品遭遇的措施主要有认证、技术标准、标签和标志、包装及材料要求等；农产品遭遇的措施主要有种养殖基地 / 加工厂 / 仓库注册要求、动物疫病方面的要求、农兽药残留限量要求、微生物指标要求、木质包装的要求等。

日本对浙江省工业品的限制主要集中在技术标准、认证、环保、标签和标志要求等；农产品方面，种养殖基地 / 加工厂 / 仓库注册要求、动物疫病方面的要求、农兽药残留限量要求、植物病虫害杂草方面的要求、重金属等有害物质的限量要求等对浙江省出口企业的影响尤为突出。

## （二）出口贸易障碍分析：技术性贸易措施是第二大障碍

表 3-2-8 和图 3-2-12 显示了浙江省出口企业在出口时遇到的主要障碍。从中可以看出，技术性贸易措施是仅次于关税的第二大贸易障碍。

从表 3-2-9 可以看出，在回答该问题的受访企业中，有 22.2% 的企业认为技术性贸易措施是企业产品出口的最大障碍。另外，有 7.1% 和 14.7% 的企业分别认为技术性贸易措施是影响企业出口的第二大和第三大障碍。此外，有 30.2% 的企业认为关税是企业产品出口的最大障碍，有 25.3% 和 8.9% 的企业分别认为关税是影响企业出口的第二大和第三大障碍。从总体上看，2018 年国外技术性贸易措施排在关税之后，成为浙江省企业出口的第二大障碍。

表 3-2-8　浙江省企业出口遇到的主要障碍　　单位：%

| 企业类别 | 主要障碍 | | | | | | | | |
|---|---|---|---|---|---|---|---|---|---|
| | 技术性贸易措施 | 反倾销 | 反补贴 | 配额 | 许可证 | 关税 | 汇率 | 其他 | 合计 |
| 农食产品 | 28.6 | 2.9 | 2.9 | – | 8.6 | 22.9 | 31.4 | 2.9 | 100.0 |
| 机电仪器 | 27.6 | 9.9 | 3.1 | 2.1 | 8.3 | 26.0 | 21.9 | 1.0 | 100.0 |
| 化矿金属 | 24.2 | 7.6 | 4.5 | – | 18.1 | 25.8 | 18.1 | 1.5 | 100.0 |
| 纺织鞋帽 | 23.3 | 11.0 | 2.1 | 0.7 | 10.3 | 26.0 | 24.0 | 2.7 | 100.0 |
| 橡塑皮革 | 23.8 | 7.1 | 2.4 | – | 7.1 | 33.3 | 26.2 | – | 100.0 |
| 玩具家具 | 20.6 | 9.5 | 1.6 | 1.6 | 9.5 | 31.7 | 22.2 | 3.2 | 100.0 |
| 木材纸张非金属 | 22.2 | 5.5 | 5.5 | 16.7 | 11.1 | 22.2 | 11.1 | 5.5 | 100.0 |
| 总体 | 24.9 | 9.1 | 2.8 | 1.6 | 10.1 | 26.9 | 22.6 | 2.0 | 100.0 |

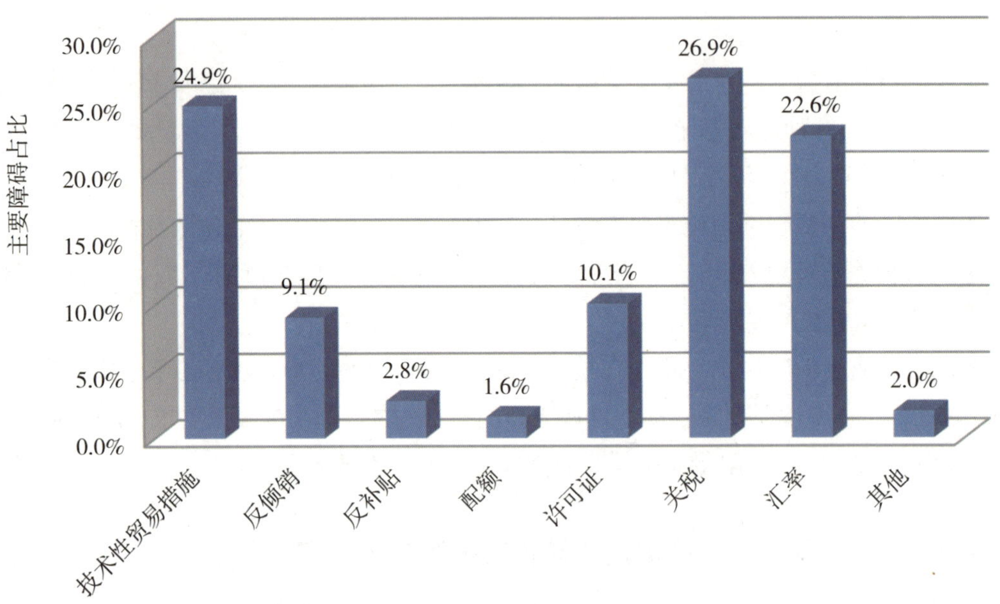


图 3-2-12　浙江省出口企业出口遇到的主要障碍

表 3-2-9　浙江省出口企业出口时所遇到的最大障碍　　单位：%

| 选择次数 | 最大障碍 | | | | | | | |
|---|---|---|---|---|---|---|---|---|
| | 技术性贸易措施 | 反倾销 | 反补贴 | 配额 | 许可证 | 关税 | 汇率 | 其他 |
| 第一选择 | 22.2 | 8.7 | 0.5 | 1.1 | 7.1 | 30.2 | 21.5 | 5.5 |
| 第二选择 | 7.1 | 6.9 | 2.9 | 2.4 | 10.7 | 25.3 | 17.8 | 1.1 |
| 第三选择 | 14.7 | 4.7 | 3.3 | 2.5 | 7.1 | 8.9 | 13.3 | 1.3 |

### （三）措施制约原因分析：为达国外要求导致成本过高是最主要原因

图 3-2-13 和表 3-2-10 显示了浙江省企业在出口时受国外技术性贸易措施制约的原因。从中可以看出，企业认为出口受到国外技术性贸易措施制约的最主要的两个原因为：“为达要求导致成本过高”和“技术水平达不到要求”。此外，企业认为“不了解国外规定”也是其受到国外技术性贸易措施制约的重要原因。

若区分不同类别的出口企业，从表 3-2-10 中可以看出，“为达要求导致成本过高”是所有出口企业受到国外技术性贸易措施影响最主要的原因；机电仪器类企业将“技术水平达不到要求”作为出口时遭受国外技术性贸易措施制约的次重要原因。除此之外，纺织鞋帽类企业认为“不了解国外规定”也是出口受国外技术性贸易措施影响的原因。

**表 3-2-10 浙江省企业受国外技术性贸易措施制约的原因** **单位：%**

| 企业类别 | 原因 | | | | | | | | | |
|---|---|---|---|---|---|---|---|---|---|---|
| | 技术水平达不到要求 | 为达要求导致成本过高 | 不了解国外规定 | 国外措施具有歧视性 | 认证、注册周期长费用高 | 检验检测项目繁多 | 不合理的出口证书要求 | 动植物及其产品检疫要求 | 其他 | 合计 |
| 农食产品 | 15.1 | 26.4 | 9.4 | 13.2 | 3.8 | 13.2 | 7.5 | 9.4 | 1.9 | 100.0 |
| 机电仪器 | 17.0 | 21.0 | 14.9 | 10.9 | 17.2 | 12.5 | 5.3 | 1.3 | – | 100.0 |
| 化矿金属 | 20.6 | 22.1 | 11.8 | 10.3 | 19.9 | 11.8 | 3.7 | – | – | 100.0 |
| 纺织鞋帽 | 22.8 | 22.8 | 14.8 | 10.8 | 10.3 | 11.0 | 6.3 | 1.3 | – | 100.0 |
| 橡塑皮革 | 18.5 | 23.5 | 14.8 | 7.4 | 12.3 | 14.8 | 6.2 | 1.2 | 1.2 | 100.0 |
| 玩具家具 | 17.9 | 20.3 | 13.0 | 13.0 | 12.2 | 14.6 | 4.9 | 3.3 | 0.8 | 100.0 |
| 木材纸张非金属 | 11.8 | 23.5 | 8.8 | 8.8 | 14.7 | 20.6 | 8.8 | 2.9 | – | 100.0 |
| 总体 | 19.3 | 22.1 | 13.9 | 10.8 | 13.7 | 12.6 | 5.7 | 1.7 | 0.2 | 100.0 |

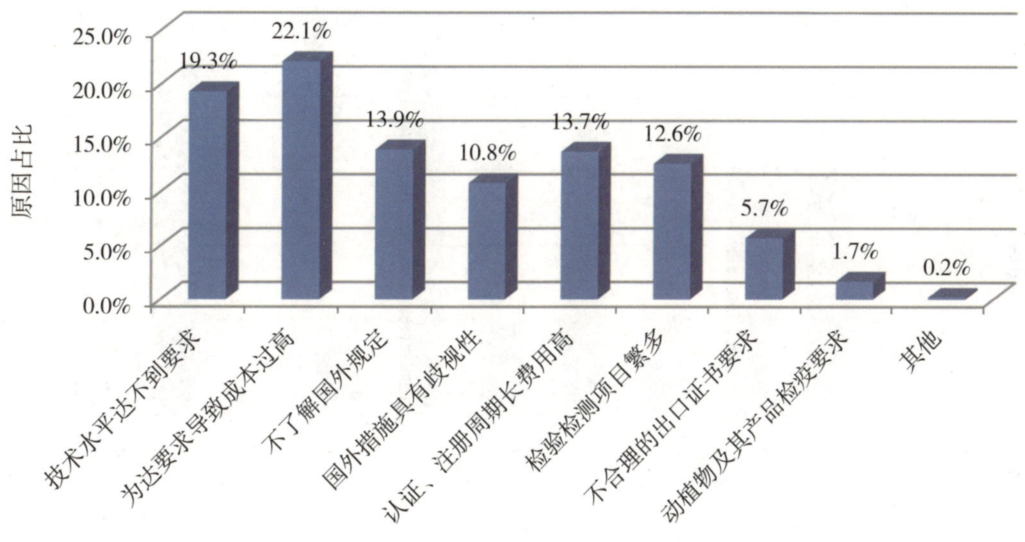


图 3-2-13 浙江省企业受国外技术性贸易措施制约的原因

# 五、企业应对情况分析

## （一）应对方式分析：提高竞争力是企业采取的最主要做法

图 3-2-14 和表 3-2-11 中可以看到，“加强技术攻关和升级改造，提高产品竞争力”是企业选择频率最高的选项，在企业选择的总频次中占比 23.2%，排列在第一位；选择“与国外进口商交涉”的占比为 22.5%，排在第二位；选择“向当地海关报告”的占比为 16.1%，排第三位。

表 3-2-11　浙江省不同类别出口企业遭遇技术性贸易措施时采取的做法　　单位：%

| 企业类别 | 做法 | | | | | | | | | | |
|---|---|---|---|---|---|---|---|---|---|---|---|
| | 向当地海关报告 | 向商务部门报告 | 向驻外使馆报告 | 向行业协会报告 | 向其他主管部门报告 | 与国外进口商交涉 | 与国外主管部门交涉 | 不再出口 | 提高竞争力 | 其他 | 合计 |
| 农食产品 | 29.1 | 17.4 | 1.2 | 10.5 | 7.0 | 20.9 | 2.3 | – | 11.6 | – | 100.0 |
| 机电仪器 | 14.7 | 13.5 | 3.4 | 9.3 | 5.4 | 21.8 | 3.7 | 1.5 | 25.5 | 1.2 | 100.0 |
| 化矿金属 | 15.0 | 11.9 | 3.1 | 11.9 | 4.4 | 20.6 | 5.6 | – | 24.4 | 3.1 | 100.0 |
| 纺织鞋帽 | 16.6 | 14.4 | 3.1 | 9.0 | 4.4 | 24.2 | 2.8 | 1.3 | 22.3 | 2.0 | 100.0 |
| 橡塑皮革 | 16.9 | 16.9 | 2.4 | 8.4 | 4.8 | 14.5 | 6.0 | 1.2 | 26.5 | 2.4 | 100.0 |
| 玩具家具 | 11.6 | 10.9 | 2.3 | 9.3 | 6.2 | 27.1 | 4.7 | 0.8 | 24.0 | 3.1 | 100.0 |
| 木材纸张非金属 | 13.9 | 13.9 | 2.8 | 13.9 | 8.3 | 22.2 | – | – | 22.2 | 2.8 | 100.0 |
| 总体 | 16.1 | 13.8 | 2.9 | 9.6 | 5.1 | 22.5 | 3.7 | 1.0 | 23.2 | 1.9 | 100.0 |

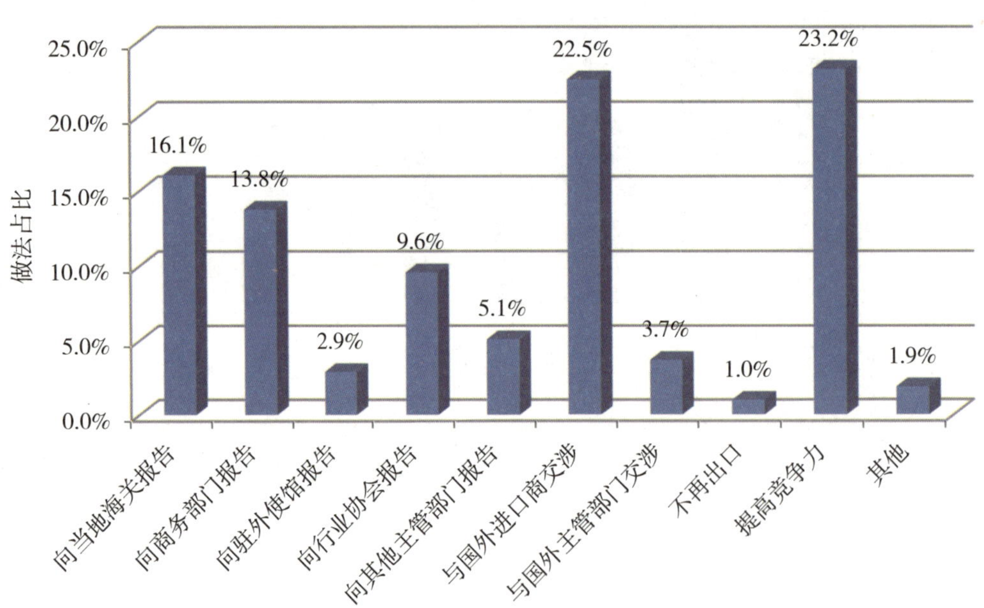


图 3-2-14　浙江省出口企业遭遇技术性贸易措施时采取的做法

## （二）信息渠道分析：海关部门是出口企业获取信息的最主要来源

表 3–2–12 和图 3–2–15 说明了浙江出口企业获取国外技术性贸易措施信息的途径情况。从中可以看出，企业获取国外技术性贸易措施信息的主要来源是“海关部门”。此外，“国外经销商提供的信息”和“我国有关行业协会和商会”也是企业获取国外技术性贸易措施信息的主要来源。

**表 3-2-12 浙江省不同类别出口企业获取国外技术性贸易措施信息的途径** 单位：%

| 企业类别 | 途径 | | | | | | | | | | | | |
|---|---|---|---|---|---|---|---|---|---|---|---|---|---|
| | 海关部门 | 其他政府部门 | 直接与我国TBT、SPS咨询点联系 | 通过TBT、SPS咨询点网站 | 我国驻外使领馆 | 外国驻华使领馆 | 我国有关行业协会和商会 | 媒体 | 国外经销商提供的信息 | 国外TBT、SPS咨询点 | 国外政府网站 | 其他 | 合计 |
| 农食产品 | 33.3 | 11.1 | 2.8 | 2.8 | – | 1.4 | 13.9 | 9.7 | 19.4 | 1.4 | 4.2 | – | 100.0 |
| 机电仪器 | 19.0 | 12.3 | 2.5 | 2.5 | 2.0 | 1.1 | 15.6 | 15.0 | 19.6 | 2.2 | 5.1 | 3.1 | 100.0 |
| 化矿金属 | 20.4 | 8.6 | 1.9 | 2.5 | 1.2 | – | 14.8 | 15.4 | 27.2 | 1.2 | 3.7 | 3.1 | 100.0 |
| 纺织鞋帽 | 22.7 | 12.7 | 1.5 | 4.0 | 1.0 | 0.6 | 14.8 | 15.6 | 20.6 | 1.7 | 2.5 | 2.3 | 100.0 |
| 橡塑皮革 | 21.1 | 15.6 | 1.1 | 2.2 | – | – | 16.7 | 13.3 | 2– | 2.2 | 4.4 | 3.3 | 100.0 |
| 玩具家具 | 17.1 | 9.3 | 2.1 | 2.9 | – | – | 19.3 | 15.7 | 22.1 | 2.1 | 5.7 | 3.6 | 100.0 |
| 木材纸张非金属 | 25.0 | 16.7 | 2.8 | 2.8 | 2.8 | – | 19.4 | 19.4 | 11.1 | – | – | – | 100.0 |
| 总体 | 21.2 | 12.0 | 2.0 | 3.0 | 1.2 | 0.6 | 15.7 | 15.1 | 20.9 | 1.8 | 3.9 | 2.7 | 100.0 |

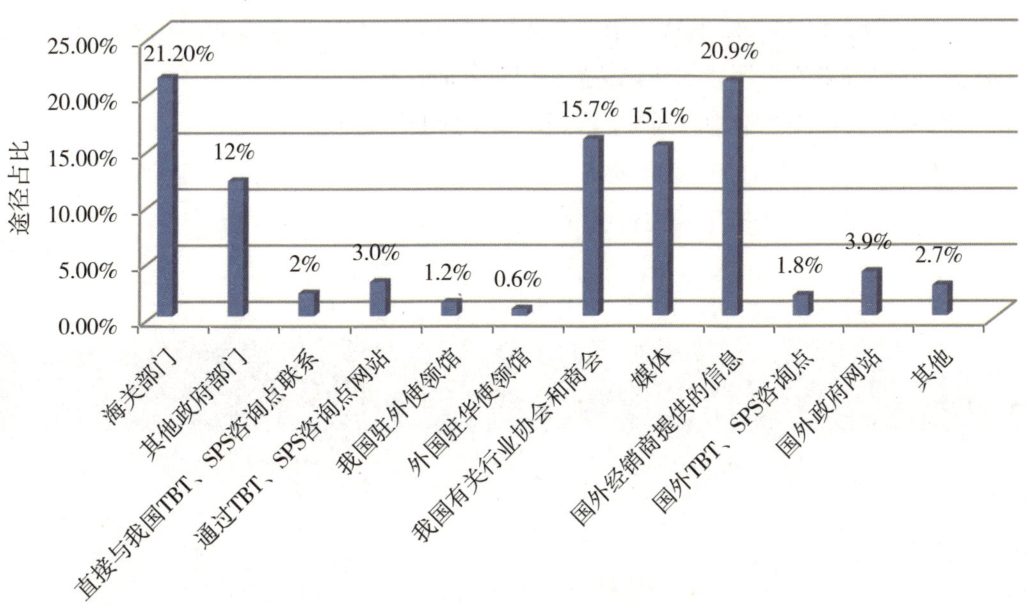


图 3-2-15 浙江省出口企业获取国外技术性贸易措施信息的途径

## （三）信息获取难易程度分析

### 1. 总体分析

图 3–2–16 给出了企业在获取技术性贸易措施信息不同难易程度上的个数占比。从总体上看，有 63.1% 的出口企业认为获取技术性贸易措施信息的难易程度为“一般 / 正常”，排名第一；选择“比较困难”的企业占比为 19.4%，位列第二；仅有 1.7% 的企业认为“非常容易”。

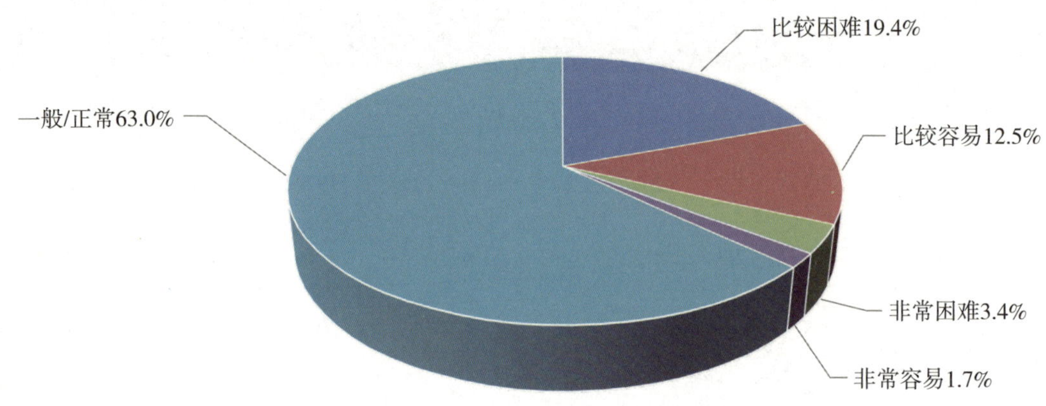


图 3-2-16　浙江省出口企业在获取技术性贸易措施信息上不同难易程度的个数占比

### 2. 所有制结构分析：外资企业在信息获取方面具有优势

由图 3–2–17 和表 3–2–13 可知，从企业所有制结构来看，不管是哪种类型的企业，普遍认为获取技术性贸易措施信息的难易程度为“一般 / 正常”。从选择“比较困难”这一项的企业占比来看，港澳台企业中选择的比例最高，为 33.3%；其次为国有企业，占比为 21.4%；外资企业占比最低，为 18.9%。因此我们可以认为，外资企业在获取技术性贸易措施信息方面具有一定的优势。

### 3. 行业分析：化矿金属类企业相对困难，橡塑皮革类企业相对容易

表 3–2–14 给出了不同行业的企业获取技术性贸易措施信息的情况，七大类企业选择“一般 / 正常”的比例均为最高，其中木材纸张非金属类企业中，选择这一选项的比例高达 84.6%。将“比较困难”和

**表 3-2-13　浙江省不同所有制结构的企业获取技术性贸易措施信息的难易程度**　　单位：%

| 所有制 | 难易程度 | | | | | |
|---|---|---|---|---|---|---|
| | 非常容易 | 比较容易 | 一般 / 正常 | 比较困难 | 非常困难 | 合计 |
| 港、澳、台企业 | – | 13.3 | 53.3 | 33.3 | – | 100.0 |
| 国有企业 | – | 21.4 | 50 | 21.4 | 7.1 | 100.0 |
| 民营企业 | 2 | 12.5 | 63.3 | 18.9 | 3.3 | 100.0 |
| 外资企业 | – | 9.4 | 67.9 | 18.9 | 3.8 | 100.0 |
| 总体 | 1.7 | 12.5 | 63 | 19.4 | 3.4 | 100.0 |

“非常困难”两个选项合并分析发现，化矿金属类企业选择上述选项的比例为 25.8%，其次为机电仪器类企业，合并占比 25.6%，这两类企业获取技术性贸易措施信息相对困难。将“非常容易”和“比较容易”选项合并分析发现，橡塑皮革类企业合并占比最高，为 22.9%，获取技术性贸易措施信息相对容易。

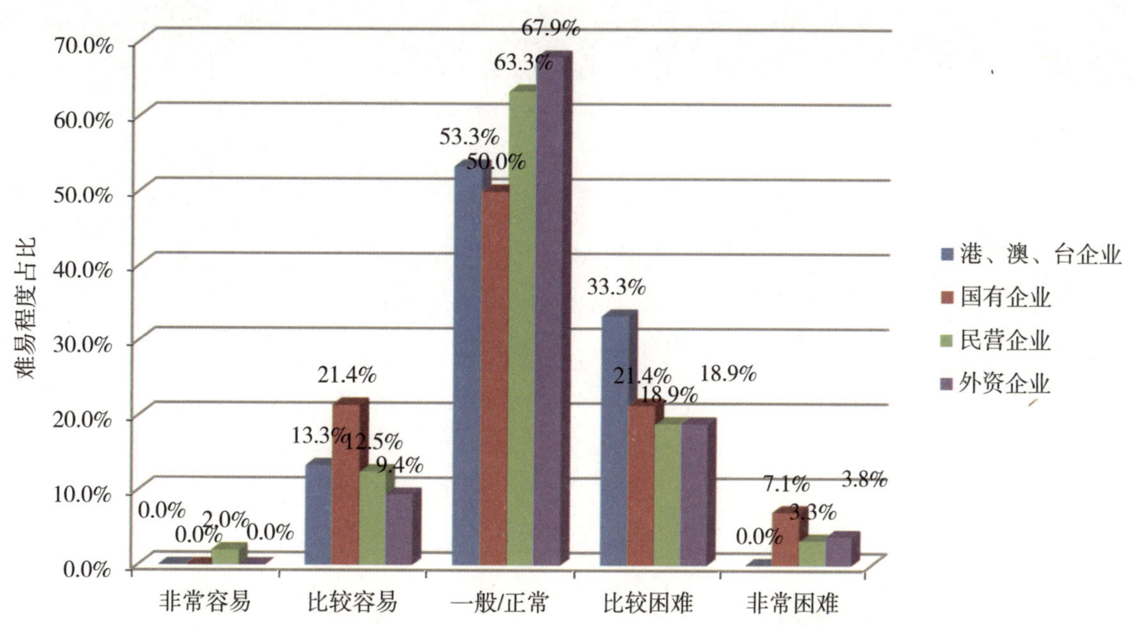


图 3-2-17　浙江省不同所有制结构企业获取技术性贸易措施信息的难易程度

**表 3-2-14　浙江省分行业企业获取技术性贸易措施信息的难易程度**　　单位：%

| 行业类别 | 难易程度 | | | | | |
|---|---|---|---|---|---|---|
| | 非常容易 | 比较容易 | 一般 / 正常 | 比较困难 | 非常困难 | 合计 |
| 农食产品 | – | 16.7 | 75 | 8.3 | – | 100.0 |
| 机电仪器 | – | 7.9 | 66.4 | 21.7 | 3.9 | 100.0 |
| 化矿金属 | 2.9 | 10.0 | 61.4 | 22.9 | 2.9 | 100.0 |
| 纺织鞋帽 | 1.6 | 16.8 | 58.9 | 18.9 | 3.7 | 100.0 |
| 橡塑皮革 | 8.6 | 14.3 | 54.3 | 22.9 | – | 100.0 |
| 玩具家具 | 1.9 | 11.3 | 66.0 | 15.1 | 5.7 | 100.0 |
| 木材纸张非金属 | – | 7.7 | 84.6 | 7.7 | – | 100.0 |
| 总体 | 1.7 | 12.5 | 63.1 | 19.4 | 3.4 | 100.0 |

## （四）应对需求分析：提供信息是企业最希望得到的帮助

图 3–2–18 和表 3–2–15 显示了浙江出口企业在应对国外技术性贸易措施时希望得到的帮助情况。可以看出，企业在应对国外技术性贸易措施时，最希望得到的帮助都是“提供信息”，与此同时，绝大多数企业将“认证认可”和“公共检测”作为位列第二和第三的需求。另外，企业对标准化战略的需求

也比较强烈。这种情况反映出浙江省出口企业仍然迫切需要相关机构及时提供有关的最新信息和检测服务，并推进在认证、标准等方面的国际合作。

表 3-2-15 浙江省不同类别出口企业在应对国外技术性贸易措施时希望得到的帮助 单位：%

| 企业类别 | 所需帮助 | | | | | | |
|---|---|---|---|---|---|---|---|
| | 提供信息 | 认证认可 | 标准化战略 | 公共检测 | 对外交涉 | 其他 | 合计 |
| 农食产品 | 29.3 | 20.7 | 18.3 | 18.3 | 13.4 | 0.0 | 100.0 |
| 机电仪器 | 26.6 | 22.0 | 18.0 | 17.8 | 15.0 | 0.6 | 100.0 |
| 化矿金属 | 25.9 | 19.7 | 18.1 | 18.7 | 13.5 | 4.1 | 100.0 |
| 纺织鞋帽 | 26.3 | 19.3 | 16.6 | 19.2 | 17.3 | 1.4 | 100.0 |
| 橡塑皮革 | 27.2 | 19.3 | 18.4 | 18.4 | 14.9 | 1.8 | 100.0 |
| 玩具家具 | 20.8 | 22.0 | 18.5 | 18.5 | 17.9 | 2.3 | 100.0 |
| 木材纸张非金属 | 25.0 | 22.2 | 11.1 | 27.8 | 13.9 | 0.0 | 100.0 |
| 总体 | 25.9 | 20.6 | 17.5 | 18.7 | 15.8 | 1.5 | 100.0 |

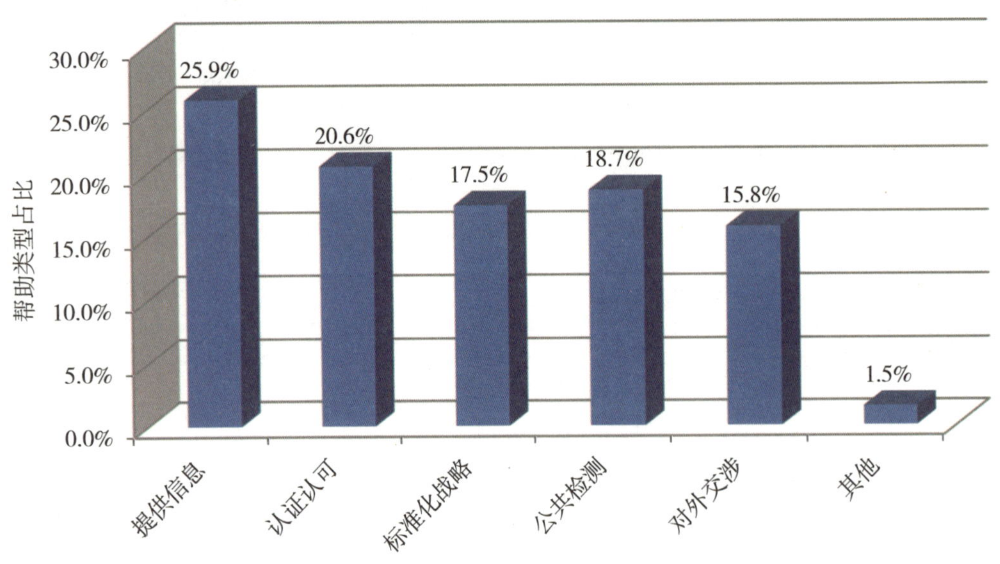


图 3-2-18 浙江省不同类别出口企业在应对国外技术性贸易措施时希望得到的帮助

## （五）应对结果分析：国外技术性贸易措施倒逼企业竞争力提升

表 3–2–16 反应了技术性贸易措施对企业市场竞争力和产品质量安全提升的影响。从总体上来看，有 86.4% 的企业都认为在符合技术性贸易措施的过程中提升了竞争力和质量；分行业类别来看，橡塑皮革类企业中有 94.1% 的企业认为技术性贸易措施有利于提高自身的国际竞争力和产品质量安全，其次为玩具家具类企业，占比为 88.5%。由此可见，大部分企业认为国外技术性贸易措施能够倒逼企业提升竞争力。

表 3-2-16 浙江省技术性贸易措施对企业国际竞争力的影响 单位：%

| 类别 | 是 | 否 |
|---|---|---|
| 农食产品 | 84.0 | 16.0 |
| 机电仪器 | 86.6 | 13.4 |
| 化矿金属 | 82.6 | 17.4 |
| 纺织鞋帽 | 86.2 | 13.8 |
| 橡塑皮革 | 94.1 | 5.9 |
| 玩具家具 | 88.5 | 11.5 |
| 木材纸张非金属 | 84.6 | 15.4 |
| 总体 | 86.4 | 13.6 |

## 六、政府部门减损情况分析

### （一）减损措施分析：发布预警信息和指导技术改进是最有效的方式

图 3-2-19 和表 3-2-17 显示了海关等政府部门在减损时采取的措施。从企业对各选项的选择次数看，海关等政府部门主要采取以下三方面的措施减少企业损失，即“发布预警信息”、“指导技术改进”和“提供认证便利”，三者合计占总频次的 37.7%。此外，企业认为“协助产品备案”、“参与通报评议”也是减损的重要措施。

若区分不同类别的出口企业，从表 3-2-17 可以看出，农食产品类、纺织鞋帽类、橡塑皮革类、玩具家具类和木材纸张非金属类企业认为“发布预警信息”是减少其损失额的最有效的方式，而机电仪器类、化矿金属类企业则认为“指导技术改进”是减少其损失额的最有效的方式。

表 3-2-17 针对浙江省不同类别出口企业减损时采取的措施 单位：%

| 企业类别 | 做法 | | | | | | | | | |
|---|---|---|---|---|---|---|---|---|---|---|
| | 发布预警信息 | 指导技术改进 | 协助产品备案 | 取得国外认可 | 提供认证便利 | 协助交涉维权 | 列入政府示范区 | 参与通报评议 | 其他 | 合计 |
| 农食产品 | 13.5 | 12.9 | 11.7 | 11.7 | 12.3 | 11.7 | 12.3 | 11.7 | 2.5 | 100.0 |
| 机电仪器 | 12.1 | 13.7 | 11.7 | 12.0 | 11.9 | 11.8 | 11.9 | 11.9 | 2.8 | 100.0 |
| 化矿金属 | 12.5 | 12.7 | 12.3 | 11.7 | 12.1 | 11.7 | 11.7 | 11.7 | 3.7 | 100.0 |
| 纺织鞋帽 | 13.6 | 11.9 | 11.7 | 11.7 | 11.8 | 11.7 | 11.7 | 11.7 | 4.0 | 100.0 |
| 橡塑皮革 | 15.3 | 11.9 | 11.9 | 11.4 | 12.4 | 11.4 | 11.4 | 11.4 | 3.0 | 100.0 |
| 玩具家具 | 13.2 | 11.7 | 12.0 | 11.7 | 12.0 | 11.7 | 12.0 | 12.0 | 3.5 | 100.0 |
| 木材纸张非金属 | 14.3 | 11.9 | 11.9 | 11.9 | 11.9 | 11.9 | 11.9 | 11.9 | 2.4 | 100.0 |
| 总计 | 13.1 | 12.6 | 11.8 | 11.8 | 12.0 | 11.7 | 11.8 | 11.8 | 3.4 | 100.0 |

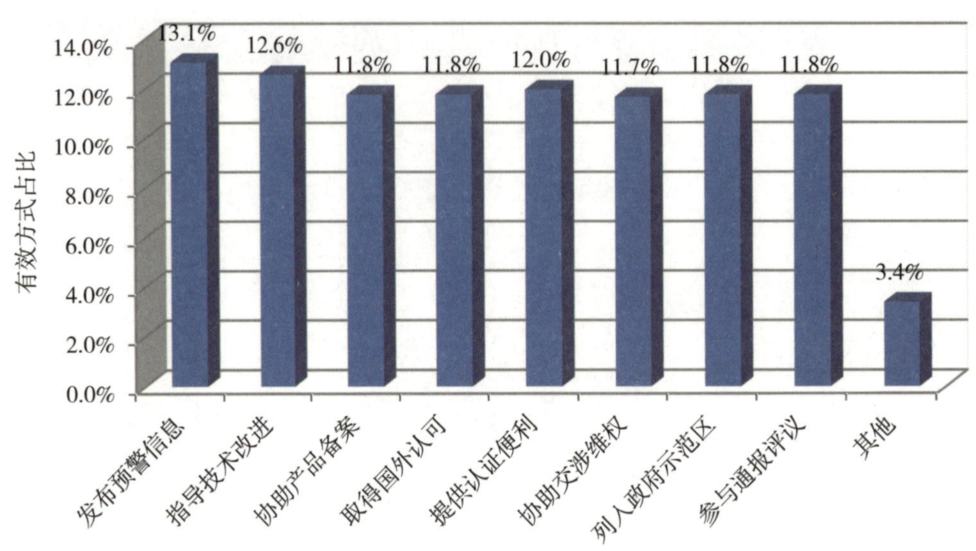


图 3-2-19 政府部门帮助浙江省出口企业减损时采取的措施

## （二）减损情况分析

2018 年，在海关等政府部门的大力帮扶下，浙江省企业因国外技术性贸易措施所导致的损失减少 20.3 亿元，占 2018 年全年出口总额的 0.1%。其中，农食产品类出口企业的减损额约为 0.3 亿元，占减损总额的 1.7%；机电仪器类出口企业的减损额约为 0.7 亿元，占减损总额的 3.4%；化矿金属类出口企业的减损额约为 3.9 亿元，占减损总额的 19.2%；纺织鞋帽类出口企业的减损额约为 1.4 亿元，占减损总额的 6.9%；橡塑皮革类出口企业的减损额约为 2.1 亿元，占减损总额的 10.3%；玩具家具类出口企业的减损额约为 0.7 亿元，占减损总额的 3.4%；木材纸张非金属类出口企业的减损额约为 11.1 亿元，占减损总额的 54.7%。

# 第三节　国外技术性贸易措施对福建省出口影响情况调查报告

2019 年，海关总署在福建省范围内组织了 2018 年国外技术性贸易措施对福建省出口企业影响情况的调查，共收到有效问卷 233 份。经过对调查结果的统计分析，2018 年福建省有 34.8% 的出口企业遭受到国外技术性贸易措施的影响，比 2017 年上升了 15.7 个百分点；直接损失总额 582293.9 万元，比 2017 年减少 994586.6 万元；企业因国外技术性贸易措施而新增加的成本为 197524.6 万元，比 2017 年减少 80273.7 万元；在海关等政府部门的大力帮扶下，企业因国外技术性贸易措施所导致的损失减少 270315.7 万元，比 2017 年增加 113532.2 万元，占 2018 年福建省全年出口总额的 0.4%。

## 一、出口贸易损失分析

### （一）贸易损失形式分析：丧失定单是损失的最主要形式

2018 年，福建省出口企业遭受损失的最主要形式与往年情况一致，仍为丧失定单。从图 3-3-1 可以看出，丧失定单在全部损失形式中占比为 42.0%，略低于全国 43.0% 的水平；其次是退回货物，在全部损失形式中占比为 15.3%；此外，有 7.6% 的企业遭受了重新委托第三方检测、滞留港口等其他损失形式。

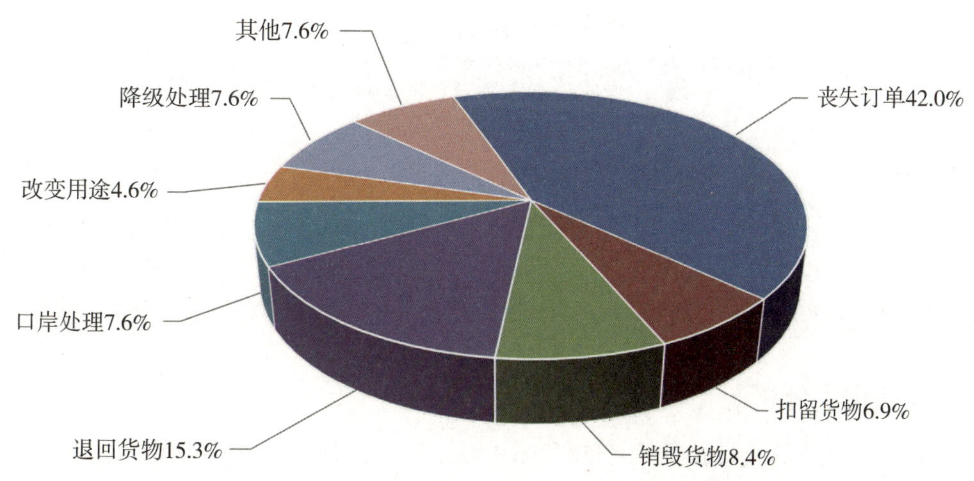


图 3-3-1　福建省出口企业遭受国外技术性贸易措施损失的形式

表 3–3–1 显示了福建省不同类别出口企业遭受损失的主要形式。除玩具家具类企业外，其他六类企业遭受损失的最主要形式均为丧失订单，按照占比值由高至低依次为：橡塑皮革类（100.0%）、化矿金属类（83.3%）、农食产品类（54.1%）、机电仪器类（45.4%）、木材纸张非金属类（40.0%）、纺织鞋帽类（35.7%）。玩具家具类企业遭遇的各类损失比例较为平均，其中最主要的损失形式是扣留货物，占比 27.2%；其次是丧失定单、销毁货物和退回货物，占比均为 18.2%；而口岸处理和降级处理占比最低，占比均为 9.1%。

**表 3-3-1　福建省不同类别出口企业遭受损失的主要形式**　　单位：%

| 企业类别 | 丧失定单 | 扣留货物 | 销毁货物 | 退回货物 | 口岸处理 | 改变用途 | 降级处理 | 其他 | 合计 |
|---|---|---|---|---|---|---|---|---|---|
| 农食产品 | 54.1 | 4.2 | 12.5 | 12.5 | 4.2 | 4.2 | – | 8.3 | 100.0 |
| 机电仪器 | 45.4 | – | – | 9.1 | – | 9.1 | 18.2 | 18.2 | 100.0 |
| 化矿金属 | 83.3 | – | – | – | – | – | – | 16.7 | 100.0 |
| 纺织鞋帽 | 35.7 | 7.5 | 9.0 | 17.9 | 9.0 | 6.0 | 10.4 | 4.5 | 100.0 |
| 橡塑皮革 | 100.0 | – | – | – | – | – | – | – | 100.0 |
| 玩具家具 | 18.2 | 27.2 | 18.2 | 18.2 | 9.1 | – | 9.1 | – | 100.0 |
| 木材纸张非金属 | 40.0 | – | – | 20.0 | 20.0 | – | – | 20.0 | 100.0 |
| 总体 | 42.0 | 6.9 | 8.4 | 15.3 | 7.6 | 4.6 | 7.6 | 7.6 | 100.0 |

表 3–3–2 显示了 2018 年福建省出口企业在不同国家或地区遭受损失的形式。以美国、欧盟、日韩等主要贸易伙伴为例，福建省企业对美国出口损失主要集中在丧失订单，占比高达 62.0%，其次是退回货物，占比为 12.0%；对欧盟出口的福建省企业中，丧失订单和退回货物是最主要的两种损失形式，占比分别为 35.0%、25.0%；与欧美不同，出口到日韩地区的企业损失形式以退回货物和降级处理为主，占比均为 21.1%，而遭受丧失订单、扣留货物、销毁货物的出口企业占比均为 10.5%。

**表 3-3-2　福建省出口企业产品出口到不同国家或地区时遭受损失的主要形式**　　单位：%

| 出口目的地 | 丧失定单 | 扣留货物 | 销毁货物 | 退回货物 | 口岸处理 | 改变用途 | 降级处理 | 其他 | 合计 |
|---|---|---|---|---|---|---|---|---|---|
| 美国 | 62.0 | 8.0 | 4.0 | 12.0 | 2.0 | 4.0 | 4.0 | 4.0 | 100.0 |
| 欧盟 | 35.0 | – | 5.0 | 25.0 | 10.0 | – | 10.0 | 15.0 | 100.0 |
| 日韩 | 10.5 | 10.5 | 10.5 | 21.1 | 5.3 | 5.3 | 21.1 | 15.7 | 100.0 |
| 其他 | 35.7 | 7.1 | 14.3 | 11.9 | 14.3 | 7.1 | 4.8 | 4.8 | 100.0 |
| 总体 | 42.0 | 6.9 | 8.4 | 15.3 | 7.6 | 4.6 | 7.6 | 7.6 | 100.0 |

### （二）企业直接损失分析

2018 年福建省出口企业的直接损失额为 582293.9 万元，比 2017 年减少了 994586.6 万元，降幅达到 63.1%。福建省出口企业直接损失额在 2018 年全国出口企业直接损失总额中所占比例为 2.7%，在全国范围内的排名为第七位，较 2017 年后退 2 个位次。

### 1. 行业分析：农食产品类企业直接损失最多

从表 3-3-3 可以看出，2018 年，福建省农食产品类企业遭受的直接损失最大，为 130350.7 万元，占福建省直接损失总额的 22.4%；其次为化矿金属类企业，其直接损失额为 126661.5 万元，占 21.8%；机电仪器类企业的直接损失额较 2017 年减少 92.2%，在七类企业中的排名从 2017 年的第一位下降到 2018 年的第三位，为 94350.9 万元，占 16.2%；纺织鞋帽类企业的直接损失额为 82278.4 万元，较 2017 年减少 74.2%，占福建省直接损失总额的 14.1%，在七类企业中居第四位。

表 3-3-3　福建省不同类别出口企业遭受的直接损失额

| 企业类别 | 直接损失（万元） | | 占直接损失总额的比例（%） |
|---|---|---|---|
| | 2018 年直接损失 | 比 2017 年变动额 | |
| 农食产品 | 130,350.7 | 130,350.7 | 22.4 |
| 机电仪器 | 94,350.9 | −1,109,588.0 | 16.2 |
| 化矿金属 | 126,661.5 | 125,183.1 | 21.8 |
| 纺织鞋帽 | 82,278.4 | −236,694.8 | 14.1 |
| 橡塑皮革 | 16,149.2 | 16,149.2 | 2.8 |
| 玩具家具 | 66,008.4 | 66,008.4 | 11.3 |
| 木材纸张非金属 | 66,494.8 | 14,004.8 | 11.4 |
| 总计 | 582,293.9 | −994,586.6 | 100.0 |

图 3-3-2 说明了福建省不同类别出口企业直接损失额与全国各类别企业直接损失总值的比较情况。2018 年全国范围内发生直接损失最多是机电仪器类企业，而福建省发生直接损失最多是农食产品类企业。七类企业中，福建省纺织鞋帽类、农食产品类企业直接损失额占全国同类型企业直接损失总额的比重相对较大，分别为 9.5%、7.0%。

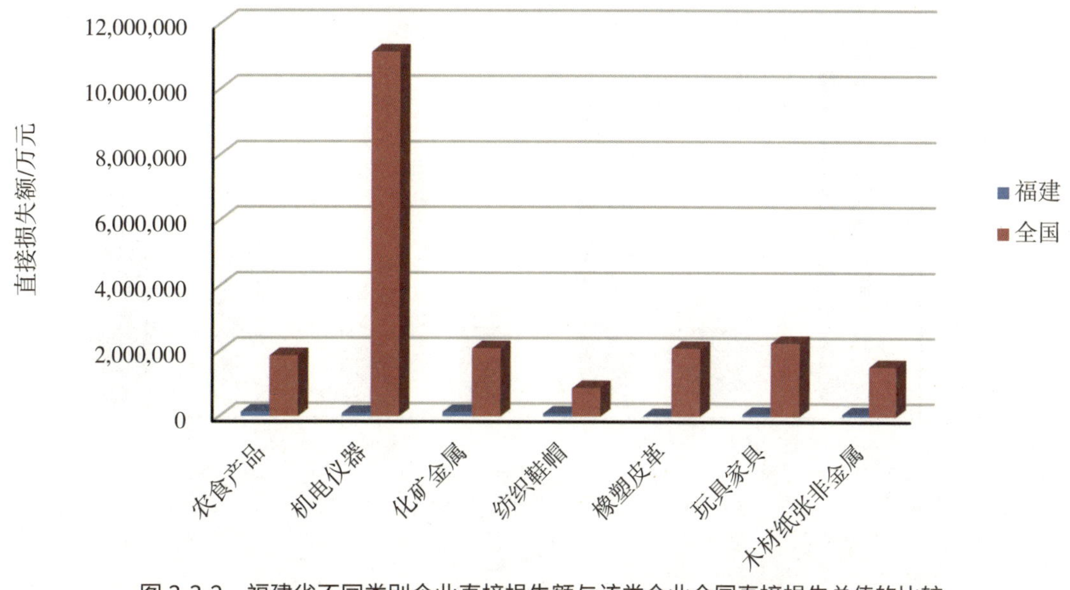


图 3-3-2　福建省不同类别企业直接损失额与该类企业全国直接损失总值的比较

### 2. 目标市场分析：产品出口到美国时所遭受的直接损失相对严重

2018 年，福建省受调查的出口企业遭受直接损失情况，按照直接损失额占福建省直接损失总额的比例排名从高到低依次为：美国、欧盟、韩国、东盟国家、其他、加拿大、日本、澳大利亚 / 新西兰、拉美国家和印度。美国的技术性贸易措施给福建省出口企业造成的直接损失依然最大，占比高达 75.5%；其中农食产品类、机电仪器类企业在出口美国时遭受的直接损失相对较高，分别占福建省企业出口美国直接损失额的 53.8% 和 26.6%。此外，欧盟和韩国的技术性贸易措施影响程度在福建省出口企业遭受的直接损失排名中并列第二位，占比均为 5.7%；东盟国家的技术性贸易措施给福建省出口企业造成的损失占比为 4.0%。

## （三）企业直接损失率分析：农食产品类企业直接损失率最高

2018 年，福建省出口企业因国外技术性贸易措施而遭受的直接损失率平均水平为 0.8%，低于 1.3% 的全国平均水平，较 2017 年 2.2% 的水平有所下降。表 3–3–4 和图 3–3–3 显示了福建省不同类别出口

表 3-3-4 福建省不同类别出口企业直接损失率

| 企业类别 | 出口额（万元） | 直接损失额（万元） | 直接损失率（%） |
|---|---|---|---|
| 农食产品 | 6,581,321.2 | 130,350.7 | 2.0 |
| 机电仪器 | 22,602,653.1 | 94,350.9 | 0.4 |
| 化矿金属 | 7,865,112.7 | 126,661.5 | 1.6 |
| 纺织鞋帽 | 21,316,886.2 | 82,278.4 | 0.4 |
| 橡塑皮革 | 4,736,807.2 | 16,149.2 | 0.3 |
| 玩具家具 | 7,544,557.1 | 66,008.4 | 0.9 |
| 木材纸张非金属 | 5,462,710.4 | 66,494.8 | 1.2 |
| 总计 | 76,110,048.0 | 582,293.9 | 0.8 |

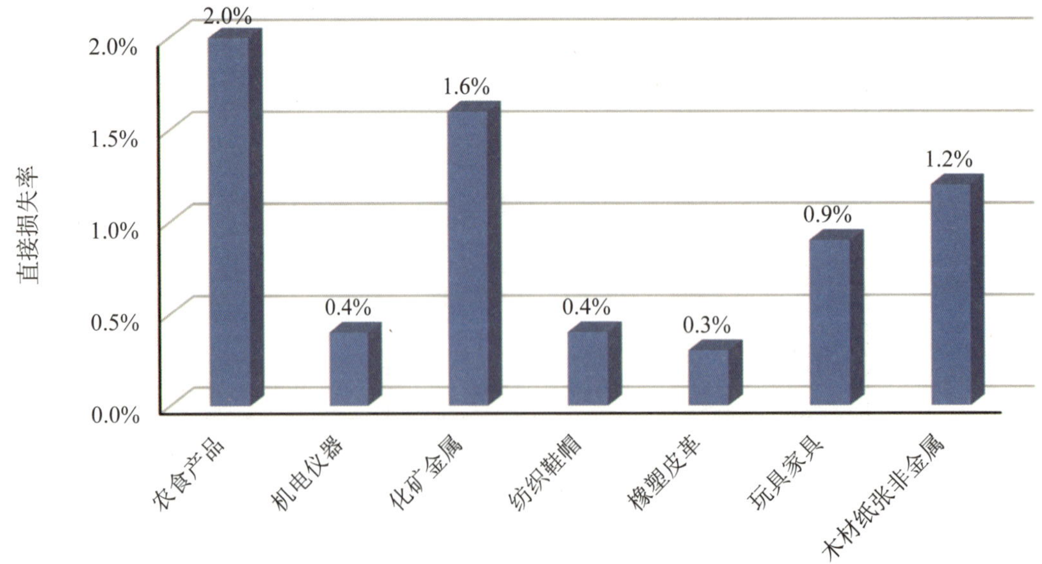


图 3-3-3 福建省不同类别出口企业直接损失率

企业的直接损失率情况。可以看出，机电仪器类、纺织鞋帽类、橡塑皮革类出口企业直接损失率低于全省平均水平，而农食产品类、化矿金属类、木材纸张非金属类、玩具家具类出口企业的直接损失率均高于全省平均水平。尤其是农食产品类出口企业，直接损失率在各类出口企业中最高，达到 2.0%；化矿金属类出口企业的直接损失率也较高，为 1.6%。

## 二、企业应对成本分析

### （一）检测等成本分析：农食产品类企业负担最重

从表 3–3–5 可以看出，2018 年福建省出口企业为满足国外技术要求而发生的产品测试、检验、认证、注册费在出口产品销售额中所占的百分比为 2.0%，较 2017 年上升 0.7 个百分点。其中，测试、检验、认证、注册费在农食产品类企业出口销售额中占比较高，为 7.7%；在纺织鞋帽类、玩具家具类和化矿金属类企业出口销售额中占比超过 1.0%，分别为 1.6%、1.2% 和 1.1%；在橡塑皮革类、机电仪器类和木材纸张非金属类企业出口销售额中占比较少，均未超过 1.0%。

表 3-3-5 福建省出口企业产品测试、检验、认证、注册费用在出口销售额中的百分比　　单位：%

| 企业类别 | 测试、检验、认证、注册费比例 |
|---|---|
| 农食产品 | 7.7 |
| 机电仪器 | 0.6 |
| 化矿金属 | 1.1 |
| 纺织鞋帽 | 1.6 |
| 橡塑皮革 | 0.8 |
| 玩具家具 | 1.2 |
| 木材纸张非金属 | 0.5 |
| 总体 | 2.0 |

### （二）企业新增成本分析

2018 年，福建省出口企业新增成本额连续两年降低，为 197524.7 万元，比 2017 年减少了 80273.6 万元，降幅为 28.9%。2018 年，福建省出口企业新增成本额在全国新增成本总额中所占比例为 4.6%，在全国范围内排名第七位，与 2017 年水平持平。

#### 1. 行业分析：玩具家具类企业新增成本最高

表 3–3–6 列出了 2018 年福建省不同类别出口企业在出口时所发生的新增成本情况。从表中可以看出，农食产品类和纺织鞋帽类企业新增成本较 2017 年有所上升，而其余五类企业新增成本均有不同程度减少。具体而言，玩具家具类企业的新增成本为 64760.0 万元，在所有类型企业中涨幅最大；降幅最大的是橡塑皮革类企业，其新增成本额较 2017 年下降了 97.3%；机电仪器类企业新增成本额为 11528.2

万元，较 2017 年下降了 88.3%，降幅排名第二。

图 3–3–4 显示了福建省各类别出口企业新增成本在新增成本总额中的比例。可以看出，2018 年福建省玩具家具类和木材纸张非金属类企业发生的新增成本在全省新增成本总额中的占比值较大，分别为 32.8% 和 31.0%。与全国新增成本情况比较，2018 年全国范围内新增成本最多的企业类型是机电仪器类企业，而福建省新增成本最多的是玩具家具类企业。七类企业中，福建省农食产品类、木材纸张非金属类企业新增成本额占全国同类型企业新增成本总额的比重相对较大，分别为 13.4%、11.6%。

表 3-3-6　福建省不同类别出口企业出口新增成本

| 企业类别 | 新增成本（万元） | | 占新增成本总额的比例（%） |
|---|---|---|---|
| | 2018 年新增成本 | 比 2017 年变动额 | |
| 农食产品 | 21,043.5 | 21,043.5 | 10.6 |
| 机电仪器 | 11,528.2 | −87,152.7 | 5.8 |
| 化矿金属 | 16,370.7 | −6,447.8 | 8.3 |
| 纺织鞋帽 | 21,437.5 | 6,929.0 | 10.9 |
| 橡塑皮革 | 1,113.2 | −39,520.1 | 0.6 |
| 玩具家具 | 64,760.0 | 62,373.2 | 32.8 |
| 木材纸张非金属 | 61,271.6 | −37,498.7 | 31.0 |
| 总计 | 197,524.6 | −80,273.7 | 100.0 |

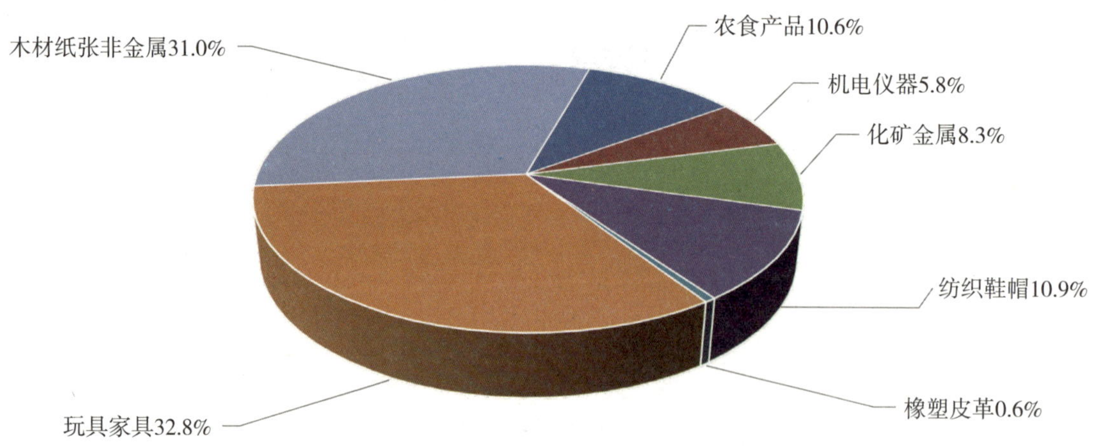


图 3-3-4　福建省不同类别出口企业新增成本占新增成本总额的比例

### 2. 目标市场分析：对拉美国家和欧盟出口企业新增成本比例较大

2018 年，在受调查的福建省出口企业中，新增成本主要发生在拉美国家和欧盟，两者新增成本额占福建省企业新增成本总额的比例分别为 38.8% 和 35.7%，发生新增成本较多的均为纺织鞋帽类企业；在非洲国家发生的新增成本占比为 15.5%，位列第三；随后是美国，新增成本占比值为 6.4%。

## （三）企业新增成本率分析：木材纸张非金属类企业新增成本率最高

2018 年福建省出口企业为了满足国外技术性贸易措施的要求而发生的新增成本率为 0.3%，与全国平均水平持平，较 2017 年下降 0.1 个百分点。表 3-3-7 和图 3-3-5 显示了福建省不同类别出口企业为适应国外技术性贸易措施的要求所发生的新增成本率。可以看出，在不同类别的出口企业中，木材纸张非金属类和玩具家具类出口企业的新增成本比率超过全省平均水平，分别为 1.1%、0.9%；农食产品类企业新增成本率与全省平均水平持平；其余类别出口企业新增成本率则低于全省平均水平。

表 3-3-7　福建省不同类别出口企业新增成本率

| 企业类别 | 出口额（万元） | 新增成本（万元） | 新增成本率（%） |
|---|---|---|---|
| 农食产品 | 6,581,321.2 | 21,043.5 | 0.3 |
| 机电仪器 | 22,602,653.1 | 11,528.2 | 0.1 |
| 化矿金属 | 7,865,112.7 | 16,370.7 | 0.2 |
| 纺织鞋帽 | 21,316,886.2 | 21,437.5 | 0.1 |
| 橡塑皮革 | 4,736,807.2 | 1,113.2 | 0.0 |
| 玩具家具 | 7,544,557.1 | 64,760.0 | 0.9 |
| 木材纸张非金属 | 5,462,710.4 | 61,271.6 | 1.1 |
| 总计 | 76,110,048.0 | 197,524.7 | 0.3 |

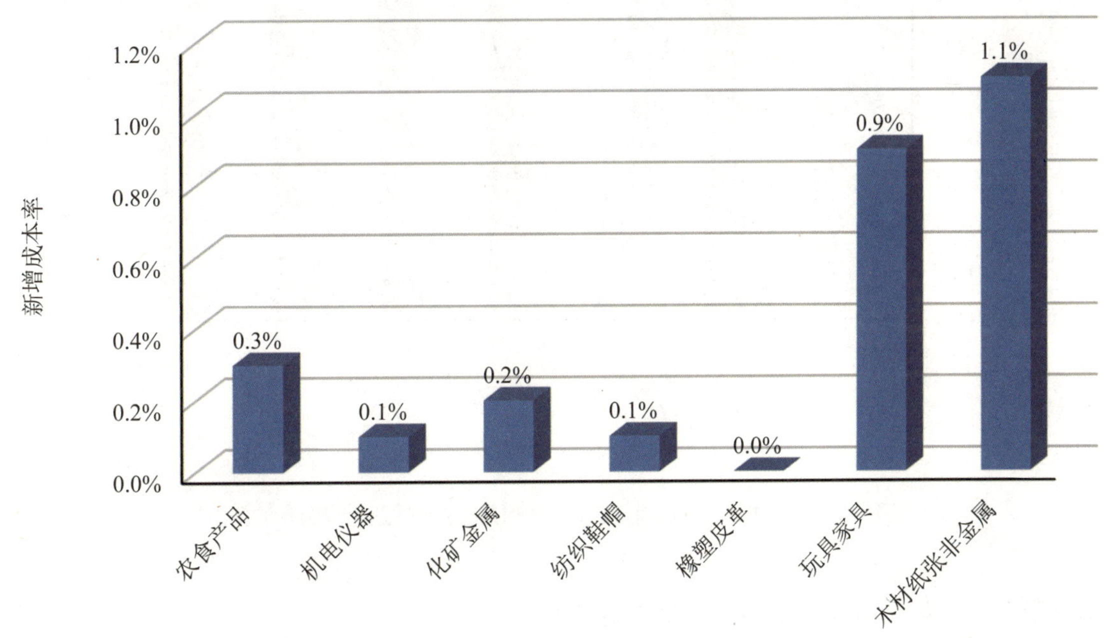


图 3-3-5　福建省不同类别出口企业新增成本率

# 三、受影响企业范围分析

2018 年，福建省不同类别出口企业受到了国外技术性贸易措施不同程度的影响。总体看来，福建省受国外技术性贸易措施影响的企业占出口企业总数的比例为 34.8%，比 2017 年上升了 15.7 个百分点，高于全国 31.0% 的受影响水平，按受影响严重程度在全国范围内排名第十位。

## （一）企业分析

### 1. 行业分析：化矿金属类企业受影响比例最高

图 3–3–6 显示了福建省不同类别出口企业受国外技术性贸易措施影响情况。可以看出，2018 年福建省七类出口企业受影响比例分别为 51.6%、22.5%、72.7%、30.9%、15.4%、33.3%、43.5%。同 2017 年比较，除了机电仪器类、橡塑皮革类企业受国外技术性贸易措施影响的比例较 2017 年小幅下降，其余五类企业受影响比例均较 2017 年大幅上升；尤以化矿金属类和农食产品类企业为甚，受影响比例分别上升了 51.6 个百分点和 43.9 个百分点。与全国水平相比，福建省化矿金属类企业受影响比例（72.7%）远高于全国同类型企业受影响比例（33.2%）。

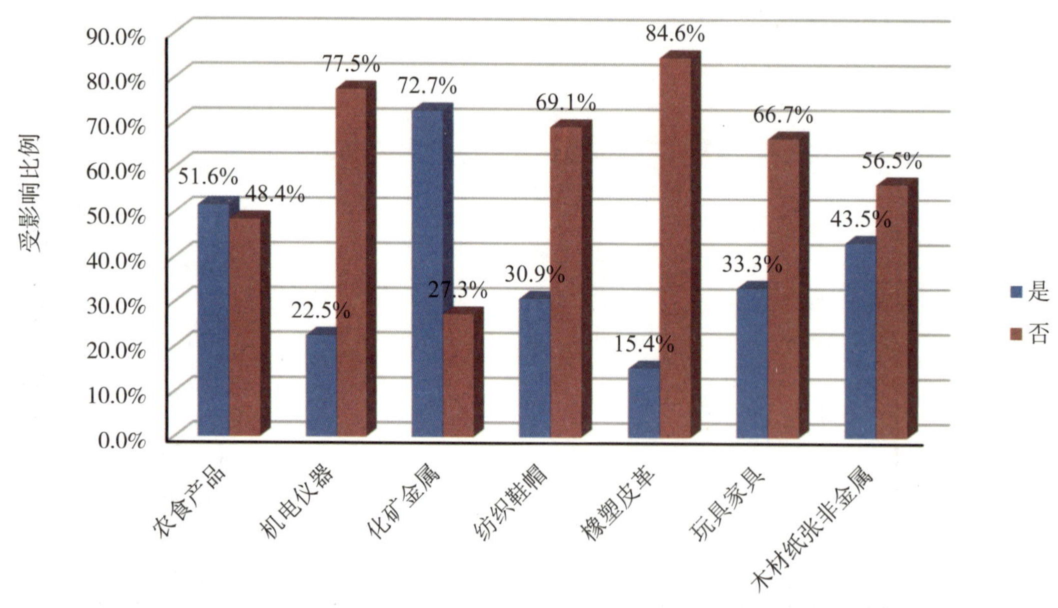


图 3-3-6　福建省不同类别出口企业受国外技术性贸易措施影响情况

### 2. 性质分析：港、澳、台企业受影响比例最高

图 3–3–7 列出了福建省不同性质出口企业遭遇国外技术性贸易措施的情况。2018 年，福建省出口企业中受影响相对严重的是港、澳、台企业和民营企业，受影响的比例分别为 38.1%、37.2%；外资企业和国有企业同样受到国外技术性贸易措施的影响，比例分别为 26.5%、21.4%。2018 年，福建省四类

不同性质的出口企业受影响比例均较2017年有不同程度上升。与全国水平相比，福建省国有企业受影响比例低于全国同类型企业12.7个百分点，而福建省港、澳、台企业受影响比例较全国同类型企业高12.5个百分点。

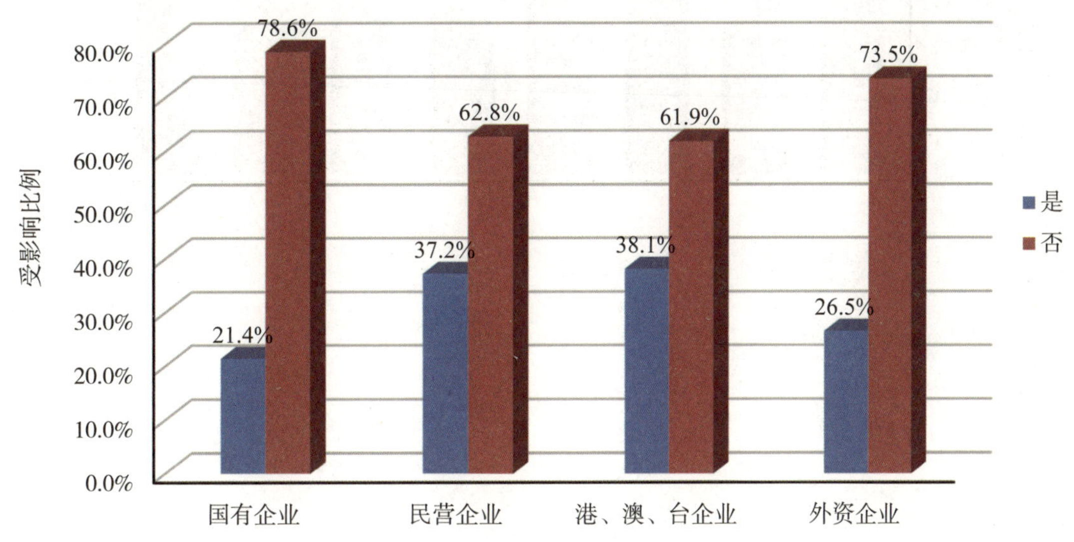


图 3-3-7　福建省不同性质出口企业受国外技术性贸易措施影响情况

**3. 出口额分析：中等规模出口企业更易受到影响**

2018年，福建省农产品出口企业受国外技术性贸易措施影响的比例为51.6%，工业品出口企业受国外技术性贸易措施影响的比例为32.2%，均较2017年有所上升。图3–3–8显示了福建省不同规模农产品和工业品出口企业（按年出口额划分）遭遇国外技术性贸易措施影响情况。可以看出，2018年，福建省不同规模农产品出口企业受国外技术性贸易措施影响的比例均达到50.0%，其中出口额在50万（含）~500万元的农产品出口企业受国外技术性贸易措施影响的比例最高，为66.7%。相对而言，不同规模的工业品出口企业受影响程度低于农产品出口企业，受影响比例均未超过50.0%，其中出口额超过4亿元的工业品出口企业受影响的比例相对较低，为25.9%；而出口额低于4亿元的工业品出口企业受影响比例均达到或超过33.0%。与全国水平相比，福建省农产品企业受影响比例（51.6%）高于全国农产品企业受影响比例（39.0%），工业品企业受影响比例（32.2%）同样高于全国工业品企业受影响比例（29.1%）。

**4. 业务类型分析：生产 / 加工 / 制造型出口企业受影响比例较高**

图3–3–9显示了福建省不同类型出口企业受国外技术性贸易措施影响情况。可以看出，2018年，生产 / 加工 / 制造型、流通贸易型企业受国外技术性贸易措施影响的比例分别为39.0%和30.3%，与2017年相比分别上升了15.8和18.6个百分点；其他类型企业受国外技术性贸易措施影响的比例为27.3%。与全国水平相比，福建省生产 / 加工 / 制造型、流通贸易型企业受影响比例和全国水平较为接近，而其他类型企业受影响比例较全国同类企业高10.1个百分点。

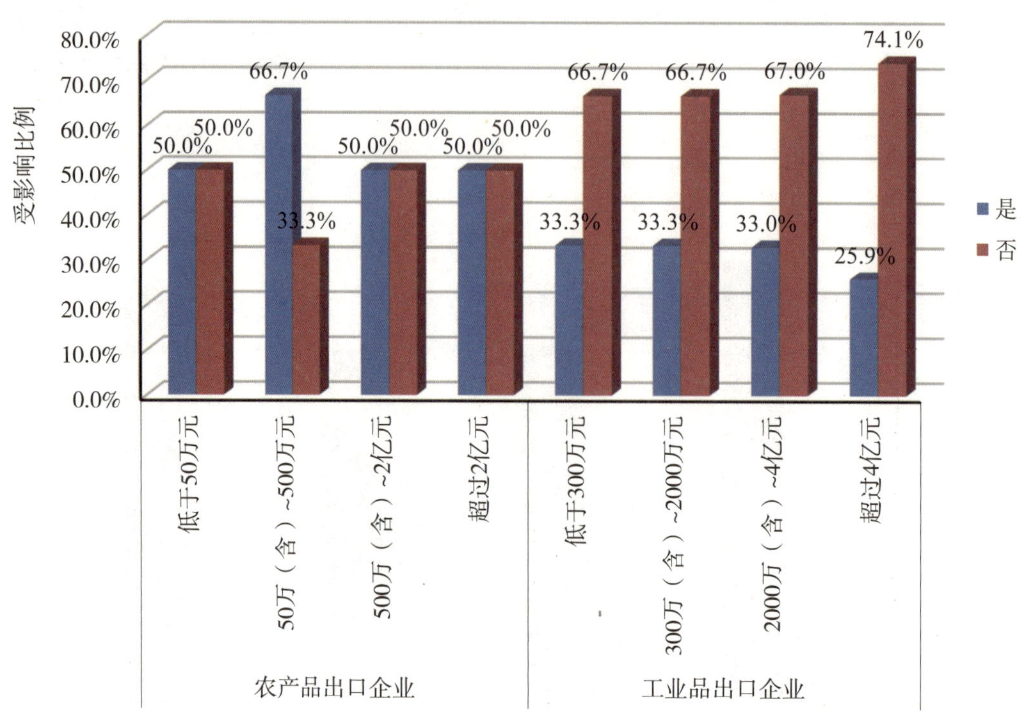


图 3-3-8　福建省不同规模出口企业（按年出口额划分）受国外技术性贸易措施影响情况

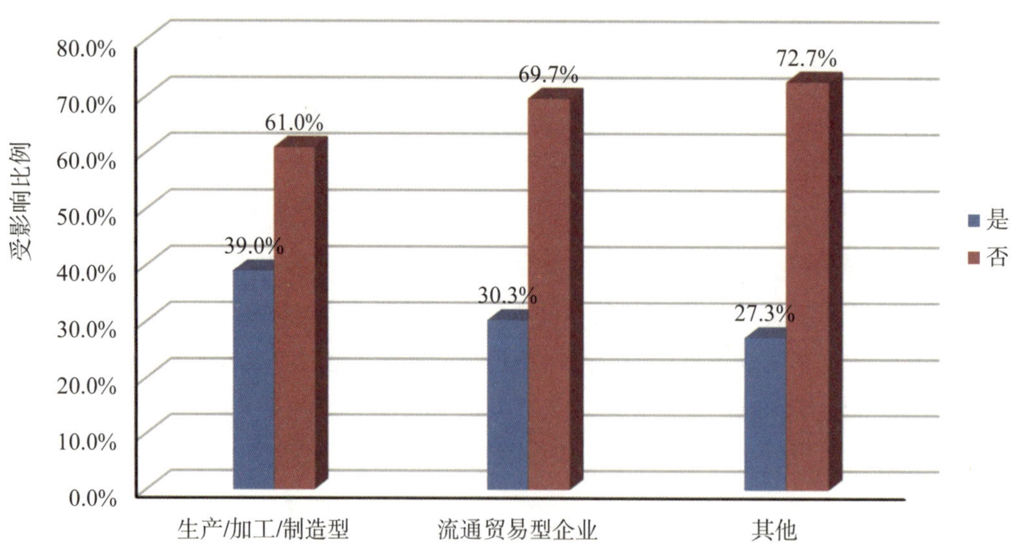


图 3-3-9　福建省不同类型出口企业受国外技术性贸易措施影响情况

## （二）目标市场分析

### 1. 总体分析：对美欧出口企业受影响最集中

图 3–3–10 说明了 2018 年福建省不同产品出口到美国、欧盟、日韩等主要贸易市场时遭遇技术性贸易措施的分布情况。可以看出，被调查福建省企业受国外技术性贸易措施影响的地区分布比较集中，受

美国技术性贸易措施影响的企业累计数占受影响企业累计总数的 33.0%，受欧盟技术性贸易措施影响的企业累计数占总数的 23.5%，美欧两地受影响企业累计数占比超过 50.0%；12.2% 的出口企业在日韩市场受到影响；另外，有 31.3% 的出口企业在东盟国家、欧亚经济联盟（除俄罗斯）、加拿大、澳大利亚/新西兰、印度等其他国家受到国外技术性贸易措施影响。福建省企业在主要贸易市场遭遇技术性贸易措施的分布情况与全国分布情况较为接近。

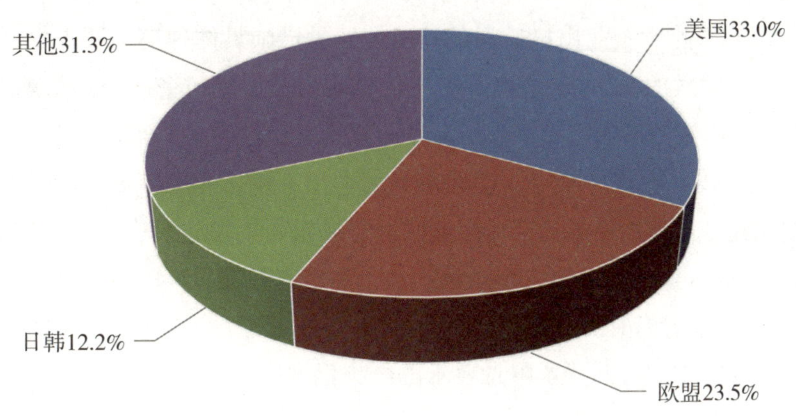


图 3-3-10 福建省出口企业在不同国家或地区遭遇技术性贸易措施的分布情况

### 2. 交叉分析：纺织鞋帽类企业受影响范围最广

图 3-3-11 反映了 2018 年福建省不同类别企业出口时遭遇国外技术性贸易措施的分布情况。可以看出，福建省纺织鞋帽类企业受国外技术性贸易措施的影响范围最广，受影响的企业累计数在总数中所占比例达到 32.2%，高于全国纺织鞋帽类企业 15.0% 的受影响比例；农食产品类企业受国外技术性贸易措施影响的企业累计数占总数的 18.3%，与全国农食产品类企业 17.8% 的受影响比例较为接近；机电仪器类企业受国外技术性贸易措施影响的企业累计数占总数的 13.0%，略高于全国机电仪器类企业 11.8% 的受影响比例；福建省橡塑皮革类企业受国外技术性贸易措施影响的企业累计数占总数的 3.5%，远低于 13.2% 的全国橡塑皮革类企业受影响比例。

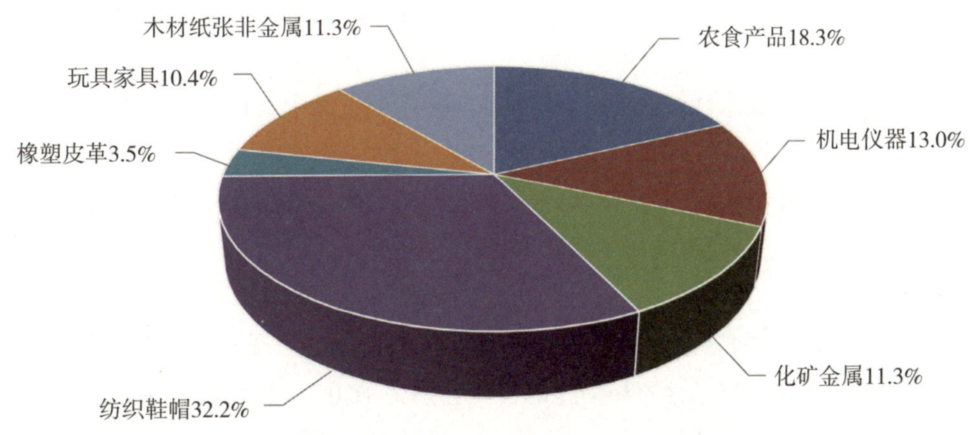


图 3-3-11 福建省不同类别企业遭遇国外技术性贸易措施的分布情况

# 四、企业遭遇措施情况分析

## （一）措施类型分析：企业遭遇认证要求与植物病虫害杂草方面的要求最多

### 1. 总体分析

2018 年，在针对影响福建省企业出口遭遇的技术性贸易措施具体种类的调查中，工业品企业的选择次数占受访企业选择总频次的 72.4%，农产品企业的选择次数占受访企业选择总频次的 27.6%，工业品企业出口受技术性贸易措施的影响远大于农产品企业。

福建省出口企业遭受技术性贸易措施的影响主要集中在工业品的出口中，认证要求是企业遭遇频次最高的技术性贸易措施；其次是技术标准、标签和标志要求，二者的影响程度从 2017 年的排名第五位与第六位分别上升至 2018 年的排名第二位与第三位。在农产品的出口中，企业主要受植物病虫害杂草方面的要求、食品中农兽药残留限量要求、种养殖基地 / 加工厂 / 仓库注册要求的影响，其中植物病虫害杂草方面的要求与食品中农兽药残留限量要求的影响程度从 2017 年的排名第七位与第六位分别上升至 2018 年的排名第一位与第二位。

### 2. 行业分析

从福建省不同类别企业出口时遭遇的技术性贸易措施来看，对农食产品类企业影响程度排名前三位的技术性贸易措施是：食品中农兽药残留限量、重金属等有害物质限量要求、种养殖基地 / 加工厂 / 仓库注册要求。

对机电仪器类企业影响较大的技术性贸易措施是：认证要求、特殊的检验要求（如指定检验地点、机构、方法）、标签和标志要求。

化矿金属类企业出口时，工业品产品中有毒有害物质限量要求、标签和标志要求、认证要求是出口企业最常遭遇的技术性贸易措施。

纺织鞋帽类出口企业受技术性贸易措施的影响类型主要有认证要求、厂商或产品的注册要求（包括上市许可、审批）、技术标准要求。

橡塑皮革类企业主要受认证要求、厂商或产品的注册要求（包括上市许可、审批）、工业品产品中有毒有害物质限量要求的影响。

玩具家具类企业遭遇的技术性贸易措施主要是认证要求和食品中农兽药、微生物、食品添加剂限量要求。

对木材纸张非金属类企业而言，能否满足木质包装要求、认证要求、厂商或产品的注册要求（包括上市许可、审批），对企业产品能否顺利出口至关重要。

### 3. 目标市场分析

从福建省企业出口到不同国家或地区遭遇技术性贸易措施的情况来看，福建省企业出口遭受美国、欧盟、东盟国家、日本的技术性贸易措施的占比分别为 18.0%、15.8%、9.3%、7.2%，合计占比超过 50.0%。

福建省出口到美国的产品遭遇技术性贸易措施的频次最高，其中工业品遇到的措施主要有认证要求、厂商或产品的注册要求（包括上市许可、审批）、技术标准要求；农产品遇到的措施主要有种养殖基地/加工厂/仓库注册要求、食品微生物要求、植物病虫害杂草方面的要求、食品中农兽药残留限量要求、食品中重金属等有害物质的限量要求、食品添加剂要求。

福建省出口到欧盟的工业品主要受认证、环保要求（包括节能及产品回收）、工业产品中有毒有害物质限量要求的限制；农产品遇到的措施主要有植物病虫害杂草方面的要求、食品添加剂要求、食品中重金属等有害物质限量要求。

福建省出口到东盟国家的工业品主要受认证、技术标准、木质包装要求的限制；农产品遇到的措施主要有食品中农兽药残留限量要求、食品中重金属等有害物质限量要求、动物疫病方面的要求、植物病虫害杂草方面的要求、食品微生物指标要求、食品接触材料的要求。

日本对福建省出口工业品的限制主要集中在标签与标志要求、认证要求、技术标准要求；而木质包装要求、植物病虫害杂草方面的要求、食品中农兽药残留限量、食品标签要求对福建省农产品出口企业的影响较为突出。

### （二）出口贸易障碍分析：技术性贸易措施是第三大贸易障碍

图 3–3–12 显示了福建省企业在出口时遇到的主要障碍及其占比。从总体上看，企业选择关税、汇率、技术性贸易措施的次数占比分别为企业选择总频次的 28.9%、22.5% 和 19.1%。由此可见，技术性贸易措施是仅次于汇率、关税的第三大贸易障碍，且企业选择该三类出口贸易障碍的频次明显高于其他类型的出口贸易障碍。

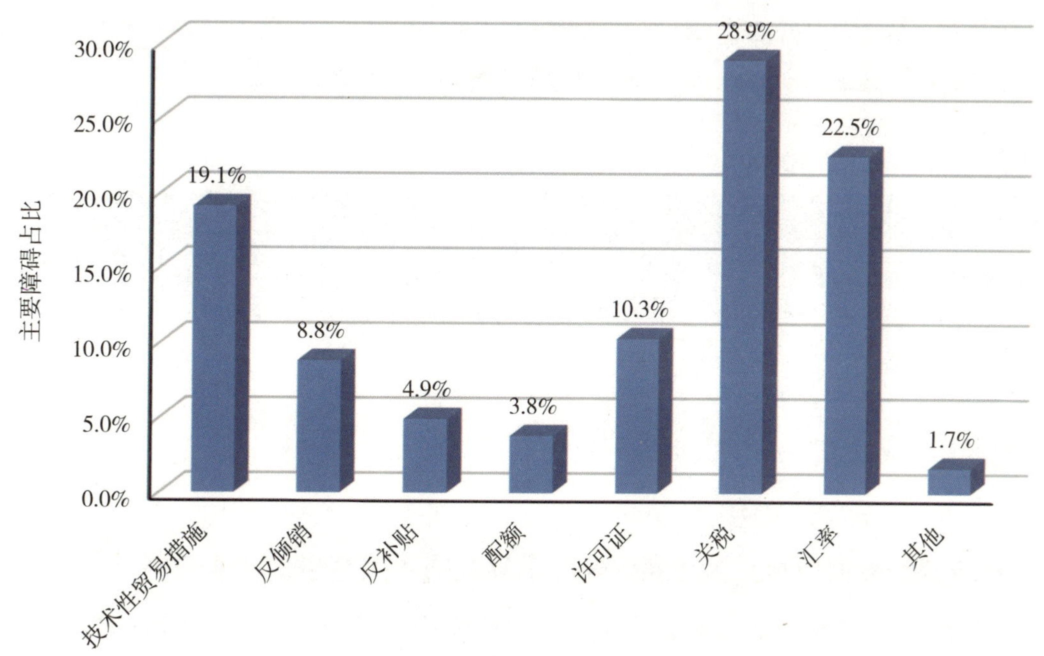


图 3-3-12　福建省企业出口遇到的主要障碍

表 3–3–8 从企业类别来分析福建省企业遇到的主要出口障碍。七大类企业均认为关税是最主要的出口贸易障碍；农食产品类和机电仪器类企业认为技术性贸易措施是其第二大出口障碍，汇率排在其

后；而化矿金属类、纺织鞋帽类和橡塑皮革类企业认为汇率的影响程度超过技术性贸易措施；玩具家具类和木材纸张非金属类企业则将技术性贸易措施与汇率并列选为第二大出口障碍。总体来说，福建省各类出口企业均认为技术性贸易措施是其产品出口的主要贸易障碍之一。

表 3-3-8　福建省不同类别企业出口时遇到的主要障碍　　单位：%

| 企业类别 | 主要障碍 | | | | | | | | |
|---|---|---|---|---|---|---|---|---|---|
| | 技术性贸易措施 | 反倾销 | 反补贴 | 配额 | 许可证 | 关税 | 汇率 | 其他 | 合计 |
| 农食产品 | 22.5 | 7.9 | 3.4 | 3.4 | 10.1 | 29.2 | 20.2 | 3.3 | 100.0 |
| 机电仪器 | 23.0 | 7.1 | 3.5 | 1.8 | 14.2 | 27.4 | 20.4 | 2.6 | 100.0 |
| 化矿金属 | 21.4 | 3.6 | – | 3.6 | 3.6 | 35.7 | 32.1 | – | 100.0 |
| 纺织鞋帽 | 16.0 | 9.3 | 6.3 | 3.0 | 10.5 | 29.5 | 24.5 | 0.9 | 100.0 |
| 橡塑皮革 | 16.7 | 13.9 | 2.8 | 8.3 | 5.5 | 27.8 | 25.0 | – | 100.0 |
| 玩具家具 | 19.6 | 7.8 | 3.9 | 3.9 | 11.8 | 31.4 | 19.6 | 2.0 | 100.0 |
| 木材纸张非金属 | 18.6 | 11.9 | 8.5 | 8.5 | 6.8 | 23.7 | 18.6 | 3.4 | 100.0 |
| 总体 | 19.1 | 8.8 | 4.9 | 3.8 | 10.3 | 28.9 | 22.5 | 1.7 | 100.0 |

从表 3–3–9 可以看出，在回答该问题的受访企业中，有 22.9% 的企业认为技术性贸易措施是企业产品出口的最大障碍。另外，有 11.2% 和 26.0% 的企业分别认为技术性贸易措施是影响企业出口的第二大和第三大障碍。从企业对各选项的选择次数排序看，企业在出口中遇到的障碍由大到小依次为：关税、汇率、技术性贸易措施、许可证、反倾销、反补贴、配额、其他贸易措施。

表 3-3-9　福建省企业出口时所遇到的最大障碍类型占比　　单位：%

| 选择次数 | 最大障碍 | | | | | | | |
|---|---|---|---|---|---|---|---|---|
| | 技术性贸易措施 | 反倾销 | 反补贴 | 配额 | 许可证 | 关税 | 汇率 | 其他 |
| 第一位选择 | 22.9 | 7.5 | 0.9 | 0.9 | 9.7 | 33.9 | 21.6 | 2.6 |
| 第二位选择 | 11.2 | 8.7 | 3.1 | 3.6 | 12.8 | 32.6 | 27.0 | 1.0 |
| 第三位选择 | 26.0 | 5.8 | 10.4 | 5.2 | 7.1 | 21.4 | 23.4 | 0.7 |

## （三）措施制约原因分析：为达到国外要求导致成本过高是最主要原因

图 3–3–13 显示了福建省企业出口时受国外技术性贸易措施制约的原因及其占比。从总体上看，企业认为出口受到国外技术性贸易措施制约的最主要的原因为："为达到国外要求导致成本过高"，占比 20.1%。此外，企业认为"国外检验检测项目繁多""不了解国外规定""生产技术水平达不到国外技术要求、标准、限量等"也是其受到国外技术性贸易措施制约的重要原因，占比分别为 15.4%、14.7% 和 14.7%。上述四类原因累计占比达 64.9%。

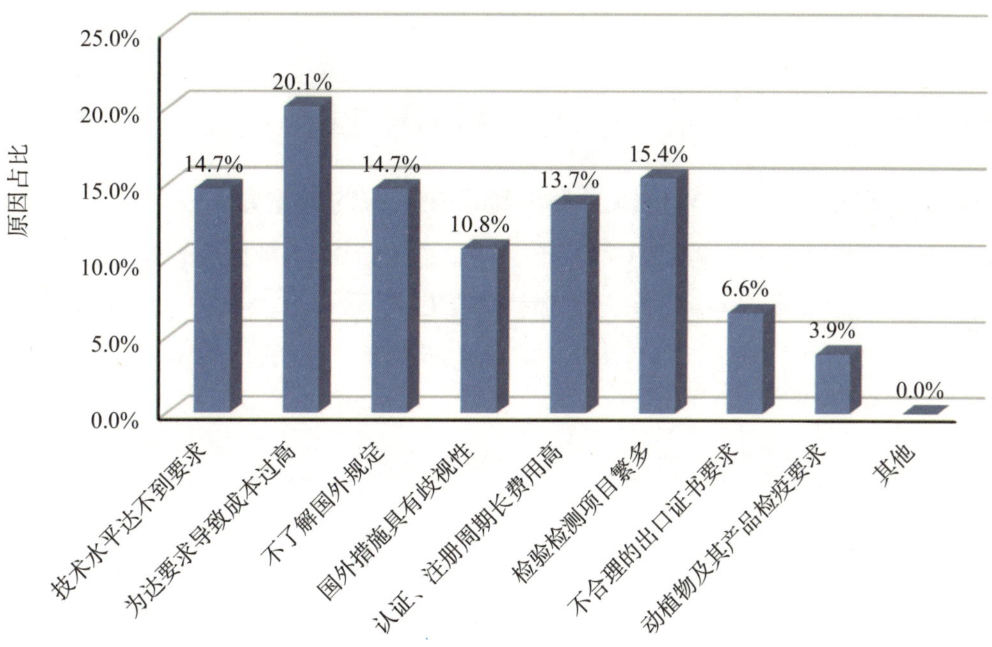


图 3-3-13 福建省出口企业受技术性贸易措施制约的原因

若区分不同类别的出口企业，从表 3-3-10 可以看出，“为达到国外要求导致成本过高”是农食产品类、纺织鞋帽类、玩具家具类出口企业受国外技术性贸易措施影响最主要的原因，同时化矿金属类、橡塑皮革类、木材纸张非金属类企业认为其为次要原因；橡塑皮革类、木材纸张非金属类企业则均认为“国外措施具有歧视性”是其出口时遭受国外技术性贸易措施制约的最重要原因。除此之外，机电仪器类和纺织鞋帽类企业分别认为“不了解国外规定”是其出口受国外技术性贸易措施影响的最重要和次要原因。

表 3-3-10 福建省不同类别出口企业受技术性贸易措施制约的原因 单位：%

| 企业类别 | 原因 | | | | | | | | | |
|---|---|---|---|---|---|---|---|---|---|---|
| | 技术水平达不到要求 | 为达到要求导致成本过高 | 不了解国外规定 | 国外措施具有歧视性 | 认证、注册周期长费用高 | 检验检测项目繁多 | 不合理的出口证书要求 | 动植物及其产品检疫要求 | 其他 | 合计 |
| 农食产品 | 12.3 | 21.5 | 9.2 | 10.8 | 9.2 | 18.5 | 6.2 | 12.3 | – | 100.0 |
| 机电仪器 | 15.4 | 11.5 | 23.1 | 7.7 | 19.2 | 11.5 | 7.7 | 3.9 | – | 100.0 |
| 化矿金属 | 24.0 | 20.0 | 12.0 | 4.0 | 12.0 | 16.0 | 8.0 | 4.0 | – | 100.0 |
| 纺织鞋帽 | 14.1 | 22.2 | 19.2 | 7.6 | 13.1 | 15.7 | 6.1 | 2.0 | – | 100.0 |
| 橡塑皮革 | 8.0 | 16.0 | 8.0 | 24.0 | 16.0 | 16.0 | 12.0 | – | – | 100.0 |
| 玩具家具 | 20.5 | 30.8 | 5.1 | 12.8 | 10.3 | 17.9 | – | 2.6 | – | 100.0 |
| 木材纸张非金属 | 13.5 | 17.3 | 3.8 | 23.1 | 15.4 | 13.5 | 9.6 | 3.8 | – | 100.0 |
| 总计 | 14.7 | 20.1 | 14.7 | 10.8 | 13.7 | 15.4 | 6.6 | 3.9 | – | 100.0 |

# 五、企业应对情况分析

## （一）应对方式分析：与国外进口商交涉是企业采取的最主要做法

图 3–3–14 显示了福建省企业应对国外技术性贸易措施时采取的各种做法的占比情况。选择“与国外进口商交涉”位列第一，占比为 22.3%；“加强技术攻关和升级改造，提高产品竞争力”的选项排在第二位，占比为 21.0%；选择“向当地海关报告”的占比为 17.3%，排在第三位；三者合计占企业选择总频次的 60.6%。

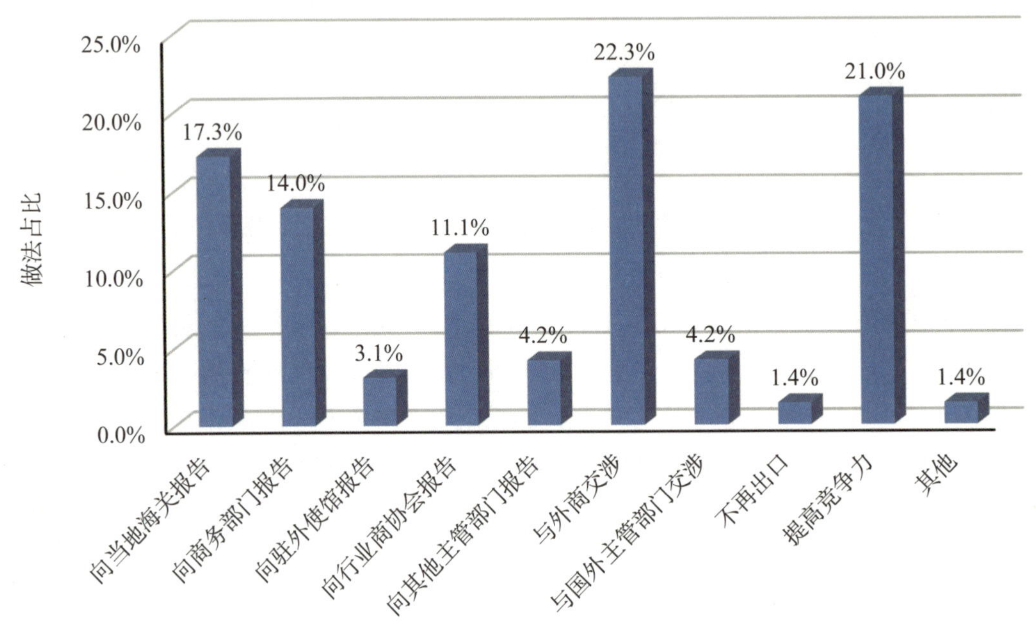


图 3-3-14　福建省出口企业遭遇技术性贸易措施时采取的做法

从不同的行业来分析企业所做的选择，从表 3–3–11 可以看出，机电仪器类和玩具家具类企业选择“加强技术攻关和升级改造，提高产品竞争力”的占比均位列第一，选择“与国外进口商交涉”的占比均位列第二，同时玩具家具类企业选择“向当地海关报告”的占比并列第二；化矿金属类、纺织鞋帽类和橡塑皮革类企业选择“加强技术攻关和升级改造，提高产品竞争力”的占比与选择“与国外进口商交涉”的占比相同，两种做法的选择次数占比并列第一；农食产品类和木材纸张非金属类企业分别认为“向当地海关报告”和“与国外进口商交涉”是其最主要的应对方式。

## （二）信息渠道分析：海关部门是出口企业获取信息的最主要来源

图 3–3–15 说明了福建省企业获取国外技术性贸易措施信息的途径情况。从总体上来看，“海关部门”和“国外经销商”是福建省出口企业获取信息的最主要来源，占比分别为 21.2% 和 20.6%。此外，

表 3-3-11　福建省不同类别出口企业遭遇技术性贸易措施时采取的做法　　单位：%

| 企业类别 | 做法 | | | | | | | | | | |
|---|---|---|---|---|---|---|---|---|---|---|---|
| | 向当地海关报告 | 向商务部门报告 | 向驻外使馆报告 | 向行业商协会报告 | 向其他主管部门报告 | 与外商交涉 | 与国外主管部门交涉 | 不再出口 | 提高竞争力 | 其他 | 合计 |
| 农食产品 | 24.7 | 17.2 | 1.1 | 15.0 | 3.2 | 21.5 | 2.2 | 1.1 | 14.0 | – | 100.0 |
| 机电仪器 | 17.0 | 11.0 | 2.0 | 8.0 | 8.0 | 23.0 | 2.0 | 2.0 | 25.0 | 2.0 | 100.0 |
| 化矿金属 | 21.7 | 13.5 | 2.7 | 5.4 | 2.7 | 24.3 | 5.4 | – | 24.3 | – | 100.0 |
| 纺织鞋帽 | 13.6 | 13.6 | 4.4 | 11.2 | 3.6 | 22.0 | 6.4 | 2.0 | 22.0 | 1.2 | 100.0 |
| 橡塑皮革 | 14.3 | 14.3 | – | 10.7 | – | 25.0 | 7.1 | – | 25.0 | 3.6 | 100.0 |
| 玩具家具 | 19.6 | 15.2 | 2.2 | 10.8 | 4.3 | 19.6 | – | 2.2 | 23.9 | 2.2 | 100.0 |
| 木材纸张非金属 | 18.8 | 14.5 | 4.4 | 13.0 | 4.4 | 23.2 | 2.9 | – | 15.9 | 2.9 | 100.0 |
| 总体 | 17.3 | 14.0 | 3.1 | 11.1 | 4.2 | 22.3 | 4.2 | 1.4 | 21.0 | 1.4 | 100.0 |

“我国有关行业协会和商会”“媒体（包括报纸、杂志、电视等）”“其他政府部门”也是福建省出口企业获取国外技术性贸易措施信息的主要来源。

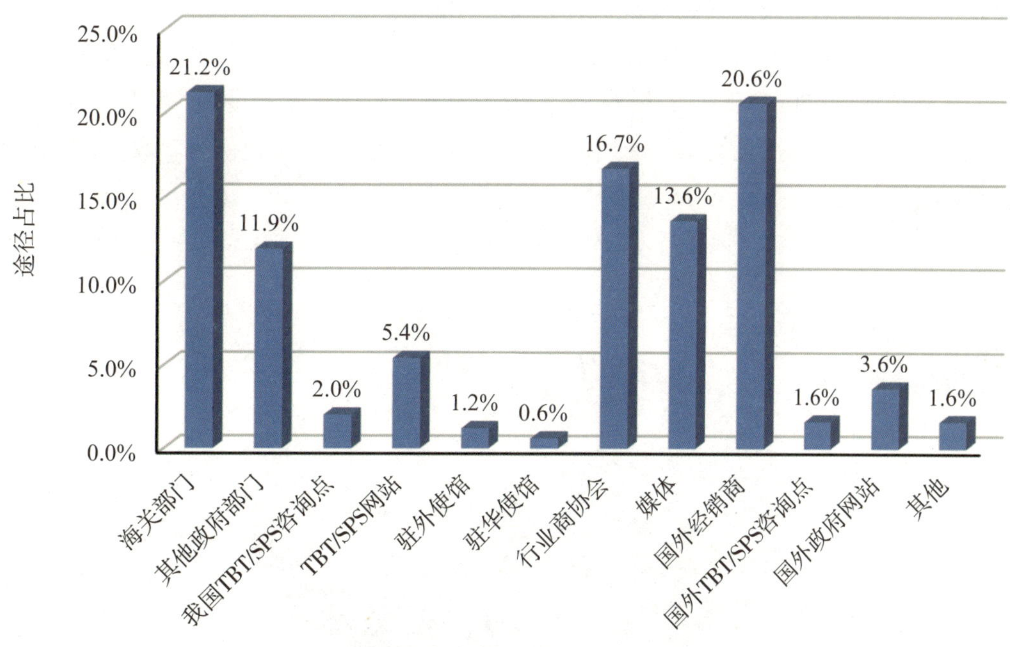


图 3-3-15　福建省出口企业获取技术性贸易信息的途径

从表 3–3–12 中可以看出，七大行业中，除机电仪器类企业外，其他六类企业均认为“海关部门”“国外经销商”是获取信息的第一大和第二大来源；而机电仪器类企业则认为获取信息的最主要来源是“国外经销商”，其次是“我国有关行业协会和商会”。农食产品类、机电仪器类、玩具家具类和木材纸张非金属类受访企业，均未选择从“我国驻外使领馆”或“国外驻华使领馆”获取信息。

表 3-3-12　福建省不同类别出口企业获取技术性贸易措施信息的途径　　单位：%

| 企业类别 | 途径 | | | | | | | | | | | | |
|---|---|---|---|---|---|---|---|---|---|---|---|---|---|
| | 海关部门 | 其他政府部门 | 我国TBT/SPS咨询点 | TBT/SPS网站 | 驻外使馆 | 驻华使馆 | 行业商协会 | 媒体 | 国外经销商 | 国外TBT/SPS咨询点 | 国外政府网站 | 其他 | 合计 |
| 农食产品 | 27.7 | 8.4 | – | 3.6 | – | – | 19.3 | 13.3 | 25.3 | – | 2.4 | – | 100.0 |
| 机电仪器 | 16.7 | 9.6 | 1.8 | 7.0 | – | – | 17.5 | 14.0 | 24.6 | 1.8 | 4.4 | 2.6 | 100.0 |
| 化矿金属 | 24.3 | 5.4 | 5.4 | 10.8 | 2.7 | 2.7 | 13.5 | 13.5 | 16.2 | – | 5.4 | – | 100.0 |
| 纺织鞋帽 | 19.5 | 12.3 | 1.9 | 5.4 | 2.3 | 1.1 | 16.9 | 14.6 | 18.0 | 2.7 | 3.8 | 1.5 | 100.0 |
| 橡塑皮革 | 25.0 | 17.9 | 3.6 | – | 3.6 | – | 7.1 | 14.3 | 21.4 | – | 3.6 | 3.6 | 100.0 |
| 玩具家具 | 24.1 | 14.8 | 1.9 | 1.9 | – | – | 16.7 | 9.3 | 22.2 | – | 5.6 | 3.7 | 100.0 |
| 木材纸张非金属 | 21.7 | 17.4 | 2.9 | 7.2 | – | – | 17.4 | 13.0 | 18.8 | 1.4 | – | – | 100.0 |
| 总体 | 21.2 | 11.9 | 2.0 | 5.4 | 1.2 | 0.6 | 16.7 | 13.6 | 20.6 | 1.6 | 3.6 | 1.6 | 100.0 |

## （三）信息获取难易程度分析

### 1. 总体分析：多数出口企业能够正常获取技术性贸易措施信息

图 3–3–16 给出了福建省企业在获取国外技术性贸易措施信息不同难易程度上的选择占比。从总体上看，有 67.4% 的福建省出口企业认为获取技术性贸易措施信息的难易程度为“一般 / 正常”，排名第一；选择“比较困难”的企业占比为 16.7%，位列第二；而仅有 1.7% 的企业认为获取国外技术性贸易措施信息“非常容易”。

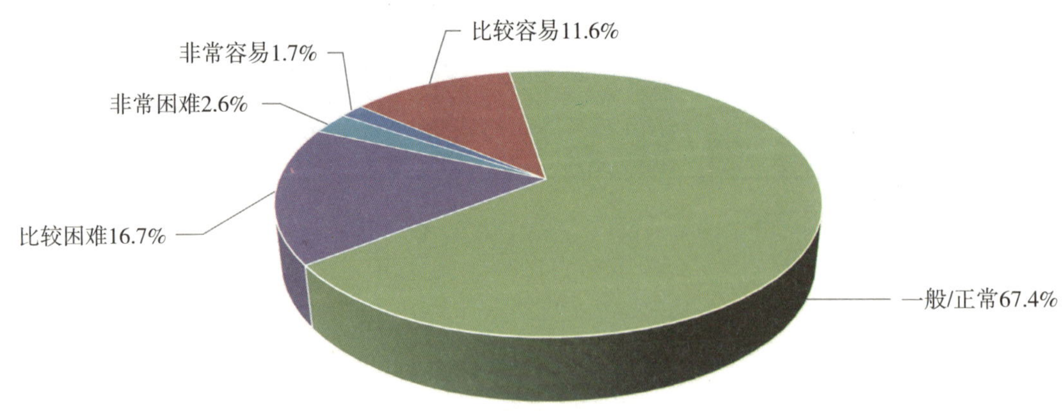


图 3-3-16　福建省出口企业在获取技术性贸易措施信息上不同难易程度的占比

### 2. 所有制结构分析：外资企业在信息获取方面具有优势

由表 3–3–13 和图 3–3–17 可知，从企业所有制结构来看，不管是哪种结构类型的企业，普遍认为获取技术性贸易措施信息的难易程度为“一般 / 正常”。从选择“比较困难”这一选项的企业占比来看，港、澳、台企业和国有企业中选择的比例普遍较高，均为28.6%；其次为民营企业，占比16.5%；外资企业占比最低，仅为5.9%。在港、澳、台企业、国有企业、民营企业、外资企业中，选择“比较容易”这一选项的比例分别为14.3%、7.1%、11.0%和14.8%，外资企业的这一比例最高，国有企业的这一比例最低。因此可以认为，外资企业在获取技术性贸易措施信息方面具有一定的优势，国有企业在获取技术性贸易措施信息方面存在劣势。

表3-3-13　福建省不同所有制结构的企业获取技术性贸易措施信息的难易程度　　单位：%

| 所有制结构 | 难易程度 | | | | | |
|---|---|---|---|---|---|---|
| | 非常容易 | 比较容易 | 一般／正常 | 比较困难 | 非常困难 | 合计 |
| 港、澳、台企业 | 4.7 | 14.3 | 52.4 | 28.6 | – | 100.0 |
| 国有企业 | – | 7.1 | 64.3 | 28.6 | – | 100.0 |
| 民营企业 | 1.2 | 11.0 | 68.3 | 16.5 | 3.0 | 100.0 |
| 外资企业 | 2.9 | 14.8 | 73.5 | 5.9 | 2.9 | 100.0 |
| 总体 | 1.7 | 11.6 | 67.4 | 16.7 | 2.6 | 100.0 |

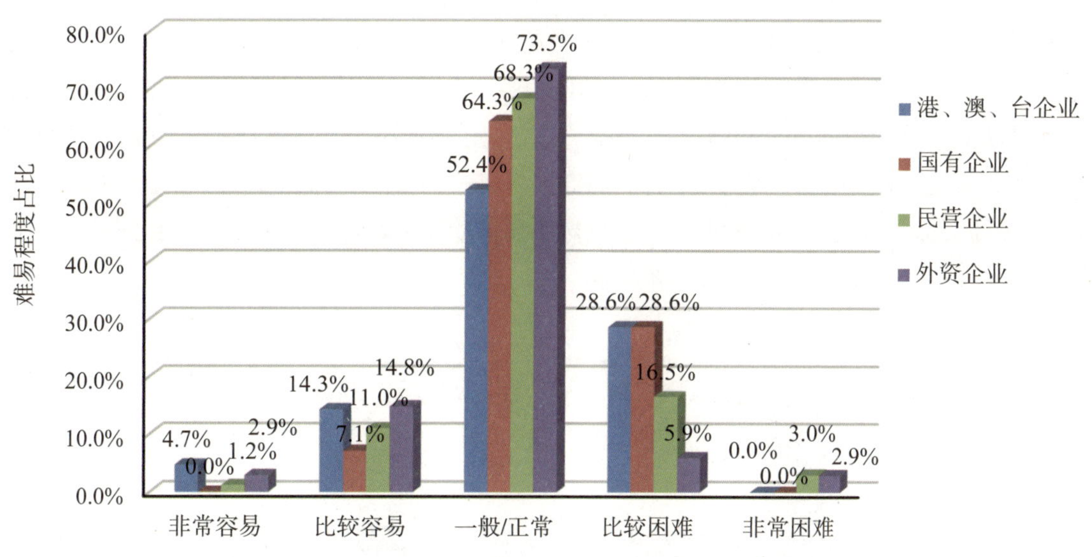


图3-3-17　福建省不同所有制结构的企业获取技术性贸易措施信息的难易程度

### 3. 行业分析：木材纸张非金属类企业相对困难，橡塑皮革类企业相对容易

表3–3–14给出了福建省不同行业的企业获取技术性贸易措施信息难易程度的情况。七类企业选择“一般／正常”的比例均为最高，其中机电仪器类企业选择这一选项的比例最高，达到77.5%。将“比较困难”和“非常困难”两个选项合并分析发现，木材纸张非金属类企业选择上述选项的比例为34.7%，获取信息相对困难；占比最低的为机电仪器类企业，合并占比10.0%。将“非常容易”和“比较容易”选项合并分析发现，橡塑皮革类企业合并占比最高，为23.1%，获取信息相对容易。

表 3-3-14　福建省不同类别出口企业获取技术性贸易措施信息的难易程度　　单位：%

| 企业类别 | 难易程度 | | | | | |
|---|---|---|---|---|---|---|
| | 非常容易 | 比较容易 | 一般 / 正常 | 比较困难 | 非常困难 | 合计 |
| 农食产品 | 9.7 | 12.9 | 61.3 | 12.9 | 3.2 | 100.0 |
| 机电仪器 | – | 12.5 | 77.5 | 10.0 | – | 100.0 |
| 化矿金属 | – | 18.2 | 54.5 | 9.1 | 18.2 | 100.0 |
| 纺织鞋帽 | 1.1 | 9.6 | 71.2 | 17.0 | 1.1 | 100.0 |
| 橡塑皮革 | – | 23.1 | 46.1 | 30.8 | – | 100.0 |
| 玩具家具 | – | 9.5 | 71.4 | 14.3 | 4.8 | 100.0 |
| 木材纸张非金属 | – | 8.7 | 56.6 | 30.4 | 4.3 | 100.0 |
| 总体 | 1.7 | 11.6 | 67.4 | 16.7 | 2.6 | 100.0 |

### （四）应对需求分析：及时提供国外技术性贸易措施的最新信息、技术指南和咨询是企业最希望得到的帮助

图 3–3–18 和表 3–3–15 显示了福建省出口企业在应对国外技术性贸易措施时希望得到的帮助情况。可以看出，不同类别的企业在应对国外技术性贸易措施时，最希望得到的帮助均为“及时提供国外技术性贸易措施的最新信息、技术指南和咨询”，占企业选择总频次的 25.6%；与此同时，绝大多数企业将“搭建公共检测服务平台，为企业提供便捷的检测服务”和“强化认证认可工作，建立与国外权威认证机构的互认机制”作为位列第二和第三的需求，二者占比分别为 20.1% 和 18.4%。另外，企业对“实施与国际接轨的标准化战略，推动企业参与国际标准制修订”的希望也比较强烈，占比 17.7%。这种状况与 2017 年基本一致，反映出福建省出口企业仍然迫切需要相关机构及时提供有关的最新信息和检测服务，并推进在认证、标准等方面的国际合作。

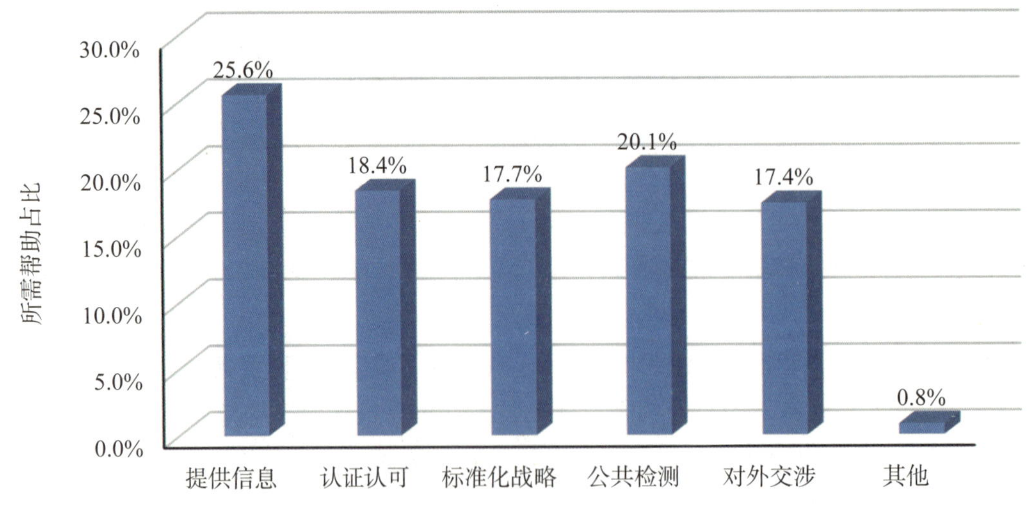


图 3-3-18　福建省出口企业应对技术性贸易措施时所需帮助

表 3-3-15 福建省不同类别出口企业应对技术性贸易措施时所需帮助 单位：%

| 企业类别 | 所需帮助 | | | | | | |
|---|---|---|---|---|---|---|---|
| | 提供信息 | 认证认可 | 标准化战略 | 公共检测 | 对外交涉 | 其他 | 合计 |
| 农食产品 | 27.2 | 16.3 | 12.0 | 20.7 | 23.9 | – | 100.0 |
| 机电仪器 | 25.9 | 18.5 | 18.5 | 22.2 | 14.8 | – | 100.0 |
| 化矿金属 | 26.2 | 14.3 | 19.0 | 19.0 | 21.4 | – | 100.0 |
| 橡塑皮革 | 24.2 | 20.4 | 19.4 | 19.7 | 15.6 | 0.7 | 100.0 |
| 纺织鞋帽 | 23.8 | 14.3 | 16.7 | 23.8 | 19.0 | 2.4 | 100.0 |
| 玩具家具 | 26.8 | 16.1 | 17.9 | 19.6 | 16.1 | 3.6 | 100.0 |
| 木材纸张非金属 | 28.4 | 18.9 | 16.2 | 16.2 | 18.9 | 1.4 | 100.0 |
| 总体 | 25.6 | 18.4 | 17.7 | 20.1 | 17.4 | 0.8 | 100.0 |

表 3-3-16 技术性贸易措施对福建省不同类别出口企业国际竞争力的影响 单位：%

| 企业类别 | 选项 | |
|---|---|---|
| | 是 | 否 |
| 农食产品 | 90.3 | 9.7 |
| 机电仪器 | 85.0 | 15.0 |
| 化矿金属 | 81.8 | 18.2 |
| 纺织鞋帽 | 80.9 | 19.1 |
| 橡塑皮革 | 92.3 | 7.7 |
| 玩具家具 | 85.7 | 14.3 |
| 木材纸张非金属 | 91.3 | 8.7 |
| 总体 | 85.0 | 15.0 |

### （五）应对结果分析：国外技术性贸易措施倒逼企业竞争力提升

表 3-3-16 反映了国外技术性贸易措施对福建省出口企业在国际市场竞争力和产品质量安全提升方面的影响。从总体上来看，有 85.0% 的企业认为在符合技术性贸易措施的过程中提升了竞争力和质量。从行业类别来看，农食产品类、橡塑皮革类和木材纸张非金属类企业中，认为技术性贸易措施有利于提高自身的国际竞争力和产品质量安全的企业均占九成以上；机电仪器类和玩具家具类企业中，均有 85.0% 以上企业选择了“是”的选项；有 80.9% 纺织鞋帽类企业认为国外技术性贸易措施对于提升其自身的国际竞争力和产品质量安全有帮助，在七大行业中占比最低。

## 六、政府部门减损情况分析

### （一）减损措施分析：发布预警信息是最有效的方式

图 3-3-19 显示了海关等政府部门在减损时采取的措施。从企业对各选项的选择次数看，“发布的

国外措施预警信息”是海关等政府部门主要采取的减少企业损失的措施，占总频次的 25.0%；此外，企业认为“帮助企业取得国外认可”“指导技术改进”“提供通行的检测认证证书便利”也是减损的重要措施，上述三类措施选择次数分别占选项全部频次的 20.0%、16.7%、16.7%。

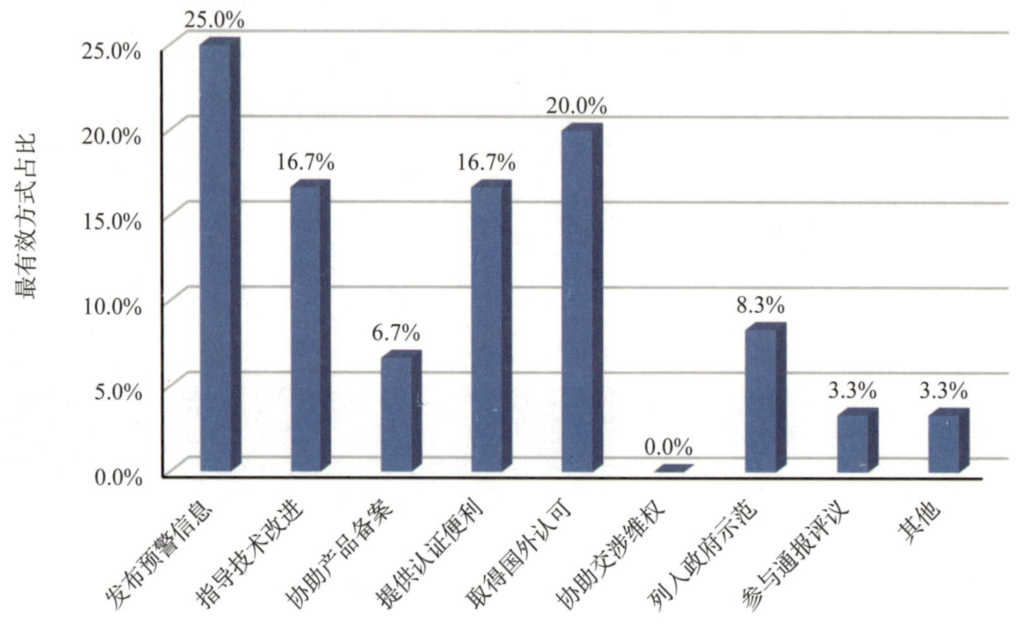


图 3-3-19 政府部门减少国外技术性贸易措施致损时采取的措施

针对不同类别的出口企业，海关等政府部门在减损时采取的措施各有侧重。从表 3-3-17 可以看出，农食产品类企业认为“发布的国外措施预警信息”（23.1%）和“提供通行的检测认证证书便利”（23.1%）同等重要；机电仪器类、木材纸张非金属类企业都认为“帮助企业取得国外认可”最有助于帮助企业减损，分别占选项总频次的 42.8%、33.2%；化矿金属类企业更加认同“指导技术改进”（40.0%）和“帮助企业取得国外认可”（40.0%）对企业减损产生的帮助；纺织鞋帽类企业认为“发布的国外措施预警信息”（35.7%）对企业减损帮助最大。

### （二）减损额分析：玩具家具类企业减损最多

2018 年福建省出口企业因海关等政府部门帮扶而减少的损失总额约为 270315.7 万元，占全国减损总额的 11.1%，在全国范围内排名第二位。

表 3-3-18 反映了福建省不同类别出口企业减损额。七类行业中，玩具家具类企业减损额最大，达到 118412.6 万元，占减损总额的 43.8%；其次为农食产品类企业，减损额为 108693.1 万元，占减损总额的 40.2%。

表 3-3-17 针对福建省不同类别出口企业减损时采取的措施 单位：%

| 企业类别 | 采取的措施 | | | | | | | | | |
|---|---|---|---|---|---|---|---|---|---|---|
| | 发布预警信息 | 指导技术改进 | 协助产品备案 | 提供认证便利 | 取得国外认可 | 协助交涉维权 | 列入政府示范 | 参与通报评议 | 其他 | 合计 |
| 农食产品 | 23.1 | 15.4 | 11.5 | 23.1 | 15.4 | – | 7.7 | 3.8 | – | 100.0 |
| 机电仪器 | 14.3 | – | – | 14.3 | 42.8 | – | 28.6 | – | – | 100.0 |
| 化矿金属 | 20.0 | 40.0 | – | – | 40.0 | – | – | – | – | 100.0 |
| 纺织鞋帽 | 35.7 | 14.3 | – | 14.3 | 7.1 | – | 7.1 | 7.1 | 14.3 | 100.0 |
| 橡塑皮革 | – | – | – | – | – | – | – | – | – | – |
| 玩具家具 | 50.0 | 50.0 | – | – | – | – | – | – | – | 100.0 |
| 木材纸张非金属 | 16.7 | 16.7 | 16.7 | 16.7 | 33.2 | – | – | – | – | 100.0 |
| 总体 | 25.0 | 16.7 | 6.7 | 16.7 | 20.0 | – | 8.3 | 3.3 | 3.3 | 100.0 |

表 3-3-18 福建省不同类别出口企业减损额

| 企业类别 | 2018 年减损额（万元） | 占减损总额的比例（%） |
|---|---|---|
| 农食产品 | 108,693.1 | 40.2 |
| 机电仪器 | 10,739.1 | 4.0 |
| 化矿金属 | 2,113.7 | 0.8 |
| 纺织鞋帽 | 19,697.7 | 7.3 |
| 橡塑皮革 | – | – |
| 玩具家具 | 118,412.6 | 43.8 |
| 木材纸张非金属 | 10,659.5 | 3.9 |
| 总计 | 270,315.7 | 100.0 |

## （三）减损额率分析：农食产品类企业减损率最高

2018 年，福建省出口企业因海关等政府部门帮扶而取得的减损率为 0.4%，高于全国 0.2% 的平均水平，在全国范围内排名位列第三。在不同类别的出口企业中，农食产品类和玩具家具类出口企业减损率高于全省平均水平，分别为 1.7% 和 1.6%。

# 第四节 国外技术性贸易措施对湖北省企业出口影响情况调查报告

2019 年，海关总署在湖北省范围内组织了 2018 年国外技术性贸易措施对湖北省出口企业影响情况的调查，共收到有效问卷 121 份。通过调查抽样的统计分析，2018 年湖北省有 38.0% 的出口企业遭受国外技术性贸易措施的影响，比 2017 年增加了 5.2 个百分点；直接损失总额 62227.9 万元，比 2017 年减少了 110977.4 万元；企业因国外技术性贸易措施而新增加的成本为 50370.9 万元，比 2017 年增加了 8500.4 万元；在海关等政府部门的大力帮扶下，企业因国外技术性贸易措施所导致的损失比 2017 年减少 99237.1 万元，占 2018 年湖北省全年出口总额的 0.4%。

## 一、出口贸易损失分析

### （一）贸易损失形式分析：丧失订单是贸易损失的最主要形式

从图 3-4-1 可以看出，2018 年，丧失定单是造成损失的最主要表现形式，在全部损失形式中所占的比例为 40.0%，远高于其他损失形式的比例；其次是退回货物、扣留货物、口岸处理以及降级处理，在全部损失形式中占比分别为 18.6%、10.0%、10.0% 和 10.0%。

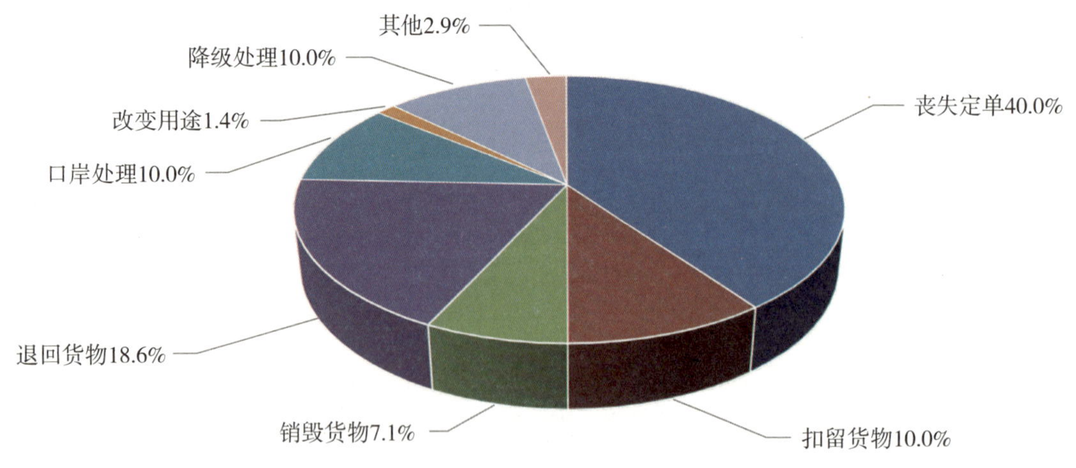


图 3-4-1 湖北省出口企业遭受国外技术性贸易措施损失的形式

表 3-4-1 显示了湖北省不同类别出口企业遭受损失的主要形式。从各企业类别看，七大类企业遭遇损失的最主要形式均为丧失订单，按照占比值由高至低依次为：木材纸张非金属类（75.0%）、化矿金属类（71.4%）、橡塑皮革类（66.7%）、玩具家具类（50.0%）、机电仪器类（30.0%）、农食产品类（28.6%）、纺织鞋帽类（25.0%）。

**表 3-4-1　湖北省不同类别出口企业遭受损失的主要形式**　　单位：%

| 企业类别 | 丧失定单 | 扣留货物 | 销毁货物 | 退回货物 | 口岸处理 | 改变用途 | 降级处理 | 其他 | 合计 |
|---|---|---|---|---|---|---|---|---|---|
| 农食产品 | 28.6 | 11.4 | 11.4 | 17.1 | 17.1 | 2.9 | 11.4 | – | 100.0 |
| 机电仪器 | 30.0 | 20.0 | 10.0 | 20.0 | 10.0 | – | – | 10.0 | 100.0 |
| 化矿金属 | 71.4 | – | – | 14.3 | – | – | – | 14.3 | 100.0 |
| 纺织鞋帽 | 25.0 | 25.0 | – | 25.0 | – | – | 25.0 | – | 100.0 |
| 橡塑皮革 | 66.7 | – | – | 16.7 | – | – | 16.7 | – | 100.0 |
| 玩具家具 | 50.0 | – | – | 25.0 | – | – | 25.0 | – | 100.0 |
| 木材纸张非金属 | 75.0 | – | – | 25.0 | – | – | – | – | 100.0 |
| 总体 | 40.0 | 10.0 | 7.1 | 18.6 | 10.0 | 1.4 | 10.0 | 2.9 | 100.0 |

表 3-4-2 显示了 2018 年湖北省企业产品出口到不同国家或地区遭受损失的主要形式。以美国、欧盟、日韩等主要贸易伙伴为例，丧失定单分别占到出口到上述国家和地区各种损失形式总数的 43.8%、68.8% 和 25.0%，退回货物占到出口到上述国家和地区各种损失形式总数的 15.6%、18.8% 和 25.0%。由此可以看出，湖北省企业产品出口到美国、欧盟的损失形式以丧失订单为主，出口到日韩以丧失订单、退回货物和口岸处理为主。

**表 3-4-2　湖北省企业产品出口到不同国家或地区时遭受损失的主要形式**　　单位：%

| 出口目的地 | 丧失定单 | 扣留货物 | 销毁货物 | 退回货物 | 口岸处理 | 改变用途 | 降级处理 | 其他 | 合计 |
|---|---|---|---|---|---|---|---|---|---|
| 美国 | 43.8 | 12.5 | 12.5 | 15.6 | 6.3 | – | 9.4 | – | 100.0 |
| 欧盟 | 68.8 | – | – | 18.8 | 6.3 | 6.3 | – | – | 100.0 |
| 日韩 | 25.0 | 12.5 | – | 25.0 | 25.0 | – | 12.5 | – | 100.0 |
| 其他 | 7.1 | 14.3 | 7.1 | 21.4 | 14.3 | – | 21.4 | 14.3 | 100.0 |
| 总体 | 40.0 | 10.0 | 7.1 | 18.6 | 10.0 | 1.4 | 10.0 | 2.9 | 100.0 |

## （二）企业直接损失分析

2018 年湖北省出口企业因国外技术性贸易措施而遭受的直接损失总额约为 62227.9 万元，较 2017 年减少 110977.4 万元。湖北省出口企业直接损失额在 2018 年全国出口企业直接损失总额中所占比例为 1.2%。

**1. 行业分析：化矿金属类企业直接损失最多**

从表 3-4-3 可以看出，2018 年湖北省化矿金属类企业遭受的直接损失最大，达到了 18988.6 万元，占湖北省直接损失总额的 30.5%；其次为农食产品类企业，其直接损失额为 13884.6 万元，占 22.3%；机电仪器类企业的直接损失额居第三位，为 9615.3 万元，占 15.5%。

2018 年，湖北省大部分企业损失额呈减少趋势，农食产品类、化矿金属类、纺织鞋帽类、橡塑皮革类、木材纸张非金属类企业损失额大幅减少，机电仪器类和玩具家具类直接损失额较 2017 年有所增加。

表 3-4-3　湖北省不同类别出口企业因国外技术性贸易措施所遭受的直接损失额　　单位：万元

| 损失额 / 企业类别 | 直接损失额（万元） | | 占直接损失总额的比例（%） |
|---|---|---|---|
| | 2018 年 | 比 2017 年变动额 | |
| 农食产品 | 1,3884.6 | –65,063.5 | 22.3 |
| 机电仪器 | 9,615.3 | 9,615.3 | 15.5 |
| 化矿金属 | 18,988.6 | –23,477.0 | 30.5 |
| 纺织鞋帽 | 4,747.5 | –66,452.5 | 7.6 |
| 橡塑皮革 | 6,253.6 | –22,263.0 | 10.0 |
| 玩具家具 | 4,400.4 | 4,400.4 | 7.1 |
| 木材纸张非金属 | 4,337.9 | –105,118. 6 | 7.0 |
| 总计 | 62,227.9 | –110,977.4 | 100.0 |

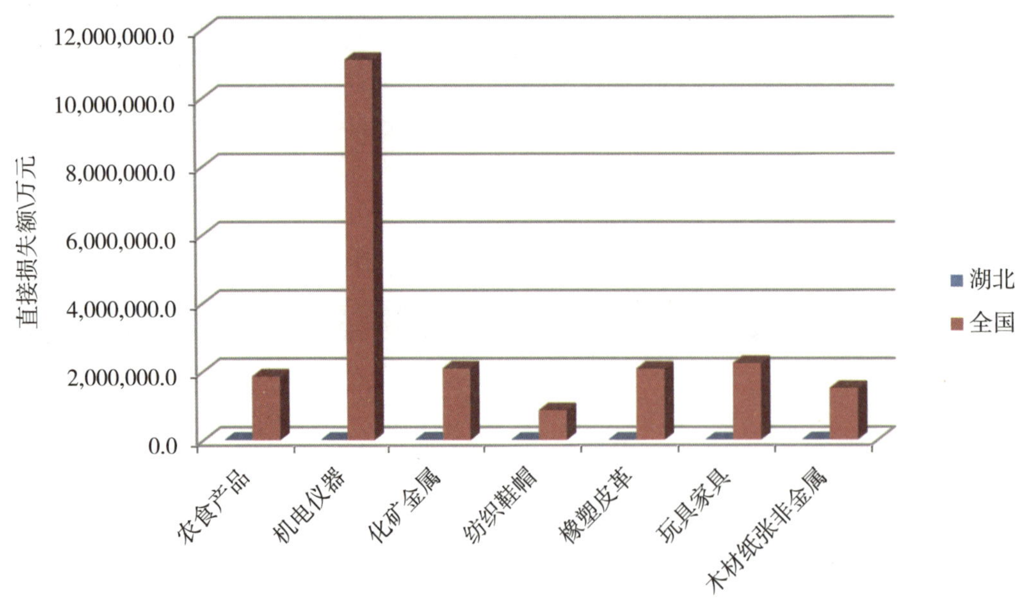


图 3-4-2　湖北省不同类别企业直接损失额与该类企业全国直接损失额总值的比较

### 2. 目标市场分析：出口到欧盟和美国时遭受的直接损失相对较大

根据调查显示，2018 年湖北省出口到欧盟和美国的企业遭受的直接损失相对较大，分别占整体损失额的 48.0% 和 25.8%，东盟国家的技术性贸易措施给湖北省出口企业带来的直接损失额占比达到 18.8%。化矿金属类出口企业是各类别企业中受到国外技术性贸易措施影响最大的，其中，该类企业出口欧盟时遭受的直接损失额在该类出口企业总损失额中所占比例为98.8%。农食产品类出口企业遭受的直接损失额在各类出口企业中列第二位，其中，对美国、东盟出口的直接损失额在该类出口企业直接损失总额中所占比例分别为47.7%、44.9%。机电仪器类出口企业遭受的直接损失额在各类别企业中列第三位，其中对美国出口时所遭受的直接损失额占比约40.9%。

### （三）直接损失率分析：农食产品类企业直接损率最高

表3-4-4和图3-4-3显示了2018年湖北省不同类别出口企业的直接损失率情况，可以看出，2018年湖北省出口企业因国外技术性贸易措施而遭受的直接损失率平均水平为0.3%。农食产品类出口企业的直接损失率最高达到1.1%，橡塑皮革类、木材纸张非金属类、玩具家具类及化矿金属类的直接损失率均高于平均值，分别为0.6%、0.6%、0.5%和0.4%，机电仪器类的直接损失率最低，为0.1%。

表3-4-4　湖北省不同类别出口企业直接损失率

| 企业类别 | 出口额（万元） | 直接损失额（万元） | 直接损失率（%） |
|---|---|---|---|
| 农食产品 | 1,229,205.7 | 13,884.6 | 1.1 |
| 机电仪器 | 11,037,731.8 | 9,615.3 | 0.1 |
| 化矿金属 | 5,013,261.8 | 18,988.6 | 0.4 |
| 纺织鞋帽 | 2,572,707.7 | 4,747.5 | 0.2 |
| 橡塑皮革 | 967,745.6 | 6,253.6 | 0.6 |
| 玩具家具 | 946,440.8 | 4,400.4 | 0.5 |
| 木材纸张非金属 | 752,908.0 | 4,337.9 | 0.6 |
| 总计 | 22,520,001.4 | 62,227.9 | 0.3 |

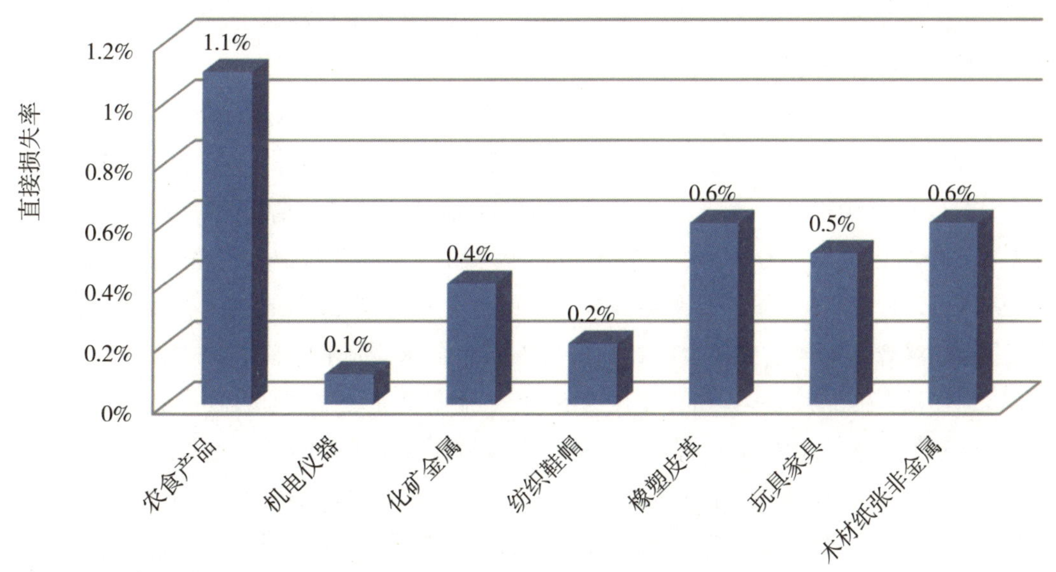


图3-4-3　湖北省不同类别出口企业直接损失率

## 二、企业应对成本分析

### （一）检测等成本分析：农食产品类企业负担最重

表 3–4–5 显示了 2018 年湖北省不同类别的出口企业为满足国外技术要求而发生的产品测试、检验、认证、注册费在出口产品销售额中所占的百分比情况。从表中可以看出，测试、检验、认证、注册费在农食产品、机电仪器、塑料皮革和化矿金属类企业出口产品销售额中所占比例较高，分别为 10.2%、6.4%、6.0% 和 5.6%，可以看出农食产品的检测等成本过高。

表 3-4-5　产品测试、检验、认证、注册费用在出口销售额中的百分比　　单位：%

| 企业类别 | 测试、检验、认证、注册费用比例 |
|---|---|
| 农食产品 | 10.2 |
| 机电仪器 | 6.4 |
| 化矿金属 | 5.6 |
| 纺织鞋帽 | 0.6 |
| 橡塑皮革 | 6.0 |
| 玩具家具 | 1.0 |
| 木材纸张非金属 | 0.7 |
| 总体 | 7.5 |

### （二）企业新增成本分析

2018 年，为满足国外技术新要求，湖北省出口企业新增成本额为 50370.9 万元，较 2017 年增加 8500.4 万元，同比增长 20.3%，湖北省新增成本总额占全国新增成本总额的 1.2%。

#### 1. 行业分析：机电仪器类企业新增成本最高

表 3–4–6 为湖北省 2018 年不同类别出口企业在出口时所发生的新增成本情况，图 3–4–4 显示了各类别出口企业新增成本在新增成本总值中的比例。为满足国外技术新要求，湖北省 2018 年出口企业所发生的新增成本总额为 50370.9 万元，较 2017 年增加 8500.4 万元，同比增长 20.3%。

从表 3–4–6 中可以看出，为满足国外技术新要求，2018 年湖北省出口企业所发生的新增成本总额为 50370.9 万元。七大类别企业按照新增成本由多到少分别为：机电仪器类、农食产品类、纺织鞋帽类、玩具家具类、橡塑皮革类、化矿金属类和木材纸张非金属类企业。其中，机电仪器类企业的新增成本为 27664.5 万元，在新增成本中所占比例为 54.9%，居各类企业之首。农食产品类企业新增成本为 7742.4 万元，在新增成本总额中所占比例为 15.4%，在各类企业中位列第二。纺织鞋帽类企业新增成本为 4265.5 万元，在七大类别出口企业中列第三位。玩具家具类企业新增成本为 4150.0 万元，在七大类别出口企业中列第四位。橡塑皮革类企业新增成本为 3329.7 万元，在各类企业中排在第五位。化矿金属类企业和木材纸张非金属类企业的新增成本则分别为 2495.3 万元和 723.6 万元。

表 3-4-6　湖北省不同类别出口企业新增成本

| 企业类别 | 新增成本（万元） | | 占新增成本总额的百分比（%） |
|---|---|---|---|
| | 2018 年新增成本 | 与 2017 年变动额 | |
| 农食产品 | 7,742.4 | –1321.7 | 15.4 |
| 机电仪器 | 27,664.5 | 18509.2 | 54.9 |
| 化矿金属 | 2,495.3 | –13267.2 | 5.0 |
| 纺织鞋帽 | 4,265.5 | 3583.5 | 8.5 |
| 橡塑皮革 | 3,329.7 | –2925.3 | 6.6 |
| 玩具家具 | 4,150.0 | 3405 | 8.2 |
| 木材纸张非金属 | 723.6 | 516.9 | 1.4 |
| 总计 | 50,370.9 | 8500.4 | 100.0 |

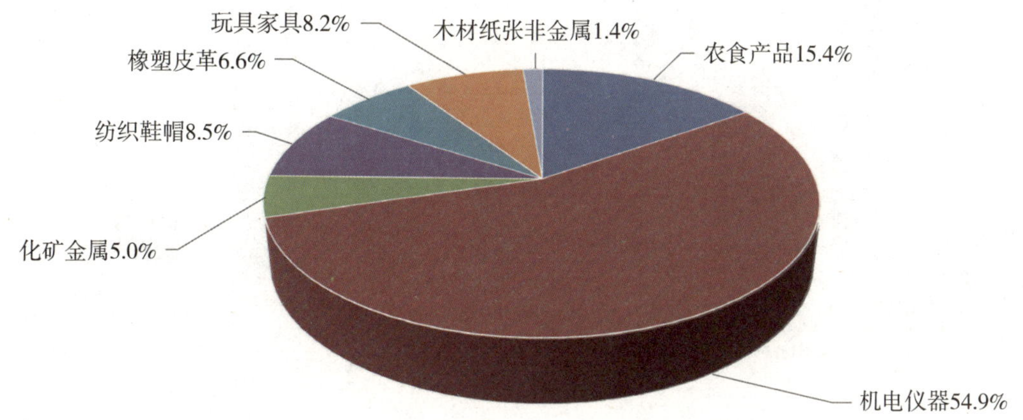


图 3-4-4　湖北省不同类别出口企业新增成本占新增成本总额的比例

**2. 目标市场分析：对欧盟出口企业新增成本最多**

通过调查可以看出，造成 2018 年湖北省出口企业新增成本增加较多的国家和地区为欧盟、美国、韩国、东盟国家、日本、拉美国家，六者合计占湖北省出口企业新增成本总额的 96.3%，其中欧盟技术性贸易措施导致湖北省出口企业发生的新增成本在全部新增成本中所占比重达到 37.8%。

## （三）新增成本率分析：农食产品类企业新增成本率最高

表 3–4–7 和图 3–4–5 显示了湖北省不同类别出口企业为适应国外技术性贸易措施的要求所发生的新增成本率。从表 3–4–7 中可以看出，2018 年湖北省出口企业为了满足国外技术性贸易措施的要求而发生的新增成本率为 0.2%。其中农食产品类出口新增成本率最高达 0.6%，玩具家具类和橡塑皮革类出口企业新增成本率分别为 0.4% 和 0.3%，木材纸张非金属类和化矿金属类企业该比率最低，均为 0.1%。

表 3-4-7　湖北省不同类别出口企业新增成本率

| 企业类别 | 出口额（万元） | 新增成本（万元） | 新增成本率（%） |
|---|---|---|---|
| 农食产品 | 1,229,205.7 | 7,742.4 | 0.6 |
| 机电仪器 | 11,037,731.8 | 27,664.5 | 0.3 |
| 化矿金属 | 5,013,261.8 | 2,495.3 | 0.1 |
| 纺织鞋帽 | 2,572,707.7 | 4,265.5 | 0.2 |
| 橡塑皮革 | 967,745.6 | 3,329.7 | 0.3 |
| 玩具家具 | 946,440.8 | 4,150.0 | 0.4 |
| 木材纸张非金属 | 752,908.0 | 723.6 | 0.1 |
| 总计 | 22,520,001.4 | 50,370.9 | 0.2 |

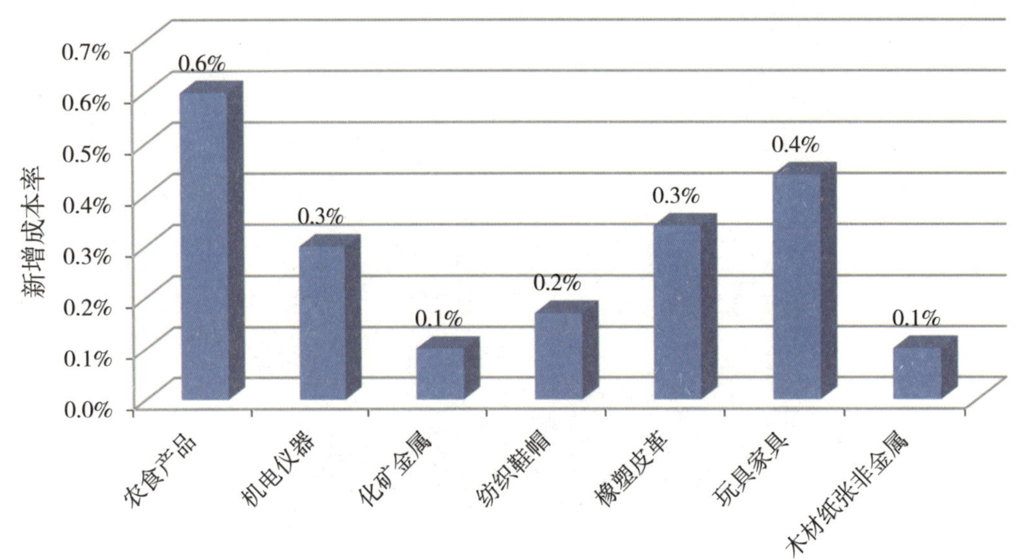


图 3-4-5　湖北省不同类别出口企业新增成本率

# 三、受影响企业范围分析

## （一）企业分析

### 1. 行业分析：农食产品类企业受影响比例最高

湖北省不同类别的出口企业受到了国外技术性贸易措施不同程度的影响。由图 3–4–6 可以看出，2018 年湖北省受到国外技术性贸易措施影响的企业比例。七类出口企业受影响比例分别为 47.2%、40.0%、41.2%、21.4%、36.4%、27.3%、33.3%，合计占比为 38.0%。其中，农食产品类企业受影响范围比例最高，为 47.2%；化矿金属类、机电仪器类占比分别为 41.2% 和 40.0%；纺织鞋帽类企业受影响范围比例相对较低，占比 21,4%。七类出口企业均比 2017 年比例有所变化，变化最大的为木材纸张非金属类产品，较 2017 年减少 33.4 个百分点，纺织鞋帽类企业较 2017 年减少 18.6 个百分点；机电仪器类和橡塑皮革类较 2017 年有所增加，分别增加 20.0 个和 16.4 个百分点；农食产品类企业受影响较 2017 年变化幅度最小，新增比例为 3.4 个百分点。

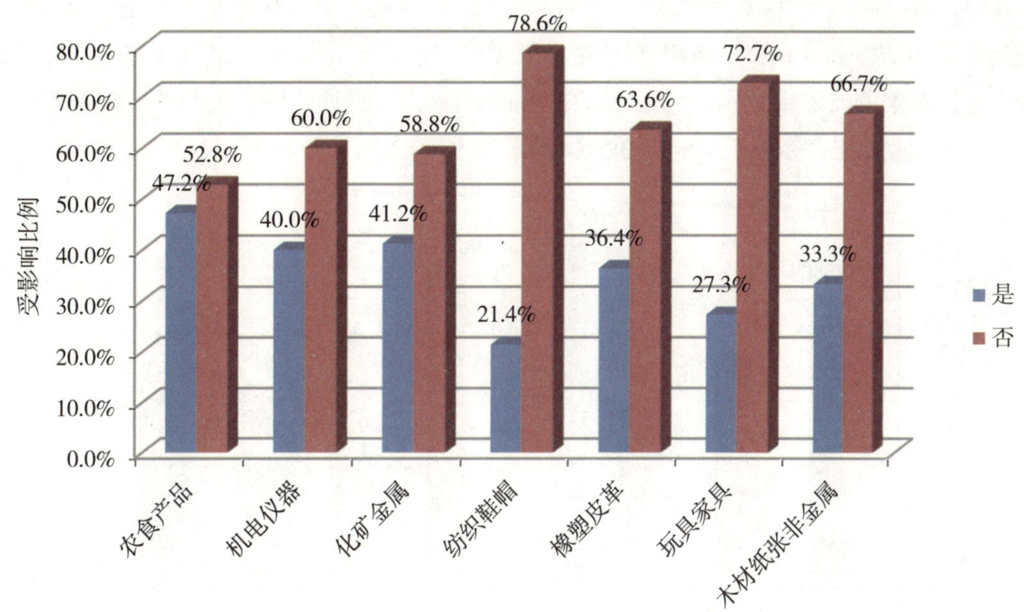


图 3-4-6 湖北省不同类别出口企业受技术性贸易措施影响的情况

**2. 性质分析：港、澳、台企业受影响比例最高**

据调查，2018 年湖北省约有 38.0% 的出口企业受到国外技术性贸易措施的影响。如图 3–4–7 所示，湖北省出口企业中，港、澳、台企业受影响比例最高为 50.0%，民营企业受影响比例为 41.2%，国有企业受影响比例为 37.5%，外资企业受影响比例最小，为 18.8%。

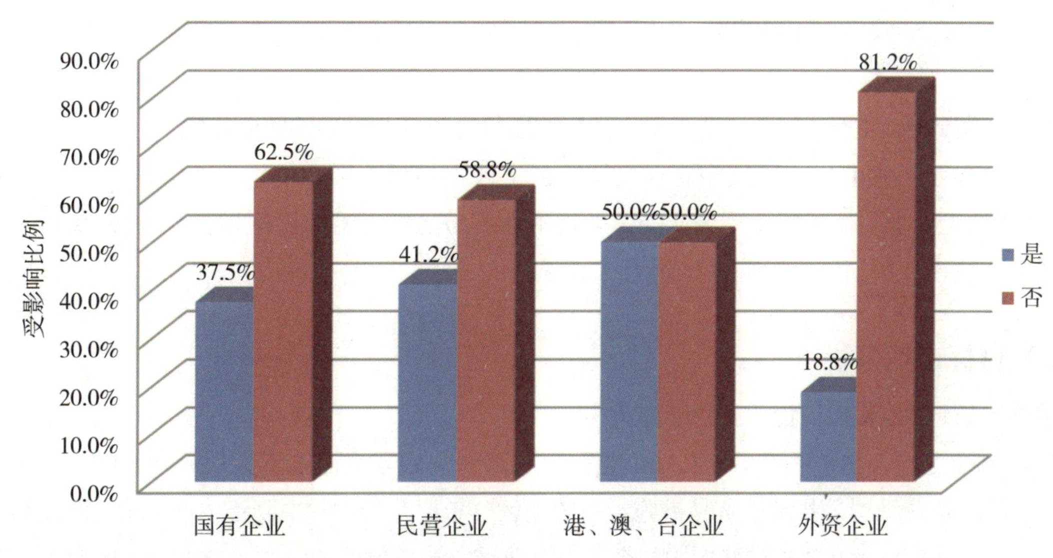


图 3-4-7 湖北省不同性质出口企业受国外技术性贸易措施影响情况

### 3. 出口额分析：企业出口额与受影响比例是正相关关系

从图 3–4–8 可以看出，2018 年湖北省出口企业出口额越大，遭受国外技术性贸易措施影响的比例就越高。其中，出口额低于 50 万元的农产品出口企业和出口额低于 300 万元的工业品出口企业，受影响的比例分别为 16.7% 和 9.1%，而出口额超过 2 亿元的农产品出口企业和出口额超过 4 亿元的工业品出口企业，受到影响的比例则分别达到了 100.0% 和 36.4%，分别明显高于农产品出口企业的 47.2% 的平均水平，接近工业品出口企业受影响的 38.0% 的平均水平。

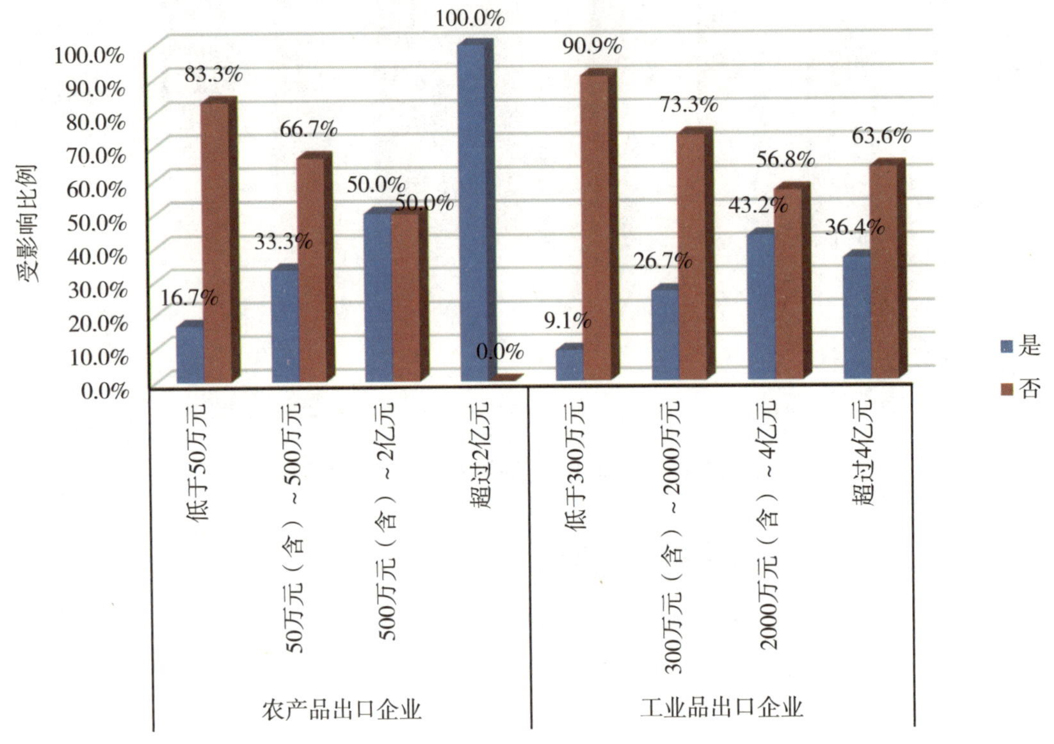


图 3-4-8　湖北省不同规模出口企业（按年出口额划分）受到国外技术性贸易措施影响情况

### 4. 业务类型分析：生产 / 加工 / 制造型企业与流通贸易型企业受影响比例相同

图 3–4–9 显示了湖北省不同类型企业受国外技术性贸易措施影响的情况。可以看出，2018 年生产 / 加工 / 制造型企业、流通贸易型企业受国外技术性贸易措施影响的比例相同，均为 39.3%；其他类型企业受国外技术性贸易措施影响的比例为 22.2%。

## （二）目标市场分析

### 1. 总体分析：对欧美出口企业受影响最集中

图 3–4–10 说明了 2018 年湖北省出口企业在不同国家或地区遭遇技术性贸易措施的分布情况。可以看出，被调查企业受国外技术性贸易措施影响的地区分布比较集中，主要集中在美国、欧盟和日韩，受美国、欧盟、日韩技术性贸易措施影响的企业占企业受影响总数的 58.6%、22.9% 和 10.0%.

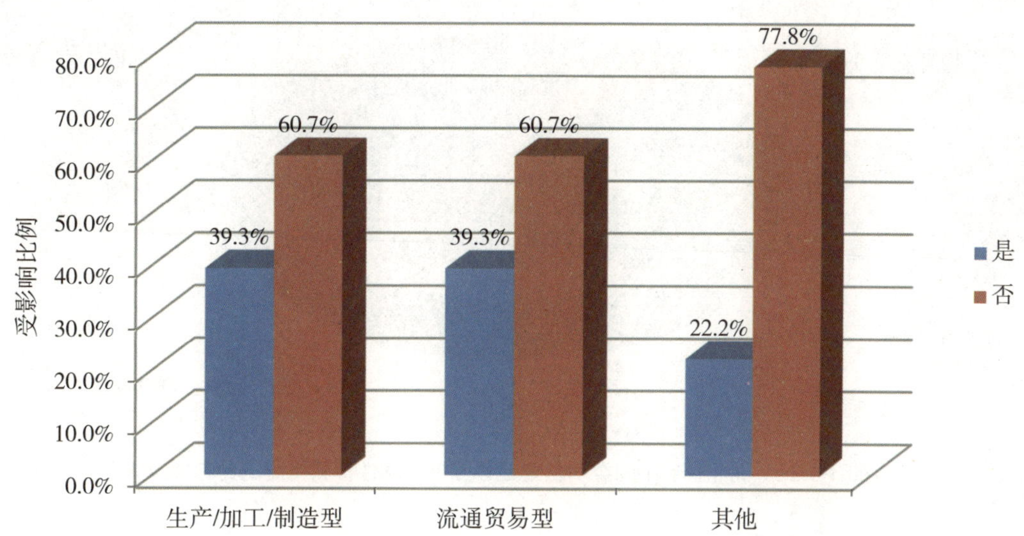


图 3-4-9 湖北省不同贸易类型出口企业受国外技术性贸易措施影响情况

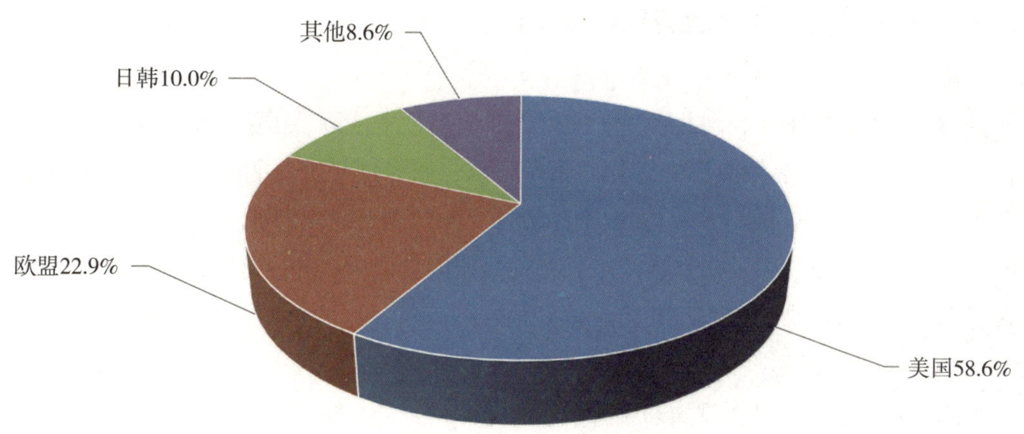


图 3-4-10 湖北省出口企业在不同国家或地区遭遇技术性贸易措施的分布情况

**2. 交叉分析：农食产品类企业受影响范围最广**

图 3-4-11 反映了湖北省不同类别企业出口时遭遇国外技术性贸易措施的分布情况，可以看到，农食产品类企业受国外技术性贸易措施的影响范围最广，在受影响企业中所占比例达到 35.8%；机电仪器类企业受国外技术性贸易措施影响累计占比为 20.9%；化矿金属类与木材纸张非金属类出口企业受影响比例分别为 14.9% 和 9.0%，纺织鞋帽类企业受影响范围最小，占受影响企业累计总数的 4.5%。

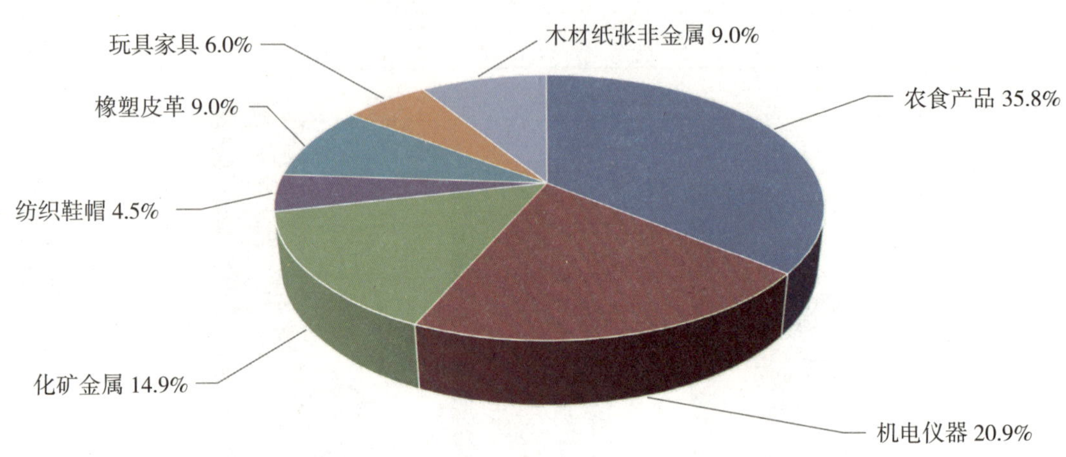


图 3-4-11　湖北省省不同类别企业遭遇国外技术性贸易措施的分布情况

# 四、企业遭遇措施情况分析

## （一）措施类型分析：企业遭遇认证要求最多

### 1. 总体分析

通过调查可以看出，2018 年，湖北省工业出口企业遭遇技术性贸易措施影响主要集中在认证要求、标签和标志要求以及工业产品中有毒有害物质限量要求，选择这些措施的次数分别占工业品出口企业选择总频次的 19.7%、12.6% 和 11.6%。在农产品方面，制约湖北省出口企业的主要是食品中重金属等有害物质的限量要求、食品标签要求和食品中农兽药残留限量要求，选择这些措施的次数分别占农产品出口企业选择总频次的 17.7%、17.7% 和 13.5%。

### 2. 行业分析

湖北省不同类别企业遭遇技术性贸易措施情况如下：

农食产品类企业遭遇的技术性贸易措施类别排名前三依次是厂商或产品的注册要求（包括上市许可、审批）、重金属等有害物质限量要求、食品标签要求。

机电仪器类企业遭遇最多的技术性贸易措施为认证要求、技术标准要求、标签和标志要求。

化矿金属类企业出口时，各种认证要求、木质包装的要求、标签和标志要求是出口企业最常遭遇的技术性贸易措施。

纺织鞋帽类出口企业遭遇技术性贸易措施种类排名前三为认证要求、技术标准要求、包装及材料要求。

橡塑皮革类出口企业遭遇技术性贸易措施最多的是认证要求、有毒有害物质限量要求、木质包装要求。

玩具家具类出口企业遭遇技术性贸易措施最多的是技术标准要求、包装及材料要求、有毒有害物质限量要求。

对木材纸张非金属类出口企业而言，能否满足工业产品中有毒有害物质限量要求、认证要求、技术标准要求对企业产品能否顺利出口至关重要。

**3. 目标市场分析**

湖北省出口到欧盟的工业品主要受认证要求、技术标准要求、厂商或产品的注册要求（包括上市许可、审批）、标签和标志要求、工业产品中有毒有害物质限量要求、环保要求（包括节能及产品回收）、木质包装要求、包装及材料要求、特殊的检验要求（如指定检验地点、机构、方法）等限制；农产品遇到的技术性贸易措施主要有食品标签要求、食品中重金属等有害物质的限量要求、食品中农兽药残留要求、食品微生物指标要求、种养殖基地 / 加工厂 / 仓库注册要求、食品接触材料的要求。

出口到美国的工业品遭遇的技术性贸易措施主要有技术标准要求、认证要求、厂商或产品的注册要求（包含审核）、标签和标志要求、环保要求（包括节能及产品回收）、包装及材料要求、工业产品中有毒有害物质限量要求、特殊的检验要求（如指定检验地点、机构、方法）、产品的人身安全等要求；农产品遇到的技术性贸易措施主要有食品中农兽药残留限量要求、食品中重金属等有害物质限量的要求、食品标签要求、种养殖基地 / 加工厂 / 仓库注册要求、食品微生物指标要求、食品接触材料的要求。

日本对湖北省出口企业工业品的技术性贸易限制主要集中在认证要求、标签和标志要求、包装及材料要求、木质包装要求、厂商或产品的注册要求（包含审核）以及工业产品中有毒有害物质限量等要求上；而在农产品的限制方面，主要集中在食品中重金属等有害物质的限量要求、植物病虫害杂草方面的要求、食品微生物指标要求、食品添加剂要求以及食品中农兽药残留限量等要求上。

## （二）出口贸易障碍分析：技术性贸易措施是第三大贸易障碍

表 3–4–8 和图 3–4–12 显示了湖北省出口企业在出口时遇到的主要障碍比例。从企业对各选项的选择次数看，2018 年湖北省企业在出口中遇到的障碍由大到小依次为：关税、汇率、技术性贸易措施、许可证、反倾销、反补贴、配额、其他贸易措施。总体上看，2018 年，技术性贸易措施排在关税和汇率之后，成为影响湖北省出口的第三大贸易障碍。

**表 3-4-8 湖北省不同类别出口企业出口时所遇到的主要障碍** 单位：%

| 企业类别 | 主要障碍 | | | | | | | | |
|---|---|---|---|---|---|---|---|---|---|
| | 技术性贸易措施 | 反倾销 | 反补贴 | 配额 | 许可证 | 关税 | 汇率 | 其他 | 合计 |
| 农食产品 | 25.9 | 7.4 | 4.9 | 3.7 | 8.6 | 21.0 | 23.5 | 4.9 | 100.0 |
| 机电仪器 | 22.4 | 4.1 | 2.0 | 4.1 | 12.2 | 24.5 | 26.5 | 4.1 | 100.0 |
| 化矿金属 | 17.8 | 15.6 | 2.2 | 2.2 | 8.9 | 31.1 | 22.2 | – | 100.0 |
| 纺织鞋帽 | 13.8 | – | 3.4 | 3.4 | 17.2 | 34.5 | 20.7 | 6.9 | 100.0 |
| 橡塑皮革 | 20.8 | 12.5 | 4.2 | – | 12.5 | 29.2 | 20.8 | – | 100.0 |
| 玩具家具 | 22.2 | 11.1 | 7.4 | – | – | 29.6 | 25.9 | 3.7 | 100.0 |
| 木材纸张非金属 | 25.0 | 10.7 | – | – | 14.3 | 25.0 | 14.3 | 10.7 | 100.0 |
| 总体 | 21.9 | 8.5 | 3.5 | 2.5 | 10.2 | 26.5 | 22.6 | 4.2 | 100.0 |

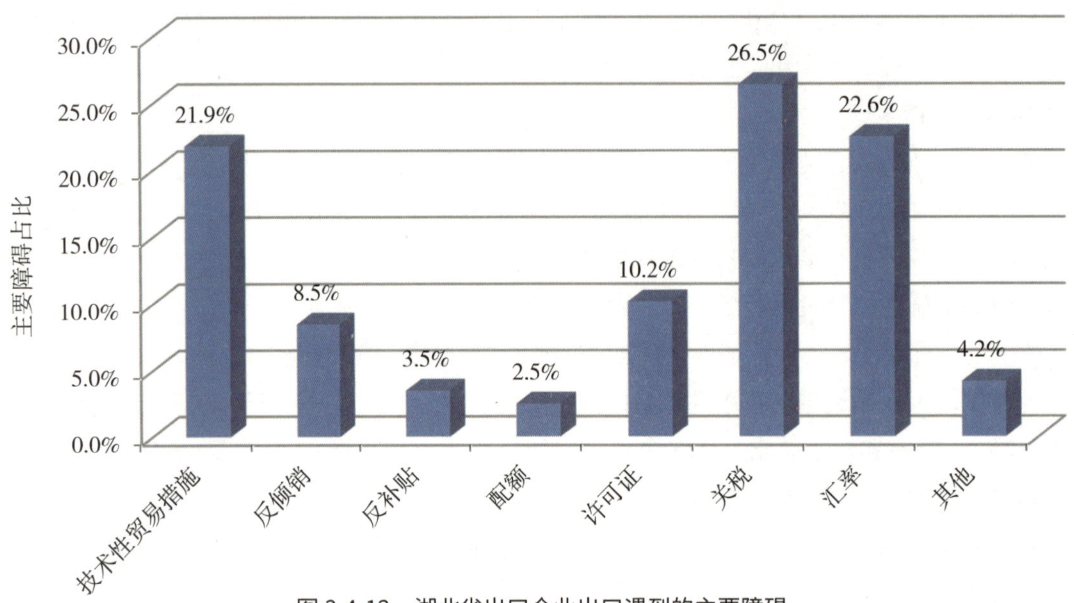


图 3-4-12　湖北省出口企业出口遇到的主要障碍

从表 3–4–9 可以看出，在回答该问题的受访企业中，有 30.8% 的企业认为技术性贸易措施是企业产品出口的最大障碍，在企业选择的最大障碍措施比例中排名第二，仅次于关税。另外有 9.8% 和 23.3% 的企业分别认为技术性贸易措施是影响企业出口的第二大和第三大障碍。

表 3-4-9　湖北省出口企业出口时所遇到的最大障碍　　单位：%

| 选择次数 | 最大障碍 | | | | | | | |
|---|---|---|---|---|---|---|---|---|
| | 技术性贸易措施 | 反倾销 | 反补贴 | 配额 | 许可证 | 关税 | 汇率 | 其他 |
| 第一选择 | 30.8 | 6.0 | 0.9 | 0.9 | 6.8 | 31.6 | 17.1 | 6.0 |
| 第二选择 | 9.8 | 12.0 | 6.5 | 3.3 | 16.3 | 22.8 | 25.0 | 4.3 |
| 第三选择 | 23.3 | 8.2 | 4.1 | 4.1 | 6.8 | 23.3 | 28.8 | 1.4 |

## （三）措施制约原因分析：为达到国外要求导致成本过高是最主要原因

表 3–4–10 和图 3–4–13 显示了湖北省出口企业在出口时受国外技术性贸易措施制约的原因。从中可以看出，企业认为出口受到国外技术性贸易措施制约的最主要原因为：为达到国外技术要求导致成本过高。“认证、注册周期长费用高”比例为 17.7%，也是重要的因素。此外，企业认为“不了解国外规定”“国外检验检测项目繁多”“生产技术水平达不到国外要求”也是企业受到国外技术性贸易措施制约的比较重要的原因。

若区分不同类别出口企业，根据表 3–4–10 中数据可以看出，湖北省农食产品类、机电仪器类、纺织鞋帽类、木材纸张非金属类和玩具家具类企业均认为“为达到国外技术要求导致成本过高”是其遭受技术性贸易措施制约的最主要原因，化矿金属类和橡塑皮革类企业认为“认证、注册周期长费用高”是其遭受技术性贸易措施制约的最主要原因。

表 3-4-10　湖北省不同类别企业受国外技术性贸易措施制约的原因　　单位：%

| 企业类别 | 原因 | | | | | | | | | |
|---|---|---|---|---|---|---|---|---|---|---|
| | 生产技术水平达不到国外技术要求 | 为达到国外要求导致成本过高 | 不了解国外规定 | 国外措施针对进口产品具有歧视性 | 认证、注册周期长费用高 | 国外检验检测项目繁多 | 不合理的出口证书要求 | 动植物及其产品的检疫要求 | 其他 | 合计 |
| 农食产品 | 15.6 | 20.0 | 13.3 | 7.8 | 15.6 | 15.6 | 3.3 | 8.9 | – | 100.0 |
| 机电仪器 | 10.0 | 22.5 | 17.5 | 10.0 | 20.0 | 15.0 | 2.5 | – | 2.5 | 100.0 |
| 化矿金属 | 15.0 | 17.5 | 15.0 | 10.0 | 22.5 | 10.0 | 5.0 | 5.0 | – | 100.0 |
| 纺织鞋帽 | 13.8 | 31.0 | 10.3 | 6.9 | 13.8 | 17.2 | 6.9 | – | – | 100.0 |
| 橡塑皮革 | – | 23.1 | 19.2 | 11.5 | 26.9 | 7.7 | 3.8 | 7.7 | – | 100.0 |
| 玩具家具 | 12.0 | 36.0 | 8.0 | 8.0 | 12.0 | 12.0 | – | 8.0 | 4.0 | 100.0 |
| 木材纸张非金属 | 18.8 | 25.0 | 12.5 | 9.4 | 15.6 | 12.5 | 3.1 | 3.1 | – | 100.0 |
| 总体 | 13.1 | 23.4 | 13.8 | 8.9 | 17.7 | 13.5 | 3.5 | 5.3 | 0.7 | 100.0 |

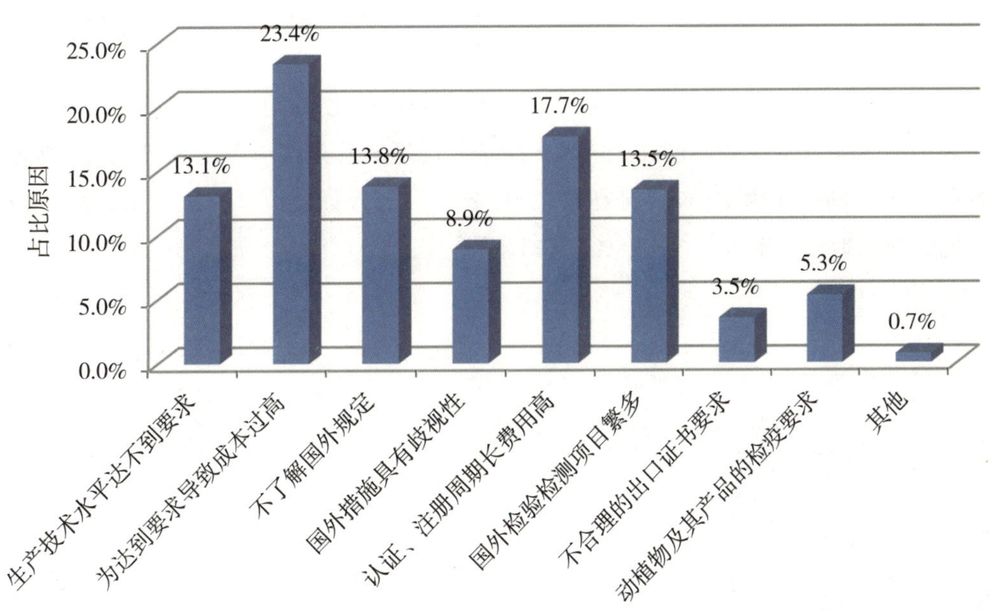


图 3-4-13　湖北省企业受国外技术性贸易措施制约的原因占比情况

## 五、企业应对情况分析

### （一）应对方式分析：提高产品竞争力是企业采取的最主要方法

表 3-4-11 给出了分企业类别的每种选项被选次数占企业选择总频次的比重。从中可以看出，当农食产品类企业遭遇技术性贸易措施时，首先会选择“向海关部门报告”，其次是选择“提高产品竞争力”

或者“向商务部门报告”以及“与外商交涉”；对于化矿金属类企业，首先选择“向商务部门报告”和“提高产品竞争力”；对于机电仪器类企业，会选择“提高产品竞争力”来应对技术性贸易措施。

**表 3-4-11　湖北省不同类别出口企业遭遇技术性贸易措施时采取的做法**　　单位：%

| 企业类别 | 做法 | | | | | | | | | |
|---|---|---|---|---|---|---|---|---|---|---|
| | 向当地海关报告 | 向商务部门报告 | 向我驻外使馆报告 | 向行业商协会报告 | 向其他主管部门报告 | 与外商交涉 | 与国外主管部门交涉 | 不再出口 | 提高产品竞争力 | 其他 | 合计 |
| 农食产品 | 22.8 | 17.8 | 2.0 | 9.9 | 5.0 | 17.8 | 2.0 | 2.0 | 18.8 | 2.0 | 100.0 |
| 化矿金属 | 15.1 | 24.5 | 3.8 | 13.2 | 7.5 | 13.2 | 3.8 | – | 15.1 | 3.8 | 100.0 |
| 木材纸张非金属 | 14.3 | 14.3 | 3.6 | 10.7 | – | 14.3 | – | 3.6 | 35.7 | 3.6 | 100.0 |
| 机电仪器 | 8.8 | 17.5 | – | 12.3 | 1.8 | 26.3 | 1.8 | – | 28.1 | 3.5 | 100.0 |
| 橡塑皮革 | 16.7 | 16.7 | 3.3 | 16.7 | 3.3 | 16.7 | – | 6.7 | 13.3 | 6.7 | 100.0 |
| 玩具家具 | 23.7 | 23.7 | 2.6 | 13.2 | 2.6 | 15.8 | – | – | 15.8 | 2.6 | 100.0 |
| 纺织鞋帽 | 17.1 | 20.0 | 2.9 | 8.6 | 5.7 | 17.1 | – | – | 28.6 | – | 100.0 |
| 总计 | 17.5 | 19.3 | 2.3 | 11.7 | 4.1 | 17.8 | 1.5 | 1.5 | 21.3 | 2.9 | 100.0 |

图 3–4–14 展示了总体上每种选项被选次数占选择总频次的比重，其中“加强技术攻关和升级改造，提高产品竞争力”是企业选择频率最高的选项，在企业选择的总频次中占比 21.3%，排列第一位；选择“向商务部门报告”的占比为 19.3%，排在第二位；选择“与外商交涉”占比为 17.8%，排在第三位，与排在第四的“向当地海关报告”（17.5%）基本持平。

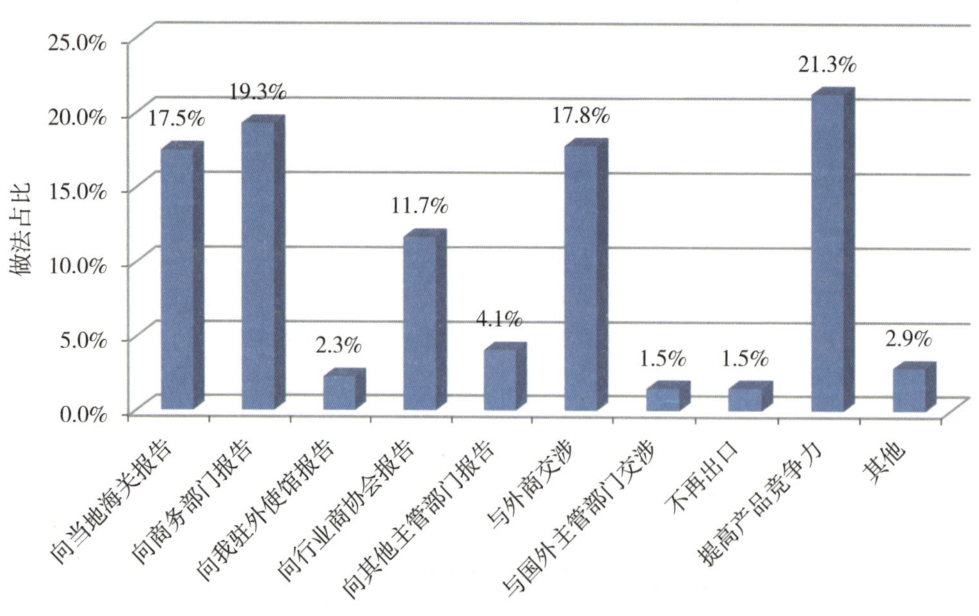


图 3-4-14　湖北省出口企业遭遇技术性贸易措施时采取的做法比例

## （二）信息渠道分析：海关部门是企业获取信息的主要来源

表 3–4–12、图 3–4–15 说明了湖北省出口企业获取国外技术性贸易措施信息的途径情况。从中可以看出，湖北省不同类别的出口企业获取国外技术性贸易措施信息的主要来源为“海关部门”以及“国外经销商”。此外，“媒体（报纸、杂志、电视等）”“行业协会和商会”“其他政府部门”也是企业获取国外技术性贸易措施信息的重要来源。

**表 3-4-12 湖北省不同类别出口企业获取国外技术性贸易措施信息的途径** 单位：%

| 企业类别 | 途径 | | | | | | | | | | | |
|---|---|---|---|---|---|---|---|---|---|---|---|---|
| | 海关部门 | 其他政府部门 | 我国TBT、SPS咨询点 | TBT、SPS网站 | 驻外使馆 | 驻华使馆 | 行业协会和商会 | 媒体 | 国外经销商 | 国外TBT、SPS咨询点 | 国外政府网站 | 其他 |
| 农食产品 | 30.0 | 16.0 | – | 1.0 | 1.0 | 1.0 | 10.0 | 16.0 | 20.0 | – | 4.0 | 1.0 |
| 机电仪器 | 15.0 | 6.7 | 1.7 | 6.7 | – | – | 16.7 | 16.7 | 21.7 | 1.7 | 3.3 | 10.0 |
| 化矿金属 | 17.0 | 14.9 | 4.3 | 2.1 | 2.1 | – | 21.3 | 8.5 | 21.3 | – | 4.3 | 4.3 |
| 纺织鞋帽 | 28.6 | 11.4 | 2.9 | 2.9 | – | – | 8.6 | 20.0 | 20.0 | – | 2.9 | 2.9 |
| 橡塑皮革 | 19.2 | 19.2 | – | 3.8 | – | – | 15.4 | 23.1 | 19.2 | – | – | – |
| 玩具家具 | 19.5 | 22.0 | – | 4.9 | 2.4 | – | 12.2 | 14.6 | 19.5 | – | – | 4.9 |
| 木材纸张非金属 | 15.6 | 9.4 | – | 3.1 | – | – | 21.9 | 15.6 | 25.0 | – | 3.1 | 6.3 |
| 总体 | 22.0 | 14.1 | 1.2 | 3.2 | 0.9 | 0.3 | 14.4 | 15.8 | 20.8 | 0.3 | 2.9 | 4.1 |

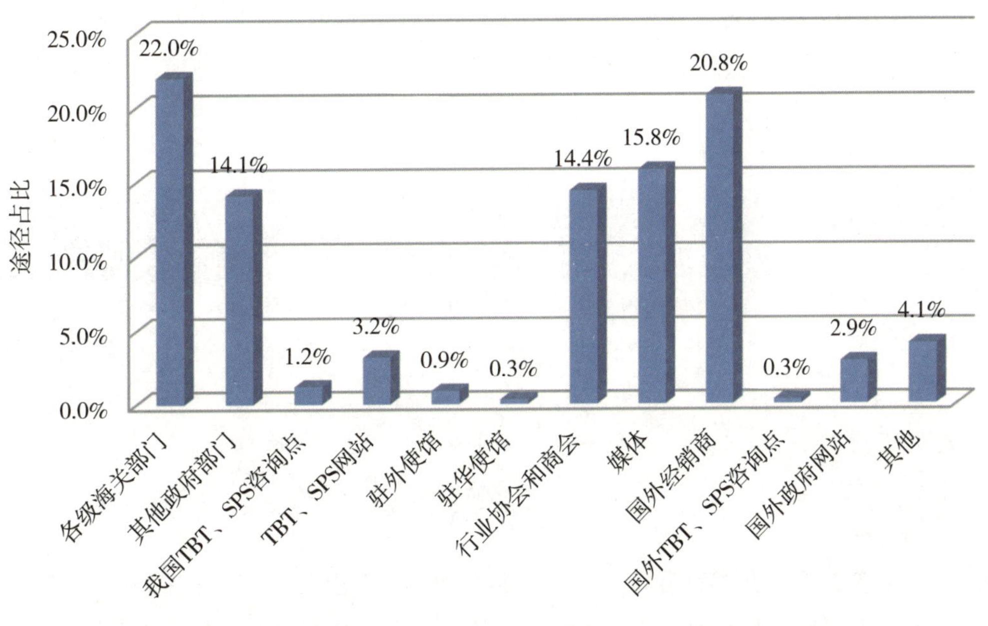


图 3-4-15 湖北省出口企业获取国外技术性贸易措施信息的途径

## （三）信息获取难易程度分析

### 1. 总体分析：湖北省多数出口企业能够正常获取国外技术性贸易措施信息

图 3–4–16 给出了湖北省出口企业在获取技术性贸易措施信息难易程度上的个数占比。从总体上来看，有 68.1% 的出口企业认为获取技术性贸易措施信息的难易程度为“一般 / 正常”，排名第一；23.3% 的企业认为获取技术性贸易措施信息“比较困难”，占比为第二；只有 8.6% 的企业认为“比较容易”。

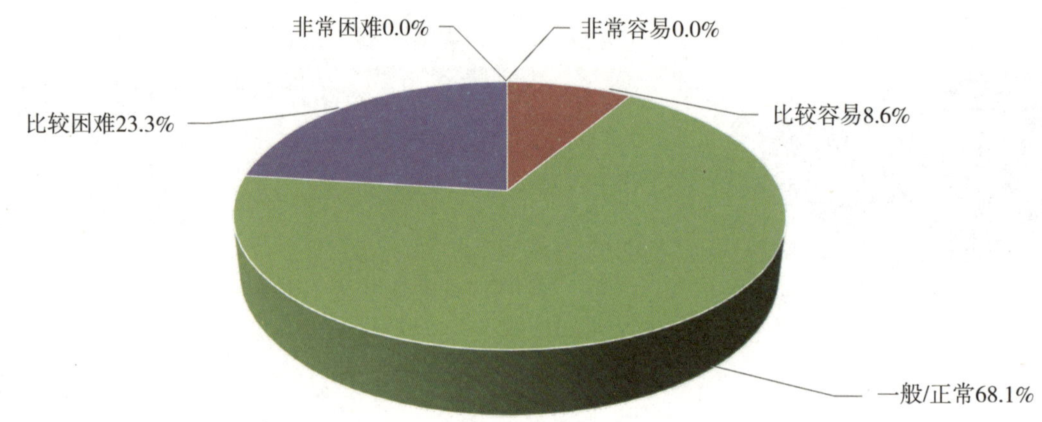


图 3-4-16　在获取技术性贸易措施信息上不同难易程度的企业个数占比

### 2. 所有制结构分析：国有企业在信息获取方面存在劣势

由图 3–4–17 可知，从企业所有制结构来看，不管是哪种类型的企业，普遍认为获取技术性贸易措施信息的难易程度为“一般 / 正常”。从选择“比较困难”这一选项的企业占比来看，国有企业中选择的比例最高，为 26.7%；外资企业占比最低，为 7.1%。在国有企业、民营企业中，选择“比较容易”这一选项的比例分别为 20.0% 和 8.4% ，民营企业这一比例较低。因此我们可以认为，外资企业在获取国外技术性贸易措施信息方面具有一定的优势，而国有企业在获取技术性贸易措施信息方面存在劣势。

表 3-4-13　湖北省不同所有制结构的企业获取国外技术性贸易措施信息的难易程度　　单位：%

| 所有制 | 难易程度 | | | | | |
|---|---|---|---|---|---|---|
| | 非常容易 | 比较容易 | 一般 / 正常 | 比较困难 | 非常困难 | 合计 |
| 港、澳、台企业 | – | 0.0 | 75.0 | 25.0 | – | 100.0 |
| 国有企业 | – | 20.0 | 53.3 | 26.7 | – | 100.0 |
| 民营企业 | – | 8.4 | 66.3 | 25.3 | – | 100.0 |
| 外资企业 | – | 0.0 | 92.9 | 7.1 | – | 100.0 |
| 总体 | – | 11.7 | 63.7 | 20.2 | – | 100.0 |

### 3. 行业分析：农食产品类企业相对容易，化矿金属类企业相对困难

表 3–4–14 给出了不同行业的企业获取技术性贸易措施信息的情况，大部分企业选择了“一般 / 正常”选项；其中农食产品类企业中，选择这一项的比例高达 77.8%。对于“比较困难”这个选项，化矿

金属类企业选择上述选项的比例为 37.5%；其次为橡塑皮革类企业，占比为 36.4%；占比最低的为农食产品类企业，为 13.9%，说明湖北省化矿金属类企业以及橡塑皮革类企业获取技术性贸易措施信息相对困难。对于“比较容易”这个选项，没有特别突出占比较高的类别企业，机电仪器类、玩具家具类、木材纸张非金属类均占比 10.0%

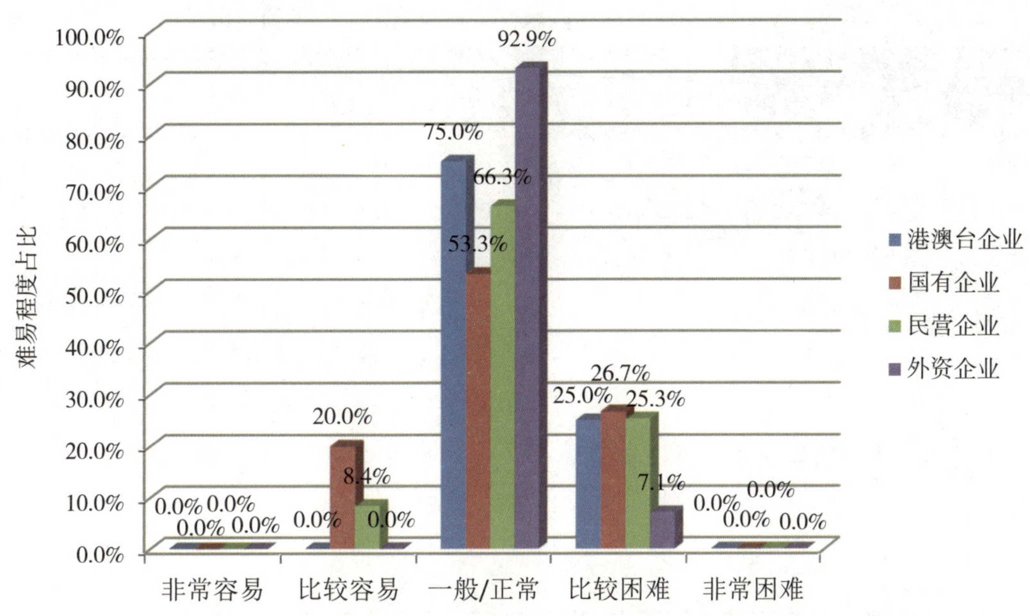


图 3-4-17　湖北省不同所有制结构的企业获取国外技术性贸易措施信息的难易程度占比

**表 3-4-14　湖北省不同行业企业获取技术性贸易措施信息的难易程度**　　单位：%

| 企业类别 | 难易程度 | | | | | |
|---|---|---|---|---|---|---|
| | 非常容易 | 比较容易 | 一般 / 正常 | 比较困难 | 非常困难 | 合计 |
| 农食产品 | – | 8.3 | 77.8 | 13.9 | – | 100.0 |
| 机电仪器 | – | 10.0 | 70.0 | 20.0 | – | 100.0 |
| 化矿金属 | – | 6.3 | 56.2 | 37.5 | – | 100.0 |
| 纺织鞋帽 | – | 7.7 | 76.9 | 15.4 | – | 100.0 |
| 橡塑皮革 | – | 9.1 | 54.5 | 36.4 | – | 100.0 |
| 玩具家具 | – | 10.0 | 60.0 | 30.0 | – | 100.0 |
| 木材纸张非金属 | – | 10.0 | 5.2 | 30.0 | – | 100.0 |
| 总体 | – | 8.6 | 68.1 | 23.3 | – | 100.0 |

### （四）应对需求分析：及时提供国外技术性贸易措施的最新信息是企业最想得到的帮助

表 3–4–15、图 3–4–18 显示了湖北省出口企业在应对国外技术性贸易措施时希望得到的帮助情况。由表 3–4–15 可以看出，不同类别的企业在应对国外技术性贸易措施时，最希望得到的帮助是“及时提供国外技术性贸易措施的最新信息、技术指南和咨询”；与此同时，绝大多数企业将“搭建公共服务平台，为

企业提供便捷的检测服务”和“强化认证认可工作，建立与国外权威认证机构的互认机制”作为位列第二和第三的需求。另外，企业对“实施与国际接轨的标准化战略，推动企业参与国际标准制修订”和“及时对外交涉、谈判，将影响降至最低”的希望几乎是同等强烈。这些状况都反映出了湖北省出口企业仍然迫切需求相关机构及时提供有关的最新信息和检测服务，并推进在认证、标准等方面的国际合作。

表 3-4-15　湖北省不同类别出口企业在应对国外技术性贸易措施时希望得到的帮助占比　　单位：%

| 企业类别 | 所需帮助 | | | | | | |
|---|---|---|---|---|---|---|---|
| | 提供信息 | 认证认可 | 标准化战略 | 公共检测 | 对外交涉 | 其他 | 合计 |
| 农食产品 | 30.7 | 18.4 | 14.0 | 20.2 | 16.7 | – | 100.0 |
| 机电仪器 | 24.7 | 20.5 | 17.8 | 20.5 | 15.1 | 1.4 | 100.0 |
| 化矿金属 | 26.8 | 17.9 | 17.9 | 17.9 | 19.6 | – | 100.0 |
| 纺织鞋帽 | 25.6 | 23.3 | 18.6 | 18.6 | 14.0 | – | 100.0 |
| 橡塑皮革 | 27.8 | 16.7 | 16.7 | 22.2 | 16.7 | – | 100.0 |
| 玩具家具 | 26.3 | 15.8 | 15.8 | 18.4 | 21.1 | 2.6 | 100.0 |
| 木材纸张非金属 | 24.4 | 22.2 | 15.6 | 22.2 | 13.3 | 2.2 | 100.0 |
| 总体 | 27.2 | 19.3 | 16.3 | 20.0 | 16.5 | 0.7 | 100.0 |

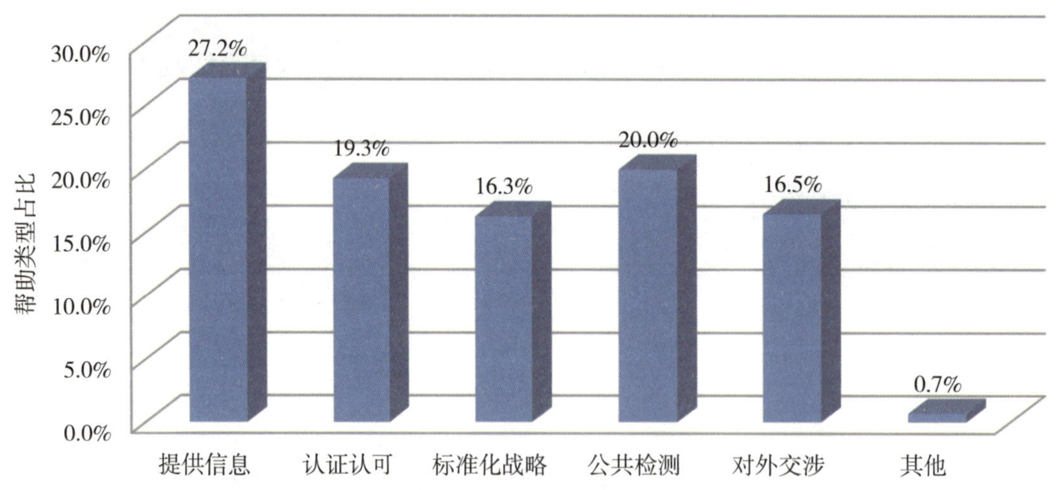


图 3-4-18　湖北省出口企业在应对国外技术性贸易措施时所需帮助

## （五）应对结果分析：国外技术性贸易措施倒逼企业竞争力提升

表 3-4-16 反应了技术性贸易措施对企业市场竞争力和产品质量安全提升的影响。从行业类别来看，玩具家具类 100.0% 的企业认为技术性贸易措施有利于提高自身的国际竞争力和产品质量安全，其次为橡塑皮革类企业和木材纸张非金属类企业，均占比 90.9%。由此可见，大部分企业认为国外技术性贸易措施能够倒逼企业提升竞争力。

表 3-4-16 技术性贸易措施对湖北省企业国际竞争力的影响 单位：%

| 行业类别 | 选项 | |
|---|---|---|
| | 是 | 否 |
| 农食产品 | 86.1 | 13.9 |
| 机电仪器 | 78.9 | 21.1 |
| 化矿金属 | 87.5 | 12.5 |
| 纺织鞋帽 | 76.9 | 23.1 |
| 橡塑皮革 | 90.9 | 9.1 |
| 玩具家具 | 100 | – |
| 木材纸张非金属 | 90.9 | 9.1 |
| 总体 | 86.2 | 13.8 |

# 六、政府部门减损措施分析

## （一）减损措施分析：提供认证便利和协助取得国外认可产品是最有效的方式

表 3–4–17、图 3–4–19 显示了海关等政府部门在减少国外技术性贸易措施时采取的措施。总体来说，海关等政府部门主要采取以下三方面的措施减少企业损失，“取得国外认可”“提供认证便利”以及“发布预警信息”，三者合计占总频次的 71.4%。此外，企业认为“列入政府示范” “指导技术改进” “协助产品备案”也是减少技术性贸易措施致损的重要举措。就不同类别企业来看，农食产品类企业认为“提供认证便利”比较有效减少了其损失额；纺织鞋帽类企业认为“发布预警信息”能够有效减少其损失额；而橡塑皮革类企业认为“指导技术改进”能够有效减少其损失额。

表 3-4-17 针对湖北省不同类别出口企业减损时采取的措施 单位：%

| 企业类别 | 做法 | | | | | | | | | |
|---|---|---|---|---|---|---|---|---|---|---|
| | 发布预警信息 | 指导技术改进 | 协助产品备案 | 取得国外认可 | 提供认证便利 | 协助交涉维权 | 列入政府示范 | 参与通报评议 | 其他 | 总计 |
| 农食产品 | 13.3 | 6.7 | 6.7 | 20.0 | 40.0 | – | 13.3 | – | – | 100.0 |
| 机电仪器 | – | – | – | – | 50.0 | – | – | – | 50.0 | 100.0 |
| 化矿金属 | – | – | 50.0 | 50.0 | – | – | – | – | – | 100.0 |
| 纺织鞋帽 | 50.0 | – | – | 33.3 | – | – | 16.7 | – | – | 100.0 |
| 橡塑皮革 | – | 100.0 | – | – | – | – | – | – | – | 100.0 |
| 玩具家具 | – | – | – | 100.0 | – | – | – | – | – | 100.0 |
| 木材纸张非金属 | 100.0 | – | – | – | – | – | – | – | – | 100.0 |
| 总体 | 21.4 | 7.1 | 7.1 | 25.0 | 25.0 | – | 10.7 | – | 3.6 | 100.0 |

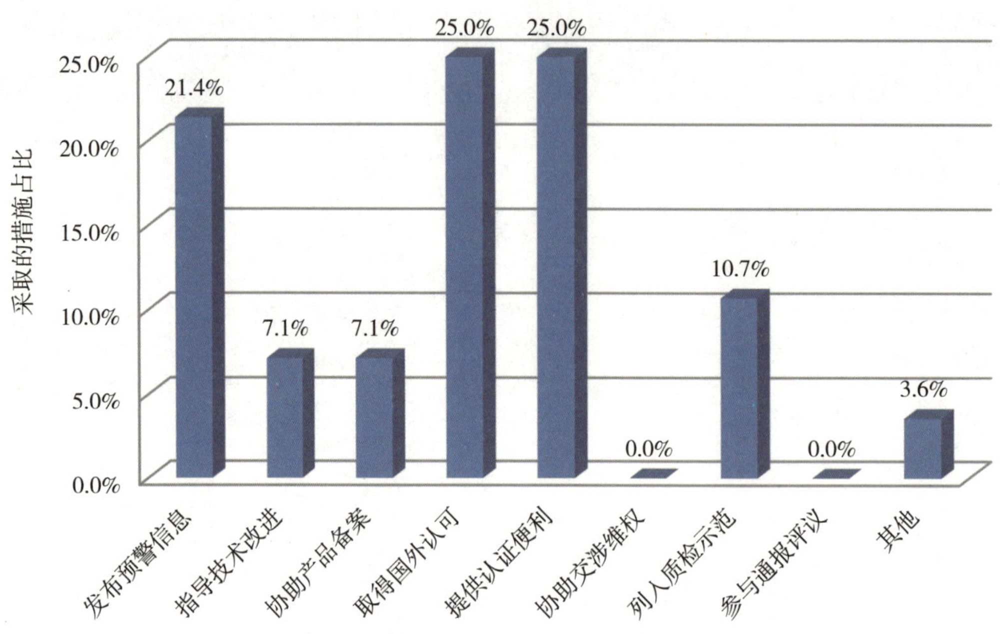


图 3-4-19　政府部门减少国外技术性贸易措施致损时采取的措施占比情况

## （二）减损额分析

### 1. 行业分析：农食产品类企业减损最多

据调查显示，湖北省出口企业 2018 年在海关等政府部门的帮扶下减少的损失额最大为农食产品类企业，其次为纺织鞋帽类企业和化矿金属类企业。

# 第五节　国外技术性贸易措施对广东省出口影响情况调查报告

2019年，海关总署在广东省范围内组织了2018年国外技术性贸易措施对广东省出口企业影响情况的调查，共收到有效问卷673份。经过对调查结果的统计分析，2018年广东省有26.4%的出口企业遭受国外技术性贸易措施的影响，比2017年上升了3.5个百分点；直接损失总额302.8亿元，比2017年减少了422.3亿元；企业因国外技术性贸易措施而新增加的成本为44.0亿元，比2017年减少了80.2亿元；在海关等政府部门的大力帮扶下，企业因国外技术性贸易措施所导致的损失减少12.0亿元，占2018年广东省全年出口总额的0.03%。

## 一、出口贸易损失分析

### （一）贸易损失形式分析：丧失订单是贸易损失的最主要形式

从图3-5-1可以看出，2018年，丧失订单是造成损失的最主要表现形式，与往年一致。丧失订单在全部损失形式中所占的比例为46.6%，远高于其他损失形式的比例，其次是退回货物、口岸处理和降级处理，在全部损失形式中占比分别为12.2%、8.2%和7.9%。

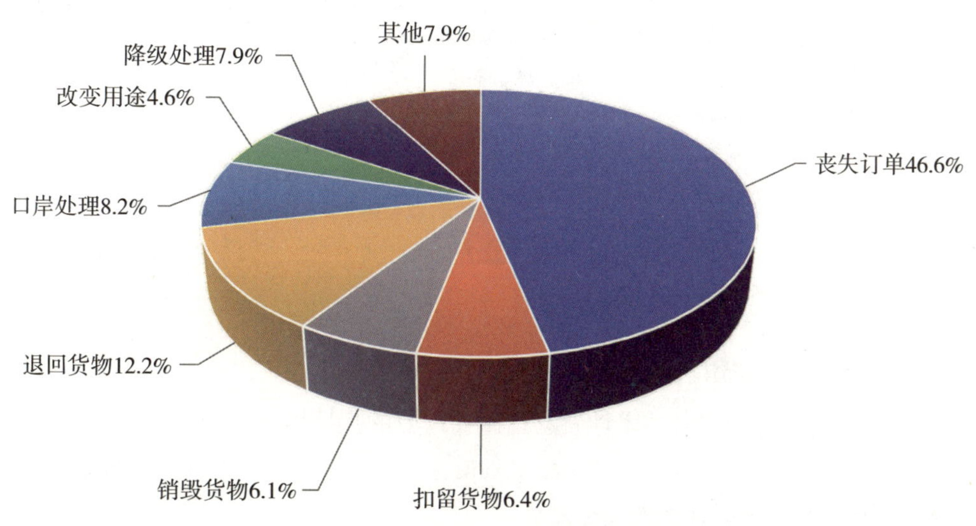


图3-5-1　广东省出口企业遭受国外技术性贸易措施损失的形式

表 3–5–1 显示了广东省不同类别出口企业遭受损失的主要形式。从各类别企业看，丧失订单均为出口企业遭受损失的主要形式，按照占比值由高至低依次为：化矿金属类（66.7%）、橡塑皮革类（63.6%）、农食产品类（50.0%）、玩具家具类（49.1%）、木材纸张非金属类（43.8%）、机电仪器类（43.2%）、纺织鞋帽类（40.4%）。

表 3-5-1 广东省不同类别出口企业遭受损失的主要形式　　单位：%

| 企业类别 | 丧失订单 | 扣留货物 | 销毁货物 | 退回货物 | 口岸处理 | 改变用途 | 降级处理 | 其他 | 合计 |
|---|---|---|---|---|---|---|---|---|---|
| 农食产品 | 50.0 | 7.1 | 14.3 | 14.3 | 7.1 | – | 7.1 | – | 100.0 |
| 机电仪器 | 43.2 | 9.0 | 5.4 | 13.5 | 9.9 | 5.4 | 6.3 | 7.2 | 100.0 |
| 化矿金属 | 66.7 | – | 8.3 | 8.3 | 8.3 | – | – | 8.3 | 100.0 |
| 纺织鞋帽 | 40.4 | 9.6 | 9.6 | 9.6 | 11.5 | 3.8 | 11.5 | 3.8 | 100.0 |
| 橡塑皮革 | 63.6 | – | – | 27.3 | – | – | 9.1 | – | 100.0 |
| 玩具家具 | 49.1 | 4.5 | 3.6 | 11.6 | 5.4 | 4.5 | 8.9 | 12.5 | 100.0 |
| 木材纸张非金属 | 43.8 | – | 12.5 | 6.3 | 12.5 | 12.5 | 6.3 | 6.3 | 100.0 |
| 总体 | 46.6 | 6.4 | 6.1 | 12.2 | 8.2 | 4.6 | 7.9 | 7.9 | 100.0 |

表 3–5–2 显示了 2018 年广东省出口企业在不同国家或地区遭受损失的形式。以美国、欧盟、日韩等其他主要贸易伙伴为例，丧失订单分别占广东省企业出口到上述国家和地区各种损失形式总数的 65.9%、34.5%、23.1%。另外，在对美国、欧盟、日韩出口时，货物被退货和被降级处理分别占企业出口到上述国家和地区各种损失形式总数的 7.3% 和 5.5%、20.7% 和 10.3%、30.8% 和 7.7%。产品出口到美国和欧盟的损失形式都以丧失订单为主，并且产品在美国丧失订单的比例远高于其他损失形式。与欧美不同，产品出口到日韩的损失形式以退回货物为主。

表 3-5-2 广东省产品出口到不同国家或地区时遭受损失的主要形式　　单位：%

| 出口目的地 | 丧失订单 | 扣留货物 | 销毁货物 | 退回货物 | 口岸处理 | 改变用途 | 降级处理 | 其他 | 合计 |
|---|---|---|---|---|---|---|---|---|---|
| 美国 | 65.9 | 3.7 | 5.5 | 7.3 | 4.3 | 3 | 5.5 | 4.9 | 100.0 |
| 欧盟 | 34.5 | 6.9 | – | 20.7 | 3.4 | 3.4 | 10.3 | 20.7 | 100.0 |
| 日韩 | 23.1 | 7.7 | 7.7 | 30.8 | 7.7 | – | 7.7 | 15.4 | 100.0 |
| 其他 | 26.2 | 9.8 | 8.2 | 14.8 | 14.8 | 7.4 | 10.7 | 8.2 | 100.0 |
| 总体 | 46.6 | 6.4 | 6.1 | 12.2 | 8.2 | 4.6 | 7.9 | 7.9 | 100.0 |

## （二）企业直接损失分析

2018 年广东省出口企业因国外技术性贸易措施而遭受的直接损失总额约为 302.8 亿元，较 2017 年减少 422.3 亿左右，同比减少 58.2%，为近十年最低值，全国排名第三，占全国直接损失额的 13.9%。

### 1. 行业分析：农食产品类企业直接损失最多

从表 3–5–3 中可以看出，2018 年广东省农食产品类企业遭受的直接损失最大，达到 117.9 亿元，占广东省直接损失总额的 39.0%；其次为机电仪器类企业，其直接损失额为 69.6 亿元，占 23.0%；玩具家具类企业的直接损失额居第三位，为 64.7 亿元，占 21.4%。

2018 年，广东省农食产品类企业的直接损失额大幅增加，是该类企业 2017 年直接损失额的 19.3 倍，占该类企业全国直接损失额总额的 63.5%。玩具家具类企业的直接损失额也明显增长，比 2017 年增长 57.7%，占该类企业全国直接损失额的 28.8%。与之相反的是，往年受损最严重的机电仪器类企业的直接损失额却大幅下降，与 2017 年相比减少 88.3%，为近十年最低值，并且引起广东省总体直接损失额的急剧下降。化矿金属类和木材纸张非金属类企业的直接损失额也明显减少，分别比 2017 年的直接损失额减少 57.5% 和 52.7%。

**表 3-5-3　广东省不同类别出口企业因国外技术性贸易措施所遭受的直接损失额**

| 企业类别 | 直接损失额（万元） | | 在全部直接损失额中所占比例（%） |
|---|---|---|---|
| | 2018 年损失额 | 比 2017 年变动额 | |
| 农食产品 | 1,179,273.0 | 1,118,303.0 | 39.0 |
| 机电仪器 | 695,840.4 | -5,241,985.3 | 23.0 |
| 化矿金属 | 114,833.1 | -155,222.7 | 3.8 |
| 纺织鞋帽 | 163,862.9 | -32,845.1 | 5.4 |
| 橡塑皮革 | 114,905.9 | -22,491.0 | 3.8 |
| 玩具家具 | 646,508.1 | 236,471.1 | 21.4 |
| 木材纸张非金属 | 112,313.5 | -125,003.8 | 3.7 |
| 总计 | 3,027,537.1 | -4,222,800.6 | 100.0 |

图 3-5-2 说明了广东省不同类别出口企业直接损失额与全国各类别企业直接损失总值的比较情况。2018 年全国范围内发生直接损失最多是机电仪器类企业，而广东省发生直接损失最多是农食产品类企

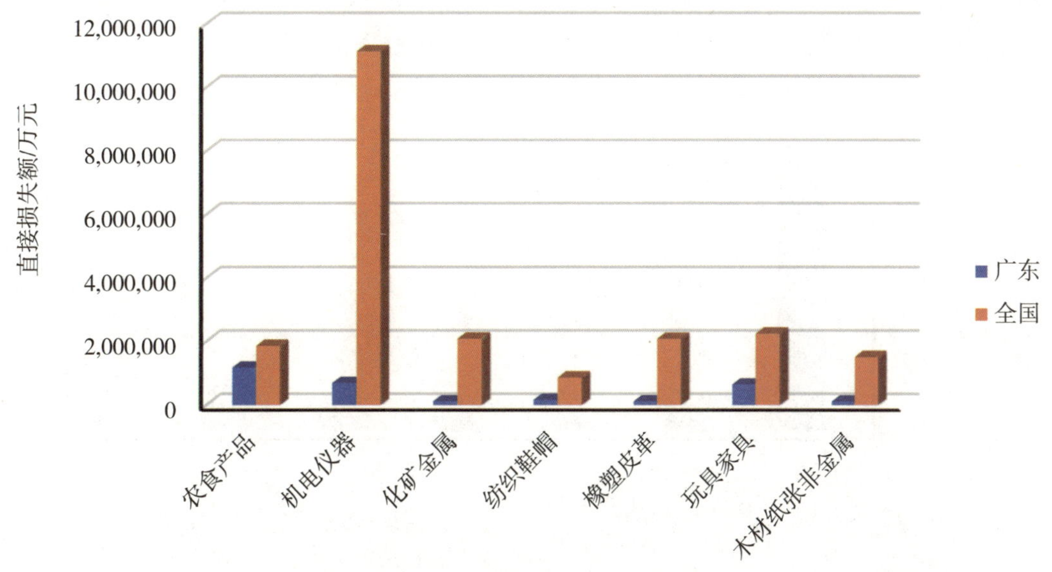


图 3-5-2　广东省不同类别企业直接损失额与该类企业全国直接损失额总额的比较

业。七类企业中，广东省农食产品类、机电仪器类和玩具家具类企业直接损失额占全国同类型企业直接损失总额的比重相对较大，分别为 39.0%、23.0% 和 21.4%。

**2. 目标市场分析：出口到美国时遭受的直接损失相对较大**

根据调查显示，美国作为广东省最主要的出口市场，其技术性贸易措施给广东省出口企业带来的直接损失额也相对较大。广东省企业出口美国时因技术性贸易措施而造成的直接损失额占广东省直接损失总额的 76.2%，远高于排名第二欧盟的 11.2%。其中机电仪器类和玩具家具类企业在出口美国时造成的直接损失额相对较高，分别占广东省企业出口美国直接损失额的 59.1% 和 30.0%。此外，广东省企业出口西亚时造成的直接损失额占广东省直接损失总额的 5.2%，居第三位。

## （三）直接损失率分析：农食产品类企业直接损失率最高

表 3-5-4 和图 3-5-3 显示了 2018 年广东省不同类别出口企业的直接损失率情况，可以看出，2018 年广东省出口企业因国外技术性贸易措施而遭受的直接损失率平均水平为 0.7%，农食产品类出口企业的直接损失率高达 17.6%，在各类出口企业中最高，也是唯一超过 10% 的企业类别。玩具家具类企业的直接损失率也相对较高，达到 1.3%。机电仪器类企业的直接损失率最低，只有 0.3%。

**表 3-5-4　广东省不同类别出口企业直接损失率**

| 企业类别 | 出口额（万元） | 直接损失额（万元） | 直接损失率（%） |
|---|---|---|---|
| 农食产品 | 6,684,628.0 | 1,179,273.0 | 17.6 |
| 机电仪器 | 263,017,936.7 | 695,840.4 | 0.3 |
| 化矿金属 | 32,564,258.5 | 114,833.1 | 0.4 |
| 纺织鞋帽 | 38,899,658.7 | 163,862.9 | 0.4 |
| 橡塑皮革 | 20,762,000.2 | 114,905.9 | 0.6 |
| 玩具家具 | 48,033,208.6 | 646,508.1 | 1.3 |
| 木材纸张非金属 | 16,050,726.2 | 112,313.5 | 0.7 |
| 总计 | 426,012,417.0 | 3,027,537.1 | 0.7 |

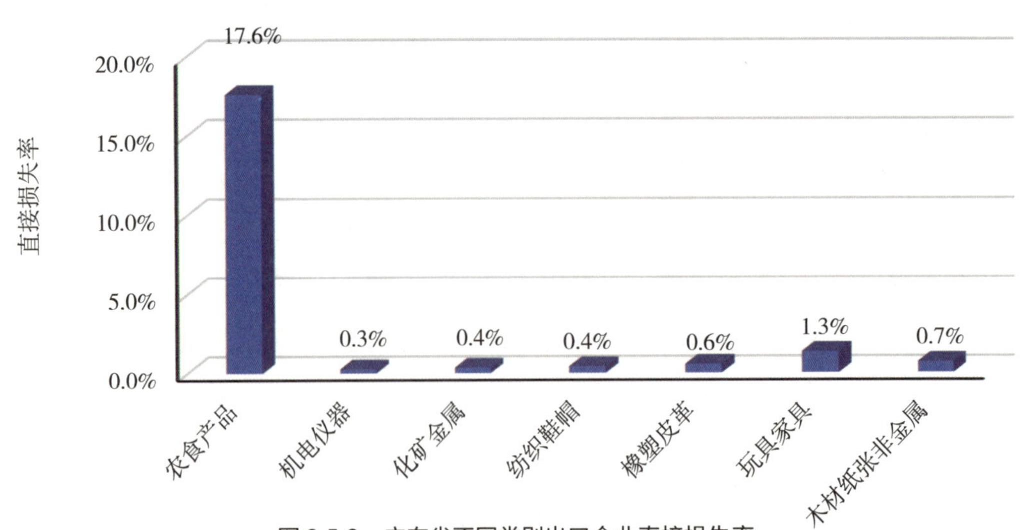


图 3-5-3　广东省不同类别出口企业直接损失率

## 二、企业应对成本分析

### （一）检测等成本分析：机电仪器和橡塑皮革类企业负担最重

表 3–5–5 显示了 2018 年广东省不同类别出口企业为满足国外技术要求而发生的产品测试、检验、认证、注册费在出口产品销售额中所占的百分比情况。从表中可以看出，测试、检验、认证、注册费在机电仪器、橡塑皮革和纺织鞋帽类企业出口产品销售额中所占比例较高，分别为 2.1%、2.0% 和 1.8%。

**表 3-5-5 产品测试、检验、认证、注册费用在出口销售中的百分比** 单位：%

| 企业类别 | 测试、检验、认证、注册费比例 |
| --- | --- |
| 农食产品 | 0.3 |
| 机电仪器 | 2.1 |
| 化矿金属 | 0.4 |
| 纺织鞋帽 | 1.8 |
| 橡塑皮革 | 2.0 |
| 玩具家具 | 1.4 |
| 木材纸张非金属 | 0.9 |
| 总体 | 1.6 |

### （二）企业新增成本分析

2018 年，为满足国外技术新要求，广东省出口企业所发生的新增成本总额为 44.0 亿元，较 2017 年减少 80.2 亿元，同比减少 64.6%，为近十年最低值。广东省新增成本总额占全国新增成本总额的 10.3%，全国排名第四。

#### 1. 行业分析：玩具家具类企业新增成本最高

表 3–5–6 列出了广东省 2018 年不同类别出口企业在出口时所发生的新增成本情况。除农食产品类和木材纸张非金属类企业外，其余 5 个行业类别的企业新增成本均明显减少，其中化矿金属类和橡塑皮革类企业新增成本的降幅相对较大，分别比 2017 年减少 93.9% 和 90.0%。

图 3–5–4 显示了各类别出口企业新增成本在新增成本总额中的比例。新增成本最多的前三大类别企业按照由多到少的顺序分别为：玩具家具类、机电仪器类和木材纸张非金属类企业。其中，玩具家具类企业的新增成本为 17.6 亿元，在新增成本中所占比例为 40.0%，居各类企业之首。机电仪器类企业的新增成本为 11.4 亿元，在各类企业中位列第二。农食产品类企业的新增成本为 6478.4 万元，在新增成本中的占比最小，仅有 1.5%。

#### 2. 目标市场分析：对美出口企业新增成本相对较多

通过调查显示，2018 年广东省出口美国的企业新增成本较多，约占广东省新增成本总额的 70.4%，远高于排名第二欧盟的 13.5%。出口美国、欧盟、日本、韩国、欧亚经济联盟（除俄罗斯）、澳大利亚 /

新西兰、印度、非洲、拉美、西亚地区的企业中，新增成本较多的都是机电仪器类企业。出口东盟和加拿大的企业中，新增成本较多的是玩具家具类企业。

表 3-5-6 广东省不同类别出口企业新增成本

| 企业类别 | 新增成本（万元） | | 占新增成本总额的比例（%） |
|---|---|---|---|
| | 2018 年新增成本 | 比 2017 年变动额 | |
| 农食产品 | 6,478.4 | 3,978.8 | 1.5 |
| 机电仪器 | 114,013.7 | −167,018.1 | 25.9 |
| 化矿金属 | 15,456.4 | −237,852.6 | 3.5 |
| 纺织鞋帽 | 33,499.7 | −30,069.3 | 7.6 |
| 橡塑皮革 | 15,900.8 | −142,871.9 | 3.6 |
| 玩具家具 | 176,034.6 | −247,283.7 | 40.0 |
| 木材纸张非金属 | 79,109.4 | 18,686.6 | 18.0 |
| 总计 | 440,492.9 | −802,430.3 | 100.0 |

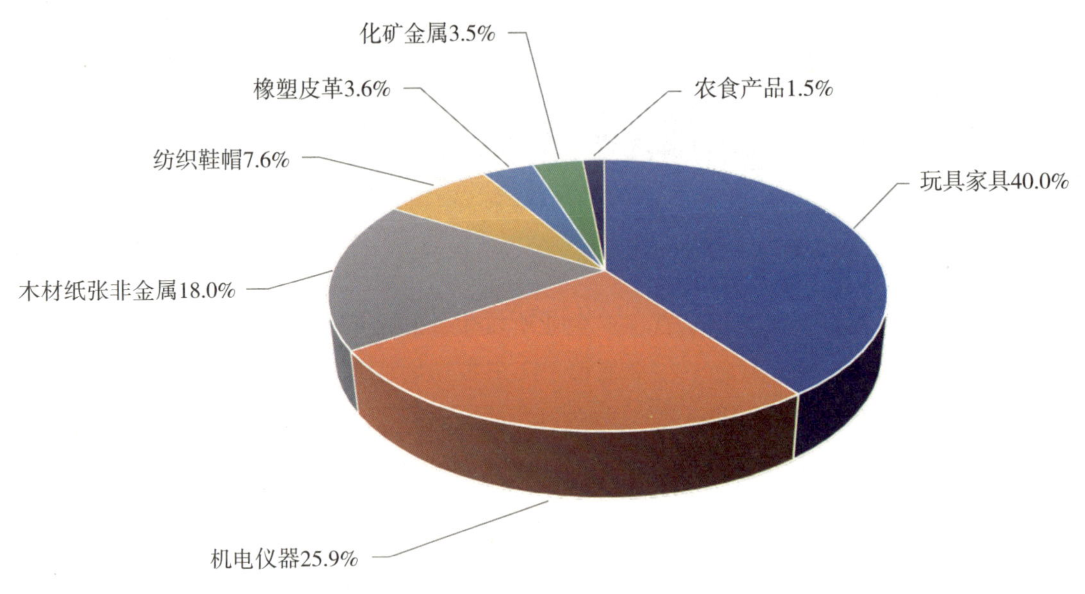


图 3-5-4 广东省不同类别出口企业新增成本占新增成本总额的比例

## （三）新增成本率分析：木材纸张非金属类企业新增成本率最高

表 3-5-7 和图 3-5-5 显示了广东省不同类别出口企业为适应国外技术性贸易措施的要求所发生的新增成本率。从表 3-5-7 中可以看出，2018 年广东省出口企业为了满足国外技术性贸易措施的要求而发生的新增成本率为 0.1%。各类别企业的新增成本率普遍不高，均低于 1%。其中木材纸张非金属类和玩具家具类出口企业该比率最高，分别为 0.5% 和 0.4%。机电仪器类和化矿金属类企业该比率最低。

表 3-5-7 广东省不同类别出口企业新增成本率

| 企业类别 | 出口额（万元） | 新增成本（万元） | 新增成本率（%） |
|---|---|---|---|
| 农食产品 | 6,684,628.0 | 6,478.4 | 0.1 |
| 机电仪器 | 263,017,936.7 | 114,013.7 | 0.0 |
| 化矿金属 | 32,564,258.5 | 15,456.4 | 0.0 |
| 纺织鞋帽 | 38,899,658.7 | 33,499.7 | 0.1 |
| 橡塑皮革 | 20,762,000.2 | 15,900.8 | 0.1 |
| 玩具家具 | 48,033,208.6 | 176,034.6 | 0.4 |
| 木材纸张非金属 | 16,050,726.2 | 79,109.4 | 0.5 |
| 总计 | 426,012,417.0 | 440,492.9 | 0.1 |

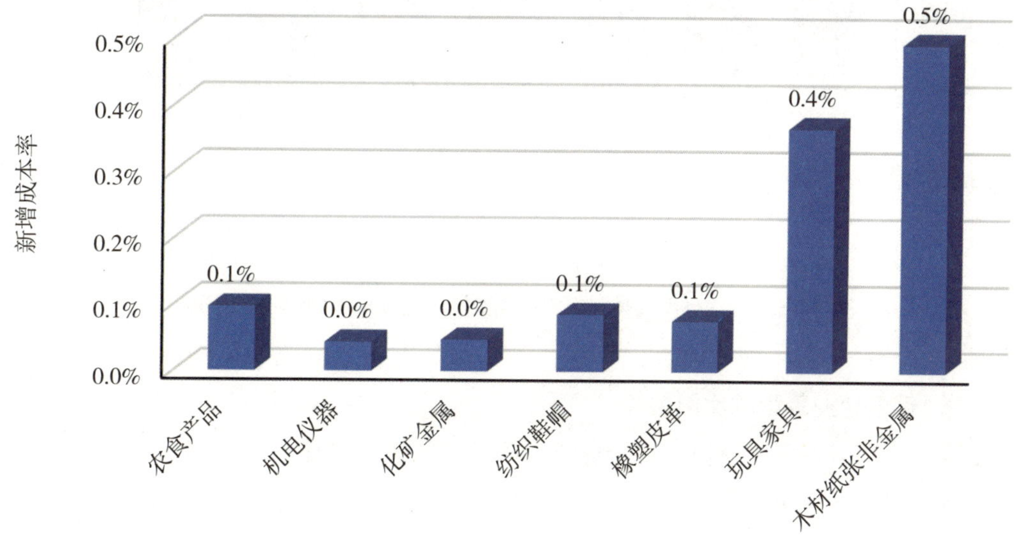


图 3-5-5 广东省不同类别出口企业新增成本率

# 三、受影响企业范围分析

广东省不同类别的出口企业受到了国外技术性贸易措施不同程度的影响。2018 年，广东省有 26.4% 的出口企业遭受国外技术性贸易措施的影响，比 2017 年上升了 3.5 个百分点，低于全国 31.0% 的受影响水平。

## （一）企业分析

### 1. 行业分析：玩具家具类企业受影响比例最高

由图 3-5-6 可以看出，2018 年广东省受到国外技术性贸易措施影响的企业比例。七类出口企业受影响比例分别为 22.9%、24.3%、18.8%、22.1%、22.2%、37.6%、14.7%，合计占比为 26.4%。从总体看，广东省出口企业的受影响比例略高于2017年的22.9%。其中，玩具家具类企业的受影响比例最高，木材纸张非金属类企业的受影响比例最低。农食产品类、化矿金属类和橡塑皮革类企业的受影响比例较2017年均明显下降，分别减少23.8、21.2和17.8个百分点。而纺织鞋帽类企业的受影响比例较2017年明显上涨，增加22.1个百分点。

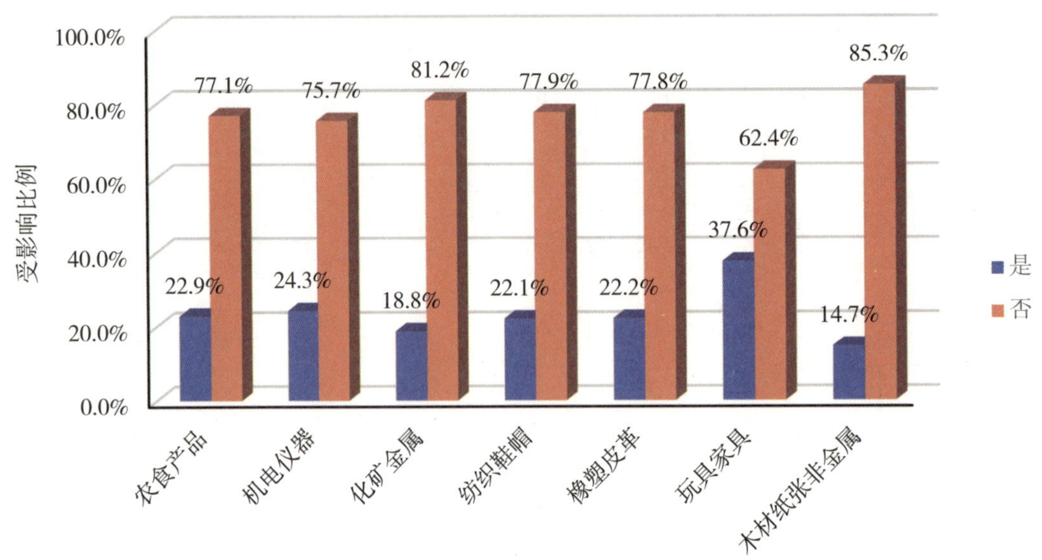


图3-5-6　广东省不同类别出口企业受技术性贸易措施影响的情况

**2. 性质分析：民营企业受影响比例最高**

图3–5–7列出了广东省不同性质出口企业遭遇国外技术性贸易措施的情况。出口企业中，民营企业受影响比例最高，高达34.4%；港、澳、台企业受影响比例为21.2%，排名第二；国有经济企业受影响比例为18.2%，居第三位；外资企业受影响比例最小，为15.6%。

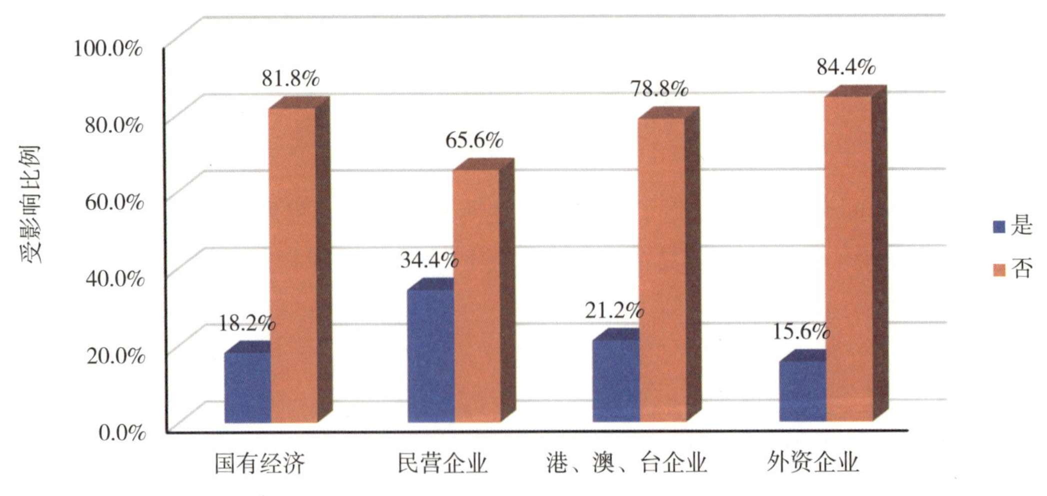


图3-5-7　广东省不同性质出口企业受国外技术性贸易措施影响情况

### 3. 出口额分析：出口超过 2 亿元的农产品出口企业受影响比例最高

图 3-5-8 显示了广东省不同规模农产品和工业品出口企业（按年出口额划分）遭遇国外技术性贸易措施的情况。可以看出，除出口额超过 2 亿元和 50 万（含）~ 500 万元的农产品出口企业外，不同规模出口企业的受影响比例差距不大，都介于 20%~30% 之间。农产品出口企业中，出口额超过 2 亿元的农产品出口企业的受影响比例最高，受影响比例高达 42.9%；而出口额为 50 万（含）~ 500 万元的农产品出口企业受影响比例最低。工业品出口企业中，出口额为 2000 万（含）~ 4 亿元的工业品出口企业受影响比例最高，受影响比例高达 29.7%；而出口额低于 300 万元的工业品出口企业受影响比例最低，为 22.0%。

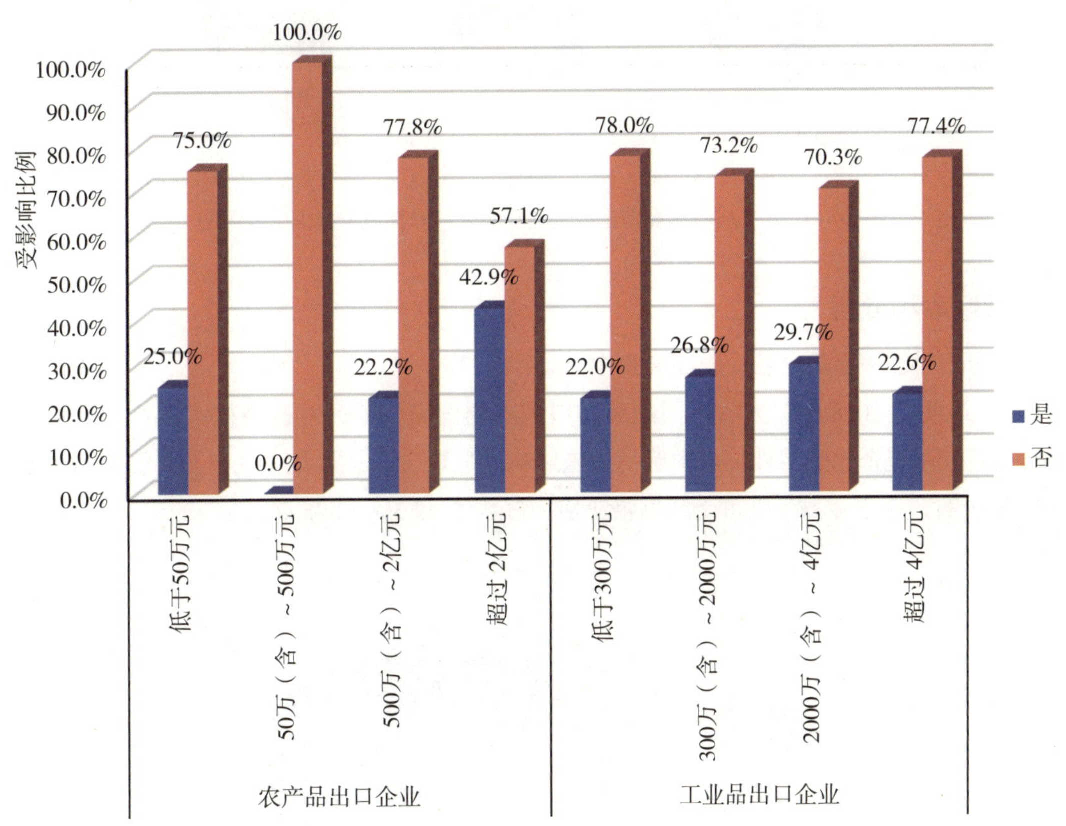


图 3-5-8　广东省不同规模出口企业（按年出口额划分）受国外技术性贸易措施影响情况

### 4. 业务类型分析：生产 / 加工 / 制造型企业受影响比例较高

图 3-5-9 显示了广东省不同类型企业受国外技术性贸易措施影响的情况。可以看出，生产 / 加工 / 制造型企业的受影响比例较高，为 27.1%。流通贸易型企业的受影响比例与生产 / 加工 / 制造型企业的受影响比例基本持平，为 25.6%。其他类型的企业受影响比例较小，仅有 7.7%。

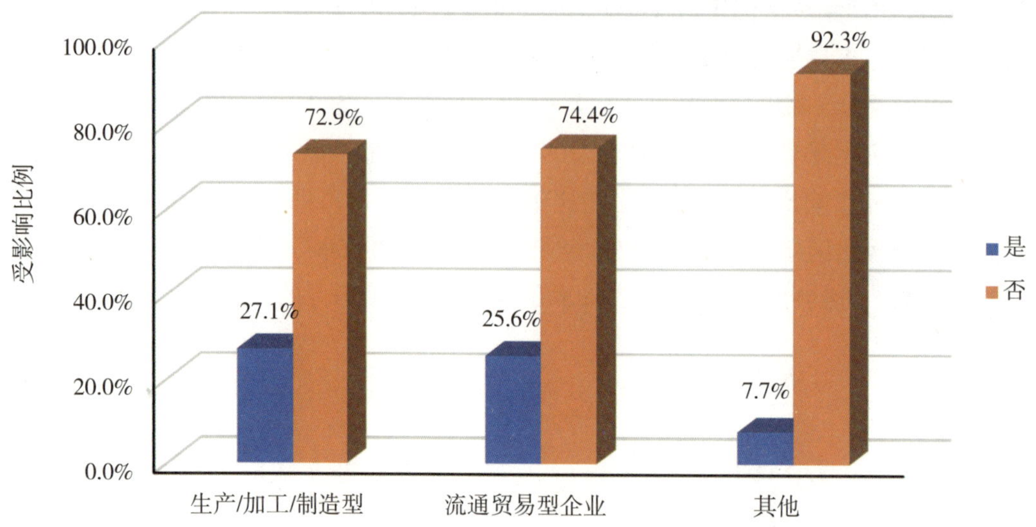


图 3-5-9　广东省不同类型出口企业受国外技术性贸易措施影响情况

## （二）目标市场分析

### 1. 总体分析：对欧美出口企业受影响最集中

图 3–5–10 说明了 2018 年广东省不同产品出口到不同国家或地区时遭遇技术性贸易措施的分布情况，可以看出，被调查企业受国外技术性贸易措施影响的地区分布主要集中在欧美，受美国和欧盟技术性贸易措施影响的企业累计数分别占受影响企业累积总数的 42.3% 和 25.4%。

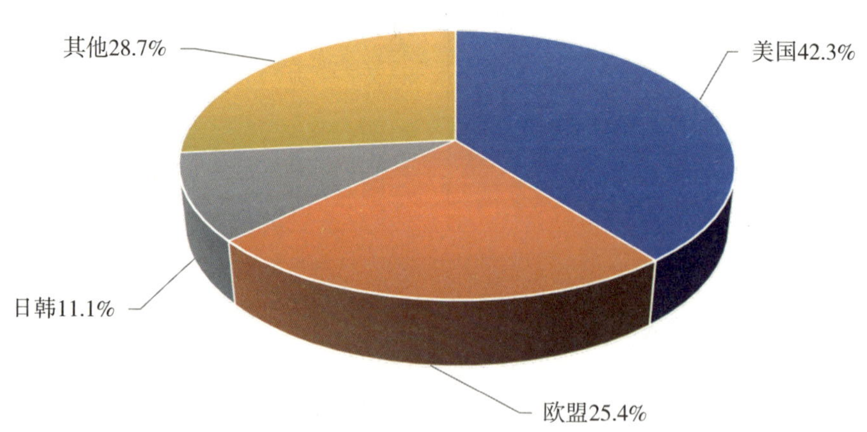


图 3-5-10　广东省出口企业在不同国家或地区遭遇技术性贸易措施的分布情况

### 2. 交叉分析：玩具家具类企业受影响范围最广

图 3–5–11 反映了广东省不同类别企业出口时遭遇国外技术性贸易措施的分布情况，可以看出玩具家具类企业受国外技术性贸易措施的影响范围最广，受影响企业累计数在总数中的占比为 39.7%。机电

仪器类受影响企业累计数占总数的 35.3%，排名第二。木材纸张非金属类企业的受影响范围最小，仅占总数的 2.0%。

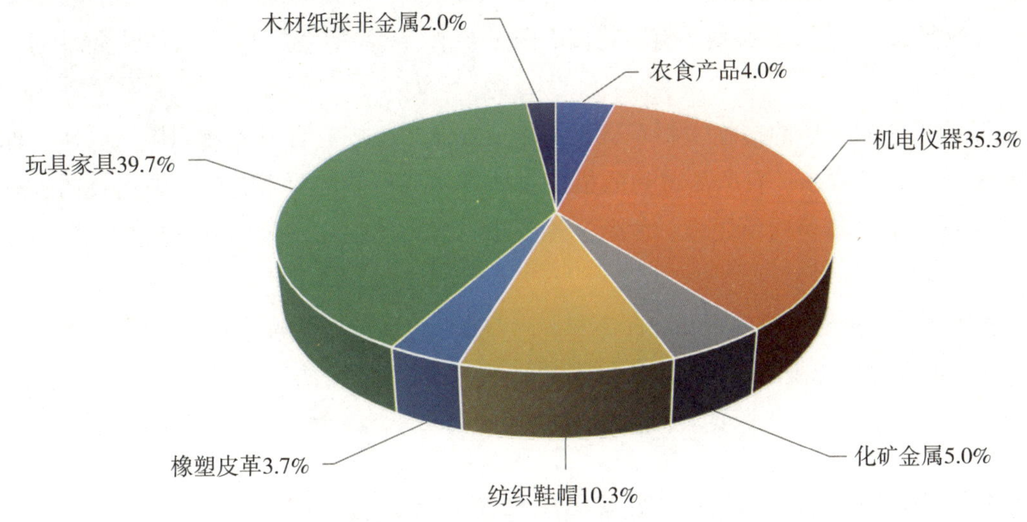


图 3-5-11 广东省不同类别企业遭遇国外技术性贸易措施的分布情况

# 四、企业遭遇措施情况分析

## （一）措施类型分析：企业遭遇认证要求最多

### 1. 总体分析

根据调查结果显示，2018 年广东省农食产品出口企业遭遇较多的技术性贸易措施依次是种养殖基地 / 加工厂 / 仓库注册要求、动物疫病方面的要求、食品中农兽药残留要求和食品标签要求，在农产品企业选择总频次中占比 91.4%、60.0%、60.0% 和 60.0%。对工业品出口企业而言，是否能获得相关的认证证书、包装及材料的要求以及标签和标识要求，对企业产品是否能够出口至关重要，在工业品企业选择总频次中占比 46.6%、40.0% 和 39.3%。

### 2. 行业分析

广东省不同类别企业遭遇技术性贸易措施情况如下：

机电仪器类企业遭遇最多的是认证要求、标签和标志要求、包装及材料的要求。

化矿金属类企业遭遇最多的是认证要求、技术标准要求、包装及材料的要求、木质包装要求。

纺织鞋帽类企业遭遇最多的是技术标准要求、包装及材料的要求、标签和标志要求。

橡塑皮革类企业遭遇最多的是认证要求、工业产品中有毒有害物质限量要求、标签和标志要求、厂商或产品的注册要求。

玩具家具类企业遭遇最多的是认证要求、工业产品中有毒有害物质限量要求、包装及材料的要求、技术标准要求。此外，多家玩具企业提出受到 CSR 企业社会责任要求的影响。

木材纸张非金属类企业遭遇最多的是认证要求、标签和标志要求、环保要求、产品的人身安全要求。

### 3. 目标市场分析

广东省企业出口到美国的工业品遭遇的措施主要有认证要求、包装及材料的要求、标签和标志要求、技术标准要求。农产品遇到的措施主要有木质包装的要求、种养殖基地 / 加工厂 / 仓库注册要求、食品中农兽药残留要求、食品中重金属等有害物质的限量要求、食品标签要求、食品化妆品中过敏原的要求。

出口到欧盟的工业品遭遇的措施主要有认证要求、工业产品中有毒有害物质限量要求、标签和标志要求、包装及材料的要求。农产品遇到的措施主要有木质包装的要求、食品中重金属等有害物质的限量要求、食品中农兽药残留要求、食品标签要求、食品化妆品中过敏原的要求、食品接触材料的要求。

出口到日本的工业品遭遇的措施主要有标签和标志要求、包装及材料的要求、技术标准要求。农产品遇到的措施主要有食品中重金属等有害物质的限量要求、食品中农兽药残留要求、食品标签要求、食品接触材料的要求、食品微生物指标要求、食品添加剂要求。

## （二）出口贸易障碍分析：技术性贸易措施是第三大贸易障碍

表 3–5–8 和图 3–5–12 显示了广东省出口企业在出口时遇到的主要障碍比例。从企业对各选项的选择次数看，技术性贸易措施是仅次于关税、汇率的第三大贸易障碍，在企业选择的总频次中占比 19.9%。由于中美贸易摩擦的影响，近 13 年来，选择关税的比例首次超过汇率的比例，成为企业出口遇到的最大障碍。

**表 3-5-8　广东省不同类别出口企业出口时所遇到的主要障碍**　　单位：%

| 企业类别 | 主要障碍 | | | | | | | | |
|---|---|---|---|---|---|---|---|---|---|
| | 技术性贸易措施 | 反倾销 | 反补贴 | 配额 | 许可证 | 关税 | 汇率 | 其他 | 合计 |
| 农食产品 | 25.9 | 4.9 | 1.2 | 8.6 | 11.1 | 27.2 | 19.8 | 1.2 | 100.0 |
| 机电仪器 | 20.2 | 8.3 | 1.5 | 2.6 | 10.8 | 31.1 | 25.1 | 0.4 | 100.0 |
| 化矿金属 | 15.3 | 12.7 | 4.2 | 4.2 | 9.3 | 28.8 | 24.6 | 0.8 | 100.0 |
| 纺织鞋帽 | 21.5 | 9.6 | 3.1 | 2.2 | 7 | 30.3 | 25.9 | 0.4 | 100.0 |
| 橡塑皮革 | 16.1 | 9.2 | 2.3 | – | 10.3 | 31 | 31 | – | 100.0 |
| 玩具家具 | 20.4 | 11.8 | 2.6 | 3.6 | 7.1 | 31.3 | 22.5 | 0.7 | 100.0 |
| 木材纸张非金属 | 15 | 12.5 | 3.8 | 6.3 | 8.8 | 26.3 | 23.8 | 3.8 | 100.0 |
| 总体 | 19.9 | 9.9 | 2.4 | 3.3 | 9 | 30.4 | 24.5 | 0.7 | 100.0 |

从表 3–5–9 可以看出，在回答该问题的受访企业中，有 25.5% 的企业认为技术性贸易措施是企业产品出口的最大障碍，在企业选择的最大障碍措施比例中排名第二，仅次于关税。另外有 10.8% 和 23.0% 的企业分别认为技术性贸易措施是影响企业出口的第二大和第三大障碍。根据企业对各选项的

选择比例，企业在出口中遇到的障碍比例由大到小依次为关税、汇率、技术性贸易措施、反倾销、许可证、配额、反补贴和其他。

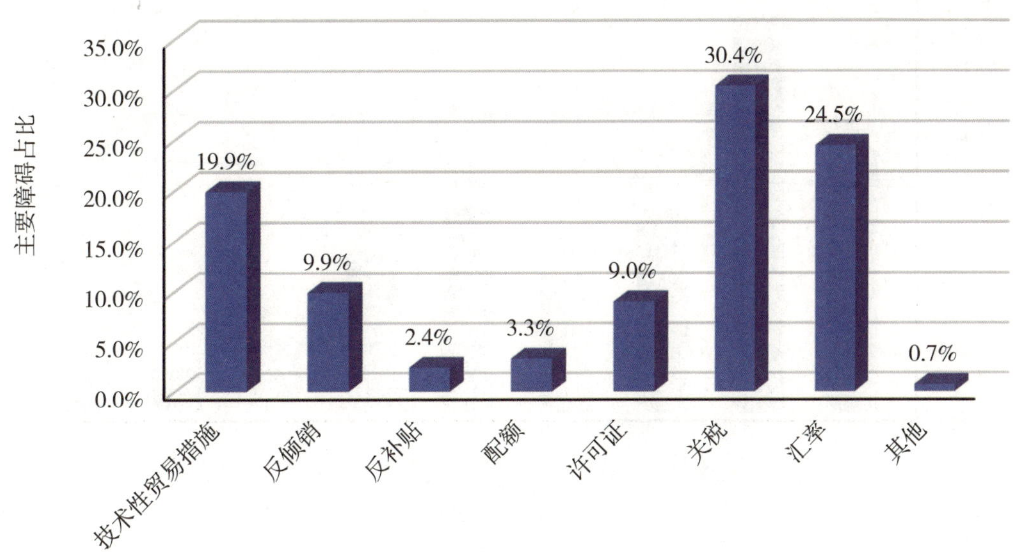


图 3-5-12 广东省出口企业出口遇到的主要障碍

**表 3-5-9 广东省出口企业出口时所遇到的最大障碍** 单位：%

| 选择次数 | 最大障碍 | | | | | | | |
|---|---|---|---|---|---|---|---|---|
| | 技术性贸易措施 | 反倾销 | 反补贴 | 配额 | 许可证 | 关税 | 汇率 | 其他 |
| 第一选择 | 25.5 | 8.3 | 1.2 | 1.5 | 4.8 | 40.6 | 17.4 | 0.8 |
| 第二选择 | 10.8 | 11.9 | 1.9 | 4.4 | 10.6 | 30.4 | 29.4 | 0.6 |
| 第三选择 | 23.0 | 9.7 | 4.7 | 4.5 | 13.0 | 15.9 | 28.4 | 0.7 |

### （三）措施制约原因分析：为达到国外要求导致成本过高是最主要原因

图 3–5–13 显示了广东省企业在出口时受国外技术性贸易措施制约的原因。从中可以看出，企业认为出口受到国外技术性贸易措施制约的最主要原因为“为达国外要求导致成本过高”。此外，企业认为“技术水平达不到国外技术要求、标准、限量等”也是受到国外技术性贸易措施制约的重要原因。

若区分不同类别的出口企业，从表 3–5–10 中可以看出，除橡塑皮革类企业外，“为达要求导致成本过高”是所有出口企业受到国外技术性贸易措施影响最主要的原因，并且大部分企业将“技术水平达不到要求”作为出口时遭受国外技术性贸易措施制约的次重要原因。橡塑皮革类企业认为“技术水平达不到要求”是受到国外技术性贸易措施影响最主要的原因。

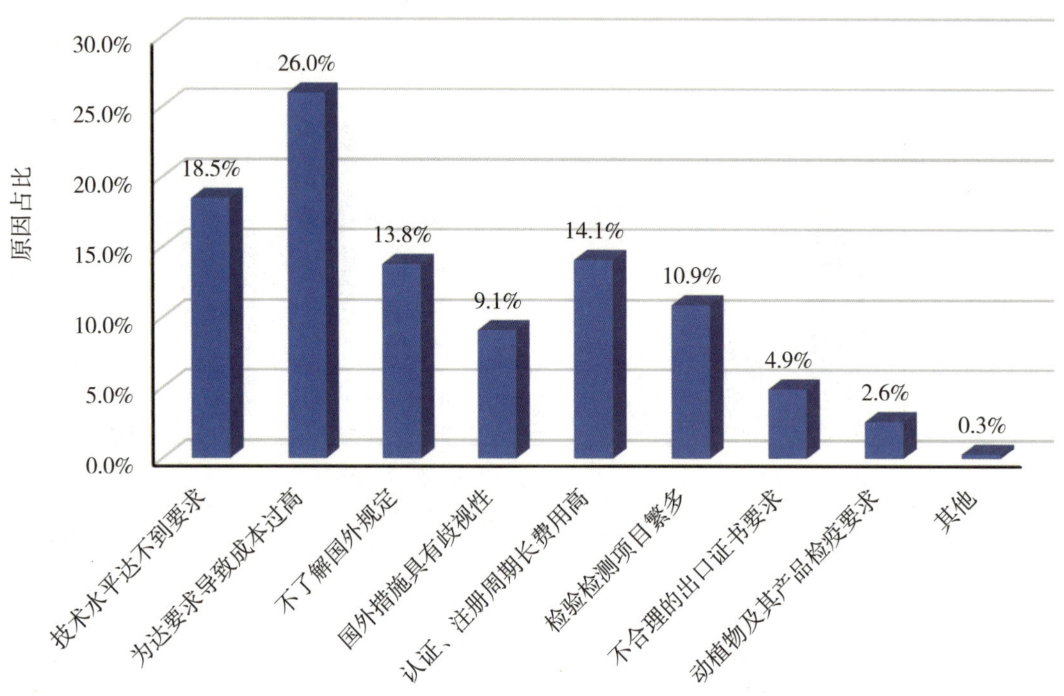


图 3-5-13　广东省企业受国外技术性贸易措施制约的原因

**表 3-5-10　广东省不同类别出口企业受国外技术性贸易措施制约的原因**　　单位：%

| 企业类别 | 原　因 | | | | | | | | | |
|---|---|---|---|---|---|---|---|---|---|---|
| | 技术水平达不到要求 | 为达要求导致成本过高 | 不了解国外规定 | 国外措施具有歧视性 | 认证、注册周期长费用高 | 检验检测项目繁多 | 不合理的出口证书要求 | 动植物及其产品检疫要求 | 其他 | 合计 |
| 农食产品 | 20.5 | 23.3 | 17.8 | 2.7 | 12.3 | 9.6 | 5.5 | 8.2 | – | 100.0 |
| 机电仪器 | 18.7 | 26.0 | 13.1 | 9.0 | 17.5 | 10.4 | 4.1 | 0.9 | 0.2 | 100.0 |
| 化矿金属 | 18.2 | 22.2 | 14.1 | 15.2 | 12.1 | 8.1 | 7.1 | 3.0 | – | 100.0 |
| 纺织鞋帽 | 23.4 | 26.2 | 14.5 | 10.7 | 8.9 | 9.3 | 4.7 | 1.9 | 0.5 | 100.0 |
| 橡塑皮革 | 26.3 | 24.6 | 17.5 | 3.5 | 10.5 | 10.5 | 3.5 | 1.8 | 1.8 | 100.0 |
| 玩具家具 | 14.5 | 27.9 | 12.4 | 8.1 | 14.7 | 13.5 | 5.3 | 3.3 | 0.3 | 100.0 |
| 木材纸张非金属 | 16.9 | 23.1 | 15.4 | 12.3 | 12.3 | 9.2 | 4.6 | 6.2 | – | 100.0 |
| 总体 | 18.5 | 26.0 | 13.8 | 9.1 | 14.1 | 10.9 | 4.9 | 2.6 | 0.3 | 100.0 |

# 五、企业应对情况分析

## （一）应对方式分析：提高产品竞争力是企业采取的最主要做法

表 3-5-11 给出了分企业类别的每种选项被选次数占企业选择总频次的比重。从中可以看出，当农食企业遭遇技术性贸易措施时，首先会选择“向海关部门报告”，其次是选择“与外商交涉”，第三选择“向商务部门报告”。而对于其他类别的企业而言，会首先考虑“通过技术攻关和升级改造、提高产品竞争力”来应对技术性贸易措施。

表 3-5-11 广东省不同类别出口企业遭遇技术性贸易措施时采取的做法 单位：%

| 企业类别 | 做法 | | | | | | | | | | |
|---|---|---|---|---|---|---|---|---|---|---|---|
| | 向当地海关报告 | 向商务部门报告 | 向驻外使馆报告 | 向行业商协会报告 | 向其他主管部门报告 | 与外商交涉 | 与国外主管部门交涉 | 不再出口 | 提高竞争力 | 其他 | 合计 |
| 农食产品 | 23.8 | 16.2 | 5.7 | 11.4 | 3.8 | 17.1 | 2.9 | 1.0 | 14.3 | 3.8 | 100.0 |
| 机电仪器 | 19.0 | 13.4 | 1.4 | 9.6 | 5.9 | 17.5 | 2.6 | 1.9 | 25.3 | 3.3 | 100.0 |
| 化矿金属 | 16.2 | 11.1 | 4.3 | 14.5 | 5.1 | 16.2 | 3.4 | 0.9 | 26.5 | 1.7 | 100.0 |
| 纺织鞋帽 | 19.0 | 15.3 | 2.9 | 11.2 | 4.1 | 18.6 | 2.9 | 1.7 | 21.9 | 2.5 | 100.0 |
| 橡塑皮革 | 15.6 | 15.6 | – | 7.8 | 3.9 | 20.8 | 5.2 | 3.9 | 22.1 | 5.2 | 100.0 |
| 玩具家具 | 16.3 | 13.9 | 3.5 | 8.5 | 5.2 | 21.6 | 2.8 | 2.2 | 24.4 | 1.5 | 100.0 |
| 木材纸张非金属 | 20.0 | 16.0 | 2.7 | 9.3 | 6.7 | 16.0 | – | 1.3 | 24.0 | 4.0 | 100.0 |
| 总体 | 18.3 | 14.1 | 2.7 | 9.9 | 5.2 | 18.8 | 2.8 | 1.9 | 23.7 | 2.7 | 100.0 |

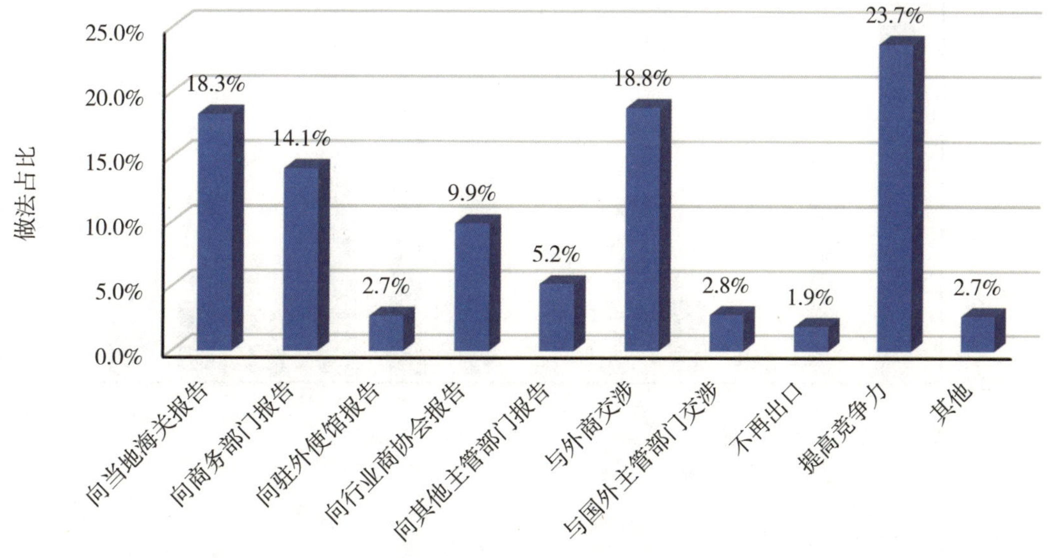


图 3-5-14 广东省企业遭遇技术性贸易措施时采取的做法

图 3-5-14 展示了总体上每种选项被选次数占选择总频次的比重，其中“加强技术攻关和升级改造，提高产品竞争力”是企业选择频率最高的选项，在企业选择的总频次中占比 23.7%，位列第一；选择“与国外进口商交涉”的占比为 18.8%，排在第二位；选择“向当地海关报告”的占比为 18.3%，排第三位。

## （二）信息渠道分析：海关部门是出口企业获取信息的最主要来源

表 3-5-12 和图 3-5-15 说明了广东省出口企业获取国外技术性贸易措施信息的途径情况。从中可以看出，企业获取国外技术性贸易措施信息的主要来源是“海关部门”。此外，“国外经销商提供的信

表 3-5-12　广东省不同类别出口企业获取国外技术性贸易措施信息的途径　　单位：%

| 企业类别 | 途径 | | | | | | | | | | | | |
|---|---|---|---|---|---|---|---|---|---|---|---|---|---|
| | 海关部门 | 其他政府部门 | 中国TBT/SPS咨询点 | TBT/SPS网站 | 驻外使馆 | 驻华使馆 | 行业商协会 | 媒体 | 国外经销商 | 国外TBT/SPS咨询点 | 国外政府网站 | 其他 | 合计 |
| 农食产品 | 26.3 | 10.1 | 2.0 | 5.1 | – | – | 16.2 | 13.1 | 20.2 | 1.0 | 4.0 | 2.0 | 100.0 |
| 机电仪器 | 20.5 | 10.7 | 1.4 | 4.2 | 0.5 | – | 16.6 | 15.4 | 20.4 | 1.4 | 5.1 | 3.7 | 100.0 |
| 化矿金属 | 18.9 | 8.7 | 1.6 | 6.3 | 0.8 | 0.8 | 18.9 | 15.7 | 21.3 | 1.6 | 3.1 | 2.4 | 100.0 |
| 纺织鞋帽 | 23.7 | 9.9 | 0.4 | 4.0 | 0.4 | 0.4 | 14.6 | 19.0 | 19.0 | 2.4 | 3.6 | 2.8 | 100.0 |
| 橡塑皮革 | 17.1 | 10.0 | – | 1.4 | – | – | 20.0 | 17.1 | 25.7 | 1.4 | 2.9 | 4.3 | 100.0 |
| 玩具家具 | 20.5 | 12.8 | 1.9 | 4.3 | 1.2 | 0.6 | 14.5 | 15.7 | 19.9 | 1.4 | 3.9 | 3.1 | 100.0 |
| 木材纸张非金属 | 23.5 | 11.1 | – | 6.2 | – | – | 13.6 | 19.8 | 22.2 | – | 2.5 | 1.2 | 100.0 |
| 总体 | 21.2 | 11.0 | 1.3 | 4.4 | 0.6 | 0.3 | 15.9 | 16.2 | 20.4 | 1.5 | 4.1 | 3.1 | 100.0 |

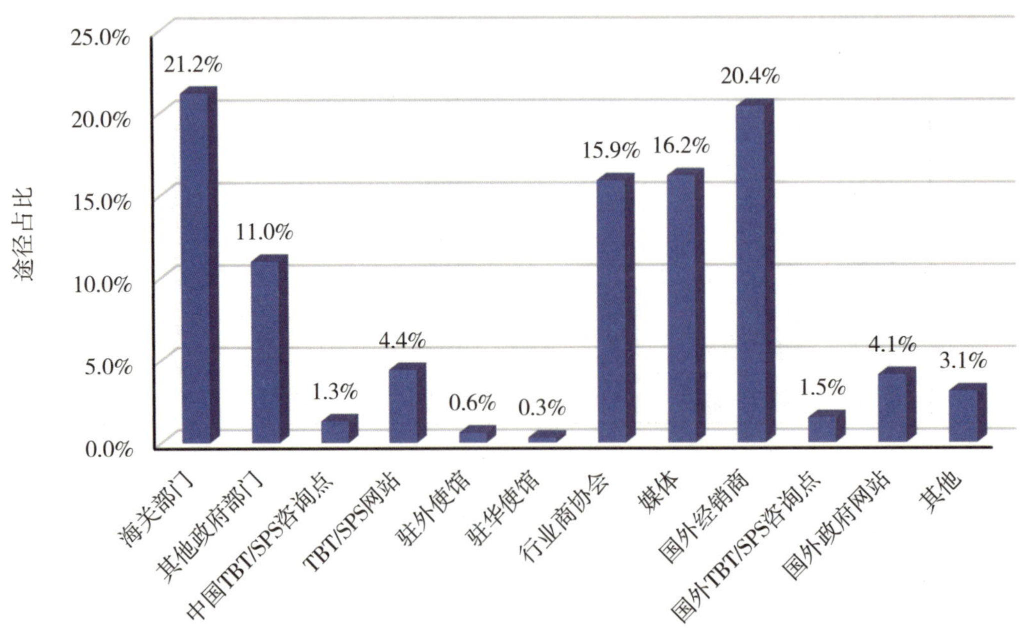


图 3-5-15　广东省不同类别出口企业获取国外技术性贸易措施信息的途径

息”“媒体（报纸、杂志、电视等）”“我国有关行业协会和商会”也是企业获取国外技术性贸易措施信息的主要来源。

## （三）信息获取难易程度分析

### 1. 总体分析：广东省多数出口企业能够正常获取技术性贸易措施信息

图 3–5–16 给出了广东省企业在获取技术性贸易措施信息不同难易程度上的个数占比。从总体上看，有 63.7% 的出口企业认为获取技术性贸易措施信息的难易程度为“一般 / 正常”，排名第一；选择“比较困难”的企业占比为 20.2%，位列第二；仅有 1.9% 的企业认为“非常容易”。

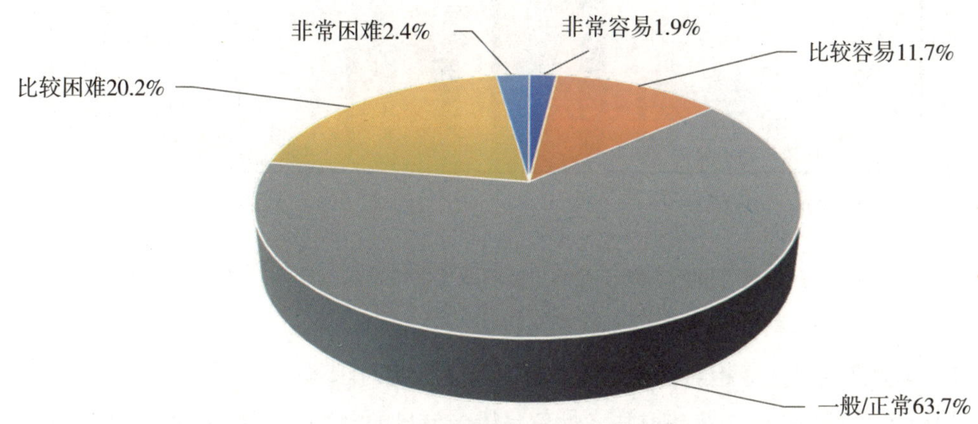


图 3-5-16 广东省出口企业在获取技术性贸易措施信息上不同难易程度的个数占比

### 2. 所有制结构分析：港、澳、台企业在信息获取方面具有优势

由表 3–5–13 和图 3–5–17 可知，从企业所有制结构来看，不管是哪种类型的企业，普遍认为获取技术性贸易措施信息的难易程度为一般 / 正常。从选择“比较容易”这一项的企业占比来看，港、澳、台企业中选择的比例最高，为 12.4%；其次为外资企业，占比为 12.2%；国有企业占比最低，为 9.1%。从选择“比较困难”这一项的企业占比来看，民营企业中选择的比例最高，为 23.9%；其次为国有企业，占比为 22.7%；港、澳、台企业占比最低，为 15.4%。因此我们可以认为，港、澳、台企业在获取技术性贸易措施信息方面具有一定的优势。

表 3-5-13 广东省不同所有制结构的企业获取技术性贸易措施信息的难易程度 单位：%

| 所有制 | 难易程度 | | | | | |
|---|---|---|---|---|---|---|
| | 非常容易 | 比较容易 | 一般 / 正常 | 比较困难 | 非常困难 | 合计 |
| 港、澳、台企业 | 1.2 | 12.4 | 68.6 | 15.4 | 2.4 | 100.0 |
| 国有企业 | 4.5 | 9.1 | 63.6 | 22.7 | – | 100.0 |
| 民营企业 | 2.1 | 11.3 | 60.6 | 23.9 | 2.1 | 100.0 |
| 外资企业 | 2.0 | 12.2 | 65.3 | 17.0 | 3.4 | 100.0 |
| 总体 | 1.9 | 11.7 | 63.7 | 20.2 | 2.4 | 100.0 |

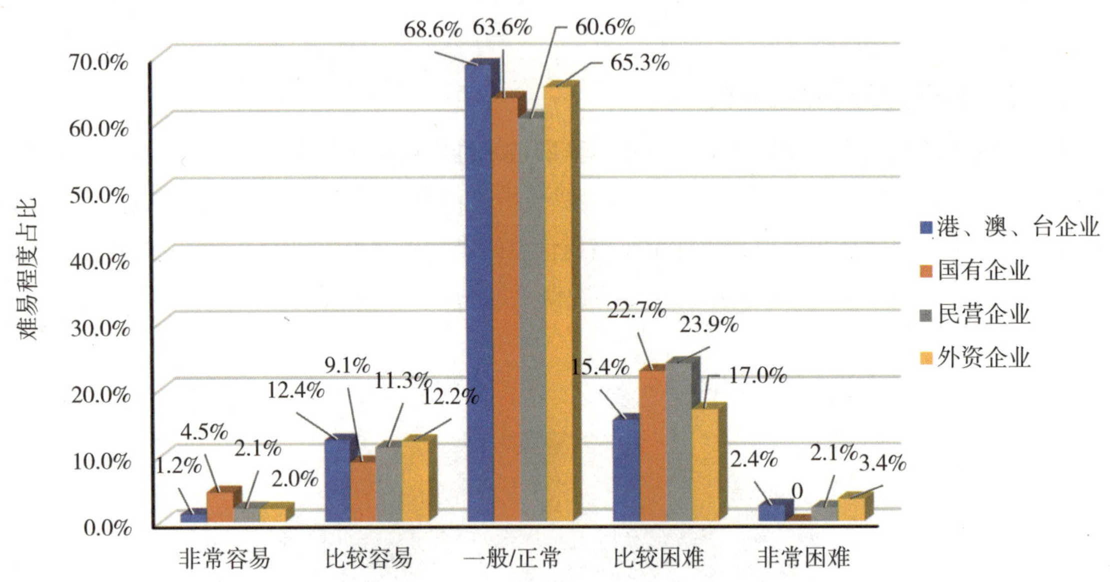


图 3-5-17　广东省不同所有制结构的企业获取技术性贸易措施信息的难易程度

**3. 行业分析：农食产品类企业相对容易，化矿金属类企业相对困难**

表 3-5-14 给出了不同行业的企业获取技术性贸易措施信息的情况，七大类企业选择“一般 / 正常”的比例均为最高。除农食产品类企业外，其他各类别行业都有超过 60% 比例的企业选择了“一般 / 正常”选项，农食产品类企业选择“一般 / 正常”的比例为 57.1%。将“非常容易”和“比较容易”两个选项合并分析发现，农食产品类企业选择上述选项的比例最高，为 28.6%，获取技术性贸易措施信息相对容易；其次为玩具家具类企业，合并占比为 16.1%；占比最低的为化矿金属类企业，合并占比为 6.3%。将“比较困难”和“非常困难”两个选项合并分析发现，化矿金属类企业选择上述选项的比例为 31.3%，占比最高，获取技术性贸易措施信息相对困难；橡塑皮革类企业合并占比最低，仅为 8.3%。

表 3-5-14　广东省分行业企业获取技术性贸易措施的难易程度　　单位：%

| 企业类别 | 难易程度 | | | | | |
|---|---|---|---|---|---|---|
| | 非常容易 | 比较容易 | 一般 / 正常 | 比较困难 | 非常困难 | 合计 |
| 农食产品 | 2.9 | 25.7 | 57.1 | 14.3 | – | 100.0 |
| 机电仪器 | 2.1 | 11.5 | 62.1 | 21.7 | 2.6 | 100.0 |
| 化矿金属 | – | 6.3 | 62.5 | 27.1 | 4.2 | 100.0 |
| 纺织鞋帽 | 3.8 | 6.7 | 67.3 | 20.2 | 1.9 | 100.0 |
| 橡塑皮革 | – | 8.3 | 83.3 | 8.3 | – | 100.0 |
| 玩具家具 | 1.7 | 14.4 | 61.3 | 20.4 | 2.2 | 100.0 |
| 木材纸张非金属 | – | 11.8 | 64.7 | 17.6 | 5.9 | 100.0 |
| 总体 | 1.9 | 11.7 | 63.7 | 20.2 | 2.4 | 100.0 |

### （四）应对需求分析：及时提供国外技术性贸易措施的最新信息、技术指南和咨询是企业最希望得到的帮助

表3–5–15和图3–5–18显示了广东省出口企业在应对国外技术性贸易措施时希望得到的帮助情况。可以看出，不同类别企业在应对国外技术性贸易措施时，最希望得到的帮助都是“及时提供国外技术性贸易措施的最新信息、技术指南和咨询”。与此同时，绝大多数企业将“认证认可”和“公共检测”作为位列第二和第三的需求。另外，企业对“标准化战略”的需求也比较强烈。这种情况反映出广东省出口企业已经意识到及时获取技术性贸易措施信息的重要性，迫切需要相关机构及时提供有关的最新信息和检测服务，并对相关的国外技术法规制修订和推进国际合作方面也有一定需求。

**表3-5-15 广东省不同类别出口企业在应对国外技术性贸易措施时希望得到的帮助** 单位：%

| 企业类别 | 所需帮助 | | | | | | |
|---|---|---|---|---|---|---|---|
| | 提供信息 | 认证认可 | 标准化战略 | 公共检测 | 对外交涉 | 其他 | 合计 |
| 农食产品 | 32.0 | 21.0 | 12.0 | 18.0 | 16.0 | 1.0 | 100.0 |
| 机电仪器 | 26.1 | 20.5 | 17.1 | 18.9 | 16.1 | 1.4 | 100.0 |
| 化矿金属 | 26.2 | 19.9 | 18.4 | 15.6 | 17.7 | 2.1 | 100.0 |
| 纺织鞋帽 | 28.1 | 17.5 | 15.6 | 18.9 | 19.2 | 0.7 | 100.0 |
| 橡塑皮革 | 25.9 | 21.3 | 15.7 | 19.4 | 15.7 | 1.9 | 100.0 |
| 玩具家具 | 28.1 | 19.0 | 16.1 | 18.3 | 17.6 | 0.9 | 100.0 |
| 木材纸张非金属 | 24.7 | 21.3 | 18.0 | 16.9 | 18.0 | 1.1 | 100.0 |
| 总体 | 27.2 | 19.7 | 16.4 | 18.4 | 17.1 | 1.2 | 100.0 |

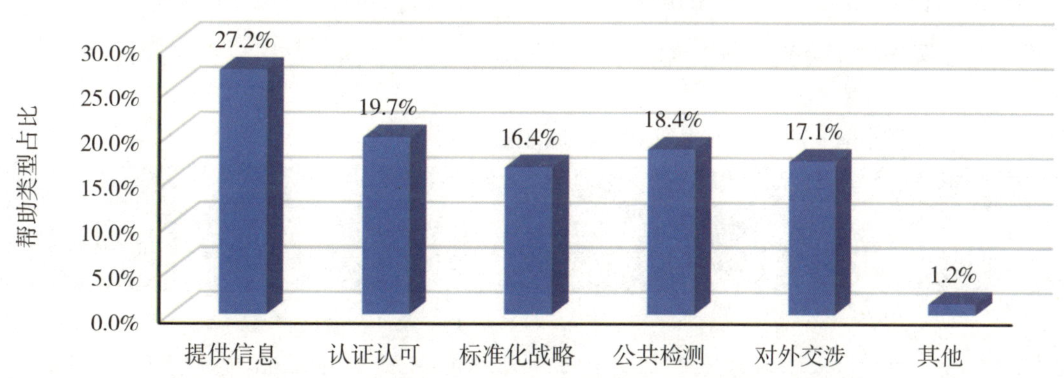


图3-5-18 广东省企业在应对国外技术性贸易措施时所期帮助

### （五）应对结果分析：国外技术性贸易措施倒逼企业竞争力提升

表3–5–16反应了技术性贸易措施对广东省企业市场竞争力和产品质量安全提升的影响。从总体上来看，有82.9%的企业都认为在符合技术性贸易措施的过程中提升了竞争力和质量；分行业类别来看，农食产品类企业中有91.4%的企业认为技术性贸易措施有利于提高自身的国际竞争力和产品质量安全，

占比最高；其次为玩具家具类企业，占比为88.4%。由此可见，大部分企业认为国外技术性贸易措施能够倒逼企业提升竞争力。

表3-5-16　技术性贸易措施对广东省企业国际竞争力的影响　　单位：%

| 行业类别 | 选项 | |
|---|---|---|
| | 是 | 否 |
| 农食产品 | 91.4 | 8.6 |
| 机电仪器 | 80.0 | 20.0 |
| 化矿金属 | 85.4 | 14.6 |
| 纺织鞋帽 | 77.9 | 22.1 |
| 橡塑皮革 | 77.8 | 22.2 |
| 玩具家具 | 88.4 | 11.6 |
| 木材纸张非金属 | 82.4 | 17.6 |
| 总体 | 82.9 | 17.1 |

# 六、政府部门减损措施分析

## （一）减损措施分析：取得国外认可、提供认证便利以及发布预警信息是最有效的方式

表3–5–17和图3–5–19显示了海关等政府部门在减损时采取的措施。从企业对各选项的选择次数看，海关等政府部门主要采取以下三方面的措施减少企业损失，即“帮助企业取得国外认可”“提供检测认证证书便利”以及“发布国外措施预警信息”，三者合计占总频次的72.2%。此外，企业认为“指导技术改进”和“协助产品备案”也是减损的重要措施。

表3-5-17　针对广东省不同类别出口企业减损时采取的措施　　单位：%

| 企业类别 | 做法 | | | | | | | | | |
|---|---|---|---|---|---|---|---|---|---|---|
| | 发布预警信息 | 指导技术改进 | 协助产品备案 | 提供认证便利 | 取得国外认可 | 协助交涉维权 | 列入政府示范 | 参与通报评议 | 其他 | 合计 |
| 农食产品 | 8.3 | 16.7 | 8.3 | 25 | 25 | – | 16.7 | – | – | 100.0 |
| 机电仪器 | 23.3 | 3.3 | 3.3 | 23.3 | 33.3 | – | 6.7 | 3.3 | 3.3 | 100.0 |
| 化矿金属 | 11.1 | 11.1 | 11.1 | 22.2 | 33.3 | – | – | – | 11.1 | 100.0 |
| 纺织鞋帽 | 15.8 | 10.5 | 10.5 | 21.1 | 26.3 | 5.3 | – | 10.5 | – | 100.0 |
| 橡塑皮革 | – | – | – | – | – | – | – | – | – | – |
| 玩具家具 | 28.1 | 6.3 | 6.3 | 21.9 | 21.9 | 3.1 | 3.1 | 9.4 | – | 100.0 |
| 木材纸张非金属 | 33.3 | – | – | 33.3 | 33.3 | – | – | – | – | 100.0 |
| 总体 | 21.3 | 7.4 | 6.5 | 23.1 | 27.8 | 1.9 | 4.6 | 5.6 | 1.9 | 100.0 |

若区分不同类别的出口企业，从表 3–5–17 可以看出，除玩具家具类企业外，不同类别行业的企业选择最多的减损措施都是“取得国外认可”，而玩具家具类企业选择最多的是“发布预警信息”。

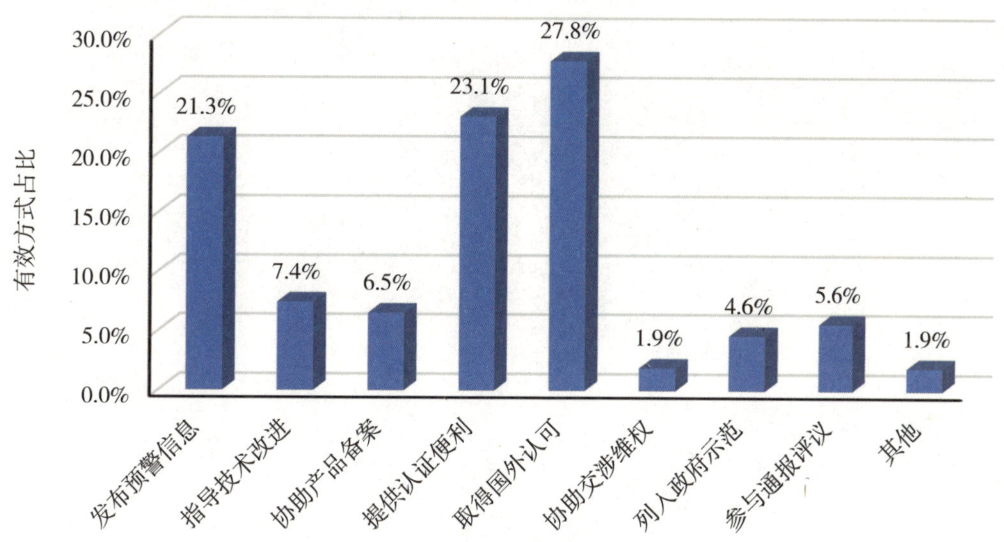


图 3-5-19　政府部门减少国外技术性贸易措施致损额采取的不同措施占比

## （二）减损额分析：玩具家具类企业减损最多

表 3–5–18 反映了广东省不同类别出口企业减损额，2018 年广东省的出口企业中，玩具家具类企业减损额相对较多，占减损总额的 40.3%。其次为机电仪器类和农食产品类企业，分别占比为 36.3% 和 12.2%。这意味着在海关等政府部门的努力下，玩具家具类企业的受益相对较多。

**表 3-5-18　广东不同类别出口企业减损额**

| 企业类别 | 2018 年减损额（万元） | 占减损总额的比例（%） |
|---|---|---|
| 农食产品 | 14688.9 | 12.2 |
| 机电仪器 | 43518.7 | 36.3 |
| 化矿金属 | 1281.7 | 1.1 |
| 纺织鞋帽 | 4249.8 | 3.5 |
| 橡塑皮革 | – | – |
| 玩具家具 | 48525.2 | 40.4 |
| 木材纸张非金属 | 7751.4 | 6.5 |
| 总计 | 120015.7 | 100.0 |

# 第四章
# 应对国外技术性贸易措施情况

# 第一节 对国外重点 TBT 措施的评议

## 一、概　　况

2018 年中国跟踪其他 WTO 成员 TBT 通报措施并对其中 412 件进行了评议，最终向 92 件国外 TBT 通报发出书面评议意见。中国关注的范围主要集中在与中国贸易关系密切的成员所发布的技术性贸易措施。这 92 件通报中涉及 23 个 WTO 成员，前三位的是美国、韩国和欧盟。评议涉及的重点领域是机电能效、食品、化学品、机动车辆、无线电通信等。

中国所发出的书面评议意见，共收到美国等 4 个国家和地区对中方提出的 4 份通报评议意见做出回复，共采纳了 2 条，并对另外 10 条做出说明解释。中国提出的评议意见和其他成员的答复，对于促进相关专业领域的技术交流和改进业内的技术路线，以及指导如何保护中国相关行业的发展，都具有一定的借鉴作用。

对国外 TBT 通报的评议工作，时效性强、专业覆盖面广，需要集中并调动社会各方面的力量和积极性，共同参与研究。关注国外的通报法规，是关系到我国能否切实享受 WTO/TBT 协定所赋予权利的关键。除组织评议专家参与评议活动外，国家 WTO/TBT 通报咨询中心与相关政府部门、科研院所和行业协会建立了良好的联系和沟通机制。商务部、国家发改委、工业和信息化部、农业部、卫生部、环保部、交通运输部、铁道部、国家认监委、国家标准委等都对 TBT 评议工作给予了大力支持和配合，并积极参与了对外评议工作。中国轻工业联合会、中国纺织工业协会、中国石油和化学工业联合会、中国机电产品进出口商会、中国灯具协会、杭州市婴童协会等专业协会商会，以及高等院校、科研院所、众多出口企业也都积极参与了 TBT 通报评议，为中国的对外评议工作做出了贡献。

## 二、重点评议

### （一）对美国灯具能效法规的评议

2018 年 1 月，美国发布 G/TBT/N/USA/1329 号通报，内容为能源节约计划：耐用灯和防振灯能源节约标准，将国会在能源政策与节约法案中规定的耐用灯和防振灯托架要求编入联邦法规法典。托架要求适用是由于此类灯超过法规规定的销售门槛。特别是，法规将法定 40 瓦最大用能和包装限制适用于耐用灯和防振灯。

中方对美国方面提出了 2 点意见：① 请美方遵守 WTO 规则要求，给予相应评议期推迟生效日期；② 法规草案要求耐用灯必须采用符合 NSF/ANSI 51 的防碎裂涂层或同等技术，但该要求与节能并没有直接关系，请美方说明制定此要求的目的和依据。

### （二）对菲律宾灯具法规的评议

2018 年 2 月，菲律宾发布了 G/TBT/N/PHL/202 号通报，颁布行政法令 No.18-02/2018 菲律宾国家强制性标准（PNS）：一般照明用自镇流 LED 灯，要求生产商、分销商、进口商和零售商都必须遵守该国家标准要求。

中方对菲律宾方面提出了 2 点意见：① 请予以明确自镇流 LED 灯通用型号和基本型号之间的具体差异，并请说明完整测试和验证的区别；② 如果同时有多个通用型号类产品，法规中并未明确具体的样品抽取方式，请明确对于此类情况，应遵循的样品抽取方式。

### （三）对海湾经合组织食品标签法规的评议

2018 年 3 月，海湾经合组织发布了 G/TBT/N/ARE/404 号通报（包含另外六国通报同时发布），提出了海湾阿拉伯国家合作委员会（GCC）技术法规草案“营养标签要求”，修订营养和补充成分标签。

中方对其提出了 3 点意见：① 建议增加膳食纤维的能量转换系数；② 建议贵方将胆固醇和钠的数值单位改为“毫克”；③ 法规未明确说明消费者教育计划包含的内容及形式，请予以明确。

### （四）对越南灯具法规的评议

2018 年 3 月，越南发布了 G/TBT/N/NM/117 号通报，颁布了国家 LED 照明设备技术法规草案，规定了附录中确定的使用发光二极管技术的照明设备的安全和电磁兼容性要求以及管理要求。

中方对其提出了 2 点意见：① 将借鉴采用的欧盟标准中的自愿性内容列为强制性内容（如 IEC 62612 的寿命测试内容），请说明制定此要求的目的和依据；② 请越方为制造商提供合规证明续期的简化操作。

### （五）对欧盟市场监管程序的评议

2018 年 2 月，欧盟发布了 G/TBT/N/EU/542 号通报，内容为欧洲议会和理事会法规提案，制定欧盟关于产品统一法律的合规性和执行性的规则和程序，及修订欧洲议会和理事会法规（EU）No 305/2011、（EU）No 528/2012、（EU）2016/424、（EU）2016/425、（EU）2016/426 和（EU）2017/1369，和一系列欧洲议会和理事会指令。

中方对其提出了 11 点意见：认为欧盟方面出台的新措施严重影响企业隐私和信息安全，并且司法权裁判权滥用或致市场混乱，重点对于合规信息责任人的要求和责任义务提出多项质疑，最终对于其中多项条款提出了修改和删除的建议。

### （六）对法国通讯设备法规的评议

2018 年 4 月，法国发布了 G/TBT/N/FRA/184 和 G/TBT/N/FRA/185 号通报，内容为关于无线电终端

设备技术规范的法令、关于显示无线电终端设备特定吸收率的法令、关于无线电终端设备消费者信息法令修订草案。

中方意见为：根据 WTO 透明度原则，法方法规缺乏合理的过渡期，建议延期一年执行。

### （七）对欧盟网络安全认证的评议

2018 年 3 月，欧盟发布了 G/TBT/N/EU/562 号通报，颁布了欧洲议会和理事会法规提案，关于“欧洲网络安全局（ENISA）”及撤销法规（EU）526/2013 和信息与通信技术网络安全认证（网络安全法案）（COM（2017） 477 最终 /3）（及其附录），涉及欧洲网络安全局（ENISA）的新要求，以及建立欧洲网络安全认证框架。

中方意见为：建议修改条款 48.3，将此类认证引入类似 CE 认证的符合性声明模式，按照销售目标市场对认证进行分级管理。比如进入政府和军用领域的产品需取得第三方认证，而普通民用产品采用自我符合性声明模式。

### （八）对加拿大灯具法规的评议

2018 年 4 月，加拿大发布了 G/TBT/N/CAN/551 号通报，修订消费和商用耗能产品最低能源性能标准（MEPS）。规定了某些产品的标签要求，以披露和比较给定产品型号相对于同类其他产品的能源使用情况。法规定期进行修订，以便为新产品引入 MEPS 及更新现有 MEPS。

中方意见为：根据 WTO 透明度原则，法规缺乏合理的过渡期，建议推迟执行并给予足够过渡期。

### （九）对印度家用电器法规的评议

2018 年 4 月和 5 月，印度发布了 G/TBT/N/IND/74 号通报，内容为《空调及其相关部件（质量控制）法令（2018）》；发布了 G/TBT/N/IND/78 号通报，内容为《使用液化石油气的家用微型热水器（质量控制）法令（2018）》。

中方意见为：建议取消 74 号通报和 78 号通报中某些不恰当的强制规定，否则请说明正当理由。

### （十）对欧盟化学品法规的评议

2017 年 12 月，欧盟发布了 G/TBT/N/EU/529 号通报，内容为欧盟委员会法规实施细则草案，修订关于向欧洲化学品管理局支付费用的法规（EC）No340/2008（及其附件）。

中方提出 2 条意见：① 针对在评估及审查报告过程中，凡联合申请的企业若属于不同规模，其收费按最高规模企业收费标准收费是否合理？建议考虑中小微企业承受的财政压力降低该项费用；② 请欧盟明确，对于 SME 企业是否优惠，以及行政费用收取的方式。

### （十一）对欧盟服装制品法规的评议

2018 年 2 月，欧盟发布了 G/TBT/N/EU/538 号通报，内容修订欧洲议会和理事会关于化学品注册、评估、授权和限制的法规（EC）No1907/2006（REACH）涉及某些致癌、致突变或生殖毒性（CMR）的 1A 和 1B 类物质的附录 XVII，减少消费者接触服装和相关配件及除服装和鞋类以外的纺织品中的

CMR1A 和 1B。

中方提出 4 条意见：① 建议将婴幼儿服饰或特殊要求的服饰或纺织品和成人服饰的要求区别对待；② 在服饰、配件以及类似的纺织品和鞋类的限量规定中，去除由吞咽或误食导致致癌、诱变性和生物毒性的物质；③ 欧盟列出的化学物质的限量要求缺乏充分的科学依据，请欧盟提供更多信息，以支持其超低限量要求的合理性；④ 鉴于服装等消费品行业的特殊性，要求欧盟给予进口企业适当延长过渡期。

### （十二）对欧盟塑化剂限制法规的评议

2018 年 3 月，欧盟发布了 G/TBT/N/EU/564 号通报，内容为修订欧洲议会和理事会关于化学品注册、评估、授权和限制的法规（EC）No1907/2006（REACH），涉及邻苯二甲酸二辛酯（DEHP）、邻苯二甲酸二丁酯（DBP）、邻苯二甲酸丁苄酯（BBP）和邻苯二甲二异丁酯（DIBP）（及其附录），更换了法规（EC）No1907/2006 附录 XVII 的 51 个条目。禁止浓度大于 0.1%的邻苯二甲二异丁酯（DIBP）用作玩具和儿童护理用品中的塑化材料物质或混合物物质，并禁止包含 4 种邻苯二甲酸盐（邻苯二甲酸二辛酯（DEHP）、邻苯二甲酸二丁酯（DBP）、邻苯二甲酸丁苄酯（BBP）和邻苯二甲二异丁酯（DIBP））塑化材料浓度大于 0.1%的商品上市。

中方提出 3 条意见：① 请欧盟提供 4 种邻苯二甲酸盐（邻苯二甲酸二辛酯（DEHP）、邻苯二甲酸二丁酯（DBP）、邻苯二甲酸丁苄酯（BBP）和邻苯二甲二异丁酯（DIBP））在不同产品中含量的检测方法或标准；② 针对这 4 种邻苯二甲酸盐，国际标准化组织、美国或中国国家标准等测试标准方法可否作为许可的测试标准。此外，请欧盟明确提供一下可以互认的测试标准清单；③ 美国此前确定了不太可能超标含有限制邻苯的几种塑料给予豁免，欧盟是否也会有类似豁免？建议欧盟增加豁免产品范围。

### （十三）对哥伦比亚化学品法规的评议

2017 年底，哥伦比亚发布了 G/TBT/NCOL/229 号通报，颁布劳工部法令草案，批准了联合国全球化学品统一分类和标签制度（GHS）。

中方提出 3 条意见：① 通报中提到医药产品、食品添加剂、化妆品以及食品中的农药残留不属于全球化学品统一分类和标签制度的适用范围。这一概念稍显笼统，其中医药产品等具体指可以销售的商品还是原材料，并没有明确的交代，需要明确指出；② 通报中第 8 条规定“制造商和 / 或进口商”，“必须保证主管当局能够获得技术和科学支持以便进行编制。”技术和科学支持具体针对的内容需要明确；③ 通报中第 1 条第 1 款“全球统一的化学品分类和标签制度（SGA）将在劳工部、农业和农村发展部、运输和卫生与社会保障部规定的期限内，根据第 17 条至第 20 条所规定的权限实施”，但未对规定的期限进行描述，需要明确。

### （十四）对美国化学品排放法规的评议

2018 年 4 月，美国发布了 G/TBT/N/USA/1361 号通报，修订消费品法规修订提案，以维持臭氧空气质量效益和州执行计划中声明的 VOC 限制所实现的效益，为制造商提供执行灵活性，使他们能够继续向消费者提供有效的产品。

中方提出 2 条意见：① 该修正法案将现有的多用途润滑剂产品（MPL）VOC 限值 10% 的规定有效期，该有效期太短容易导致制造商无法在如此短的时间内改进产品；② 提供了替代符合性选择，增加了产品 PWMIR 限值测试的要求，但未明确测试方法。

## （十五）对法国无人机法规的评议

2018 年 5 月，法国发布了 G/TBT/N/FRA/186 和 G/TBT/N/FRA/187 号通报，内容分别为制定无人机信号 / 警报装置的对象及邮政与电信法第 L. 34-9-2 条规定的免除条件的法令和制定无人机电子信号 / 光学警报装置技术特性的法令。

中方对 FRA/186 通报提出 2 条意见：① 建议取消民用无人机以重量 800g 为界的分类标准，采用欧盟即将执行的无人机 C2 级重量 900g 为分类标准；② 建议延长无人机电子身份识别过渡期至 2019 年 12 月 31 日。

中方对 FRA/187 通报提出 4 条意见：① 建议删除第 6 条对灯光识别装置的相关规定；② 如若不能整体删除第 6 条，建议删除第 6 条 1 中对“灯光识别装置禁止使用绿色、红色和白色作为无人机灯光信号颜色”及第 6 条 2 中“灯光使用类似莫尔斯电码 U 的两短一长的闪烁方式”的规定；③ 建议“电子或数字识别装置的识别号码”中增加无人机注册码字节段和生产国别字节段，并删除第 4 条“制造商的 3 位编码由民用航空部长授予以保证其唯一性。编码通过行政登记表注册与审核中心（CERFA XXX）获得。”；④ 建议第 3 条第 I 款关于 WiFi 身份识别模式的规定仅对消费级无人机适用，对起飞重量大且飞行距离远的工业级无人机建议采用其他更精准的识别技术，例如地面控制站联网识别技术。

## （十六）对智利电器法规的评议

2018 年 4 月，智利发布了 G/TBT/N/CHL/440 号通报，内容为 PENo.3/032018: 电气产品安全分析和 / 或检测协议草案，规定了工作电压 50Hz、60Hz 或 50/60Hz、额定电压不超过 440V（相电压）、额定电流不超过 125A、额定短路能力不超过 25，000A 的单极、双极、三极或四极的家用和类似电气装置使用的空气断路器安全认证程序。

中方建议智方澄清加倍抽样量的测试如何确保在符合相应合格质量水平等级的基础上确定相应的 A/R 数值。

## （十七）对韩国灯具法规的评议

2018 年 5 月，韩国发布了 G/TBT/N/KOR/763 号通报，内容为电器（灯具）产品安全标准的制定和修订，制定 LED 灯具相关安全标准，将其系统添加到安全管理中。

中方提出 3 条意见：① 通报法规草案第 20.6.7 条规定了灯串的最大额定功耗，内容与 IEC 60598-2-20：2014 标准存在差异，请韩方说明其合理性和必要性；② 对 UL 标准的引用应考虑灯串结构（Ⅱ类或Ⅲ类）要求，对功率限制、发热、电压限制等相关条款不建议引用。如引用的话，请提供相关的科学分析和评估材料；③ 对于 11.1 中的规定，建议“导线从驱动输出端输入到灯具的电源的导体”更改为“暴露在灯具外部的导线，其从驱动输出端输入到灯具的电源的导体”。

### （十八）对韩国能效法规的评议

2018年5月，韩国发布了G/TBT/N/KOR/772号通报，内容为能效管理设备法规，提高效率标准和补充修订测试方法：洗衣机。

中方提出2条意见：① 建议韩方适当延长法规的过渡期，给其他国家或地区产品的制造商和进口商留下充足的时间完成相关产品评价，同时韩方应明确公告评价机构的名单，以及制造商和进口商需要提供哪些产品评价的证明材料；② 建议韩方依据产品的性能确定技术法规，将波轮洗衣机与冷水洗涤模式下的滚筒洗衣机采用同样的洗净比要求。

### （十九）对欧盟葡萄酒标签法规的评议

2018年5月，欧盟发布了G/TBT/N/EU/570号通报，内容为欧盟委员会授权法规草案，补充欧洲议会和理事会法规（EU）No1308/2013关于葡萄酒行业原产地名称保护、地理标志和传统术语的申请、异议程序、使用限制、产品规格修改、取消保护以及标签和介绍（及其附录）。

中方提出2条意见：① 通报法规草案“Article 44”中出现两个术语“实际酒精度”和“总酒精含量”，二者是否等同请予以确认；② “对于使用不同欧盟成员葡萄酒混合的葡萄酒情况可以等同标示”。这种情况下出口产品的原产地证书由谁出具，与欧盟葡萄酒管理规定是否一致，请予以确认。

### （二十）对欧盟葡萄酒原产地保护法规的评议

2018年5月，欧盟发布了G/TBT/N/EU/571号通报，内容为欧盟委员会法规实施细则草案，为欧洲议会和理事会法规（EU）No1308/2013关于葡萄酒行业原产地名称保护、地理标志和传统术语的申请、异议程序、产品规格修改、保护名称注册、取消保护以及符号使用，和欧洲议会和理事会法规（EU）No1306/2013关于检查系统（及其附录），制定实施规则。

中方提出3条意见：① 通报法规草案“Article 10” “Article 11” “Article 12”中关于产品规格修正资料提交后，给予通过或不通过所需的行政时间未确定，请给予确定；② 通报法规草案“Article 19”1中第二部分“（a）through random checks based on a risk analysis；”随机检查的检查方式、样品数量等如何进行，请予以确认；③ 通报法规草案对“Article 20”中提到的分析测试所使用的方法、感官测试所使用的标准、测试人员或机构的资质未提出明确的规定，请给予说明。

### （二十一）对印度预包装食品标签法规的评议

2018年5月，印度发布了G/TBT/N/IND/77号通报，内容为食品安全与标准（标签和显示）法规草案2018，规定了预包装食品标签要求，及在制造、加工、供应和储存食品的场所展示重要信息要求。

中方提出14条意见：① 在4.2.（3）（b）中，RDA基础建立在符合成人每日需求量中，规定了需“反式脂肪2克”，请明确依据；② 在4.2.（3）（b）（iii）中规定，“无论何时，维生素与矿物质的信息应该以公制单位的形式被标明”，建议用国际单位制以方便产品在国际市场的流通销售；③ 第4.2.（3）（b） （iv）中规定可以使用茶勺、餐勺、杯子来标明产品的量，建议明确茶勺、汤勺、杯子的容量；④ 第 4.2.（3）（c）中规定了豁免标示营养成分表产品情况，第（iii）条中规定单一成分的产品豁免标示营养成分表，请明确单一配料牛奶产品是否需要标示营养标签。同时建议贵方将酒类产品列入 4.2.（3）（c）（iv）中，并明确酒类产品不需要标示营养标签；⑤ 第 4.2.（3）（e）中对营养成分误差值进行了上下 10% 规定，请明确此条规定的科学依据，并建议根据各成分挥发性不同及其对人体健康的关系，设置不同的含量波动区间；⑥ 第 4.2.（7）（d）（e）规定了食品经营者在与食品经营有关的所有场所及交通工具，显示其注册号码以及食品机构规定的其他信息，建议进一步明确展示方式，字体要求，信息内容等；⑦ 第 4.2.（10）（b）（i）中规定了生产日期、使用日期的标示方法，请明确保质期超过三个月的食品可否使用 DD/MM/YY 的标示方式；⑧ 第 4.2.（10）（d）中规定了豁免标示保质期的产品分类，请明确"味精"可否豁免标示保质期；⑨ 第 4.2.（10）（e）中规定生产日期与失效日期应标示在标签的同一位置，请明确是否可以使用"生产日期见瓶盖"并在瓶盖标示具体日期的标示方式；⑩ 第 4.2.（11）（b）规定，当食品在第二个国家进行加工，改变其性质时，进行加工的国家应被视为原产地标记的原产地。根据透明度原则，请明确原文中"nature"的定义。另外，建议对标签中的原产地表述及要求进一步明确；⑪ 请明确第 5.1.（4）（c）中食品中蛋白质在标签上标注方法；⑫ 请明确对进口的非直接提供给消费者的预包装食品是否豁免 FSSAI 标志与号码；⑬ 第 9.（1）中，请贵方明确"2017"是否应为"2018"；⑭ 请贵方明确 FSSAI 许可号码的申请流程。

### （二十二）对韩国食品标签法规的评议

2018 年 5 月，韩国发布了 G/TBT/N/KOR/764 号通报，内容为食品标签标准修订提案，修订营养成分的相应测试方法和参数值。

中方提出 2 条意见：① 希望韩方可以进一步公开确定 6 个月为一个检测周期的制定依据和公认检查机构的资质要求；② 建议韩方等同采用我国实验室出具的营养成分值检测报告。

### （二十三）对韩国转基因食品标签法规的评议

2018 年 5 月，韩国发布了 G/TBT/N/KOR/765 号通报，内容为"转基因食品标签标准"修订提案，提出修订"转基因食品标签标准（MFDS 预先公告 No.2018-192）"。

中方提出：对于出口到韩国的免除转基因标识的食品，政府证明如是指生产国政府所出证明，应明确证明需列明的内容。对于指定或认定的转基因产品试验、检查机构应有清单说明。请对以上内容给予确定。

### （二十四）对越南酒精饮料法规的评议

2018 年 5 月，越南发布了 G/TBT/N/NM/126 号通报，颁布了预防和控制酒精使用危害法案草案，规定了预防和控制酒精、啤酒和其他酒精饮料（以下称为"酒精"）危害的措施，在越南销售和使用的国产和进口酒精必须符合国家酒精标准和酒精基本标准。

中方对其提出了 2 点意见：① 通报法规草案第三章第 12 条个人名称是否指厂家法人姓名请予以澄清；② 通报法规草案第三章第 14 条中，请明确其中的"法律规定"具体指哪些法律，对于"未有食品安全质量保障的”请给予进一步明确规定和解释。

### （二十五）对加拿大汽车法规的评议

2018年6月，加拿大发布了G/TBT/N/CAN/556和G/TBT/N/CAN/558号通报，内容分别为机动车辆安全法案某些规定修订提案（国家安全标志和进口）和机动车辆安全法案某些规定修订提案（缺陷公告和不合规公告）。

中方对其提出了3点意见：① 556号通报法规草案，为了消除关于“组装时间”（法案中使用）和“制造日期”（机动车辆法规中使用）表述的不确定性，建议在机动车辆法规中定义后者；② 558号通报法规草案，新增加了缺陷公告或不合规公告要求，对于所有车辆无差别的进行了强制要求与规定，但考虑到许多类型车辆例如特种车辆等在使用工况设计等方面的特殊情况，建议豁免；③ 558号通报法规草案，缺陷公告等标准条款，在技术设计和具体实施层面上过于严苛，超出WTO/TBT协定“保护人身健康或安全”等正当目标范围，不应作为强制条款。中方建议取消强制执行上述标准的规定，或请给予说明。

### （二十六）对海湾经合组织汽车法规的评议

2018年6月，海湾合作委员会（GCC）发布了G/TBT/N/ARE/418、G/TBT/N/ARE/419和G/TBT/N/ARE/420号通报（其余六国通报同时发布），内容分别为“商用车辆轮胎—第1部分：命名、名称、标志、尺寸、载荷能力和充气压力”、“商用车辆轮胎—第2部分：测试方法”和“商用车辆轮胎—第3部分：一般要求”。

中方对其提出了2点意见：① 通报标准草案GSO 647:2017中“6.3 Tests”条款部分，增加了“6.3.5 High speed performance”要求，以及在标准草案GSO 646:2017中增加了具体测试程序，然而均未对适用范围作出说明，即可认为“适用于所有商用车辆（Commercial Vehicles）轮胎”，请GCC方确认增加该项技术要求是否合适；② 通报标准草案GSO 646:2017中，增加了测试程序“7 High speed performance”，请GCC方就有关设置该技术条款的目的或理由予以说明，以及明确该技术要求的判定要求。

### （二十七）对南方共同市场汽车标法规的评议

2018年7月，阿根廷发布了G/TBT/N/ARG/335号通报，内容为共同市场工作组决议草案“南方共同市场（MERCOSUR）汽车用天然气（VNG）储气瓶阀门技术法规”。

中方对其提出了3点意见：① 评议时间少于60天，建议延长；② 通报法规草案5、一般要求中第5.3.1条款：构成阀门的每个元件在制造方面均应符合阻力、操作和安全标准。但并未指明具体标准号，建议明确；③ 建议阿方推迟该法规的执行日期，同时给予在售产品必要的过渡期。

### （二十八）对韩国电动车法规的评议

2018年6月，韩国发布了G/TBT/N/KOR/781号通报，内容为电动车辆供电设备技术法规，规定了电动车辆供电设备型式认可的规范、测试方法和要求。

中方意见包括：建议提供规定此电动汽车充电器交流电流输入值的依据及合理性，并扩大交流输入电流值的范围。

### （二十九）对美国汽车法规的评议

2018年2~3月，美国发布了G/TBT/N/USA/1335和G/TBT/N/USA/1283/Add.1号通报，内容分别为《汽车燃料标准和测试》和《自动驾驶车辆》，对汽车燃料和自动驾驶车辆做出相应规定。

中方对其提出了2点意见：① 请提供合理的通报评议期及产品的过渡期；② 考虑到美国多变的气候以及春秋季节可能出现的高温，建议适当缩短规定期间。

### （三十）对欧盟汽车法规的评议

2018年6月，欧盟发布了G/TBT/N/EU/577号通报，内容为欧洲议会和理事会法规提案，关于机动车辆及其拖车、用于此类车辆的系统、部件和单独技术单元的型式核准要求，涉及一般安全和车辆乘员及道路弱势群体保护，及修订法规（EU）2018和撤销法规（EC）No78/2009、（EC）No79/2009和（EC）No661/2009（COM（2018）286最终）（及其附录）。

中方建议欧盟依据各新配置系统的性能明确法规技术及测试程序要求，并预留适当的法规实施和过渡期。

### （三十一）对海湾经合组织汽车法规的评议

2018年7月，沙特发布了G/TBT/N/SAU/1080号通报（包含另外六国通报同时发布），内容为技术法规草案No.31369“改装轻型车辆安全要求”，规定了改装轻型车辆要求。适用于通过添加、替换或更改车辆设备或系统而改装的旧的和新的轻型车辆。不包括摩托车、拖车、大篷车和拖拉机。中方意见认为：通报法规草案第4.12.1）提到的改装用的轮胎，4.8.2）提到的后备件制动系统，4.5.8）提到的改装用的燃油箱，这些单独零部件标准要求都需要采用获得沙特认证的部件，建议沙特方面采取零部件认证互相认可的方式。

### （三十二）对以色列通信设备法规的评议

2018年8月，以色列发布了G/TBT/N/ ISR/1024号通报，内容为SI 62368第1部分—音频/视频、信息和通信技术设备—安全要求，修订强制标准，引用了国际标准。

中方意见认为：建议延长强制性标准SI 62368第1部分的生效日期至2020年12月20日。

### （三十三）对阿根廷能效法规的评议

2018年9月，阿根廷发布了G/TBT/N/ARG/337/A1号通报，内容为“太阳能集热器和紧凑型太阳能系统技术质量与安全要求：认证”根据贸易秘书处（SC）决议No.3/2018。

中方对其提出了2点意见：① 对于所有太阳能集热器无差别的进行了强制要求与规定，但考虑到许多类型太阳能集热器，例如大型专用太阳能即热设备（及此类产品阵列）等在使用工况设计等方面的特殊情况，建议予以豁免；② 通报法规草案附录II第2条规定自本措施生效之日起在12个月内，应提交一份由相关认证机构出具的认证手续启动证明，鉴于阿方政府认可的相关认证机构既往对中国输阿产品认证过程中的随意性和认证时限上的不确定性，建议对上述声明及认证时限相应放宽或制定救济条款。

### （三十四）对欧盟制冷电器能效法规的评议

2018 年 10 月，欧盟发布了 G/TBT/N/EU/603 号通报，根据欧洲议会和理事会指令 2009/125/EC 制定制冷电器生态设计要求及撤销欧盟委员会法规（EC）No643/2009，规定了制冷电器的最低能源性能、可修复性、可回收性和信息要求。

中方对其提出了 8 点意见：① 请提供产品能效分布的科学依据，以确定市场流通产品的技术水平；② 该通报法规草案对低噪声制冷器具的能效要求过高，对于整个冰箱行业来说，短期内大幅提高现有技术水平存在困难。请重新考虑该指标的合理性，或适当推迟限定值达标时间；③ 对特定冷冻器具的定义予以澄清；④ 对标准年能耗（SAE）的计算公式中的间室总容积的规定条款予以澄清；⑤ 对标准年能耗（SAE）的计算公式参数说明条款予以澄清；⑥ 对单功能间室标注方式清晰，但对于可变温间室未明确标注方法，请予以澄清；⑦ 请予以明确“平均值”是算术平均值还是积分平均值；⑧ 由于真空绝热板安装在冰箱内部，VIP 标志对于使用者是不可见的，通报未明确 VIP 标志需被谁可见和读取，请予以澄清。

### （三十五）对欧盟制冷电器能源标签的评议

2018 年 10 月，欧盟发布了 G/TBT/N/EU/604 号通报，内容为欧盟委员会授权法规草案，补充欧洲议会和理事会关于制冷电器能源标签的法规（EU）2017/1369 及撤销欧盟委员会授权法规（EU）No1060/2010，规定了制冷电器的能源标签和产品信息要求。

中方意见认为：本通报法规草案附件 III 的能效标签上有二维码，但二维码的内容的组成以及获取方式未明确，将导致制造商无法设计能效标签，请贵方对此内容予以澄清。

### （三十六）对欧盟外部电源法规的评议

2018 年 10 月，欧盟发布了 G/TBT/N/EU/605 号通报，根据欧洲议会和理事会指令 2009/125/EC 制定外部电源生态设计要求及撤销欧盟委员会法规（EC）No278/2009，规定了外部电源的能源性能（最大空载和最小平均有效效率）和信息要求。

中方对其提出了 6 点意见：① 建议删除 10%负载效率的信息要求；② 建议明确备件豁免的时间节点；③ 建议明确家用办公用设备定义；④ 建议延长豁免期；⑤ 建议豁免专业适配器；⑥ 建议修订多路输出适配器测试方法。

### （三十七）对欧盟家用洗碗机法规的评议

2018 年 10 月，欧盟发布 G/TBT/N/EU/611 和 G/TBT/N/EU/612 号通报，根据欧洲议会和理事会指令 2009/125/EC 制定家用洗碗机生态设计要求及修订欧盟委员会法规（EC）No1275/2008 和撤销欧盟委员会法规，以及补充欧洲议会和理事会关于家用洗碗机能源标签的法规（EU）2017/1369 及撤销欧盟委员会授权法规（EU）No1059/2010（及其附录）。

中方对其提出了 3 点意见：① 建议欧盟方充分考虑海外制造商备件的采购、生产、运输及通关等环节的实际情况，取消维修备件交付时限；② 建议仍沿用原有容差规定；③ 请对不带干燥功能的洗碗机（如水槽式洗碗机）是否适用本法规予以澄清。

### （三十八）对欧盟酒类法规的评议

2018 年 5 月，欧盟发布了 G/TBT/N/EU/571 号通报，内容为欧盟委员会法规实施细则草案，为欧洲议会和理事会法规（EU）No 1308/2013 关于葡萄酒行业原产地名称保护、地理标志和传统术语的申请、异议程序、产品规格修改、保护名称注册、取消保护以及符号使用，和欧洲议会和理事会法规（EU）No 1306/2013 关于检查系统（及其附录），制定实施规则。

中方对其提出了 3 点意见：① 通报法规草案“Article 10” “Article 11” “Article 12”中关于产品规格修正资料提交后，欧盟委员会给予通过或不通过所需的行政时间未确定；② 通报法规草案“Article 19”1 中第二部分.“（a）through random checks based on a risk analysis;”随机检查的检查方式、样品数量等如何进行；③ 通报法规草案对“Article 20”中提到的分析测试所使用的方法、感官测试所使用的标准、测试人员或机构的资质未提出明确的规定，请给予说明。

### （三十九）对欧盟食品法规的评议

2018 年 10 月，欧盟发布了 G/TBT/N/EU/602 号通报，修订欧洲议会和理事会法规（EC）No1925/2006 附录 III 关于动物脂肪中天然存在以外的用于最终消费食品的反式脂肪。

中方意见认为：通报法规草案“Article1”a 关于“动物脂肪中天然存在以外的用于最终消费食品的反式脂肪含量不应超过 2g/100g。”欧盟委员会对天然存在于各种动物油脂中的反式脂肪的检测方法未确定，请给予确定。

### （四十）对日本转基因标签法规的评议

2018 年 10 月，日本发布了 G/TBT/N/JPN/608 号通报，内容为转基因（GM）标签系统食品标签标准修订摘要。

中方意见认为：建议日方对“产品确认不受转基因污染”的检测手段及定性指标给予明确。

### （四十一）对韩国食品法规的评议

2018 年 10 月，韩国发布了 G/TBT/N/KOR/793 号通报，最新制定“食品标签和广告法案实施细则”。

中方对其提出了 4 点意见：① 实施规则附表 3 食品标示方法通用标准中第 6 项，是强制内容还是推荐内容请予以明确；② 实施规则附表 3 食品标示方法应如何确定；③ 请对小于 0.5 毫克的科学依据予以说明，同时建议增加无反式脂肪酸食品标示条件；④ 附表 5 中第 2 条营养突出标示标准中胆固醇标示条件 “低”和“无”第二项相同，请予以确认。

### （四十二）对新西兰食品标签法规的评议

2018 年 9 月，新西兰发布了 G/TBT/N/NZL/84 号通报，制定了消费者知情权（食品原产国）法，该法是关于受管制食品原产国或原产地标注要求的法规。针对水果、蔬菜、肉类、鱼类或海鲜类未超过最低限度加工的产品贴上种植国家或地区的标签。

中方意见认为：请给予合理的过渡期。

### （四十三）对韩国电磁法规的评议

2018 年 9 月，韩国发布了 G/TBT/N/KOR/787 号通报，内容为电磁兼容性技术法规修订草案。

中方对其提出了 3 点意见：① 电磁波测量频率与引用的 IEC 标准要求不一致；② 高于引用 IEC 标准中的静电放电试验中气体放电和接触放的最高试验等级；③ 试验电压等级不可选，引用的 IEC 标准中可选。以上全部要求韩方说明其理由。

### （四十四）对乌克兰能效法规的评议

2018 年 10 月，乌克兰发布了 G/TBT/N/UKR/140A1 号通报，关于批准制定能源相关产品生态设计要求系统的技术法规。

中方意见认为：与合格评定有关的文件和符合性声明，必须按照所在州不同的语言进行编写。建议统一采用国家官方语言或英语进行编写。

### （四十五）对美国化学品排放法规的评议

2018 年 10 月，美国发布了 G/TBT/N/USA/1049/R1 号通报，内容为保护平流层臭氧：修订制冷剂管理计划的替代品扩展，更新了现有的制冷剂管理要求，并扩大了以前仅适用于含有臭氧消耗物质（ODS）的制冷剂要求。

中方对其提出了 2 点意见：① 建议暂缓执行将排放禁令的适用范围扩大到替代性制冷剂（HFC）的条例；② 建议明确对回收后的制冷剂处理的标准或法规。

### （四十六）对欧盟化学品法规的评议

2018 年 10 月，欧盟发布了 G/TBT/N/EU/601 号通报，修订欧洲议会和理事会关于化学品注册、评估、授权和限制的法规（EC）No1907/2006（REACH）附录 XVII 关于（3，3，4，4，5，5，6，6，7，7，8，8，8- 十三氟辛基）锡烷和 TDFAs，涉及法规（EC）No1907/2006 附录 XVII 的新条目。禁止向公众销售（3，3，4，4，5，5，6，6，7，7，8，8，8- 十三氟辛基）锡烷及其与有机溶剂单独或组合浓度大于 2ppb 的单、双或三 -O-（烷基）衍生物（TDFAs）。

中方对其提出了 3 点意见：① 请欧盟对通报中限制措施的必要性、适当性进行说明或提供科学依据；② 请欧盟补充提供通报物质的毒性数据，并说明其在与有机溶剂组成的混合体系中含量超过 2ppb 时产生伤害的机理；③ 请欧盟提供所采用的检测方法及方法确认的相关材料，供相关企业采用，以便利国际贸易，便于公众、企业、组织通过合格评定确认满足法规要求，并采取必要的防护措施。

### （四十七）对日本有毒物质排放法规的评议

2018 年 10 月，日本发布了 G/TBT/N/JPN/609 号通报，颁布有毒和有害物质指定法令修订案，根据有毒和有害物质控制法案的规定，厚生劳动省将 4 种物质指定为有害物质。

中方对其提出了 3 点意见：① 请日方在该通报的批准和生效之间增加不少于 6 个月的过渡期；② 请日方提供某种特殊物质毒性的相关数据，以说明将其界定为有害物质的依据；③ 请日方提供物质毒性的相关测试数据，以说明此限制的必要性和适当性。

### （四十八）对韩国化学品法规的评议

2018 年 10 月，韩国发布了 G/TBT/N/KOR/789 和 G/TBT/N/KOR/790 号通报，内容分别为应在 2021 年前注册的由于致癌、致突变、生殖毒性而对人类和动物造成或可能造成伤害的现有化学物质，以及“优先化学物质”的指定。

中方对其提出了 3 点意见：① 序号为 402 的物质，欧盟化学品现行的危险性分类中，没有将该物质列入 CMR 物质的管理要求，建议韩方对上述物质，提供相应危害性的证据；② 序号为 504 的物质，欧盟将该物质列入危险化学品进行管理，但没有将该物质列入 CMR 物质的管理要求，建议韩方对上述物质，提供相应危害性的证据；③ 请按照 WTO 原则提供合理的评议有效期。

### （四十九）对韩国化学品注册法规的评议

2018 年 10 月，韩国发布了 G/TBT/N/KOR/792 号通报，修订化学物质注册和评估法案执行法令草案，部分修订化学物质注册和评估法案执行法规草案。

中方对其提出了 3 点意见：① 请韩方在该通报的批准和生效之间增加不少于 6 个月的过渡期；② 建议尽早在网站上发布相关法案的英文版本，为其他国家企业合规提供便利；③ 请说明此类豁免对于环境、健康的影响，及该措施对国民待遇原则的影响。

### （五十）对美国化学品法规的评议

2018 年 9 月，美国发布了 G/TBT/N/USA/1395 和 G/TBT/N/USA/1396 号通报，对于某些化学物质重要新用途规则做出相关修订。

中方对其提出了 3 点意见：① 有 24 项化学品尚无 CAS 序号，建议美方进一步明确具体化学名称和 CAS 登记号或提供相关途径能够对特定化学物质进行确认是否属于上述范围；② 对于 PMN 号为 P-15-114（CAS 号：756-12-7）的物质，建议对该产品按照重要新用途规则实施生产前通知来管理，提供证据和必要的危害性物质浓度限制说明；③ 要求美方有义务向中国政府提供出口商按照法规要求向该 EPA 所提交的任何相关数据，以及相关规则、命令、行动和义务免除等文件。

### （五十一）对土耳其动物源食品法规的评议

2018 年 9 月，土耳其发布了 G/TBT/N/TUR/123 号通报，内容为土耳其食品法典：动物源食品中药物活性物质分类及最大残留限量法规修订提案。

中方对其提出了2点意见：① 关于乙酰氨基阿维菌素（Eprinomektin），鉴于通报方制定的Eprinomektin在食品动物组织中MRLs与国际标准不一致。建议提供制定该药MRLs的科学依据；② 关于氟啶蜱脲（Fluazuron），欧盟制定氟啶蜱脲在有鳍鱼类自然比例的肌肉和皮肤的MRL是通过参照牛肌肉中氟啶蜱脲的MRL设定，并没有相关的研究数据。建议土耳其提供制定该药在上述动物组织中MRLs的科学依据。

# 第二节　对国外重点 SPS 措施的评议

## 一、概　　况

2018 年，中国对澳大利亚、巴西、加拿大、欧盟、印度、日本、哈萨克斯坦、肯尼亚、韩国、墨西哥、莫桑比克、新西兰、菲律宾、俄罗斯、泰国、土耳其、美国、越南、南非等 WTO 成员的通报进行了评议，内容涉及食品安全标准、农兽药残留要求、食品添加剂安全标准、污染物限量要求、动物源性产品及水产品进口检疫要求、植物繁殖材料进口检疫要求、活动物进口检疫要求等。

2018 年，中国跟踪其他 WTO 成员 SPS 通报措施并对其中 214 件进行了评议，最终向 WTO 其他成员 96 件 SPS 通报发出书面评议意见。中国关注的范围主要集中在与中国贸易关系密切的 WTO 成员所发布的卫生与植物卫生措施。这 96 件通报中涉及 22 个 WTO 成员，排在前五位的分别是日本、韩国、巴西、欧盟和肯尼亚。中国所发出的书面评议意见，共收到 10 个 WTO 成员对中方提出的 37 份通报意见做出的答复，在答复意见中，澳大利亚、加拿大、欧盟、肯尼亚、新西兰等成员接受了中方对 6 份通报评议意见的部分内容。

## 二、重点评议

### （一）对加拿大《防止欧洲葡萄蔓蛾（*Lobesia botrana*）传入的植物卫生进口要求》的评议

加拿大食品检验局（CFIA）曾于 2014 年 4 月 9 日首版公布了第 G/SPS/N/CAN/808 号文，通报了“D-13-03：防止葡萄花翅小卷蛾（*Lobesia botrana*）传入的植物卫生进口要求”指令。D-13-03 要求分若干阶段实施。2017 年 10 月 26 日，CFIA 公布了 D-13-03 第 1 修订版（G/SPS/N/CAN/808/Add.1），要求 D-13-03 第 1 修订版执行期结束时要完全满足葡萄花翅小卷蛾的相关要求。2017 年 11 月 13 日，加拿大再次发布了有关《防止欧洲葡萄蔓蛾（*Lobesia botrana*）传入的植物卫生进口要求》的 G/SPS/N/CAN/808/Add.2 号 SPS 通报，提供了《防止欧洲葡萄蔓蛾（*Lobesia botrana*）传入的植物卫生进口要求的第 D-3-03 号令规定》的链接。

中方提出的评议意见主要包括：

G/SPS/N/CAN/808/Add.1 中描述，加拿大根据其他国家反馈意见及科学文献，重新评估认为葡

萄花翅小卷蛾 *Lobesia botrana* 随猕猴桃 *Actinidia spp.*（kiwi）、欧洲小檗 *Berberis vulgaris*（European barberry）、柿子 *Diospyros kaki*（persimmon）、石榴 *Punicagranatum*（pomegranate）、大枣 *Ziziphusjujuba*（Chinese date）传入的风险相对低，因而仅对这些水果及植物从 D-13-03 附件 1 的监管商品名单中予以移除。根据已有资料，该虫主要危害葡萄和大戟瑞香，也危害黑莓、醋栗、橄榄、甜樱桃、欧洲李、柿、油桃等。由于该通报没有该有害生物在其他水果与植物上的风险分析报告，因此建议将寄主外的其他水果与植物暂不列入 d-13-03 附件 1 的监管商品名单。

加方部分采纳了我方的该条评议意见，回复内容如下：

CFIA 对葡萄卷叶蛾的有害生物风险评估是根据国际植物检疫措施标准（ISPM）2—《有害生物风险分析框架》中的指导原则进行的，并参考了各种资料来源，包括一次文献、目前正防治有害生物的贸易伙伴提供的信息以及从其他国家植物保护组织获得的意见。该风险评估的结论为第 D-13-03 号指令附件 1 中所载的寄主名单提供了技术理由。CFIA 通过排除被认为是“次要”或“兼性”的寄主，决定减少葡萄卷叶蛾寄主的受管制分类群数量。CFIA 遵守 ISPM2 的指导原则，认为第 D-13-03 号指令（附件 1）中规定的葡萄卷叶蛾受管制分类群名单准确，且技术合理。

CFIA 商请中方以初步研究或参考初步文献的形式，提供支持从加拿大的葡萄卷叶蛾受管制寄主名单中删除特定植物分类群的技术信息。CFIA 将积极配合评估该证据，若根据评估结果证明其合理，CFIA 将更新第 D-13-03 号指令附件 1 中的寄主名单。

### （二）对新西兰苗木进口卫生标准的评议

2018 年 4 月 11 日，新西兰就进口梳黄菊属苗木规范及入境条件发布 G/SPS/N/NZL/575 号通报，主要内容是修改第 155.02.06 号进口卫生标准，确定情人菊等梳黄菊属作为叶缘焦枯病菌（*Xylella fastidiosa* Wells et al.）的新寄主，分别提出了输入新西兰梳黄菊属等叶缘焦枯病菌寄主种苗的插条和整株植物、组培苗的检疫要求。

经专家研究，中方提出如下评议意见：

新西兰第 155.02.06 号进口卫生标准提出，新西兰初级产业部（MPI）认定的没有叶缘焦枯病菌发生的国家，在有关寄主植物插条和整株植物作为繁殖材料输出到新西兰时，应在植物检疫证书的附加声明中注明“植物来自没有叶缘焦枯病菌发生的国家”，中国大陆地区属于初级产业部认定的非疫区。既然新方已明确掌握叶缘焦枯病菌发生国家和地区的名单，因此，建议新方取消该条要求，对来自非疫国家不用在附加声明中说明。

新西兰对中方该条评议意见给予了答复，具体内容如下：

对于中方有关“中方建议新西兰取消相关要求，并在附加声明中豁免非疫国家作出声明”的意见。MPI 认为有必要由出口国的国家植物保护组织（NPPO）根据 ISPM 4 -《建立无疫区的要求》在植物检疫证书上签注附加声明。附加声明是 MPI 的保证，证明出口国无此检疫性有害生物。

2018 年 5 月 2 日，新西兰发布了《155.02.06 号进口卫生标准：苗木进口》的 G/SPS/N/NZL/575/Add.1 号通报，前版《第 155.02.06 号进口卫生标准所列措施：苗木进口》无法有效管理三种疫霉属（*Phytophthora*）菌相关生物安全风险，即：辣椒疫霉菌（*P. capsici*）、棕榈疫霉菌（*P. palmivora*）及 *P. tentaculata*。该标准增加了新措施，以管理以下已知种类寄主的所有植物、插条及球茎的这些疫霉属

（*Phytophthora*）菌相关风险：

进口计划表经修改，在“国别”“非疫区”或“无疫生产地”选项内纳入了无辣椒疫霉菌（*capsici*）、棕榈疫霉菌（*P.palmivora*）及*P.tentaculata*：冷杉属（*Abies*）、金合欢属（*Acacia*）（特定种类）、槭属（*Acer*）（特定种类）、垂花榈属（*Acrocomia*）（特定种类）、七叶树属（*Aesculus*）（特定种类）、葱属（*Allium*）、花烛属（*Anthurium*）、南洋杉属（*Araucaria*）（特定种类）、杨梅属（*Arbutus*）（特定种类）、

菠萝蜜属（*Artocarpus*）、虾脊兰属（*Calanthe*）（特定种类）、番木瓜属（*Carica*）、（*Chicorium*）、菊属（*Chrysanthemum*）（特定种类）、山楂属（*Crataegus*）（特定种类）、大丽菊（*Dahlia*）、翠雀花属（*Delphinium*）（特定种类）、石竹属（*Dianthus*）、康乃馨（*Dianthus caryophyllus*）、柿树属（*Diospyros*）、龙血树属（*Dracaena*）、麒麟叶属（*Epipremnum*）、番樱桃属（*Eugenia*）（特定种类）、榕属（*Ficus*）、大丁草属（*Gerbera*）、长阶花（*Hebe*）（特定种类）、百合属（*Lilium*）、芒果属（*Mangifera*）、铁心木属（*Metrosideros*）（特定种类）、木犀榄属（*Olea*）、泡桐属（Paulownia）、碧冬茄属（*Petunia*）、蝴蝶兰属（*Phalaenopsis*）、刺葵属（*Phoenix*）、马鞭草属（*Verbena*）及丝兰属（*Yucca* 植物）。

柑橘、草莓、苹果、李子、马铃薯计划有害生物名单新增了辣椒疫霉菌（*P.capsici*）及棕榈疫霉菌（*P.palmivora*）。这些物种的辣椒疫霉菌（*P.capsici*）及棕榈疫霉菌（*P.palmivora*）相关风险将在新西兰入境后检疫及/或在MPI批准的海上设施生产期间予以控制管理。

中方提出的评议意见主要包括：

1. 该通报于2018年5月2日发布，对植物检疫证书附加声明的要求自2018年5月25日起实施，会影响相关贸易国家的产品贸易，建议新方提供采取紧急通报措施的必要性，并给予适当的过渡期。

2. 新方要求对辣椒疫霉菌（*P.capsici*）、棕榈疫霉菌（*P.palmivora*）及木香疫霉菌（*P.tentaculata*）三种疫霉属（*Phytophthora*）的多种寄主植物种苗，在植物检疫证书附加声明中注明来自非疫国家、非疫区或非疫产地，新方是否认可有害生物综合防治措施或除害处理等的等效性措施。

3. 建议新方明确辣椒疫霉菌（*P.capsici*）、棕榈疫霉菌（*P.palmivora*）及木香疫霉菌（*P.tentaculata*）三种疫霉属（*Phytophthora*）非疫区、非疫产地的认定程序，避免这一程序成为贸易限制措施。

针对3条评议意见，新方逐一进行了答复：一是给予1个月的过渡期；二是拟研究认可有害生物综合防治措施或除害处理等的等效性措施，一旦有相关措施将进一步向WTO通报；三是明确植物检疫证书上标注概念均按照ISPM相关条款执行，不设立新的认定障碍。

### （三）对越南有关修订进口植物源性食品检验检疫要求的评议

2018年6月1日，越南发布G/SPS/N/VNM/100号SPS通报修改和补充2017年12月29日通过的第30/2017/TT-BNNPTNT号通告附件Ⅰa和Ⅱa，修订进口植物源性食品检验检疫要求。修订内容主要涉及：（1）附件Ⅰa：进口植物源性食品的植物检疫和食品安全检验申请表；（2）附件Ⅱa：进口植物源性食品的植物检疫和食品安全检验证书要求。

中方提出的评议意见主要包括：

1. 通报中所覆盖产品为Products of plant origin under the management of the Ministry of Agriculture and Rural Development of Viet Nam（受越南农业农村发展部管理的植物源产品），但无具体管辖产品名称及

范围，请越方予以明确。

2. 请予以明确进口检疫与食品安全检查程序与进口植物检疫程序相关性，是否存在重复检疫。

针对 2 条评议意见，越南进行了答复，具体回复内容如下：

1. 属于越南农业和农村发展部管辖范围内植物源性食品，见附录 3（MARD 管辖下的食品 / 产品组和商品清单）。2018 年 2 月政府颁布的第 15/2018 / ND-CP 号法令规定了“食品安全法”中某些条款的细节。

2. 检查进口食品安全的程序应符合法令 15/2018 /ND-CP，同时检查进口有害生物的程序应符合 2014 年 10 月 30 日发布的第 33/2014 / TT-BNNPTNT 号通知。为节省个人和企业的时间和费用，在 30/2017 / TT BNNPTNT 通函的草案修订中，政府提议将 2 份申请表和 2 份证书合并。上述 2 个程序分别由上述 2 个法令产生，不是重复程序。

### （四）对欧盟有关新型食品及含新型食品的食品标签法规的评议

2018 年 10 月 2 日，欧盟发布了 G/SPS/N/EU/275 号通报，主要内容为 2018 年 8 月 14 日，欧盟委员会发布法规（EU）2018/1132，根据欧洲议会和理事会法规（EU）2015/2283，修订新型食品成分合成玉米黄质（synthetic zeaxanthin）名称和标签要求，并修改欧盟委员会实施细则（EU）2017/2470 附件。将“合成玉米黄质”名称及特定标签修订为“玉米黄质（Zeaxanthin）”。

中方提出的评议意见主要包括：

联合国 FAO/WHO、联合国食品添加剂专家委员会 1977 年第 21 次报告规定：凡是从已知食物中分离出来，化学结构无变化的色素，使用浓度又符合原食物中的天然浓度时，可看作是食品，不需要毒理学资料。玉米黄质是已知食物玉米中的成分之一，属类胡萝卜素，结合其理化分析结果考虑，可认为它安全无毒，可以直接应用于食品、医药和化妆行业中。

但本次通报，欧盟将“合成玉米黄质”名称及特定标签修订为“玉米黄质（Zeaxanthin）”，并未提供合成玉米黄质的安全性方面的技术资料。据查合成玉米黄质的工艺，需要用到大量有机试剂和重金属，将“合成”一词去掉，消费者无法辨识玉米黄质的真实来源，对消费者的权益无形中构成损害。中方认为，欧盟应提供合成玉米黄质的安全性方面的技术资料作为证据。

欧盟对中方评议进行了反馈，具体内容如下：

根据欧盟关于新型食品和新型食品成分的第（EC）258/1997 号条例（新型食品条例）[①]，自 2013[②] 年起，合成玉米黄素在欧盟被授权为一种新型食品，作为食品增补剂的用量为 2 毫克 / 天。合成玉米黄素的授权是基于欧洲食品安全局[③]（EFSA）的赞同意见，该局得出结论称，玉米黄素的摄入量达到最高 53 毫克 / 天时不存在安全问题。

EFSA 对合成玉米黄素的评估针对根据欧盟第（EU）258/1997 号条例第 3 条制定的安全要求进行：

a）新型食品不得对消费者构成危险；

---

[①] 欧洲议会和理事会关于新型食品和新型食品成分的第 (EC)258/97 号条例（OJ L 43，1997 年 02 月 14 日，第 1 页）。

[②] 2013 年 01 月 22 日的委员会实施决议，根据欧洲议会和理事会第 (EC) 258/97 号条例授权将合成玉米黄素作为一种新型食品成分投放市场（OJ L 21，2013 年 01 月 24 日，第 32 页）。

[③] 科学观点，关于合成玉米黄素作为食品增补剂成分的安全性声明，《EFSA 期刊》，2012:10(10):2891。

b）新型食品不得误导消费者；

c）若该食品计划替代另一种食品，其与该食品的区别不在于其正常食用对消费者造成的营养减损。

基于上述安全要求，EFSA 风险评估得出结论，合成玉米黄素是食品增补剂的安全食品成分。在欧盟安全立法的背景下，该评估实际上将合成玉米黄素的安全特性等同于任何其他天然或合成食品成分的安全特性，包括天然玉米黄素，后者的成分已经过评估，并随后在欧洲食品补充立法的背景下获得授权，或者成为欧洲主食的一部分，并用于食品增补剂。

为了确保这种高安全水平得到适当维持，欧盟对新型食品（包括玉米黄素）的所有授权应包括纯度、质量、污染和微生物参数的规范。经营者必须遵守这些规范，才能将其新型食品投放欧盟市场。

鉴于上述情况，欧盟委员会第（EU）2018/1132 号实施条例并未改变玉米黄素在欧盟市场上市的授权条件，也未带来任何额外的安全影响，因此 EFSA 在任何情况下都无必要进行评估。其仅允许从合成玉米黄素的名称和标签中删除“合成”一词，使合成玉米黄素的名称和标签与其天然形式的名称和标签一致。以确保合成玉米黄素的名称和标签与其他合成新型食品的名称和标签一致，这些食品已经过评估，认为是安全的，并且随后在没有“合成”名称和标签的情况下获得授权，从而将其与天然存在的同类食品区别开来。

### （五）对肯尼亚有关腌肉规范的评议

2018 年 8 月 1 日，肯尼亚发布 G/SPS/N/KEN/77 号通报，主要内容为《2018 年肯尼亚标准草案（DKS）–2830：腌肉规范》。该规范对腌制肉中原料肉的来源、运输、储藏，农兽药的残留以及腌制汁的成分，腌制肉的微生物限量、重金属限量、包装和标签作出了规定。其中，该规范对腌制肉类中重金属汞和砷的最高限量分别规定为 0.03ppm 和 0.1ppm。

中方对 G/SPS/N/KEN/77 通报提出如下评议意见：

1. 肯方在该规范中提到肯尼亚关于草药和香料、调味品、酱油、醋、酒精饮料、香料、油或任何其他适当成分的具体标准，依据《SPS 协定》第七条透明度原则，应提供相关标准。

2. 肯方在第 9 条表 3 中，将腌制肉类中重金属汞和砷的最高限量分别规定为 0.03PPM 和 0.1PPM，CAC 并无该限量标准，根据《SPS 协定》第七条透明度原则，肯方应提供设置该限量的科学依据和风险评估材料。

3. 本通报发布时间为 2018 年 8 月 1 日，通报法规的生效日期为 2018 年 12 月。考虑到中方出口企业需要一定的时间适应肯方新法规，因此中方建议，在新法规实施后应给予 2 年的过渡期。

### （六）对肯尼亚有关油炸肉规范的评议

2018 年 8 月 1 日，肯尼亚发布了有关《2018 年肯尼亚标准草案（DKS）–2831：油煎肉——规范》的 G/SPS/N/KEN/78 号通报，对油炸肉的质量和安全要求、抽样和分析，对油炸肉的微生物限量、重金属限量、包装和标签做出了规定。该规范对油炸肉中大肠杆菌的要求为不得检出。

中方对 G/SPS/N/KEN/78 通报提出如下评议意见：

1.G/SPS/N/KEN/78 涉及多个肯尼亚标准和法律，例如 KS 05–1051、KS 2763、KS EAS 39、KS

2761、肯尼亚法律 356，同时提到食品中兽药残留限量规定、香料、调味品和调味品应符合肯尼亚相关标准等，依据《SPS 协定》第七条透明度规定，请提供相关肯尼亚法律和标准，以便中方进行评估。

2. 肯方第 7 条表二中大肠杆菌限量为不得检出。根据《SPS 协定》第二条，必须以科学原理为根据和基础，建议肯方将相关依据和风险评估情况向 WTO 成员进行公布。

3. 肯方第 7 条表二中酵母和霉菌检测限量中无单位。根据《SPS 协定》第二条，必须以科学原理为根据和基础，建议肯方补充以便中方进行评估。

4. 肯方在第 10 条重金属污染限量中对于锡的检测方法没有提供，依据《SPS 协定》第七条透明度规定，请肯方提供具体检测方法，以便中方进行评估。

5. 本通报发布时间为 2018 年 8 月 1 日，通报法规的生效日期为 2018 年 12 月。考虑到中方出口企业需要一定的时间适应肯方新法规，因此中方建议，在新法规实施后应给予 2 年的过渡期。

对于中方提出的评议意见，肯方逐条进行了答复，并接受了部分意见，对规范进行了以下修改：

1. 对于肯方 G/SPS/N/KEN/78 通报中的油炸肉规范的第 7 条表二中酵母和霉菌检测限量中无单位的问题，肯方对规范进行了修改，补充了单位（cfu/g）。

2. 对于肯方 G/SPS/N/KEN/78 通报中的油炸肉规范的第 10 条重金属污染限量中对于锡的检测方法没有提供的问题，肯方在规范中加入了检测方法：AOAC 985.16， AOAC 980.19， AOAC 912.02， AOAC 915.02。

## （七）对澳大利亚《第 2018/15 号生物安全通知：供人消费涂抹、捣碎及碾碎虾的进口新条件》的评议

2018 年 7 月 27 日，澳大利亚发布了 G/SPS/N/AUS/435/Add.1 号通报，主要内容为面包虾、捣碎及碾磨的虾产品（英文名为：breaded，battered and crumbed，以下简称 BBC 虾）的新进口条件。通报内容包括澳大利亚有关供人食用虾及虾肉更新样板证书及出口澳大利亚有关供人食用虾及虾制品的生物安全详细信息。所有 2018 年 9 月 28 日或之后出口澳大利亚的 BBC 虾必须符合新的进口条件。

中方对 G/SPS/N/AUS/435/Add.1 通报提出如下评议意见：

1. 澳大利亚此次对 BBC 虾采取的预烹饪措施，属加严措施，主要是防止其成为水生动物饵料，进而污染环境。中国出口澳大利亚的 BBC 虾属于深加工水产品（均为供人类消费的食品），其用途非水生动物饵料。根据 OIE 法典白斑病 9.7.11 和黄头病 9.2.11 规定："当进境或过境制备成零售包装供人类消费的冷冻去皮虾（虾仁）、十足目甲壳类（去头去壳），不管出口国白斑病和黄头病疫病状况如何，进口国主管当局不应采取与白斑病和黄头病相关的加严检疫措施。"中方建议，取消针对 BBC 虾采取的预烹饪措施。

2. 澳方要求出口国主管当局出具的卫生证书注明检验实验室详细信息（具体内容为：6.POST PROCESSING TESTING LABORATORY DETAILS）。按照 OIE 及国际惯例，官方出具的水产品卫生证书均未要求体现检验实验室详细信息。中方建议，删除要求注明检验实验室详细信息的要求。

对于中方提出的评议意见，澳方逐条进行了答复，具体内容如下：

1. 澳方采取 BBC 虾进口加严措施，要求 BBC 虾在裹面包屑粉浆外皮后已经过预烹饪步骤。自

2017 年 7 月 6 日施行临时进口条件后，输澳 BBC 虾数量激增，这提高了 BBC 虾转向用于非预期最终用途，如钓鱼饵料的可能性。这一情况加大了通过该路径将疫病传播至澳大利亚的风险。预烹饪步骤可固定虾外皮，确保其不脱落，并在符合澳大利亚适当保护水平的同时，促进 BBC 虾输澳贸易顺利开展。

澳方正在对输澳食用虾及虾产品的进口条件与生物安全风险进行审查。在审查工作中，将再次研究 BBC 虾被用于非预期最终用途所带来的风险，以及深加工虾风险管理措施的有效性。作为审查工作中正式磋商活动的一部分，中方将有机会对审查报告草案提出意见。

2. 澳方要求卫生证书中注明检验实验室详细信息，认为这部分信息很有必要，可确保主管当局核实已获批可以开展有关检测的实验室已经进行了白斑病综合症病毒和黄头病毒 1 号基因型检测。澳方还承诺，如在抵澳货物出现阳性检测结果时将告知贸易伙伴。在官方签发的卫生证书上包含关于出口前检测实验室的具体信息可让主管当局及时、全面地追踪有关情况，并对任何一项阳性检测结果开展调查。

## （八）对欧盟有关高效氯氟氰菊酯最大残留限量的评议

2018 年 1 月 3 日，欧盟发布了有关《委员会法规（EU）——修改欧洲议会及理事会有关某些产品内 / 表高效氯氟氰菊酯（lambda-cyhalothrin）最大残留限量的第（EC）396/2005 号法规附件 II 和 III”的草案》的 G/SPS/N/EU/231 号通报。该法规草案拟定了高效氯氟氰菊酯（lambda-cyhalothrin）物质的最大残留限量（MRLs）。

中方对 G/SPS/N/EU/231 通报提出如下评议意见：

1. 本草案中欧洲修改某些产品高效氯氟氰菊酯最大残留限量，有关高效氯氟氰菊酯最大残留限量的要求，请根据风险评估原则提供此类产品含量限量的科学依据。

2. 不同分类的水果 / 蔬菜标准中“others”项限量标准为“0.01 mg/kg”，即标准中未提及到的水果或蔬菜的限量全部按该标准中最低的 0.01mg/kg 来限定，大大低于有限量的产品。但任何农药在作物上的残留限量都应该通过合理的科学实验来制定，因此如要保留不同分类水果 / 蔬菜标准中“others”项的限量标准，请提供相关依据；如果无法提供相关依据，建议删除所有“others”项限量标准。

3. 针对产品分类过于细致、最大残留限量和适用范围过严的措施项，请欧盟委员会提供进一步详尽的科学依据，佐证该措施的合理性和必要性，若无，建议该措施重新调整或者取消，并暂缓其实施日期。

4. 出口企业需要一定的时间准备和适应新法规，因此建议在新法规实施后给予至少 6 个月的过渡期。

对于中方提出的评议意见，欧盟进行了解释和说明，具体内容如下：

关于中方意见的第 1 点和第 3 点，欧盟拟对高效氯氟氰菊酯最大残留水平（MRL）进行的修正基于欧洲食品安全局（EFSA）2015 年 12 月 02 日在官网上公布的关于高效氯氟氰菊酯最大残留水平审议的合理意见。在文件最终定稿时，EFSA 对欧盟成员国、非欧盟国家或任何其他利益相关方提交的产品最大残留水平试验和信息进行了风险评估，同时还评估了现有的食典委最大残留水平（CXL）。

关于中方意见的第 2 点，若 EFSA 没有关于产品的信息，欧盟将所有类型的分析矩阵中的最大残留水平设定为其检测限（LOD），即高效氯氟氰菊酯的最大残留水平为 0.01 毫克 / 千克。第（EC）396/2005 号条例附件 I 中列出的不同产品组中的“其他”一行涵盖附件 I 中未提及的任何其他可能产品。由于未向 EFSA 提供任何这些可能产品的数据，因此“其他”行的最大残留水平设定为其检测限 0.01 毫克 / 千克。

关于中方意见的第 4 点，第（EC）396/2005 号条例第 49 条规定了采取过渡性措施的可能性，允许在适用日期之前将符合法律并已投放市场的产品保留在市场上。但该条例还指出，其前提是这些措施不得影响履行消费者高水平的保护义务。这意味着在法律上不可能对已确定存在健康风险的农药最大残留水平给予过渡期。羽衣甘蓝和稻米中高效氯氟氰菊酯的实际最大残留水平已确定可能存在健康风险。因此，提案第 2 条规定，目前的欧盟最大残留水平应继续适用于在提案适用之日期前生产或进口到欧盟的产品，但羽衣甘蓝和稻米的最大残留水平除外。

该提案属于欧盟监管程序的详细审查范围，因此将由欧盟理事会和欧洲议会在 2018 年 03 月 22 日成员国正式投票后的两个月内进行详细审查。若上述两个机构在此时间范围内都未反对，该提案将由委员会最终作为立法通过，并在《欧盟官方公报》上公布。按照第 3 条的定义，适用日期在任何情况下均为生效后 6 个月。

### （九）对韩国《食品标准与规范拟定修改案》的评议

2018 年 6 月 11 日，韩国发布了有关《食品标准与规范拟定修改案》的 G/SPS/N/KOR/601 号通报，制定和修订 75 种杀虫剂的进口许可最大残留限量；将联苯菊酯（Bifenthrin）及二嗪磷（Diazinon）的应用范围扩大到包括家禽和蛋；制定和修订新准兽药最大残留限量（氟雷拉纳 –Fluralaner，头孢噻呋 –Ceftiofur）；规定氟吡草酮（Bicyclopyrone）及氟雷拉纳（Fluralaner）的一般测试方法等。

中方对 G/SPS/N/KOR/601 通报提出如下评议意见：

中方暂不接受韩国有关拟定鱼类中新增兽药头孢噻呋最大残留限量的规定，目前，国际食品法典委员会（CAC）、欧盟、加拿大、日本等国家和组织均未规定水产品中头孢噻呋的最大残留限量。韩国单方面新增兽药头孢噻呋在鱼类上的最大残留限量值（MRL）为 0.4 mg/kg，建议请韩国提供支撑头孢噻呋在鱼类中最大残留限量的相关科学数据。

### （十）对新西兰有关桃金娘科植物种子中桃金娘锈菌孢子管理措施的评议

2018 年 5 月 16 日，新西兰就桃金娘科植物种子中桃金娘锈菌孢子管理措施发布 G/SPS/N/NZL/577 号通报。

中方对 G/SPS/N/NZL/577 通报提出如下评议意见：

新西兰初级产业部提出，对来自非疫国家或地区的桃金娘科植物种子，要求在植物检疫证书上声明是非疫区。中国大陆地区尚无该病菌发生报道，属于非疫区。鉴于新方明确掌握桃金娘锈病菌发生国家和地区的名单，因此，建议新方取消。

## （十一）对泰国《杏仁及其他食品中 P1016 氢氰酸提案》的评议

2018 年 5 月 7 日，泰国发布了有关要求粘贴营养标签的食品和日摄取量指南（GDA）标签的 G/SPS/N/THA/155/Rev.2 号通报，拟修订卫生部“须粘贴营养标签的食品”相关通报及日摄取量指南（GDA）标签。

中方对 G/SPS/N/THA/155/Rev.2 通报提出如下评议意见：

1. 第五条（1.2）中规定：“……如果每份食品中含有胆固醇高于 2 毫克，要标明胆固醇的数量……”。国际食品法典委员会（CAC）《营养标签指南》（CAC/GLA2-1985，Rev.1-1993）3.2.1 中要求：“在营养申报时，应强制申报以下内容：能量值、蛋白质、有效碳水化合物（即除膳食纤维以外的碳水化合物）、脂肪、饱和脂肪、钠和总糖；营养或健康要求的任何其他营养素的量；任何其他营养物质的数量被认为与维持良好营养状态有关，如国家立法或国家膳食指南要求”。

根据《SPS 协定》第五条“风险评估和适当的卫生与植物卫生保护水平的确定 1. 各成员应保证其卫生与植物卫生措施的制定以对人类、动物或植物的生命或健康所进行的、适合有关情况的风险评估为基础，同时考虑有关国际组织制定的风险评估技术……4. 各成员在确定适当的卫生与植物卫生保护水平时，应考虑将对贸易的消极影响减少到最低程度的目标……”，建议泰方提供将胆固醇视为与维持良好营养状态有关的风险评估证据，确保该要求对贸易的消极影响减少到最低程度。

2. 附件中对每日摄入营养量指南的标示作了详尽的规定，包括表格、图形、颜色、标注位置等。根据《SPS 协定》第四条“等效 1. 如出口成员客观地向进口成员证明其卫生与植物卫生措施达到进口成员适当的卫生与植物卫生保护水平，则各成员应将其他成员的措施作为等效措施予以接受，即使这些措施不同于进口成员自己的措施，或不同于从事相同产品贸易的其他成员使用的措施……”基于上述等效性原则，中国出口泰国食品如果依据《中华人民共和国食品安全国家标准 预包装食品营养标签通则》（GB 28050-2011）版式要求制作的标签能满足泰方标注营养标签以达到防范营养问题，有益于消费者的目标，建议泰方积极评估予以接受。

3. 第三条“将食品装在用于销售向消费者的容器，并按照每日摄入营养量指南所规定，在每一种新增的食品上，贴上说明食物所包含的能量、糖、脂肪和钠的营养标签……（7）成品茶，包括流质茶水及干燥的茶（8）成品咖啡，包括流质咖啡及干燥的咖啡……”显示在传统习惯中不食用冲泡后残渣的干燥的茶和干燥的咖啡等也需要标注营养标签。

根据《SPS 协定》第五条“风险评估和适当的卫生与植物卫生保护水平的确定……2. 在进行风险评估时，各成员应考虑可获得的科学证据；有关工序和生产方法；有关检查、抽样和检验方法……”要求，我们建议泰方提供上述传统习惯中不食用冲泡后残渣的干燥的茶和干燥的咖啡的营养量检验方法及科学证据，明确其营养量检验对象是产品本身，还是供消费者食用的不含残渣的冲泡汤液。

泰国对我方评议进行了反馈，并对相关评议意见做出了解释和澄清，具体内容如下：

1. 关于第 5 条第 1.2 款“当此类食品每份含胆固醇量超过 2 毫克时，应标明胆固醇量”，其依据是《食典委营养与健康声称使用指南》（CAC/GL 23- 1997）第 5 节“营养成分声称”和《公共卫生部通报》（第

182号）佛历2541年（1998年）。参考：营养标签，其提供如下关于胆固醇含量的营养含量：

| 名称 | 标准 | | |
|---|---|---|---|
| | 每份 | 每100克 | 每100毫升 |
| 胆固醇—不含 | 胆固醇：低于2毫克<br>饱和脂肪：不超过2克 | 胆固醇：不超过5毫克<br>饱和脂肪：不超过1.5克<br>饱和脂肪产生能量少于总能量的10% | 胆固醇：不超过5毫克<br>饱和脂肪：不超过1.5克<br>饱和脂肪产生能量少于总能量的10% |
| 低胆固醇 | 胆固醇：不超过20毫克<br>饱和脂肪：不超过2克 | 胆固醇：不超过20毫克<br>饱和脂肪：不超过1.5克<br>饱和脂肪产生能量少于总能量的10% | 胆固醇：不超过10毫克<br>饱和脂肪：不超过0.75克<br>饱和脂肪产生能量少于总能量的10% |

因此，每份2毫克或更高的胆固醇含量被认为是一个很重要的指标，应该在营养成分表中告知。

2. 由于中国国家食品安全标准对预包装食品营养标签的要求与泰国对营养标签的要求有所不同，特别是对泰国人日推荐摄入量（Thai RDI）的要求，因此进口产品需要符合泰国人日推荐摄入量的营养标签要求，以防止中国与泰国要求之间差异造成的营养问题。

3. 关于MOPH通报草案第3条，干燥或液体形式的"即饮茶"和"即饮咖啡"的定义为：

- 即饮茶是指一种茶产品，其为山茶科茶叶的干叶和枝，或与其他成分混合的速溶茶，可即时食用，并以干燥或液体形式包装在密封容器中。
- 即饮咖啡是指一种咖啡产品，其为与其他成分混合的速溶咖啡，可即时食用，并以干燥或液体形式包装在密封容器中。

此通报不包括茶叶的干叶和枝、速溶茶和速溶咖啡，因为本通报旨在关注某些影响人类健康的食品。

# 附件　调查问卷

**感谢您对此次调查的理解与支持！**

请放心填答，我们将保守贵单位的商业秘密。

# 2018年国外技术性贸易措施对我国出口影响

# 问卷调查表

海关总署

二〇一九年五月

# 前　言

WTO 成立以来，各成员关税水平不断下降，配额、许可证等非关税措施对进口的限制作用逐步减弱，而以标准、技术法规、合格评定程序以及动植物卫生和食品安全措施为主要表现形式的技术性贸易措施对贸易的限制作用越来越明显。这类措施既被用作保护人类和动植物健康和安全、保护环境、保护消费者权益等的手段，也可被用作变相限制阻碍国际贸易的技术壁垒，从而达到保护本国相关产业和市场的目的。

中国加入 WTO 以来，面临的国际贸易形势十分严峻，出口产品持续遭遇国外不断变化、日趋严格的技术性贸易措施的限制，大批产品被退回、扣留、销毁，导致出口成本增加，进而丧失竞争力，甚至造成传统市场丢失，使企业蒙受了巨大损失。为了了解我国企业在出口中遭遇国外技术性贸易措施的总体情况，为跨越或打破国外技术壁垒提供技术支持，作为全国技术性贸易措施部际联席会议牵头单位，海关总署特组织此次面向全国出口企业的国外技术措施影响调查。本次调查采取问卷形式，您提供的信息将成为政府帮助企业应对国外技术性贸易措施开展相关工作的重要参考，请认真填答。

非常感谢您的合作！

海关总署

二〇一九年五月

# 调查对象基本信息

1. 企业名称：________________ 企业海关编码：________________

□ 企业组织机构代码 / □ 社会信用代码：________________

2. 完成问卷人：

姓名：________________ 您在公司中所在部门及职务：________________

联系电话：________________ Email：________________

3. 企业所属省 / 直辖市 / 自治区：________________

4. 企业类别（请在适合您的□内划√，选一）

□ 生产 / 加工 / 制造型企业（含自营出口） □ 流通贸易型企业

□ 其他（请注明）________________

5. 业务类型（请在适合您的□内划√，选一）

□ 贴牌（OEM/ODM）加工企业 □ 自主品牌企业 □ 贴牌与自主品牌兼有企业

□ 其他（请注明）________________

6. 经济类型（请在适合您的□内划√，选一）

□ 国有企业 □ 民营企业

□ 港、澳、台企业 □ 外资企业

7. 企业规模 1（请在适合您的□内划√，选一）

□ 50 人（含）及以下 □ 50 ~ 200 人（含）

□ 200 ~ 500 人（含） □ 500 人以上

8. 企业规模 2（按 2018 年企业营业收入定义，请在适合您的□内划√，选一）

农产品企业请填答下列选项：

□ 低于 50 万元人民币（下同） □ 50 万（含） ~ 500 万元

□ 500 万（含） ~ 2 亿元 □ 超过 2 亿元

工业品企业请填答下列选项：

□ 低于 300 万元 □ 300 万（含） ~ 2000 万元

□ 2000 万（含） ~ 4 亿元 □ 超过 4 亿元

# 技术性贸易措施的影响情况

9. 2018 年公司出口业务中，是否受到国外技术性贸易措施的影响？（请在适合您的□内划√，选一）

□ 是　　　　□ 否

10. 2018 年企业出口遭遇国外技术性贸易措施的种类（注：每一个 HS 编码对应产品填写一张表格，表格可复印。）

请在贵企业产品出口到相应国家或地区遇到的技术性贸易措施种类栏里划√。

**a 工业品（HS 编码 25-98）**

HS 编码：□□□□□□　　（每一个 HS 编码对应的工业品填写一张表格，表格可复印）

| 技术性贸易措施的种类 | 出口到岸地 | | | | | | | | | | | | |
|---|---|---|---|---|---|---|---|---|---|---|---|---|---|
| | 美国 | 欧盟 | 日本 | 东盟 | 韩国 | 欧亚经济联盟（除俄罗斯） | 加拿大 | 澳大利亚/新西兰 | 印度 | 非洲 | 拉美 | 西亚 | 其他（请说明） |
| 厂商或产品的注册要求（包括上市许可、审批） | | | | | | | | | | | | | |
| 技术标准要求 | | | | | | | | | | | | | |
| 认证要求 | | | | | | | | | | | | | |
| 标签和标志要求 | | | | | | | | | | | | | |
| 包装及材料的要求 | | | | | | | | | | | | | |
| 环保要求（包括节能及产品回收） | | | | | | | | | | | | | |
| 特殊的检验要求（如指定检验地点、机构、方法） | | | | | | | | | | | | | |
| 产品的人身安全要求 | | | | | | | | | | | | | |
| 工业产品中有毒有害物质限量要求 | | | | | | | | | | | | | |
| 计量单位要求 | | | | | | | | | | | | | |
| 木质包装的要求 | | | | | | | | | | | | | |
| 其他（请注明内容）：① | | | | | | | | | | | | | |
| ② | | | | | | | | | | | | | |

**b 农产品（HS 编码 1-24）**

HS 编码：□□□□□□ （每一个 HS 编码对应的农产品填写一张表格，表格可复印）

| 技术性贸易措施的种类 | 出口到岸地 | | | | | | | | | | | | |
|---|---|---|---|---|---|---|---|---|---|---|---|---|---|
| | 美国 | 欧盟 | 日本 | 东盟 | 韩国 | 欧亚经济联盟（除俄罗斯） | 加拿大 | 澳大利亚 / 新西兰 | 印度 | 非洲 | 拉美 | 西亚 | 其他（请说明） |
| 种养殖基地、加工厂、仓库注册要求 | | | | | | | | | | | | | |
| 动物疫病方面的要求 | | | | | | | | | | | | | |
| 植物病虫害杂草方面的要求 | | | | | | | | | | | | | |
| 食品中农兽药残留限量要求 | | | | | | | | | | | | | |
| 食品微生物指标要求 | | | | | | | | | | | | | |
| 食品添加剂要求 | | | | | | | | | | | | | |
| 食品中重金属等有害物质的限量要求 | | | | | | | | | | | | | |
| 食品接触材料的要求 | | | | | | | | | | | | | |
| 食品标签要求 | | | | | | | | | | | | | |
| 木质包装的要求 | | | | | | | | | | | | | |
| 食品化妆品中过敏原的要求 | | | | | | | | | | | | | |
| 其他（请注明内容）：① | | | | | | | | | | | | | |
| ② | | | | | | | | | | | | | |

11．2018 年遭遇国外技术性贸易措施造成损失的主要形式（请在适合的空格内划√）

| 进口方 / 损失内容 | 出口到岸地 | | | | | | | | | | | | |
|---|---|---|---|---|---|---|---|---|---|---|---|---|---|
| | 美国 | 欧盟 | 日本 | 东盟 | 韩国 | 欧亚经济联盟（除俄罗斯） | 加拿大 | 澳大利亚 / 新西兰 | 印度 | 非洲 | 拉美 | 西亚 | 其他（请说明） |
| 丧失定单 | | | | | | | | | | | | | |
| 扣留货物 | | | | | | | | | | | | | |
| 销毁货物 | | | | | | | | | | | | | |
| 退回货物 | | | | | | | | | | | | | |
| 口岸处理 | | | | | | | | | | | | | |
| 改变用途 | | | | | | | | | | | | | |
| 降级处理 | | | | | | | | | | | | | |
| 其他（请注明） | | | | | | | | | | | | | |
| 食品标签要求 | | | | | | | | | | | | | |
| 木质包装的要求 | | | | | | | | | | | | | |
| 食品化妆品中过敏原的要求 | | | | | | | | | | | | | |
| 其他（请注明内容）： | | | | | | | | | | | | | |

12．2018 年国外技术性贸易措施给企业造成的直接损失额（单位：万元）

注：A．表中的产品种类按 HS 编码（6 位）填写；

B．表中需填写特定国家或地区技术性贸易措施给企业出口造成的直接损失额，包括产品被进口国主管机构扣留、销毁、拒绝进口（退货）、产品被降级降等所造成的损失，丧失定单造成的损失等。

| 产品种类 | 出口到岸地 | | | | | | | | | | | | |
|---|---|---|---|---|---|---|---|---|---|---|---|---|---|
| | 美国 | 欧盟 | 日本 | 东盟 | 韩国 | 欧亚经济联盟（除俄罗斯） | 加拿大 | 澳大利亚／新西兰 | 印度 | 非洲 | 拉美 | 西亚 | 其他（请说明） |
| | | | | | | | | | | | | | |
| | | | | | | | | | | | | | |
| | | | | | | | | | | | | | |
| | | | | | | | | | | | | | |
| | | | | | | | | | | | | | |
| | | | | | | | | | | | | | |

13．2018 年为适应进口国技术要求而新增的成本（单位：万元）

注：A．表中的产品种类按 HS 编码（6 位）填写；

B．新增成本包括为适应进口国要求而进行技术改造、包装及标签更换、新增检验、检测、鉴定、检疫、处理、注册、认证等费用，以及在采购、物流、通关等方面增加的费用。

| 产品种类 | 出口到岸地 | | | | | | | | | | | | |
|---|---|---|---|---|---|---|---|---|---|---|---|---|---|
| | 美国 | 欧盟 | 日本 | 东盟 | 韩国 | 欧亚经济联盟（除俄罗斯） | 加拿大 | 澳大利亚／新西兰 | 印度 | 非洲 | 拉美 | 西亚 | 其他（请说明） |
| | | | | | | | | | | | | | |
| | | | | | | | | | | | | | |
| | | | | | | | | | | | | | |
| | | | | | | | | | | | | | |
| | | | | | | | | | | | | | |
| | | | | | | | | | | | | | |

14．2018 年为满足进口国对产品的技术要求，出口企业及官方机构或第三方对产品进行认证、注册、测试、检验的费用在出口额中所占的百分比情况（产品一栏中请填写出口产品的 HS 编码）

**单位：%**

| 产品／占比 | 认证费、注册费、测试费及检验费在出口额中的占比 |
|---|---|
| | |
| | |
| | |

**是否存在重复认证** □是 □否

具体情况请简要说明：______________________________

______________________________

**15. 当遇到国外技术措施或新技术要求限制时，企业选择如何做？**（请在适合您的□内划√，可多选）

□ 向当地海关报告 □ 向商务部门报告

□ 向我驻外使馆报告 □ 向行业商协会报告

□ 向其他主管部门报告 □ 与国外进口商交涉

□ 不寻求任何解决方式，不再出口或寻求新市场 □ 与国外主管部门交涉

□ 加强技术攻关和升级改造，提高产品竞争力 □ 其他（请详细阐述）__________

______________________________

**16. 企业目前获取国外技术性贸易措施信息的途径：**（请在适合您的□内划√，可多选）

□ 各级海关部门 □ 其他政府部门

□ 直接与我国 TBT、SPS 咨询点联系 □ 通过 TBT、SPS 咨询点网站

□ 我国驻外使领馆 □ 外国驻华使领馆

□ 我国有关行业协会和商会 □ 媒体（报刊、杂志、电视等）

□ 国外经销商提供的信息 □ 国外 TBT、SPS 咨询点

□ 国外政府网站 □ 其他__________

______________________________

**17. 企业认为受国外技术性贸易措施制约的主要原因是哪些？**（请在适合您的□内划√，可多选）

□ 生产技术水平达不到国外技术要求、标准、限量等 □ 为达到国外要求导致成本过高

□ 不了解国外规定 □ 国外措施针对进口产品具有歧视性

□ 认证、注册周期长费用高 □ 国外检验检测项目繁多

□ 不合理的出口证书要求 □ 动植物及其产品的检疫要求

□其他（请详细阐述）______________________________

**18. 在符合国外技术性贸易措施过程中，企业国际市场竞争力和产品质量安全水平是否有所提升？**

□ 是 □ 否

**19. 企业在应对国外技术性贸易措施方面希望政府主管部门和中介组织提供哪些帮助？**（请在适合您的□内划√，可多选）

□ 及时提供国外技术性贸易措施的最新信息、技术指南和咨询

□ 强化认证认可工作，建立与国外权威认证机构的互认机制

□ 实施与国际接轨的标准化战略，推动企业参与国际标准制修订

□ 搭建公共检测服务平台，为企业提供便捷的检测服务

□ 及时对外交涉、谈判，将影响降至最低

□ 其他：______________________________

20．2018 年，在政府部门帮扶下，减少国外技术性贸易措施导致的损失额为 __________（万元）。

21．企业在出口中遇到的主要障碍是什么？（请在横线上按重要性由强到弱的次序，选出前三项）

⑴技术性贸易措施 ⑵反倾销 ⑶反补贴 ⑷配额 ⑸许可证

⑹关税 ⑺汇率 ⑻其他（请注明内容）：______________

前三项：______________

22．企业经营概况（按 2018 年情况填写）

企业经营年限：__________ 年

主要出口产品：__________ HS 编码：______________

主要出口国：______________

出口业务在企业总业务中所占比例：______________

未来五年企业的发展定位：（请在适合您的□内划√，选一）

□ 出口为主 □ 内销为主 □ 两方兼顾

23．2018 年，在政府部门帮扶下，减少的国外技术性贸易措施导致的损失额占企业全年出口额的百分比为：（请在适合您的□内划√）

□ 0 ~ 20% □ 20%（含）~ 40%

□ 40%（含）~ 60% □ 60%（含）及以上

24．2018 年，企业是否有以下得到政府部门帮扶，从而有效减少损失的情况？如有，请填写减少损失的金额（单位：万元）。

| 减损场景 | 没有 | 有 | 如有，减少损失的金额 |
|---|---|---|---|
| 由于得到政府部门发布的国外措施预警信息，及时做出调整，避免了退运或整改等一系列后续问题 | | | |
| 遇到国外技术性贸易措施时，得到政府部门的技术指导、产品改造、质量提升后顺利出口 | | | |
| 产品经政府部门帮扶后在国外备案或注册，获准进入国外市场 | | | |
| 由于得到政府部门的检测认证，取得了通行的检测认证证书，从而避免了产品送国外检测的不便 | | | |
| 产品经有关部门认证，得到国外认可，成功进入国外市场 | | | |
| 被国外客户或官方通报产品不合格，经政府部门交涉后成功维权或成功交易 | | | |
| 产品被列入政府部门的示范区，在进出口的通关时间、效率有明显提高 | | | |
| 参与政府部门的国外措施通报评议、特别贸易关注等工作，相关产品出口形势得到了扭转 | | | |
| 其他，请说明： | | | |

25. 在减少国外技术性贸易措施造成损失的问题上，您有什么意见、建议？（包括对政府部门、中介组织及企业自身的意见和建议。）（可加附页）

______________________________________________

______________________________________________

______________________________________________

______________________________________________

______________________________________________

26. （请在适合您的□内划√）

**a 企业管理人员中本科（含大专）及以上学历比例：**

□ 小于及 20%　　□ 20%~50%　　□ 50% 及以上

**b 企业员工中本科（含大专）及以上学历比例：**

□ 小于及 20%　　□ 20%~50%　　□ 50% 及以上

27. 贵企业在 2018 年的研发投入占全年总营业收入的百分比？

□ 小于 5%　　□ 5%~20%　　□ 21% 及以上

28. 企业认为目前获得国外技术性贸易措施信息动态的难易程度：（请在适合您的□内划√）

□ 非常容易　　□ 比较容易　　□ 一般 / 正常

□ 比较困难　　□ 非常困难

29. 请列出对本企业出口影响最大的国外技术性贸易措施的情况（包括国家 / 地区、制定机构名称、措施名称、文号、制定时间、其哪些规定对企业出口造成哪些方面影响。可以列举 1 个或多个。）（可加附页）

______________________________________________

______________________________________________

______________________________________________

______________________________________________

______________________________________________

______________________________________________

30. 在应对技术性贸易措施的问题上，您有什么意见、建议？（包括对政府部门、中介组织及企业自身的意见和建议。可以是原则性的，也可以是针对具体案例的。）（可加附页）

______________________________________________

______________________________________________

______________________________________________

______________________________________________

______________________________________________

______________________________________________

# 附 录

本调查所涉及的技术性贸易措施是指 WTO《技术性贸易壁垒协定》（以下简称 TBT 协定）所定义的法规、标准和合格评定程序及《实施卫生与植物卫生措施协定》（以下简称 SPS 协定）所定义的卫生与植物卫生措施（以下简称 SPS 措施）。

## 一、TBT 措施

根据 TBT 协定的规定，TBT 措施包括技术法规、标准与合格评定程序。

### 1. 技术法规

规定强制执行的产品特性或其相关工艺和生产方法，包括适用的管理规定在内的文件。该文件还可包括或专门关于适用于产品、工艺或生产方法的专门术语、符号、包装、标志或标签要求。

### 2. 标准

经公认机构批准的、规定非强制执行的、供通用或重复使用的产品或相关工艺和生产方法的规则、指南或特性的文件。该文件还可包括或专门关于适用于产品、工艺或生产方法的专门术语、符号、包装、标志或标签要求。

### 3. 合格评定程序

任何直接或间接用以确定是否满足技术法规或标准中的相关要求的程序。（合格评定程序一般包括：抽样、检验和检查、评估、验证和合格保证注册、认可和批准以及各项的组合。）

## 二、SPS 措施

根据 SPS 协定的规定，SPS 措施指用于下列目的的任何措施：

• 保护成员领土内动物或植物的生命或健康免受病虫害、带病有机体或致病有机体的传入、定殖或传播所产生的风险；

- 保护成员领土内人类或动物的生命或健康免受食品、饮料或饲料中的添加剂、污染物、毒素或致病有机体所产生的风险；
- 保护成员领土内人类的生命或健康免受动物、植物或动植物产品携带的疫病传入、定殖或传播所产生的风险；
- 防止或控制成员领土内有害生物的传入、定殖或传播所产生的其他损害。

SPS 措施包括所有有关的法律、法令、规定、要求和程序，特别包括最终产品标准；加工和生产方法；检测，检验，出证和批准程序；检疫处理，包括与动物或植物运输有关或与在运输途中为维持动植物生存所需物质有关的要求在内的检疫处理；有关统计方法、抽样程序和风险评估方法的规定；以及与食品安全直接相关的包装和标签要求。

## 三、通报评议

通报评议是企业和相关管理部门对其他成员通报的技术性贸易措施草案，依据《TBT 协定》/《SPS 协定》的原则，以对相关产品国际贸易的影响为着眼点，以对自身所在相关产业的影响为着眼点，以现代科学技术为依托，以 WTO 规则为依据，结合相关协定的条款，对其是否具有规则合理性、技术合理性、贸易合理性，提出批评、质疑或关注的活动。

## 四、特别贸易关注

为减少不必要的贸易壁垒，防止成员以 TBT/SPS 措施为由对贸易进行限制，世界贸易组织（WTO）在成立时制定了《TBT 协定》/《SPS 协定》，并根据协定成立了 TBT/SPS 委员会，为成员进行磋商提供了经常性场所。各成员可以在委员会会议上就其他成员正在实施的或新制修订的对自己的产品出口有不合理影响的 TBT/SPS 法律、法规、标准等措施表达关注，提出质疑，敦促成员遵守协定的规定，修改或撤销与协定要求不一致的有关措施。

# 附 表

## 附表1 国际HS编码

| HS编码 | 编码描述 |
|---|---|
| **1类** 农产品（HS编码01.01–05.11） | |
| 01.01–01.06 | 活动物 |
| 02.01–02.10 | 肉及食用杂碎 |
| 03.01–03.07 | 鱼及其他水生动物 |
| 04.01–04.10 | 乳品；蛋类；天然蜂蜜 |
| 05.01–05.11 | 其他动物产品 |
| **2类** 植物产品（HS编码06–14） | |
| 06.01–06.04 | 活树及其他活植物 |
| 07.01–07.14 | 食用蔬菜，根及茎块 |
| 08.01–08.14 | 食用水果及坚果 |
| 09.01–09.10 | 咖啡，茶及调味香料 |
| 10.01–10.08 | 谷物 |
| 11.01–11.09 | 制粉工业产品 |
| 12.01–12.14 | 含油的籽，果仁和果实，药用植物 |
| 13.01–13.02 | 虫胶，树胶，树脂 |
| 14.01–14.04 | 编结用植物材料 |
| **3类** 动、植物油、脂及其分解产品；精制的食用油脂；动、植物蜡（HS编码15） | |
| 15.01–15.22 | 动，植物油，脂及其分解产品 |
| **4类** 食品；饮料、酒及醋；烟草、烟草及烟草代用品的制品（HS编码16–24） | |
| 16.01–16.05 | 肉及其他水生无脊椎动物的制品 |
| 17.01–17.04 | 糖及糖食 |
| 18.01–18.06 | 可可及可可制品 |
| 19.01–19.05 | 谷物，粮食粉，糕饼点心 |
| 20.01–20.09 | 蔬菜，水果，坚果 |
| 21.01–21.06 | 杂项食品 |
| 22.01–22.09 | 饮料，酒及醋 |
| 23.01–23.09 | 食品工业的残渣；配制的动物饲料 |
| 24.01–24.03 | 烟草，及烟草代用品的制品 |
| **5类** 矿产品（HS编码25–27） | |
| 25.01–25.30 | 盐；硫磺；泥土及石料；石膏料，石灰及水泥 |
| 26.01–26.21 | 矿砂，矿渣及矿灰 |
| 27.01–27.16 | 矿物燃料，矿物油及其蒸馏产品 |
| **6类** 化学工业及其相关工业的产品（HS编码28–38） | |
| 28.01–28.53 | 无机化学品；贵金属，稀土金属，放射性元素 |
| 29.01–29.42 | 有机化学品 |
| 30.01–30.06 | 药品 |
| 31.01–31.05 | 肥料 |
| 32.01–32.15 | 鞣料浸膏及染料浸膏 |
| 33.01–33.07 | 精油及香膏；芳香料制品及化妆盥洗品 |
| 34.01–34.07 | 肥皂，洗涤剂，润滑剂 |
| 35.01–35.07 | 蛋白类物质 |
| 36.01–36.06 | 炸药，易燃材料制品 |
| 37.01–37.07 | 照相及电影用品 |
| 38.01–38.25 | 杂项化学产品 |
| **7类** 塑料及其制品；橡胶及其制品（HS编码39–40） | |
| 39.01–39.26 | 塑料及其制品 |
| 40.01–40.17 | 橡胶及其制品 |

附表 1（续表）

| HS 编码 | 编码描述 |
| --- | --- |
| **8 类** 生皮、皮革、毛皮及其制品；鞍具及挽具；旅行用品、手提包及类似品；动物肠线（蚕胶丝除外）制品（HS 编码 41–43） | |
| 41.01–41.15 | 生皮及皮革 |
| 42.01–42.06 | 皮革制品 |
| 43.01–43.04 | 毛皮，人造毛皮及其制品 |
| **9 类** 木及木制品；木炭；软木及软木制品；稻草、秸秆、针茅或其他编结材料制品；篮筐及柳条编结品（HS 编码 44–46） | |
| 44.01–44.21 | 木及木制品；木炭 |
| 45.01–45.04 | 软木及软木制品 |
| 46.01–46.02 | 稻草，秸秆，其他编结材料制品 |
| **10 类** 木浆及其他纤维状纤维素浆；纸及纸板的废碎品；纸、纸板及其制品（HS 编码 47–49） | |
| 47.01–47.07 | 木浆及其他纤维状纤维素浆 |
| 48.01–48.23 | 纸及纸板 |
| 49.01–49.11 | 书籍，报纸，及其他印刷品 |
| **11 类** 纺织原料及纺织制品（HS 编码 50–63） | |
| 50.01–50.07 | 蚕丝 |
| 51.01–51.13 | 羊毛，动物细毛或粗毛 |
| 52.01–52.12 | 棉花 |
| 53.01–3.11 | 其他植物纺织纤维 |
| 54.01–54.08 | 化学纤维长丝 |
| 55.01–55.16 | 化学纤维短丝 |
| 56.01–56.09 | 絮胎，毡呢及无纺织物 |
| 57.01–57.05 | 地毯和其他铺地制品 |
| 58.01–58.11 | 特种机织物 |
| 59.01–59.11 | 浸渍 / 涂布 / 包覆或压层的织物 |
| 60.01–60.06 | 针织物及钩编织物 |
| 61.01–61.17 | 针织或钩编的服装 6101 针织或钩编的男式大衣及类似品 |
| 62.01–62.17 | 非针织或非钩编的服装 |
| 63.01–63.10 | 其他纺织制成品 |
| **12 类** 鞋、帽、伞、杖、鞭及其零件；已加工的羽毛及其 制品；人造花；人发制品（HS 编码 64–67） | |
| 64.01–64.06 | 鞋靴，护腿和类似品及其零件 |
| 65.01–65.07 | 帽类及其零件 |

| HS 编码 | 编码描述 |
| --- | --- |
| 66.01–66.03 | 雨伞，阳伞，手杖，鞭子，马鞭及其零件 |
| 67.01–67.04 | 已加工羽毛，羽绒及其制品；人造花；人发制品 |
| **13 类** 石料、石膏、水泥、石棉、云母及类似材料的制品；陶瓷产品；玻璃及其制品（HS 编码 68–70） | |
| 68.01–68.15 | 石料，石膏，水泥，石棉，云母及类似材料的制品 |
| 69.01–69.14 | 陶瓷产品 |
| 70.01–70.20 | 玻璃及其制品 |
| **14 类** 天然或养殖珍珠、宝石或半宝石、贵金属、包贵金属及其制品；仿首饰；硬币（HS 编码 71） | |
| 71.01–71.18 | 天然或养殖珍珠，宝石或半宝石，贵金属，包贵金属及其制品；仿首饰；硬币 |
| **15 类** 贱金属及其制品（HS 编码 72–83） | |
| 72.01–72.29 | 钢铁 |
| 73.01–73.26 | 钢铁制品 |
| 74.01–74.19 | 铜及其制品 |
| 75.01–75.08 | 镍及其制品 |
| 76.01–76.16 | 铝及其制品 |
| 78.01–78.06 | 铅及其制品 |
| 79.01–79.07 | 锌及其制品 |
| 80.01–80.07 | 锡及其制品 |
| 81.01–81.13 | 其他贱金属，金属陶瓷及其制品 |
| 82.01–82.15 | 贱金属工具 |
| 83.01–83.11 | 贱金属杂项制品 |
| **16 类** 机器、机械器具、电气设备及其零件；录音机及放声机、电视图像、声音的录制和重放设备及其零件、附件（HS 编码 84–85） | |
| 84.01–84.87 | 核反应堆，锅炉，机器，机械器具机器零件 |
| 85.01–85.48 | 电机、电气设备及其零件；录音机及放声机、电视图像、声音的录制和重放设备及其零件、附件 |
| **17 类** 车辆、航空器、船舶及有关运输设备（HS 编码 86–89） | |
| 86.01–86.09 | 铁道及电车道机车，车辆机器零件 |
| 87.01–87.16 | 车辆机器零件，附件，但铁道及电车道车辆除外 |
| 88.01–88.05 | 航空器，航天器机器零件 |

附表 1（续表）

| HS 编码 | 编码描述 |
| --- | --- |
| 89.01–89.08 | 船舶及浮动结构体 |
| **18 类** 光学、照相、电影、计量、检验、医疗或外科用仪器及设备、精密仪器及设备；钟表；乐器；上述物品的零件、附件（HS 编码 90–92） | |
| 90.01–90.33 | 光学，照相，电影，计量，检验，医疗或外科用仪器及设备，精密仪器 |
| 91.01–91.14 | 钟表机器零件 |
| 92.01–92.09 | 乐器机器零件，附件 |
| **19 类** 武器、弹药及其零件、附件（HS 编码 93） | |
| 93.01–93.07 | 武器，弹药及其零件，附件 |

| HS 编码 | 编码描述 |
| --- | --- |
| **20 类** 杂项制品（HS 编码 94–96） | |
| 94.01–94.06 | 家具；寝具、褥垫、弹簧床垫、软坐垫及类似的填充制品；未列名灯具及照明装置；发光标志、发光铭牌及类似品；活动房屋 |
| 95.01–95.08 | 玩具，游戏品，运动用品及其；零件，附件 |
| 96.01–96.18 | 杂项制品 |
| **21 类** 艺术品、收藏品及古物（HS 编码 97） | |
| 97.01–97.06 | 艺术品，收藏品及古物 |
| **22 类** 特殊交易品及未分类商品（HS 编码 98） | |
| 98.01–98.03 | 捐赠物品、慈善物品、军事用品 |

## 附表 2 部分贸易地区说明

**欧盟:** 荷兰、比利时、卢森堡、意大利、德国、法国、丹麦、爱尔兰、英国、希腊、西班牙、葡萄牙、奥地利、芬兰、瑞典、捷克、爱沙尼亚、塞浦路斯、拉托维亚、立陶宛、匈牙利、马耳他、波兰、斯洛文尼亚、斯洛伐克、罗马尼亚、保加利亚、克罗地亚。

**东盟:** 印度尼西亚、柬埔寨、越南、马来西亚、泰国、缅甸、老挝、新加坡、文莱、菲律宾。

**西亚:** 沙特阿拉伯、也门、阿曼、阿联酋、卡塔尔、巴林、科威特、以色列、黎巴嫩、约旦、叙利亚、土耳其、阿塞拜疆、格鲁吉亚、伊拉克、伊朗、阿富汗等。

**欧亚经济联盟（除俄罗斯）:** 白俄罗斯、哈萨克斯坦、亚美尼亚、塔吉克斯坦、吉尔吉斯斯坦。